LA RECHERCHE-ACTION
Une autre manière de chercher, se former, transformer

Cet ouvrage a été réalisé, pour ses principales contributions,
à partir des actes du colloque de février 2000
L'actualité des recherches-actions
Accompagner le changement dans les professions,
le développement local, les formations.

Ce colloque a reçu le soutien du Conseil scientifique de Paris III.
Il a été ouvert par Monsieur Jean REVEL-MOUROZ,
président du Conseil scientifique

et par

Madame Jacqueline OUMER,
directeur du Service commun de Formation continue
de l'Université de Paris III Sorbonne Nouvelle

(FCP3)

© L'Harmattan, 2003
ISBN : 2-7475-4603-9

Sous la direction de
Pierre-Marie MESNIER et Philippe MISSOTTE

La recherche-action

Une autre manière de chercher,
se former, transformer

Collection
Recherche-action en pratiques sociales

*Université Paris III Sorbonne Nouvelle
Formation continue (FCP3)*

Éditions L'Harmattan
5-7, rue de l'École Polytechnique
75005 Paris

Remerciements...

À Jacqueline OUMER, directeur du Service commun de Formation continue de l'Université de Paris III Sorbonne Nouvelle (FCP3),

à Janine MISSOTTE, pour la réalisation éditoriale de cette publication,

à Philippe QUINTON pour la création graphique,

à Hélène MISSOTTE et Philippe Van OVERBECKE pour leur vigilante contribution,

à Lydie LAZARE, Irène BENS et Maria ALVES du Collège coopératif (Paris) et Claude LEFÈVRE pour leur participation à l'organisation du colloque,

Au personnel IATOS de l'Université de Paris III Sorbonne Nouvelle pour son accueil à l'occasion de ce colloque.

À la mémoire d'Henri DESROCHE

Collection « Recherche-action en pratiques sociales »

Dirigée par Pierre-Marie MESNIER et Philippe MISSOTTE

Cette collection se propose de faire connaître des travaux issus de recherches-actions. Les unes sont produites dans un dispositif de formation par la recherche, créé dès 1958 par Henri Desroche à l'École des hautes études ; il associe depuis vingt ans Collèges coopératifs et Universités (Diplôme des hautes études en pratiques sociales) ; d'autres sont issues de nouvelles formes d'intervention : ateliers coopératifs de recherche-action visant le développement social, formations à l'accompagnement collectif ou individuel de projets ; d'autres enfin s'élaborent à partir d'expériences de terrain et/ou de travaux universitaires.

Revendiquer aujourd'hui l'actualité de la recherche-action relève du paradoxe. D'un côté, notamment dans le champ de la formation, elle est marquée par des courants qui remontent aux années soixante et ont donné lieu à bon nombre de publications jusque dans les années quatre-vingt. De l'autre, on constate actuellement un retour de publications et, dans de nombreux secteurs — entreprise, travail social, formation, politique de la ville, actions de développement au Nord comme au Sud —, des formes de parcours apparentées à la recherche-action, qui apparaissent d'ailleurs souvent sous un autre nom : formation-action, recherche-formation, formation-développement, diagnostic partagé, auto-évaluation, praxéologie... D'où l'importance, au travers des formes que prend aujourd'hui la recherche-action, de promouvoir, y compris à contre-courant, ses valeurs fondatrices.

La recherche-action porte en elle une vision de l'homme et de la société. Elle permet la production et l'appropriation par les acteurs de savoirs reliés à leurs pratiques, ce que la recherche classique ne sait pas faire. Derrière la recherche-action se profile un réajustement du savoir et du pouvoir au profit des praticiens. Elle leur permet aussi de donner une visibilité plus construite à leurs pratiques. Elle transforme le sujet en acteur. Elle est transformation du social.

Sommaire

Présentation de la collection 6
Introduction 9

Première partie - Approches épistémologique, historique et langagière

La recherche-action. Épistémologie historique 13
    par Guy BERGER
Henri Desroche et les racines de la recherche-action 27
    par Roland COLIN
La recherche-action, une alternative épistémologique. Une révolution copernicienne 41
    par Jacques ARDOINO
Le sujet dans la recherche-action 51
    par René BARBIER
Le langage en action 69
    par Lorenza MONDADA

Deuxième partie - Praticiens en formation supérieure par la recherche-action

Domaines des recherches-actions 92
Des parcours DHEPS 93
Les recherches-actions : entre mythe et réalité ? 157
Une formation à l'analyse des pratiques par la recherche 167
    par Michel BATAILLE
Les formes de recherche-action repérables dans des mémoires de DHEPS :
du prescrit au vécu 171
    par Pierre-Marie MESNIER
Recherche-action dans les formations supérieures. Écrire pour quels lecteurs ? 181
    par Rozenn GUIBERT

Troisième partie - Recherche-action dans les champs et pratiques socio-professionnels

Travail et entreprise
La démarche de recherche-action dans le domaine de l'organisation du travail 197
    par Oscar ORSTMAN
La recherche-action et la constitution des acteurs sociaux 201
    par Michel LIU

Développement local
Recherche-action et développement local. Expériences de recherches collectives 209
  par Christian HERMELIN
La construction coopérative des savoirs comme recherche-action
dans le programme Quart Monde/Université 221
  par Patrick BRUN

Développement local rural et genre
Des femmes rurales devenues « actantes » 229
  par Marie-Lise SEMBLAT

Développement au Sud
La recherche-action pour un développement endogène 243
  par Philippe MISSOTTE

Éducation
Recherche-action à l'école et accompagnement d'équipes innovantes :
quelques points de convergence 247
  par Marie-Anne HUGON
Un dispositif pour développer les pratiques innovantes dans l'Éducation nationale 253
  par Anne-Marie BÉRIOT
Les effets de formation d'un dispositif de recherche-action auprès d'étudiants
en licence des Sciences de l'éducation 257
  par Christiane MONTANDON

Évaluation
Recherche-action en évaluation 267
  par Philippe MISSOTTE

Quatrième partie - Recherche-action et recherche scientifique

Synthèse de dix années de travaux sur la recherche-action
au Réseau des hautes études des pratiques sociales 281
  par Michel BATAILLE
Praticien-chercheur. Le problème de la double posture 291
  par Christine MIAS
Recherche scientifique - recherche-action :
complémentarité ou opposition en sciences sociales 307
  par Marc MAUDINET
Interaction et complémentarité de la recherche-action et de la recherche académique 315
  par Patrick RENAUD, Lorenza MONDADA, Guy BERGER

Table des matières 323

Introduction

Cet ouvrage trouve son origine dans un colloque — *L'actualité des recherches-actions. Accompagner le changement dans les professions, le développement local, les formations* — organisé dans le cadre de la formation au Diplôme des hautes études des pratiques sociales de l'Université de Paris III Sorbonne Nouvelle et du Collège coopératif (Paris).

Recherche-action ! Le terme est à la mode autant qu'il est honni. Du sociologue qui s'interroge sur la crédibilité des recherches menées par des acteurs au linguiste féru de pragmatisme qui se demande comment une recherche pourrait ne pas être action, la liste est longue de ceux qui développent des raisons de se méfier.

Cependant, depuis plus d'un demi-siècle, cette approche spécifique aux sciences sociales a permis de relier action et recherche par un trait d'union. Ce trait d'union est un élément important pour exprimer l'intention de *« conduire une action délibérée [...] de recherche ayant un double objectif : transformer la réalité et produire des connaissances concernant ces transformations »* [1].

Henri Desroche, dès 1958, proposait à des praticiens — porteurs des formes les plus diverses de pratiques sociales — de reprendre une formation universitaire à l'École Pratique des Hautes Études (EPHE-6e section devenue École des Hautes Études en Sciences Sociales, EHESS). Sa méthode consistait à leur faire produire des savoirs sur leurs propres pratiques puis à faire émerger la théorie de ces pratiques à partir des concepts des sciences sociales. Plus récemment, ce courant a par ailleurs ouvert des possibilités de recherche mises en œuvre par des collectifs d'acteurs.

L'enjeu est de taille : opérer des liens entre pratiques et théories, ce qui est le lot de toute recherche en sciences sociales, mais dans une configuration bien particulière où le chercheur est aussi l'acteur de la transformation. Le défi est à la dimension de l'enjeu. Il encourage l'habitant, le villageois, le travailleur, le professionnel à ne plus se cantonner au rôle d'informateur, mais à devenir le sujet singulier de sa recherche, qu'il soit seul ou avec d'autres.

La recherche-action fait passer la démarche au niveau de l'acte, au sens où l'entend Gérard Mendel[2], dans la mesure où elle est beaucoup plus imprévisible et anticipe moins sur les résultats que la recherche académique, avec tous les risques inhérents à cette situation. Dans le même temps, elle contribue à l'effondrement du vieux mur idéologique érigé depuis l'origine de la philosophie entre le praticien et le penseur.

D'où les connexions, sur le versant des pratiques de terrain, avec l'observation participante, le développement endogène, l'auto-évaluation accompagnée et, sur le versant des disciplines interactionnistes, avec l'ethnométhodologie, l'approche phénoménologique, l'analyse institutionnelle, et, plus largement, les microsociologies.

La recherche-action provoque et accompagne fréquemment un changement de l'acteur lui-même, grâce à la distanciation instrumentée qu'il opère sans quitter ses pratiques. Parmi plusieurs centaines de mémoires DHEPS, c'est le cas de l'un d'entre eux, portant sur l'étude des compétences complémentaires du directeur artistique et de l'administrateur dans le spectacle vivant[3]. Parfois elle

---

1 - Hugon Marie-Anne et Seibel Claude, 1988, *Recherches impliquées, recherches-actions : le cas de l'éducation*, Bruxelles, De Bœck Université, 186 p., p. 13.
2 - Mendel Gérard, 1998, *L'Acte est une aventure. Du sujet métaphysique au sujet de l'actepouvoir*, Paris, Éditions La Découverte, 572 p.
3 - Rousseau Clara, 1997, *La complémentarité du directeur et de l'administrateur de théâtre pour la réalisation du projet artistique et culturel* (DHEPS sous la direction de Roselyne Orofiamma).

est analyse de l'action en cours, ainsi une responsable de perfectionnement de travailleurs sociaux étudie pendant deux ans l'effet d'une formation sur l'institution et les personnels[4] qu'elle anime *in situ*. Parfois la recherche-action est relecture du parcours professionnel ou militant comme ce questionnement de la dynamique de développement des pratiques fédératrices d'associations de base par un animateur d'ONG sénégalaise[5].

Elle peut aussi s'inscrire dans un projet collectif qu'éclairent ces trois exemples d'ateliers de recherche-action coopérative. Un groupe d'assistantes sociales de l'Association des Paralysés de France cherchent pendant deux ans, à raison d'un atelier par mois, les effets de l'accident du travail et de l'acquisition d'un handicap sur des travailleurs immigrés et les pratiques d'assistance correspondantes, elles inventent un concept au service de leur recherche et de leur action : la double différence. Un Club de Prévention, à un tournant décisif de son histoire, veut renouveler son identité dans un projet éducatif adapté aux nouvelles conditions de la cité. La recherche s'opère entre l'équipe des professionnels et le Conseil d'Administration. Une mutuelle cherche un second souffle coopératif avec ses adhérents : un chantier de recherche-action d'un an, jalonné de forums publics, poursuit le travail d'une série d'ateliers.

La recherche-action anime ainsi, sous des formes diversifiées, individuelles ou collectives, soit des formations supérieures, soit des actions de développement local, les unes et les autres au Nord comme au Sud

Quelles sont les possibilités de la recherche-action pour le troisième millénaire ? Vieille lune ou nouveau creuset d'innovation sociale dans des approches permettant de mieux faire face à la complexité ?

L'ouvrage qui suit présente une réflexion sur l'état actuel des recherches-actions ou de leurs formes apparentées. Un de ses objectifs est aussi d'ouvrir le débat sur leurs principes, leurs résultats, leurs fondements.

Ce livre s'organise en quatre parties[6]. Il s'ouvre par une série d'exposés situant la recherche-action dans ses dimensions épistémologique, historique et langagière. Des témoignages de praticiens ayant suivi un parcours de formation par la recherche-action mettent ensuite en lumière les effets de ce parcours sur les acteurs, leurs pratiques et leur environnement. Ces témoignages font l'objet d'une relecture par des formateurs de ce dispositif. La troisième partie propose une présentation d'expériences de recherches-actions dans divers champs et pratiques socio-professionnels : les secteurs du travail, du développement local au Nord et au Sud, du genre et de l'éducation. Un débat final souligne et explore l'enjeu essentiel de la relation dialectique entre recherche-action et recherche scientifique. ■

---

4 - LEDAIN Marie-Rose, 1998, *Former sur site en travail social. Apprendre à entreprendre avec des groupes d'usagers. Évolution des capacités et dispositions des travailleurs sociaux et des services de direction sociale. CAF de l'Indre, 1992-1994* (DHEPS sous la direction de Philippe Missotte).
5 - TABARA Ousman, 1999, *L'appui à l'auto-promotion : le paradoxe de la dépendance et de l'autonomie. Le cas de l'ANDEP et de la AJW/P., à Dakar, au Sénégal* (DHEPS sous la direction de Philippe Missotte).
6 - Ont été retenus pour contribution définitive à cet ouvrage les textes rédigés, communiqués par les intervenants pressentis pour le Colloque.

1
Approches épistémologique, historique et langagière

Guy BERGER
Professeur émérite de Sciences de l'éducation à l'Université de Paris VIII

La recherche-action
Épistémologie historique[1]

Je commencerai par m'expliquer sur ce titre, relativement étrange, d'épistémologie historique, que j'ai choisi pour mon intervention. Je voulais signifier que je n'ai pas l'intention de faire l'histoire de la recherche-action, ni de remonter à Lewin et donc à cette rencontre entre la naissance de la recherche-action et de la psychologie sociale, ni encore de travailler sur les rapports de la recherche-action avec l'histoire du travail social symbolisée par l'École de Chicago. Je ne centrerai pas davantage mon propos sur la relation de la recherche-action avec l'histoire de vie d'une part et le concept de développement de l'autre, approche qui caractérise les travaux d'Henri Desroche. Je ne vous tiendrai pas non plus un véritable discours épistémologique qui consisterait à débattre de la validité des connaissances produites par la recherche-action, bien que ce soit un problème tout à fait important, celui de l'articulation ou de la distinction avec les connaissances qui sont produites par la science canonique. Je ne vais même pas parler des opérations intellectuelles qui caractérisent cette recherche.

Je voudrais enraciner la recherche-action dans une histoire plus large et par là même essayer de comprendre ce qui la met au cœur du projet des différents DHEPS. Je souhaiterais situer le fondement de la recherche-action dans le renversement qui fut opéré par Marx, faisant de la pratique le point de départ d'une connaissance scientifique du monde social, en même temps que le moteur de son histoire. Relier les origines de la recherche-action à la théorie marxiste permet de poser immédiatement un certain nombre de points qui me paraissent fondamentaux.

Un double rapport à la pratique

Le premier point consiste à montrer que la recherche-action a un double rapport à la pratique.

En premier lieu, elle part de cette affirmation que la pratique en elle-même peut être porteuse de savoir. Un savoir qui n'est pas simplement un savoir-faire, pas même ce que l'on appelle aujourd'hui « un savoir d'action », mais réellement

---

1 - Texte établi à partir de la conférence donnée lors du colloque *L'actualité des recherches-actions* en février 2000.

un savoir disposant d'une certaine validité sociale. Ce qui signifierait, par conséquent, que la recherche-action prend le contre-pied du discours épistémologique classique sur la coupure radicale qui existerait entre l'univers de la connaissance immédiate, l'univers de l'opinion et celui de la science : selon ce discours, la représentation scientifique instaure une rupture avec les représentations « immédiates » du monde. En effet, dans la démarche classique, on voit une étonnante continuité de Platon à Bachelard : l'imagerie de *La République* — celle de l'arrachement de l'esclave aux délices de la contemplation des ombres à travers des séries d'efforts successifs pour tourner le dos à ce qu'il croyait être afin de se laisser éclairer par le soleil — se retrouve, de façon étonnante et très proche, chez un philosophe des sciences comme Bachelard quand il considère, dans sa préface à *La Formation de l'esprit scientifique*, que l'opinion ne pense pas, qu'elle transforme des intérêts en connaissances. Cela signifie que la position de Marx selon laquelle la pratique est porteuse de savoir n'est pas simplement une reconnaissance immédiate des savoirs populaires ou des savoirs dits traditionnels mais que, en même temps, elle récuse la coupure radicale entre la pensée que toute société exerce sur elle-même et la genèse du travail scientifique. De ce point de vue, la position de Marx, mais aussi cette position de la recherche-action, s'inscrivent dans tous ces mouvements, relativement plus récents, contraires à la tradition de toute la science occidentale, qui essaient de montrer qu'il y a une certaine continuité, de cohérence, de convergence, entre le savoir profane et le savoir savant. En ce sens, la recherche-action va rencontrer des mouvements indépendants, et dont elle est indépendante, qui vont de la phénoménologie à l'ethnométhodologie.

D'autre part, si on s'attache à Marx, la recherche est représentée elle-même comme une pratique sociale. D'ailleurs, pour Marx, toute recherche est une pratique sociale, une action. Ce qui signifie encore que la recherche ne s'inscrirait pas dans le domaine de la contemplation — sens immédiat du terme *theoria* : le fait de regarder en contemplant — mais qu'elle serait d'abord action sur le monde. Elle s'inscrit par conséquent dans une continuité avec l'action. Cette perspective va légitimer et faire comprendre les célèbres classifications de Jean Dubost montrant la relation immédiate de la recherche-action avec les différentes modalités d'intervention sur les institutions ou sur les organisations, et elle renvoie à ces liens avec les notions déjà évoquées de changement, de développement.

Donc Marx permet de penser autrement le rapport connaissance/pratique. Cet enracinement « marxien » éclaire un deuxième aspect de la recherche-action.

Une pratique collective

Le deuxième principe, qui me semble particulièrement clair dans l'origine marxiste que j'attribue à la recherche-action, est la mise en évidence que cette pratique de recherche est fondamentalement et nécessairement une pratique collective. Mais dans un sens assez différent de la question de savoir si c'est une recherche à plusieurs. Car il est évident que la recherche la plus traditionnelle, de plus en plus, est une recherche d'équipe. La recherche la plus classique s'inscrit dans des réseaux et, par conséquent, dans des coopérations. Quelle que soit son importance, le mot « coopératif » ne dit pas tout du collectif. Il me semble plus original ou plus profond de montrer qu'il existe un rapport étroit entre la production de connaissances et la capacité d'un groupe, d'une classe sociale, d'un ensemble professionnel, de se produire comme collectif, c'est-à-dire de se poser à la fois comme sujet mais aussi comme réalité sociale à reconnaître. C'est par le même processus que différents groupes sociaux à la fois produisent des connaissances et se produisent en tant que groupes à reconnaître.

Production de connaissances et émancipation

Le troisième point de renversement, chez Marx, consiste à montrer que la production de connaissances est inséparable d'un projet d'émancipation. D'une part, il s'agit d'un positionnement, au sens politique, dans des rapports de forces sociaux : positionnements, par exemple, de certains éléments de la classe moyenne quand il s'agit de la recherche-action menée par des travailleurs sociaux par rapport à certains systèmes de pouvoir ; positionnement aussi de pays autrefois colonisés exigeant la capacité de produire du savoir, mais en même temps de se produire comme groupes n'obéissant pas à des systèmes universitaires classiques et caricaturaux. Mais c'est aussi un positionnement symbolique dans la mesure où cette recherche ou cette connaissance, en tant qu'elle est un processus de réflexivité d'un groupe social sur lui-même, apparaît comme constitutive de ce procès d'émancipation. Sans vouloir ni être cuistre, ni entrer dans le détail, je trouve extrêmement important, pour comprendre ce rapport entre recherche-action et émancipation, de se référer à la lecture d'Habermas. Il montre que l'une des particularités des sciences humaines et sociales est de ne pas seulement s'inscrire dans un intérêt de maîtrise du monde et de domination du monde, de ne pas même s'inscrire seulement dans la possibilité de cet *Agir communicationnel* (titre d'un de ses ouvrages) mais d'être très directement lié au procès d'émancipation, que celle-ci soit individuelle ou collective. Découvrir que la recherche-action peut constituer le lieu d'investissement correspondant à une émancipation individuelle ne contredit ni sa signification politique, ni son souci de connaissance, si, effectivement, tout projet de connaissance se caractérise, entre autres aspects, par les intérêts dont il est porteur.

J'insisterai sur ces deux derniers points — « collectif » et « émancipation » — en les rapportant à cet objet très particulier que sont les itinéraires de DHEPS et en montrant que, à travers tous ces projets de recherche-action, se joue la manière dont un certain nombre de groupes sociaux vont à la fois se construire des fonctions propres, essayer d'élaborer ce qu'ils vont appeler quelquefois des « savoirs propres » ou des « savoirs sur soi » et aboutir à la capacité de se former. On les aurait dénommés autrefois, dans un langage maoïste un peu comique, comme appartenant à la classe « moyenne basse » et ayant une faible identité sociale du fait que leur savoir, leur pratique, leur inscription sociale se déterminent par relation avec des groupes dominants. L'exemple le plus typique serait celui des infirmières exécutant la prescription médicale, en n'existant que par le savoir et par l'acte de quelqu'un de dominateur. Ce processus de construction d'un savoir, d'un savoir sur soi et d'une capacité à se former, peut être mis en lien avec le processus de professionnalisation. La « professionnalisation » est ici entendue au sens fort, anglo-saxon du terme, c'est-à-dire la capacité d'un corps social déterminé à ne pas être simplement l'exécutant de savoirs, à ne pas se plier à des savoirs sur soi élaborés ailleurs, mais à être en quelque sorte constructeur de l'autonomie de son action et finalement de sa capacité à « professer », à enseigner lui-même ses membres sans faire appel à des savants de l'extérieur. Ce même processus, qui touche aussi aux activités des Collèges coopératifs et du DHEPS, se retrouve finalement dans les rapports que ces formations entretiennent soit avec des groupes relativement démunis ou rejetés — c'est le cas avec les ACORA (ateliers coopératifs de recherche-action) —, soit avec les sociétés du Sud dans un processus de décolonisation. Là aussi le mouvement d'émancipation se construit autour de ce procès de construction de savoir qui à la fois permet de défendre et de maintenir la singularité de sa propre culture, non plus comme « un allant de soi », non plus comme le seul monde réel, mais comme mode particulier d'appréhension du monde et donc comme moyen de passage à des connaissances universelles.

Autrement dit, dans ces procès de production et de reconnaissance de groupes, de classes ou d'ensembles professionnels, et dans ce processus de construction de savoir qui est en même temps émancipation, le sujet à la fois reconnaît ou fait reconnaître son histoire particulière, mais en même temps s'inscrit et prend place dans un ordre symbolique, dans le monde de la culture. Par conséquent, il développe une capacité à reconnaître sa propre subjectivité et à la faire reconnaître tout en s'inscrivant dans de l'universel, dans des règles plus ou moins impersonnelles et indépendantes de son contexte historique.

Ce point me paraît très important. C'est ce qui va permettre de distinguer cette reconnaissance de la culture en tant qu'accès à la culture de ce qu'ont été, par exemple, les culturalismes développés par un certain nombre de sociologues.

La question de l'implication/distanciation

Cette réflexion sur des formes de constitution de collectif et d'émancipation nous amène aussi à nous réinterroger sur la question de l'implication. Nous savons à quel point cette question est au cœur du débat sur la recherche-action, mais il est dangereux de tomber dans une sorte de piège tendu par la pensée canonique ou classique, consistant à opposer l'implication à l'objectivité, en donnant prise à une sorte de débat disjonctif de rejet de l'une ou de l'autre. La science classique essayait d'opposer l'objectivité à la subjectivité et de positionner celui qui sait dans un rapport d'extériorité par rapport au connu. Tandis qu'au cœur de la recherche-action, un travail d'objectivité s'effectue, non par un processus de mise à l'extérieur, mais par un processus tout à fait différent qui est celui de la distanciation. La distanciation est ce mode particulier de la recherche-action dans lequel se construit le rapport d'un sujet avec la connaissance, qui ne l'amène pas à se situer dans un au-delà ou dans un en deçà des connaissances qu'il produit, mais bien à construire ce modèle très particulier. Ceci est aussi vrai à propos des phénomènes des sociétés du Sud ou de sociétés démunies évoquées précédemment : le problème n'est pas de coïncider avec sa culture afin de l'opposer à des savoirs universels, mais de constituer par la distanciation à la culture d'origine, qui reste une intériorité, les moyens d'un accès à des formes collectives.

À travers ces trois remarques et les suivantes sur le travail de la distanciation, nous sommes au cœur des enjeux particuliers des Collèges coopératifs et des DHEPS : ce travail simultané de construction d'un collectif (souvent, d'ailleurs, de collectifs professionnels et donc de professions au sens fort du terme), ce travail de production d'un sujet individuel dans un procès d'émancipation et, pourtant, aussi, ce travail de production de normes, de règles, de savoirs universalisables, qui ne sont pas hors de moi, mais à l'égard desquels je peux produire et me produire en prenant une distance.

Un autre exemple de ce type de production se situe dans le travail de l'écriture qui est au cœur des mémoires : par l'écriture, le sujet entre dans la reconnaissance d'un certain nombre de grammaires impersonnelles qui vont lui permettre de produire. Et l'écriture, à l'évidence, est une institution indépendante du sujet qui écrit. On identifie là, par conséquent, une façon de reconnaître et de jouer sur ce rapport de la singularité de chaque projet avec ces normes symboliques de l'écriture. C'est cette écriture qui va permettre à la fois de produire une œuvre, mais aussi de la produire pour autrui, c'est-à-dire de constituer un système d'échanges, de partages, mais aussi d'universalité possible.

Évacuer quelques « faux problèmes »

Ceci me paraît au centre d'une réflexion sur la recherche-action et permet peut-être d'évacuer, non pas des faux problèmes, mais des problèmes qui conduisent à des impasses. Un de ces problèmes serait de se poser la question de savoir si on est praticien ou chercheur. Je crois qu'il s'agit beaucoup plus, non pas de travailler sur les relations entre théorie et pratique, non pas même de travailler sur les relations entre des praticiens et des chercheurs (et le trait d'union de « praticien-chercheur » peut paraître ici ambigu), mais de travailler finalement sur des praticiens qui deviennent chercheurs. Le projet de recherche-action est bien un projet de recherche et un projet de se faire chercheur, de devenir chercheur, mais par une démarche de réflexivité, de mise en œuvre et de contestation et de critique, et en même temps un projet de se produire comme groupe reconnu dans ce travail du passage à la recherche.

De même, la question de savoir si la recherche-action produit des savoirs spécifiques, et par conséquent se demander si ces savoirs spécifiques peuvent s'articuler avec des savoirs scientifiques produits par ailleurs, est un faux problème. Je deviens chercheur, nous devenons chercheurs, également en recherche-action, lorsque le sujet connaissant s'approprie des savoirs scientifiques, y compris des savoirs qui ont été produits par des savoirs scientifiques traditionnels selon des formulations et des démarches très éloignées de lui. Mais l'originalité est ici que le processus d'appropriation, le rapport entre l'activité du sujet et les savoirs auxquels il accède, est un rapport extrêmement étroit ; alors que, très souvent, dans le rapport de lecture ou d'apprentissage, on adopte une sorte de respect des éléments qui seraient dotés d'une validité propre indépendamment de l'activité qui nous y conduit. Ceci me paraît d'autant plus important qu'on observe, à partir de là, des conséquences importantes sur notre conception même du procès de formation. La formation n'est pas l'accès à des connaissances transmises, mais la mise en œuvre d'un certain nombre d'activités nous faisant coauteurs de connaissances qui nous sont préexistantes et que, pourtant, nous coproduisons dans les formes d'accès à ces connaissances que nous réalisons. En outre, cela montrerait le caractère dangereux du modèle didactique qui parle de « transposition » en opposant le savoir savant au savoir enseigné et, par là même, induit que ce savoir savant dispose d'une sorte de savoir d'existence en soi, autonome, indépendamment des activités qui permettent de le construire.

Deux registres de travail sur la recherche-action

Les points que je viens de parcourir me permettent d'aboutir à deux ensembles de questions. Si nous voulons travailler la recherche-action, nous avons intérêt à la travailler sur deux registres. Registres que je n'opposerai pas comme un registre noble ou essentiel à l'autre qui le serait moins.

Le registre pragmatique

Le premier, sans doute le plus commun, est le registre clairement et franchement pragmatique et praxéologique. Dans ce registre, nous avons à travailler sur la manière dont la recherche-action permet à chacun de devenir sujet de sa recherche pour, par conséquent, faire de cette recherche-action un ensemble de pratiques nous conduisant, peut-être le plus profondément, à une réflexion sur ce qu'est la formation. Autrement dit, je renverse un peu les termes : très souvent, on part du procès de formation pour utiliser ce procès au service de la recherche-action. Nous avons intérêt à renverser cette problématique en montrant que la réflexion sur la recherche-action nous permet, peut-être, de comprendre au mieux ce qu'est un processus de formation.

Toujours dans ce registre pragmatique, je crois que la recherche-action a une signification politique (au sens usuel du terme) extrêmement importante dans la mesure où le paradigme de la recherche traditionnelle nous conduit presque inévitablement au modèle de la société de l'expertise : un savoir dont disposent un certain nombre de personnages qui le mettent à la disposition de décideurs ou de populations, dans des secteurs comme le nucléaire, l'agriculture, la santé, l'université... À long terme, sans cesse, ce procès de la science, conduisant à des modèles de l'expertise, nous amène nécessairement à des formes d'aliénation qu'elles soient internes à certains pays ou qu'elles soient l'aliénation des pays à « experts » par rapport aux pays qui n'en disposeraient pas. Par conséquent et paradoxalement, le modèle de la science classique nous amène, je dirais d'une manière un peu violente et un peu sommaire, à la fin de la démocratie. Du point de vue pragmatique, la question de la recherche-action, en ne situant pas le savoir comme un savoir expert, mais comme un savoir à produire, est très directement liée à la démocratisation.

Enfin, on pourrait montrer que la recherche-action permet de poser simultanément le problème de la reproduction des connaissances et celui de l'appropriation des connaissances et permet, par conséquent, d'échapper à ce dilemme, très classique et de plus en plus actuel, de l'indépendance, de l'autonomisation des processus de recherche par rapport aux processus de diffusion, de mise à disposition, appelés d'ailleurs vulgarisation.

Dans un registre pragmatique, on pourrait également montrer que la recherche-action, parce qu'elle est une recherche autre, qui ne repose pas sur une commande extérieure, mais en quelque sorte auto-promue par ceux-là mêmes qui la mènent, permet de poser la question de la recherche et de la reproduction des groupes sociaux indépendamment des mécanismes économiques et financiers où les décisions de recherche sont très liées à des systèmes de pouvoir politique et échappent complètement aux chercheurs déterminés par les ressources mises à leur disposition. Pour me résumer, je redirai que ce registre pragmatique mériterait d'être analysé autour des quatre points non exhaustifs mais essentiels :
- le problème de l'émergence du sujet comme sujet auteur de sa recherche ;
- le problème de la formation et de la démocratisation ;
- le problème de la dissémination du savoir et de son appropriation ;
- le problème de la relation entre la science et la politique.

Le registre philosophique

Mais je crois qu'il existe un autre registre, philosophique celui-là, au sens où le projet de la recherche-action est le projet même de la philosophie. Cela peut paraître extrêmement paradoxal — quand on s'adresse à un univers professionnel qui a souvent été vécu sous la forme de la reconnaissance d'acquis personnels, professionnels, expérientiels, dans un système de promotion sociale — de dire que l'enjeu véritable de la recherche-action serait de reconstituer le champ philosophique qui a été dispersé, distribué en secteurs différents. De ce point de vue, il serait important de voir :
- à quel point, indépendamment des pratiques explicitement appelées recherches-actions, le champ scientifique est aujourd'hui travaillé par des concepts originaires de l'éthique ;
- comment se réintroduisent quelquefois à travers des comités d'éthique, des systèmes de réflexion sur le politique, le citoyen, le local ;
- et de montrer que le débat traditionnel sur la question de l'objectivité, transformée très souvent en objectivation, comprend aujourd'hui la réflexion sur la position du chercheur, la réflexion sur les catégories à partir desquelles nous essayons de penser le monde.

Par conséquent, l'opposition traditionnelle entre un intérêt de connaissances pures et les intérêts pratiques de la recherche devient aujourd'hui relativement caduque. Ces intérêts de connaissances comprennent nécessairement la réflexion sur la position du chercheur, sur ses implications, sur ses catégories d'analyse et sur la manière dont son savoir s'inscrit dans un système social. Ce qui nous autorise ou nous oblige à reconstituer ces dimensions éthique, politique et épistémologique. Ceci est particulièrement vrai des sciences sociales, dans la mesure où elles participent à la fois de la connaissance et de l'action, mais où elles sont aussi un exercice de réflexivité de la société sur elle-même. Nous sommes donc dans l'impossibilité de travailler dans un vase clos. Cette question du travail sur l'unité entre éthique, politique et épistémologie se développe et se révèle de plus en plus nécessaire. Même dans la recherche traditionnelle se manifeste le problème du rapport au terrain, le problème de la restitution des savoirs : la manière dont le sociologue ou le chercheur le plus traditionnel montent quelquefois une expérimentation, conduit toujours à se demander à qui ils destinent et restituent les savoirs qu'ils ont essayé de construire.

Ces quelques interrogations nous montrent que, en partant de ce renversement que Marx aurait opéré par rapport à une épistémologie classique, une réflexion sur la recherche-action permet, très paradoxalement, non seulement de légitimer celle-ci, mais aussi de mieux appréhender ce qu'est la recherche et le savoir en général. ∎

Débat

Q. - J'ai fait un DHEPS au Collège coopératif et un DEA au CNAM l'un et l'autre en recherche-action. Je suis donc praticien-chercheur et assistante sociale dans un service de psychiatrie à Paris. Je voulais intervenir sur la dimension épistémologique, éthique et politique que définit votre propos comme un point important. Pourrions-nous évoquer la notion des valeurs et le principe de responsabilité : envers qui le chercheur-praticien est-il responsable ? Comment se pose cette question de la responsabilité qui, d'après moi, reste entière sur le point de l'éthique. Qu'est-ce que cette vérité que l'on trouverait dans la recherche sinon une vérité ou un sens qui seraient co-construits avec d'autres dans un principe de responsabilité ?

Q. - Je suis consultant dans le domaine des politiques sociales. J'achève mon DHEPS. Je voulais revenir sur un point : la distinction entre mise à l'extérieur, objectivation et distanciation. Les praticiens-chercheurs y sont confrontés dans le cadre de leur recherche-action, mais éventuellement aussi dans le cadre d'une pratique professionnelle ou d'une pratique sociale. Ce processus de distanciation qui laisse un sujet à l'intérieur de lui-même ne nécessite-t-il pas des changements de posture ? Or, chacun sait que ce qui est extrêmement difficile à réaliser n'est pas la mise à l'extérieur, mais les différents positionnements possibles, selon qu'il est en position d'acteur ou en position de chercheur. Personnellement, je plaide que la posture de militant est incompatible avec la posture de chercheur, mais je suis prêt à en discuter. Je ne dis pas qu'un militant ne peut pas réaliser de recherche-action mais que, en tant que militant, il doit abandonner quelques instants la posture de militant et adopter la posture de chercheur pour réaliser une recherche-action. Cet exercice fort difficile suppose, et, en même temps est, un ingrédient de la construction du sujet. C'est ainsi que je l'ai vécu et que j'ai envie de le conceptualiser. La recherche-action est d'abord une contribution à l'émergence du sujet, et j'insiste sur « d'abord ». Cet exercice extrêmement difficile, proposé dans le cadre d'une recherche-action, suppose effectivement la construction, le rassemblement, l'invention ; démarche, à la limite, qui se poursuit tout au long de la vie d'un sujet. Que ce sujet, ensuite, prenne sa place dans une démarche collective, je n'en disconviens pas. Que la recherche-action puisse aussi être un outil à la construction de mouvements sociaux, j'en suis convaincu. Mais, pour moi, elle est d'abord et avant tout un outil pour la construction du sujet.

Guy Berger - Effectivement, une des questions, à la fois éthique et politique, de toute recherche est de savoir qui verra son pouvoir accru par les connaissances qui ont été produites. Le modèle de la recherche « classique » se caractérise par le fait qu'elle s'inscrit dans une sorte de double mécanisme : les destinataires de la recherche sont les pairs, mais aussi finalement, ceux qui occupent des positions de pouvoir. Quels que soient les intérêts, les conceptions ou les positions politiques du chercheur, les modalités de la recherche font de celui qui a déjà le pouvoir le seul utilisateur potentiel de ce savoir. Le problème de la responsabilité que vous posez est de se demander comment, dans le processus même de la recherche, je peux faire en sorte que, le destinataire, celui à qui je m'adresse et qui voit son pouvoir accru par une connaissance accrue, soit quelqu'un pris dans un processus de développement et d'émancipation. Ce point important peut se traduire simplement : à qui je rends compte ? C'est encore plus vrai de la position du consultant. Un des moments essentiels de cette définition de la responsabilité est dans les règles de restitution, afin d'éviter le procès, bien connu de nos amis d'Afrique, de ces ethnologues ou sociologues qui venaient arracher des savoirs à une population pour les transporter ailleurs, les mettre à disposition d'acteurs (bienveillants ou malveillants, la question n'est même pas là) mais qui, finalement, ne contribuaient en aucun cas à ce processus de prise de pouvoir sur soi-même.

Pour réagir assez rapidement à ce que dit notre collègue, je voudrais insister sur le fait qu'il n'y a pas « étrangéité » entre l'apprentissage et le changement de posture. Il ne faudrait pas tomber dans un piège, souvent tendu dans le discours populaire sur l'éducation, consistant à dire que des sujets en difficulté seraient des sujets non socialisés et à socialiser. En réalité, avant de construire un rapport à la connaissance et au savoir, nous sommes, pour la plupart, caractérisés par nos emprisonnements, nos captations dans des appartenances, des mécaniques ou des évidences sociales. Une des fonctions majeures de la construction des connaissances est de déterminer le détachement avec ces formes de socialisation permettant ainsi de changer de posture. Je m'excuse de parler d'autre chose mais, par exemple, il est vrai que le discours actuel sur les êtres, qui apparente ces enfants à des sauvageons à socialiser, manque complètement son effet. Il s'agit d'abord de les arracher à des formes de socialisation d'autant plus puissantes qu'elles sont non pensées, non analysées, et que le travail de connaissance en est un moyen. J'ajoute que la clé du problème est ce changement de posture, mais aussi que le travail de la connaissance — en ce sens, je suis peut-être un enseignant classique et traditionnel — est un des outils majeurs de cette capacité de changer de posture, qui permet, ensuite, de passer à d'autres savoirs.

Q. - Je suis responsable d'un service social hospitalier. Je voudrais revenir sur cette question : la posture de chercheur oblige-t-elle à quitter la posture de militant ? Si la recherche-action a un rôle politique, entre autres tendre à plus de démocratie, on ne peut pas, dans cette perspective, quitter cette posture de « militant » (encore faut-il s'entendre sur ce que veut dire militant), à savoir la posture de celui qui a envie de changer quelque chose, ce qui est pour moi le rôle du militant.

Q. - Par rapport à cette question de l'implication militante et à la rupture à opérer avec ses pratiques militantes ou non pour entrer en recherche, je suis un militant chevronné avec une couche d'idéologie importante. Étudiant en DHEPS à Paris III, mon problème, depuis presque sept ans, est de construire la distanciation. Cependant cette interrogation ne m'empêche pas et d'avoir conduit des recherches, et simultanément de continuer à militer. Pour moi, être militant c'est d'abord être porteur d'un engagement, un engagement que l'on veut effectivement porter en actes. J'ai sans doute la chance d'avoir un point de vue marxiste et je considère que l'on est dans le dépassement de cette opposition théorie-pratique. Lorsqu'on milite, on vit cette opposition de manière concrète, sans forcément la conceptualiser. Raison de plus pour la travailler.

Guy Berger - En premier lieu, récuser la notion d'une position en extériorité, pour passer à la science, montre bien que je n'oppose pas distanciation et militance. Au contraire, un certain nombre de positions sommaires pour protéger sa militance (ce qui est une autre question) se caractérisent par une plus grande facilité d'adhérer aux formes les plus positivistes de la science, car elles ne réinterrogent pas ces positions éthiques et politiques. Par exemple, ce qui s'est passé dans l'ex-Union soviétique est frappant : progressivement les formes les plus positivistes de la science ont triomphé, mais également dans les pays intégristes, la science telle qu'elle est enseignée est une science totalement dogmatique et en extériorité qui ne réinterroge pas, mais protège, par étanchéité, les convictions personnelles des individus. Ceci montre bien que, poser la question de la recherche-action revient à poser celle de la militance, mais d'une manière interrogative. Cette réflexion entraîne deux idées :
- la nécessité ou la possibilité de fonctionner dans des registres pluriels, sans protéger une sorte de schizophrénie joyeuse, de reconnaître que nous sommes tous tenus d'avoir des registres différents ;
- la possibilité de réfléchir sur d'autres aspects de la recherche-action. La recherche-action n'est pas simplement la reconnaissance de moi-même comme sujet, mais aussi la contribution à la production de l'autre comme sujet. Ce qui modifie le rapport de militance. En effet, la manière d'être militant est assez facilement de concevoir un projet qui se manifeste sous la forme de la mobilisation de l'autre, de l'action sur l'autre, en fait sous la forme discutable d'un projet pour l'autre.

La militance se confondait souvent avec des formes de prosélytisme et de conviction. Si nous joignons à ce projet une forme de recherche-action deux conséquences se dégagent. Si le projet de la militance est aussi un projet d'émancipation, non seulement de soi mais aussi de l'autre, il n'y a pas contradiction entre recherche-action et militance. Ce choix implique un travail plus approfondi et une forme de remise en question du concept de militance.

Q. - Je participe au DHEPS comme enseignante, mais j'interviendrai ici en tant que membre du groupe de recherche *« Langage et travail »*. Je partage parfaitement l'idée que la pratique, la *praxis*, génère des savoirs spécifiques. Je me pose la question de l'absence de la dimension de l'activité de travail et qui, d'un certain point de vue, était aussi absente chez Marx et a été bien problématisée par l'ergonomie de la langue française. C'est elle qui a dégagé cette dimension-là et qui a montré que les savoirs et les connaissances issus du travail, avaient des spécificités que d'autres types de savoirs n'ont pas. En particulier, leur accessibilité et l'activité réflexive sur ces savoirs, les modes de distanciation par rapport à ces savoirs, leur mise en mots, leur mise par écrit, forme de distanciation non objectivante selon Vygotski, est tout à fait particulière et spécifique. Cette question de la problématisation du travail semble une dimension à prendre en considération dans les recherches-actions.

Q. - Concernant le militantisme, je crois que les questions posées s'orientent sur le rapport au militantisme et à l'idéologie. Une des pistes éventuelles pour joindre ces deux aspects est que nous sommes tous des militants du changement parce que la recherche-action, c'est la production du changement.

Q. - La recherche-action étant à la frontière de toutes les disciplines, si on pose le problème du militantisme sur le plan épistémologique, celui-ci est positif et objectif. Ce qui, d'après moi, a son sens dans le cadre de la recherche-action. Le militantisme en tant que tel et la recherche-action posent le problème de voir la recherche-action de l'intérieur et de l'extérieur, à savoir qu'il est possible de poser le problème de production de savoirs pour changer une situation et le retour à cette situation pour faire avancer la science.

Q. - Ce questionnement du militantisme et de la séparation ne vient-il pas du premier questionnement, de la finalité et du rôle de la recherche-action, si on est chercheur et/ou dans le champ de l'action ? Se poserait-on ces mêmes questions sur le rapport du militantisme à la recherche, si on était dans une recherche toute simple, « académique » ?

Guy Berger - Je connais assez mal le problème du travail. Cependant, ce qui caractérise le travail, qu'il s'agisse du travail physique ou du travail intellectuel, est qu'il me met simultanément en face de moi — y compris à travers le fameux problème de l'effort —, en relation avec le monde, en ce sens que celui-ci me résiste et en face d'éléments du social, d'une organisation, d'une distribution des tâches. Davantage, probablement, que dans des champs différents, cette coprésence d'un rapport à soi, d'un rapport au monde comme autre et d'un rapport à une structure sociale dans une relation d'altérité un peu différente, est importante et caractéristique. Les conséquences à en tirer en terme de recherche sont importantes. Le travail est devenu objet de réflexion dans ce sens depuis très peu de temps. Je pense aux travaux de Schwartz, Clot et d'autres. En même temps, on ne peut pas dire que la pratique serait porteuse directement de connaissances. C'est l'activité sur la pratique qui l'est. Le point commun dans les différents champs, ce qui construit mon savoir, est le rapport qui peut exister entre celui-ci et le caractère manifeste de la réalité, sinon le savoir est une croyance. Je crois que Napoléon est mort à Sainte-Hélène parce que je n'ai aucune raison de ne pas avoir confiance en mes maîtres, exactement comme Descartes ne peut fonder la connaissance que parce que, selon lui, ce sont des idées que Dieu a mises en moi et qu'Il n'a pas voulu me tromper. Alors que nous assistons au développement de réflexions, y compris sur la recherche-action, qui montrent que c'est l'activité qui produit le savoir et que c'est la possibilité de mettre en relation sa propre activité avec les connaissances auxquelles elle aboutit qui deviendra le support même d'un autre type de recherche et de rapport au savoir.

Sur la question de la militance, sous une forme extrêmement sommaire, la démarche d'aller-retour permanente dans laquelle je re-pose constamment mes positions est bien mise en évidence par la recherche-action. Elles sont remises en question à travers les connaissances et les actions qu'élabore le chercheur, en même temps que son repositionnement permet de réélaborer les catégories à partir desquelles il pense le monde. C'est toujours vrai. Les pratiques classiques de la recherche, opérées par une sorte d'aveuglement volontaire ou d'opacité, en tout cas de silence, sur la façon dont le sujet se repense en connaissance et se modifie sont presque inévitablement orientées vers la conservation, puisqu'elles laissent intacte une partie de nos conceptions, nous permettant ainsi d'en développer d'autres. Par certains côtés, même s'il est par ailleurs militant politique, le chercheur traditionnel veut la paix dans sa recherche et dans son laboratoire, tout en maintenant ses positions idéologiques et politiques de manière autonome. La recherche-action nous l'interdit. En ce sens, elle est difficile et pose peut-être des problèmes très particuliers. La critique que je me permets d'adresser au concept de militant est qu'il réduit l'éthique au politique. Enfin un certain nombre de processus de travail et de recherche permettent, en un certain sens, de poser la question du politique mais sans en faire le masque de la production de soi par soi ; même si cette démarche a évidemment une signification politique mais ne peut s'identifier totalement à cette notion du politique. C'est peut-être en ce sens que ce débat a lieu entre nous. La question de la construction du sujet est une question comprise par la réflexion politique, mais qui n'est pas épuisée par cette réflexion et qui ne l'épuise pas.

Q. - Je suis maître de conférences en Sciences de l'éducation à l'Université catholique d'Angers. Je voudrais revenir sur une tension dont je n'ai pas saisi l'explicitation entre appropriation et dissémination. Une des difficultés, que j'éprouve moi-même dans la recherche-action, est de savoir comment intégrer les leçons de la recherche-action dans un savoir universalisable, structuré par les champs et les disciplines traditionnels. D'une part, les sciences de l'éducation ont déjà un déficit de légitimité par rapport aux sciences traditionnelles, et d'autre part, faire de la recherche-action est plutôt perçu du côté de la singularité, de l'engagement. En conséquence, la reconnaissance par les champs disciplinaires de la transformation des connaissances acquises par cette recherche semble une question difficile à résoudre.

Q. - Je suis professeur à l'Université de Strasbourg. Je voudrais aborder deux points à propos du changement précédemment évoqué. Nous devrions réfléchir au problème du changement. On entend souvent, en particulier dans les réseaux DHEPS, que le changement serait obligatoirement positif. Or, nous devrions analyser le sens du terme « changement » au centre de ces débats. Deuxièmement, selon ces propos, la recherche-action est différente de l'expertise. Je partage tout à fait ce point de vue quand il s'agit des recherches-actions qui se pratiquent dans les Collèges coopératifs et dans le DHEPS. Mais il ne faudrait pas non plus oublier qu'il existe des recherches-actions-interventions, pratiquées dans les entreprises et dans les organisations et qui ne fonctionnent pas de la même manière que la recherche-action du DHEPS, notamment à cause du public participant à cette recherche et partant de son histoire et de sa pratique.

Q. - Je suis ancien dhepsien et en responsabilité dans le mouvement appelé « Chrétiens dans le Monde Rural » (CMR). En tant que praticien, je réagis par rapport à la question de la relation entre éthique et politique. Suite à mon DHEPS, je me suis moins engagé dans des recherches, mais je me rends compte qu'il est vraiment possible de le faire en tant que praticien. Dans un travail d'actualisation du projet et d'une grande consultation de l'ensemble des militants, on sent que la notion d'éducation populaire est à réhabiliter par rapport à l'accès à cette recherche-action par les « petites gens » ou à ceux qui se disent tels. Quelles questions posent la recherche collective et ses modalités ? Deuxièmement, il ressort de la consultation que nous menons sur *« Qu'attendez-vous d'un mouvement militant »*, une attente de l'ordre de la « veille éthique » pour mettre de l'éthique dans le politique. Réhabiliter la notion politique de manière plus large peut constituer un objet de recherche. Plusieurs questions l'ont posé, n'y a-t-il pas une relation à faire avec le terme de citoyenneté, face à la crise du lien social, etc. Que met-on derrière ce mot « citoyenneté » sinon tous les propos tenus ce matin ?

Q. - Je suis formatrice et consultante. Je suis aussi très concernée par les aspects pratico-pratiques de la recherche-action. J'aimerais que soient abordés, la prise de risque et les préalables à la recherche-action en milieu non-universitaire. Comment peut-on négocier les prises de risque et gérer le risque au cours d'une recherche-action ?

Guy Berger - La notion de prise de risque pour soi mais aussi pour l'autre est importante et vous abordez une phase clé : la négociation. Ce mot de « négociation » avec l'objet de la recherche est un terme sans aucune signification dans un modèle de type traditionnel. Vous êtes l'objet de ma recherche, que ce soit telle tribu dite sauvage observée de loin ou que ce soit l'enfant que je mets en situation expérimentale, je ne négocie pas avec lui. Or, la négociation n'est pas le consensus. Cela signifie d'ailleurs que les intérêts, les enjeux et les représentations sont différents des acteurs et que, paradoxalement, dans ce cas-là, toute recherche se construira comme une construction de compromis. D'ailleurs, je pense important de travailler sur cette construction permanente du compromis dans l'acte de recherche.

Un mot pour l'éducation populaire. Je suis frappé du fait que nous sommes à la fois dans une société extraordinairement individualiste et dite telle qui, en même temps et très curieusement, est extraordinairement sérieuse et sacrifie sans arrêt l'individu à des enjeux de production, de progrès de connaissances, de lien social, etc. Cela me rappelle l'idée, dans *L'Éthique* de Spinoza, que l'éthique aboutit à une conception du salut et du bonheur. Effectivement, l'éducation populaire était porteuse, outre sa fonction et sa signification politiques, de plaisir, de bonheur et de salut (dans un sens non religieux) de chacun. Le passage à la formation continue, les modes de reconnaissance des acquis, la manière de récuser tout gaspillage possible et de récupérer toute notre vie dans des réinvestissements, rend possible, simultanément, une société extrêmement individualiste et une société qui ne reconnaît absolument pas l'individu dans certaines de ses dimensions. Il ne me semble pas possible de faire de la recherche-action sans accepter que chacun « y prenne son pied », sans quoi nous retournons subrepticement à des formes dogmatiques traditionnelles déjà évoquées.

Le modèle même de construction du savoir qui, contrairement à l'imaginaire du progrès du XVIIIe siècle, s'avère la chose la moins facilement partageable au monde, contribue, en réalité, à construire des systèmes de savoir propres à tel ou tel groupe social fonctionnant comme l'expert auprès du décideur, sans que ni le décideur lui-même, ni les populations concernées quelles qu'elles soient, ne contribuent si peu que ce soit à cette connaissance et à cette élaboration. Peut-être est-ce, d'ailleurs, une des grandes déceptions de l'idéal du progrès et de la connaissance du XVIIIe siècle qui s'opposait justement aux Églises comme des savoirs non partagés. Il faut voir aujourd'hui, au contraire, le retour aux Églises signifier qu'il est parfois plus facile de partager ces types de connaissances et de savoirs que ceux de la science. Mais cela conduit nécessairement au modèle de l'expertise à savoir celui qui, ayant été chercheur, met ses connaissances à disposition d'un pouvoir quelconque. Ceci est inévitable et indispensable. Le paradoxe par rapport à la démocratie doit être travaillé. Il ne s'agit pas de dire qu'il ne faut pas faire de recherche-action en entreprise et avec des modèles relativement différents mais que l'existence de formes de recherche-action plus démocratiques est essentielle.

Par rapport à la question de l'inscription de la recherche-action dans les savoirs disciplinaires, j'ai résisté, autant que possible, à dire que la pratique produit des savoirs spécifiques. La recherche-action se nourrit de savoirs constitués, y compris produits dans des cadres disciplinaires, des cadres théoriques et des conceptions multiples. Cela prend une forme élémentaire : il ne me semble pas honnête, en tout cas au niveau d'un DHEPS, de mener une recherche-action, si elle ne s'alimente pas de lectures, de confrontations conceptuelles et théoriques. Par ailleurs, les savoirs produits par la recherche-action sont réinvestissables dans les champs de connaissance plus généraux, mais c'est « le rapport au savoir » qui est en jeu. Ce savoir n'est pas posé comme hors de soi et faisant l'objet d'une croyance et d'une acceptation mais il est produit dans un double processus :
- je construis un savoir, mais un savoir qui a la même destination que les autres : entrer dans le champ de la connaissance ;
- en même temps que je le construis, je construis le rapport que j'ai à lui.

Je ne partage pas l'idée selon laquelle à travers le rapport recherche-action/recherche traditionnelle serait en jeu une coupure entre deux univers de la connaissance. Au contraire, il me paraît important d'en construire en permanence l'unité. ∎

Roland COLIN
Président de l'IRFED, Président du Conseil scientifique du Collège coopératif (Paris)

Henri DESROCHE
et
les racines de la recherche-action

J'avais un ami qui se disait, de métier et de vocation, « passeur de frontières ». Il en avait franchi de nombreuses et souvent d'insolites. À prendre tant de chemins de traverse, on pouvait se demander s'il n'y avait pas, là, comme une seconde nature en lui.

Depuis le conte publié en première page du n° 1 de la première année de cette Revue, qu'il avait proposé à Louis-Joseph Lebret, alors son supérieur dans la vie dominicaine, de dénommer *Idées et Forces*, Henri Desroche — alias Jean Orian pour la circonstance — n'est pas souvent revenu sur ce thème, si ce n'est dans sa « quasi autobiographie dialoguée » : *Les mémoires d'un faiseur de livres* et, plus tard encore, dans les textes de son ultime Revue *Anamnèses*. Pourquoi partir d'un homme, ou de l'histoire d'un homme pour évoquer les « racines » de la recherche-action ? Peut-être parce que la recherche-action fait partie des « racines » de cet homme et que cet homme a été partie prenante des « racines » de la recherche-action.

Mais il semble nécessaire de préciser d'abord les termes de référence. Henri Desroche a évoqué à de nombreuses reprises le thème de la « recherche-action ». Il l'a rarement définie de façon abstraite. Je choisis, parmi d'autres, l'évocation qu'il en a faite lors d'une conférence à l'Université de Rimouski, au Québec, en septembre 1975, intitulée : « Développement ? Lequel ? » : « *Des hommes à qui l'on donne la possibilité de s'exprimer, de se désinhiber, de ne pas croire ou persister à croire qu'ils sont faits pour agir tandis que les autres sont faits pour penser, ces hommes qui veulent penser leur action, la traiter, la raisonner, s'en distancer, la critiquer, l'étendre, la surplomber, la prolonger, la rédiger, la présenter, la transmettre, ont un matériel magnifique [...] Et c'est cela que j'appelle la " recherche permanente " qu'il faut entendre comme la " recherche-action »*. Dans d'autres textes, Desroche met en évidence le passage du « statut d'acteur » au « statut d'auteur », sans que l'auteur cesse d'être acteur.

Mon propos est de prendre comme champ le terrain de la biographie desrochienne pour scruter, à différentes étapes, les processus, les circonstances à travers lesquels cette option s'est constituée, et, aussi, les rencontres qui l'ont provoquée ou développée. Dans le cadre où nous nous situons, il serait déraisonnable de prétendre à une étude complète. Je m'en tiendrai à quelques points significatifs, en assumant les risques sujets à critique d'un choix nécessairement arbitraire. Au risque de céder à une induction familière du Maître, je m'appuierai sur l'inventaire de sept cases que je vous convie à visiter avec moi. Ce périple nous permettra d'identifier, dans chacune, ce qui a contribué à former, chez Desroche, les références, théoriques et pratiques, de la recherche-action, devenue progressivement clé de voûte d'un système de pensée, d'une pratique pédagogique et d'une activité d'entreprise. Je propose cette trame, et nous verrons en cours de route comment l'orchestrer, allant plus vite ici, moins vite là, quitte à moduler l'analyse dans le débat que nous aurons dans son prolongement.

Dans ce parcours, je n'éluderai pas les témoignages plus personnels du compagnon que j'ai été, lorsqu'ils me reviendront en mémoire. Une base essentielle sera, nécessairement, *Les mémoires d'un faiseur de livres*. Poussant au plus loin l'investigation des racines, Desroche s'explique abondamment dans cet ouvrage sur le sens qu'il donne au « livre » dans sa vie. Pour lui, dans une connotation qui ne peut se détacher totalement des filières bibliques, le livre est le lieu par excellence de la production du sens. Le « faiseur de livres », dont il emprunte l'image à Gaston Bachelard, est, avant tout, un « acteur en recherche ».

Première case : De l'enfance roannaise au *Studium* dominicain, les années de primo-apprentissage

Desroche a connu le vécu d'une enfance modeste où a pris racine une conscience vive d'appartenance sociale jamais reniée, souvent commentée. Le jeune provincial qu'il est se voit soumis très tôt au défi de s'appuyer sur l'intelligence comme voie répondant à l'appétit de savoir — de comprendre le monde en se comprenant soi-même. Un seul chemin lui semble offert : la « vocation religieuse », puis c'est la bourse, les études secondaires et, comme naturellement, le *Studium* des Dominicains - le Saulchoir.

Le premier choc intellectuel — après une « tentation saharienne », peu connue, où il avait envisagé de se faire ermite, dans la trace du Père de Foucauld — est celui du thomisme. Guy Berger parlait tout à l'heure de Platon et de sa caverne. Le thomisme n'est pas une caverne, c'est plutôt une montagne. C'est le thomisme à la manière du Père Chenu. Ce sera, pour lui, une fidélité et une passion d'amitié pour toute une vie. J'ai eu aussi le privilège de croiser sur mon chemin cet homme rayonnant, dans sa « nonantaine », comme disait Desroche, sa silhouette blanche marchant à tout petits pas, rue de la Glacière, dans les parages du couvent, à la mesure des forces qui demeuraient dans ce corps fragile d'ascète combattant, dont le regard semblait éclairer toute l'histoire. Selon Chenu — ce qui lui a valu la persécution des institutions — le thomisme est une philosophie du réel travaillé par l'intelligence, soutenant donc une théologie incarnée. Pour Chenu, l'homme est un acteur qui réunit intelligence et travail. Je pense que ce rappel n'est pas étranger au champ que nous explorons ensemble. Desroche est parti de là.

Deuxième case : Dans l'équipe Lebret d'*Économie et Humanisme*

L'apport lebretien est l'une des composantes essentielles de la vision de la recherche-action chez Desroche. La « mystique de l'action » dont parlait Lebret, prenant source dans sa grande expérience du monde maritime, à partir de 1936, jette les bases de *l'enquête-participante*. C'est en proposant aux marins pêcheurs d'analyser leurs propres conditions de vie qu'il met en place le mouvement qui transformera en profondeur le secteur de pêche, à la fois économiquement, socialement, spirituellement.

Il a donc constitué des outils destinés aux acteurs de base qu'il a ensuite développés, ouvragés, dans son *Guide du militant*, ses *Manuels d'enquête*, et dont il ne conviendrait pas d'oublier aujourd'hui qu'ils représentent véritablement des instruments pionniers, à la base de l'enquête-participation. C'est là où elle s'invente.

1943 : la fascination de la *Communauté*. Ce terme va jouer un rôle déterminant, autant chez Lebret que chez Desroche. Tous deux vont en visite chez les « deux Marcel », selon leur expression : Marcel Barbu et Marcel Mermoz, dans cette étrange officine qui s'était créée dans le climat très difficile de la guerre et de l'occupation. C'était une communauté de travail, fondatrice de ce que l'on appellera ensuite les Sociétés coopératives ouvrières de production (SCOP). Lebret en avait inventé le sigle : Boimondau — *Boî*-tiers de *mon*-tres du *Dau*-phiné — les deux dominicains se passionnent pour cette « communauté de travail », qui est aussi « communauté de convictions » et « communauté de culture ». Ils avaient été introduits auprès de Barbu par André Cruiziat.

Desroche, avec l'assentiment de Lebret, et à la demande de Barbu et Mermoz, devient, selon sa propre expression, *« l'intellectuel organique des Communautés de travail »*, au sens de Gramsci. Il y vit l'utopie en acte, aux prises avec un réel qui résiste. Il engrange un premier outil de réflexion et de méthode. Il est chargé par ses partenaires de rédiger un bulletin qui va s'intituler, tout simplement, *Communautés*. Il en sera l'artisan au long cours. Cette publication est le support initial de ce qui deviendra la Revue *Archives de Sociologie de la Coopération et du Développement*. C'est là un laboratoire d'orfèvre, où se constitue la première alchimie vécue et puissante de la recherche-action.

Henri Desroche élabore et publie, en collaboration avec Lebret, la première monographie sur la Communauté Boimondau (Éditions *Économie et Humanisme*, 1944). Cette monographie, que je viens de relire, m'apparaît comme l'archétype prémonitoire de ce qui aurait pu être un mémoire de DHEPS — particulièrement réussi.

Dans ce lieu effervescent que représente, à l'époque, *Économie et Humanisme*, où l'on est à la fois en recherche et en action, la présence de Desroche ne va pas sans causer quelques remous. D'un bout à l'autre de son séjour dans cette équipe, il a eu le soutien ferme de Lebret, contre vents et marées.

Troisième case : La maison de Marx

Henri Desroche est lié aux prêtres ouvriers. Il s'installe au 48 de l'avenue d'Italie avec une petite équipe qu'il anime et dont l'engagement dans l'action sera recherche de sens. En plein accord avec Lebret, le marxisme apparaît comme une clé potentielle. Cela répond aussi à une obsession de Lebret : y a-t-il une conciliation possible entre Marx et la vision chrétienne ? Avant de fonder *Économie et Humanisme*, il avait songé à l'intituler « Centre d'étude du marxisme contemporain ». La position de Desroche, dans ce contexte, est, en relation étroite avec les expériences du vécu, de constituer les bases théoriques à partir desquelles pourrait se déclencher un mouvement. Beaucoup d'ingrédients sont présents dans cette situation pour établir la problématique de la recherche-action.

Desroche se met donc à l'ouvrage. C'est l'époque où paraît le livre choc de l'abbé Godin qui s'intitule *France, pays de mission*. Desroche est chargé d'y aller voir. Il est remarquable que le livre qu'il en tire lui-même porte pour titre *Signification du marxisme*. C'est une étape tout à fait majeure dans son itinéraire. Ce livre, dont un certain nombre d'exemplaires ont échappé au pilon dévastateur des critiques romaines, traite, selon une contre-lecture tout aussi légitime, du thème : « Signification de la société à la lumière du marxisme ».

Desroche découvre le marxisme comme *praxis*. Ce terme ne le quittera plus. Mais il avoue, comme inclination du cœur, qu'il adhère davantage à Engels — je le cite — « *avec son écriture lancéolée et galopante* », qui est « *au charbon en Angleterre, pour faire bouillir la marmite de Marx* ». Le dialogue se poursuivra autour de Marx tout au long de sa vie, en particulier avec Maximilien Rubel, l'éditeur de Marx dans La Pléiade — mais aussi avec tous les marxismes possibles et imaginables et leurs sectateurs, qui considéraient, dans leurs pèlerinages intellectuels, Desroche comme une station obligée. J'en ai rencontré quelques-uns dans son bureau, y compris les tenants de l'austro-marxisme — tout ce qui vient de Vienne n'est pas délétère — Desroche en faisait grand cas.

Le chemin de la recherche-action, pour lui, se conforte de ces conjonctions marxistes abordées avec discernement critique. Lebret approuve. Rome condamne. Desroche sort.

Quatrième case : 1951. À la recherche du salut hors de l'Église, sans concession ni reniement

Par la rencontre intellectuelle avec Ann Lee, prophétesse de la secte des Shakers, Desroche commence l'exploration des prophétismes et messianismes et de leurs inductions communautaires. Il en fait le fondement d'un brillant mémoire pour le Diplôme des Hautes Études, qui lui ouvrira la porte de l'institution universitaire. Il entre dans une démarche typologique et comparatiste qui le conduira au *Dictionnaire des messies*. Et l'on voit, alors, le sociologue des religions irrésistiblement porté vers la sociologie des utopies coopératives — avec un passage obligé par les socialismes utopiques, contrepoint ou contrepoids aux références marxistes devenues pesantes par leurs liaisons aux pouvoirs despotiques des « socialismes du réel ». Les religions étaient pour Desroche, des entreprises désespérées et désespérantes de production du sens. L'entreprise critique est marquée à la fois d'une allégresse créative et d'un tragique constant.

La grande question, puisque les utopies se créent à travers des creusets communautaires, va être de retrouver la problématique de la Communauté telle qu'il l'avait rencontrée chez Lebret. La Communauté peut-elle faire se rejoindre la conquête partagée du sens et la production coopérative des réponses aux besoins humains ? Une parole partagée par l'action. Nous restons là encore dans notre problématique d'aujourd'hui.

Cinquième case : La rencontre du Développement

Elle se poursuit à travers Lebret, malgré les apparences. Desroche avait aussi rencontré le Perroux des jeunes années, alors équipier d'*Économie et Humanisme* à Lyon. Desroche et Lebret se suivaient étroitement à distance, jusqu'au jour où ils se sont physiquement retrouvés, sous les auspices de Mamadou Dia, à Dakar. Lebret avait accepté d'être conseiller du gouvernement pour le premier Plan sénégalais. Il avait suggéré à Mamadou Dia d'appeler Desroche à la rescousse. Mamadou Dia est un autre acteur de premier plan qui fait irruption sur cette scène et ne la quittera plus — il y est encore, Dieu merci ! — Il est tout à fait passionné par cette problématique : comment créer des acteurs libres et responsables à partir de sujets dominés ? Toute sa stratégie de création de structures autogérées, dans le tissu paysan sénégalais, rejoint profondément les enjeux des rêves, des tentatives, bien que situés dans d'autres horizons culturels, de Lebret et de Desroche. Ils vont faire cause commune avec Dia pour créer ce qu'on a appelé les « animations participatives ».

C'est ainsi qu'ont eu lieu les retrouvailles. Je me souviens, c'était un dimanche, à Dakar, à la Fraternité Saint Dominique, sur la route de Ouakam. L'un et l'autre ne s'étaient pas vus depuis la séparation de 1951, dix ans auparavant. L'un et l'autre avaient en commun de pratiquer l'art de la pipe avec un certain bonheur. Chacun avait sa bouffarde et, sortant la pipe des dents, Desroche parle le premier et dit à Lebret : « Hello ! Capitaine ! ». Tout était dit, et tout était renoué à partir de ce moment-là.

C'est aussi le temps où Desroche vient de fonder le Collège coopératif, alors que Lebret venait de créer l'IRFED (Institut de Recherche et de Formation pour l'Éducation et le Développement).

Je dois faire ici référence à une autre racine extrêmement importante, se mêlant aux précédentes. Un autre personnage, parfois haut en couleurs, parfois difficile à cerner, entre en scène, à son tour. Je parle de l'abbé Pierre, avec ses équipiers. En 1957, il avait été appelé au Maroc par le roi Mohamed V. Ce dernier nourrissait, ainsi que son gouvernement, les plus grandes inquiétudes, au moment de l'indépendance, face au développement sauvage de l'urbanisation périphérique de Casablanca, qui devenait monstrueuse. Il cherche des expériences en mesure d'inspirer des solutions nouvelles. C'est le moment où Emmaüs apparaît dans le paysage français. Les Marocains demandent à l'abbé Pierre d'envoyer une équipe d'Emmaüs chez eux. Cette équipe comprenait notamment Yves Goussault, Henryane de Chaponay. Ils analysent la situation urbaine, notent que la source des problèmes est dans le monde rural où sévit un exode paysan à flux croissant. C'est là qu'il faut d'abord enquêter et agir. Une équipe marocaine se transporte avec eux à Marrakech et organise une session d'études à partir de délégués paysans désignés par leurs communautés pour réfléchir sur leur propre condition et sur les causes de l'exode rural. C'est la première session d'animation rurale apparue dans l'histoire africaine. Il s'y passe un phénomène de première importance, manifestant un processus de recherche-action à l'état naissant. Ces paysans, pour la première fois, se construisent une parole capable d'exprimer leurs problèmes et découvrent, dans cette démarche, que cette parole est génératrice de pouvoir. À partir de là, toute une stratégie naît, qui sera aussi une pratique d'éducation populaire.

Peu de temps après, Mamadou Dia lance son animation participative au Sénégal, cherche une inspiration méthodologique. Lebret conseille à Dia d'appeler les tenants du mouvement marocain, spécialement l'équipe initiale qui s'était autonomisée par rapport à Emmaüs et était devenue l'IRAM (Institut de Recherches et d'Applications des Méthodes de Développement). Elle soutiendra méthodologiquement, en synergie avec l'IRFED de Lebret, ce qui va devenir une des grandes expériences de référence des stratégies africaines de Développement, souvent marquées d'un certain sceau du tragique. Et Desroche est là. Il en est toujours, quelque peu, « l'intellectuel organique » par vocation.

Cette animation participative et démocratisante se propage, depuis le Maroc et le Sénégal, à Madagascar, au Niger, en Algérie après l'indépendance, et aussi dans certains terrains stratégiques de premier plan en Amérique latine (le Brésil de Miguel Arraes, le Chili d'Allende, le Pérou, le Venezuela...).

Se tiennent, ainsi, au Collège coopératif de Paris, du 16 au 19 septembre 1964, les Journées d'études internationales de l'Animation, organisées par l'IRAM et le Collège coopératif. C'est un de mes souvenirs personnels marquants. Dans ce cadre, émerge en force la dialectique des réseaux et des appareils. Desroche l'exprime tout particulièrement. Cette dialectique est l'un des ressorts essentiels de la recherche-action. Les réseaux sont les supports de sens, les appareils sont les vecteurs de l'action. Desroche affirme que la coopérative autogérée que l'on cherche à mettre en place est tantôt réseau, tantôt appareil, idéalement les deux à la fois. C'est la tension entre la logique du réseau et la logique de l'appareil qui permet à la dynamique sociale de progresser, d'intérioriser les objectifs du développement dans la société. Cette tension entre les deux logiques est l'une des clés indispensables pour comprendre la recherche-action.

Et vient le temps des utopies brisées, la chute d'Icare. Icare sombre à la mer. Saura-t-il nager, gagner d'autres rivages ? Toutes ces expériences reçoivent le choc en retour des stratégies internationales du profit — que l'on observe aujourd'hui et que l'on nomme « globalisation économique et financière ». Mais Desroche ne s'en tient pas là. Avec ses compagnons, il manifeste une certaine capacité de renaître. Icare n'est pas mort. Henri Desroche cultive ce qu'il appelle la *« sociologie de l'espérance »*, dont il fera le titre d'un beau livre. Dans cette ligne, progressivement, il écrit, instrumente, construit, fait passer par la médiation du livre les fruits de l'expérience dont il est porteur. Le texte le plus abouti me semble son article, publié dans les *Archives de Sciences Sociales de la Coopération et du Développement* (n° 59, janvier-mars 1982) sous le titre : « Les auteurs et les acteurs - La recherche coopérative comme recherche-action ». Il y met en exergue une phrase de Milovan Djilas : *« Les jeux de l'arène dépendent des spectateurs, mais ce ne sont pas les spectateurs qui gagnent la partie »*. Il cite aussi Francis Jeanson, avec qui il avait noué relation à l'époque : « *Il est parfaitement vain de s'interroger de mieux en mieux sur l'Homme, si c'est au prix de s'entretenir de moins en moins avec des hommes* ».

Nous sommes-là au cœur de la construction à la fois intellectuelle et praxéologique de la recherche-action. Desroche évoque les démarches constitutives de cette « nouvelle sociologie ». Il les organise ainsi :

« *Habiliter ou réhabiliter la* culture *des acteurs devant les pouvoirs de leurs obédiences - (à la manière de Paul-Henri Chombart de Lauwe) - la* créativité *des acteurs devant les* contraintes *des systèmes (à la manière de Crozier) - la* voix *des acteurs devant le* regard *du chercheur (à la manière de Touraine) - la* compréhension *des acteurs devant l'*explication *de leurs conditionnements (à la manière de Boudon)* ».

C'est dans ce même texte qu'il explicite la tension dialectique entre *l'implication* et *l'explication*. Lorsque la recherche-action porte sur l'action, c'est une explication. Lorsqu'elle se fait pour l'action, c'est une application. Lorsqu'elle s'opère par l'action, c'est une implication.

Il analyse le rapport entre la recherche-action personnelle et la recherche-action collective : on revient alors à la problématique de « l'intellectuel organique », et à la dialectique de l'Auteur et de l'Acteur. On devrait en dire bien plus, mais mon propos, aujourd'hui, est tout simplement de dévider le fil de l'histoire.

Sixième case : Desroche au pays des appareils

Le premier appareil qui l'a accueilli, après son éviction de l'Église, a été l'École Pratique des Hautes Études — ces termes étaient hautement signifiants — qui est devenue, dans la partie qui le concernait, l'École des Hautes Études en Sciences Sociales (EHESS). Il aimait à rappeler qu'il devait, pour partie, son élection à François Perroux, qui était au Collège de France, et qui avait beaucoup pesé pour convaincre ses pairs, Directeurs d'études à l'École. Il s'ensuivra, quelques années après, une grande lutte intérieure : l'École devient le lieu d'un affrontement stratégique dont la recherche-action est l'épicentre.

Desroche va mener un combat périlleux, fascinant non seulement ses alliés, mais parfois ses adversaires. L'arbitre en était François Furet qui présidait l'EHESS. J'ai eu la chance, aux côtés de Desroche, d'être associé à un certain nombre d'épisodes de cette histoire. Desroche disait à son Président : « *À côté de l'École des Hautes Études en Sciences Sociales, il paraît essentiel de créer, à parité de statut, une École des Hautes Études en Pratiques Sociales. Cette dernière devrait être le creuset dont la société française a besoin pour acclimater, en son sein et dans ses dynamiques, la recherche-action qui seule permettra au Politique, et pas seulement au Savoir et au Pouvoir, de disposer des outils pour remodeler la Société* ». Ce combat, longtemps incertain, a été perdu dans la sphère des appareils, et il en est ressorti le Réseau des Hautes Études des Pratiques Sociales (RHEPS). Puisqu'on ne pouvait construire un nouvel appareil, on créa un réseau, prenant quelque peu les appareils à contre-pied, avec la complicité de certains de leurs membres. On va ainsi développer un système éclaté, au sein de la communauté scientifique et intellectuelle française. Ce projet desrochien va alors pénétrer dans des horizons divers, s'infiltrer dans des universités prestigieuses, y compris celle qui accueille notre rencontre aujourd'hui.

Ce système du RHEPS qui se met en place est en même temps un terrain où se cherche, s'ouvrage, s'éprouve la recherche-action : à la fois *sur*, *pour* et *par* selon la dialectique que j'évoquais tout à l'heure. Je dois rappeler, à cet égard, que j'ai participé à des temps de dialogue profond entre Desroche, Mamadou Dia et Lebret, d'où il ressortait qu'on ne peut pas, dans une stratégie de Développement, faire l'économie d'affrontements avec les grands appareils. Il faut que la dynamique de transformation sociale, au prix de ces affrontements, habite les appareils, qu'elle habite l'État, les grandes structures, et donc aussi les structures universitaires. La place du Diplôme des hautes études des pratiques sociales, notre DHEPS, se profile à travers cet épisode que je nommais : « Desroche au pays des appareils ». Le DHEPS se pose comme un instrument, et bien plus : à la fois un instrument de capitalisation des connaissances, d'ouverture des savoirs et de potentialisation du pouvoir des acteurs sociaux — produit de la recherche-action, le DHEPS est, en même temps, producteur de la recherche-action. Nous sommes là, me semble-t-il, de façon satisfaisante, en accord avec les ambitions fondatrices. Mais, par nature, réseau au sein des appareils, c'est un combat qui ne sera jamais définitivement abouti.

Reste ma dernière case, où je serai contraint de mettre beaucoup de substance.

Septième case : Desroche au royaume des intelligibles

Dans le flot des grands fleuves des théories, des affluents adjacents, des rivières et moindres ruisseaux, tout l'intéressait. Il s'attachait à faire son miel de tout cela.

On peut voir, à travers ses aventures antécédentes, de quoi s'est nourrie la conception qu'il se formait de la recherche-action et qu'il a diffusée et disséminée. Cette conception, à travers sa pensée et sa pratique, il faudrait beaucoup de temps pour en établir l'histoire. Là encore, au risque de quelques injustices ou de quelque arbitraire, je planterai quelques jalons. J'établirai mon propos au regard de quelques rencontres. Elles peuvent apparaître disparates, mais, dans la vigueur de l'intuition desrochienne un fil relie ces personnages, ces auteurs, ces intelligences.

Maurice Blondel et *L'Action*. Desroche a lu avec passion la thèse de Blondel qui avait été publiée après un « échenillage » qui en avait, selon lui, ôté une part de la puissance. Il s'en était procuré un exemplaire dactylographié intégral, il la lisait, la relisait, me disait-il, au moins une fois par an.

Les Saint-Simoniens, bien sûr, et leur postérité, tout spécialement dans la ligne des socialismes utopiques, avec une tendresse particulière pour Fourier. Lorsqu'il relate, quelques années après, ce dimanche dakarois de retrouvailles avec Lebret, dans ses *Mémoires d'un faiseur de livres*, il rapporte un propos, que j'ai retrouvé aussi dans mes souvenirs personnels. S'agissant de Lebret, il note : « *Je l'ai asticoté, lui suggérant que j'allais écrire un grand article pour démontrer que ce*

" corpus *Lebret* " n'était pas autre chose qu'une fantastique récurrence de Saint-Simon et de son *Nouveau Christianisme* ».

Au-delà d'une certain charge utopique du courant saint-simonien, quelques fascinations subséquentes, les théoriciens de l'autogestion, Kardelj et Djilas, bien sûr, qu'il citait volontiers, et aussi Rudi Supek qui a été l'un des grands inspirateurs critiques du système yougoslave. J'ai partagé, avec le même sentiment, ce dialogue personnel avec Supek que j'avais rencontré dans une conférence de l'Unesco sur la participation.

Je ne voudrais pas oublier les Français, et souligner une amitié et une connivence particulières entre Desroche et Yvon Bourdet, dont on a peut-être trop oublié, aujourd'hui, la façon dont il a contribué à implanter, en France, la problématique de l'autogestion. Pour Desroche, le rapport « sujet », « projet », « trajet » évoquait, de façon particulièrement sensible, l'expérience autogestionnaire. Dans une relation non exempte de conjonctions flambantes et de désamours tragiques, Albert Meister y fut régulièrement associé.

Le « cher collègue » Castoriadis (ainsi le nommait-il volontiers) et les sociologues institutionnalistes, apportèrent à sa construction intellectuelle quelques pièces décisives. Castoriadis voisinait avec Desroche à l'École des Hautes Études, et son *Institution imaginaire de la Société* le fascinait beaucoup. Lui aussi, en effet, était passé par le marxisme, avait subi, de façon déchirante, l'épreuve du feu. Au-delà de cette épreuve du feu, il s'en était quelque peu fait orfèvre. Il y avait élaboré quelques-unes des références importantes qui perdurent dans l'intelligence du monde où nous sommes, en particulier cette dialectique de *l'instituant* et de *l'institué*, qui n'est pas, non plus, étrangère à l'univers de la recherche-action. Contre un savoir institué, comment susciter un savoir instituant ? Contre un pouvoir institué, comment fomenter un pouvoir instituant ? Si ce n'est en alliant le pouvoir instituant et le savoir instituant contre le pouvoir institué et le savoir institué. Vaste programme !

Je ne peux pas oublier la place d'élection de Roger Bastide, dans une filiation commune avec Maurice Leenhardt. Desroche m'avait communiqué un texte merveilleux de Bastide, peu connu, paru dans la revue protestante *Le Monde non-chrétien* et qui s'intitule *« La pensée obscure »*. Bastide y met en parallèle, avec un violent contraste, Leenhardt et Lévi-Strauss. Il montre comment l'acteur attaché à l'intelligibilité du monde ne pouvait faire abstraction des parts d'obscurité au fond de sa propre personne. Il prenait le parti de Leenhardt, qui l'acceptait, contre Lévi-Strauss, qui le récusait. Desroche comprenait, avec lui, quelles que soient ses fulgurances rationnelles, que c'est à partir de là qu'il était possible de fonder un projet de transformation sociale. Desroche écrit, peu de temps après : « *C'est Bastide, dans ses écritures et ses confidences, qui m'aura fait comprendre le transit des " logies ", quelles qu'elles soient (" théo " ou " socio "), vers ces praxis* ».

J'y associerai Georges Balandier, anthropologue et sociologue des « mutations » — particulièrement des décolonisations et de l'émergence du « Tiers-Monde », lui aussi collègue aux Hautes Études et compagnon précieux pour l'intelligence des problématiques nouvelles.

La cohorte des partenaires et protagonistes devrait s'allonger beaucoup, tant étaient vastes les curiosités du Maître, et nombreux et fertiles les dialogues pratiqués par un faiseur de livres qui était aussi un prodigieux lecteur.

Je voudrais terminer cette investigation cursive en évoquant l'irruption plus tardive des ethnométhodologues. Je me référerai à un souvenir personnel. Je retrouve une conversation dans le bureau de Desroche qui venait de recevoir le *Que sais-je ?* d'Alain Coulon présentant l'ethnométhodologie. Mon interlocuteur poussait un cri à la fois de sympathie et de protestation : « *Mais c'est notre pratique depuis plus de vingt-cinq ans !* » Ce n'était ni tout à fait vrai, ni tout à fait faux. Il y avait, en tout cela, des questions essentielles, qui feraient leur chemin dans la pratique du DHEPS comme recherche-action. Comment les figurer ? La prise en compte de la société comme langage, et du langage comme société, avec la place des acteurs et des auteurs dans leur constant travail de construction croisée. On pourrait en dire vraiment beaucoup dans cette voie ouverte.

Ayant commencé par une parabole, je voudrais terminer par une parabole — desrochienne, bien sûr — pour rester fidèle à mon propos. Elle s'intitule : « Le marcheur dans la nuit ». Je lis le « faiseur de livres », écoutez sa parole, le commentaire qu'il fait sur les rapports de la pensée et de l'action, à partir d'une induction de Blondel : « *Ce commentaire est accroché à un verset du psaume qui, dans la Vulgate, proclame en latin : " Lumen pedibus meis verbum tuum* ».

« *À partir de là*, dit Desroche, *je vous laisse démêler ce qu'était le commentaire blondélien et ce qui est mon commentaire sur son commentaire. Il est possible, il est même probable que j'en rajoute. Lumen, c'est la pensée, la lumière, la lanterne. Pedibus meis, ce sont les pieds, les pas, les marches et les démarches de l'acteur. Verbum tuum, c'est l'inspiration, celle qui vient vous " trotter dans la tête ", vous suggérer une orientation, guider votre avancée. La parabole est celle d'un marcheur dans la nuit. Il tient une lanterne à bout de bras pour éclairer sa piste, sa route, son chemin dans la forêt. La lanterne éclaire autour de lui la circonférence d'un halo, qui lui est nécessaire pour " voir clair " mais qui s'avère insuffisante pour voir loin ou plus loin. Dès lors, pour ce marcheur, ce pistard ou ce pèlerin, deux attitudes possibles.*

« *Ou bien gesticuler sur place, en tenant la lanterne à bout de bras au-dessus de sa tête, au niveau de ses pieds, ou en la tendant à gauche ou à droite : il agrandira son cercle de vision par quelques centimètres de son diamètre. Et il va s'épuiser.*

« *Ou bien il réalise que, pour voir loin, il lui faut faire un pas ; son halo est suffisant pour éclairer ce pas ; mais ce pas est nécessaire pour lui procurer un autre halo... lequel à son tour lui permettra un nouveau pas, lequel procurera un autre halo. Un halo, un pas. Un pas, un halo. C'est la parabole d'une " circumincession " permanente entre la pensée et l'action.* » ■

Débat

Q. - Ce qui m'a un peu intrigué dans ta présentation du septième point, c'est la référence à Saint-Simon. Je sais que tu l'as corrélée au *Nouveau Christianisme*, mais nul n'ignore que, par ailleurs, Saint-Simon et les Saint-Simoniens sont les pères du positivisme et de la technocratie, au sens précis du terme, c'est-à-dire que, pour eux, le pouvoir doit revenir à ceux qui ont les capacités. Ce sont les Saint-Simoniens qui ont inventé la formule : *« Remplacer le gouvernement des hommes par l'administration des choses »*, ce qui a eu un bel avenir, notamment en France, et qui continue, puisqu'il y a encore un Club Saint-Simon, qui est un des temples, paraît-il, de l'intelligence contemporaine. On y compte beaucoup d'intellectuels, beaucoup d'hommes d'affaires. On prétend que la « modernité » est dans le Club Saint-Simon. Je sais que telle n'est pas ta position. Mais il serait bon de le préciser, car dans l'exposé de Guy Berger, j'ai noté quelque chose qui me paraît tout à fait important : un des enjeux prioritaires, me semble-t-il, de la recherche-action est d'enlever le monopole de la recherche et de l'expertise à « ceux qui savent », « ceux qui savent par naissance » et aussi par formation, car les Saint-Simoniens sortaient tous des grandes écoles (Polytechnique, Centrale, aujourd'hui on a inventé l'ENA, c'est le même phénomène). Évidemment ce n'est pas cette filière que tu défends...

Roland Colin - Tu as raison. À propos de Saint-Simon Desroche disait ceci : *« Les Saint-Simoniens posent de vrais problèmes, en leur trouvant de mauvaises solutions. »* Toute la capacité qu'avait Desroche à s'accrocher aux problèmes est ce qui l'a fasciné dans la tentative des Saint-Simoniens. Saint-Simon, ce n'est pas seulement l'image qu'on en donne aujourd'hui à travers un certain Club. C'est toute l'ouverture d'une aventure, avec ses ressacs, les flux et les reflux. À partir de la problématique saint-simonienne récusant les pouvoirs de droit divin institutionnalisés, s'est ouverte la voie des socialismes utopiques, et j'évoquais, tout à l'heure, la tendresse bien plus forte de Desroche pour Enfantin et Fourier. Là, en effet, il se reconnaît. Mais c'est sûr que, chez Saint-Simon, il y avait l'ouverture d'un grand débat sur l'intelligence et le pouvoir largement dévoyé par la suite.

Q. - Ce qui me frappe sur ce qui a été dit en raccourci sur ce « cas Desroche » — et j'ai eu la chance de le rencontrer il y a trente ans — c'est l'extraordinaire interaction entre l'Action et la Pensée qui, sans arrêt, intervient dans le propos de Roland Colin pour raconter cette histoire. Desroche écrit beaucoup, mais il est énormément sur le terrain. Il a une ouverture aux choses nouvelles qui s'y présentent qui me laisse pantois de modestie. C'est à la fois l'écriture, la pensée, la théorie et à la fois l'action d'une manière extraordinaire... et, en même temps, il donne une réponse à la question du lien entre l'individuel et le collectif. Il n'y a aucune recherche individuelle qui n'ait en même temps une résonance collective, et il n'y a aucun développement collectif qui ne provoque pas un développement personnel chez les acteurs au travail. J'ai été fasciné par ce propos, parce que je ne me représentais pas Desroche complètement ainsi.

Roland Colin - Pour faire écho à cela, je voudrais apporter une tonalité un peu différente par rapport à ce qui pourrait ressortir de mon propos. Le côté titanesque de Desroche ne saurait faire oublier les fragilités qui l'humanisent à plus d'un titre, et les butoirs auxquels il s'est heurté. En fait, je pense que Desroche a posé de formidables problèmes ; c'était un grand incitateur d'expérimentation dont nous sommes encore tributaires — beaucoup de ceux qui sont dans cette salle ont été tributaires de ce « pouvoir d'induction », comme il aimait à dire. En même temps, il se heurtait à toute une série de contradictions qui étaient inscrites au plus profond de son être. Et je pense que c'est ce caractère de Desroche porteur de contradictions qui a été, pour partie, le détonateur de sa puissance, de son talent, voire de son génie. Il a constamment manifesté l'incapacité à trancher ces contradictions : il les aimait trop pour s'en défaire. Ce qui veut dire que — selon un avis personnel — Desroche devrait être approché dans l'état d'esprit qu'appelle la démarche d'initiation. Dans l'initiation, en effet, le Maître apporte la connaissance, mais, dans le même temps, lorsqu'on peut lire jusqu'au bout son être et son expérience, on va jusqu'à mesurer les façades qui dissimulent les limites de son pouvoir et de son savoir. À mon avis, Desroche s'est heurté à deux obstacles principaux. Nous, qui avons été ses compagnons, avons lutté avec lui, souffert avec lui, et quelquefois de lui, autour de ces obstacles.

Le premier était une sorte d'impuissance à appréhender le pouvoir et les jeux de pouvoir. Alors qu'il posait merveilleusement la problématique du pouvoir, se fixer une stratégie, caractériser l'état du jeu pour faire avancer les choses, le trouvait dépourvu. Finalement, les choses avançaient beaucoup plus par l'incitation des autres. Il a su remarquablement mettre des armées en bataille sans en être, à un certain niveau, le stratège. Porter un diagnostic sur les enjeux politiques des problèmes à résoudre lui était assez difficile. Mais il a eu le génie de mettre en marche un certain nombre d'hommes, de femmes, qui se sont engouffrés dans la brèche. C'est là le charisme du « passeur de frontières ». Il le dit très bien dans ce conte. Le lieu du passeur de frontières, c'est la frontière. Dès que le passeur de frontières bascule vers un pays, ce n'est plus son pays. Il bascule de l'autre côté : ce n'est plus encore son pays. Il faut aussi penser qu'une société ne peut pas se construire à coup de frontières, mais elle ne peut se construire sans qu'on se heurte au problème de frontières.

Il a enfoncé les portes des forteresses des grands savoirs institutionnalisés. Il a ouvert des voies par-delà les frontières et des cohortes de gens s'y sont engouffrés pour mener une série d'entreprises qu'il n'aurait pu mener lui-même, que son tempérament ne lui aurait pas permis de mener lui-même. Mais il a eu ce génie-là.

Le deuxième chef que je caractériserai pour explorer les limites de Desroche, c'est une impuissance à s'aventurer au pays des langages. Beaucoup d'entre nous ont pâti de la construction du langage desrochien. Curieusement, il lui était difficile de sortir des frontières de ce langage. Que veut dire ce langage desrochien ? Desroche était extrêmement sensible au problème des intercultures. Mais il ne parlait pratiquement aucune langue étrangère — je ne préjuge pas de l'écrit, mais du parler — à l'exception du latin, qui n'était pas, pour lui, une langue tout à fait étrangère. Il y a là un terrain, sensible et intéressant, car lorsqu'on pose le problème du pourquoi, des contreparties de ce constat, on peut se dire que c'est un problème de passeur de frontières. Le passeur de frontières se crée son langage propre, qui est celui de la frontière et ne s'aventure ni dans les langages d'en-deçà, ni dans les langages d'au-delà. La langue de Desroche a été peut-être une langue de passeur de frontières, souvent difficile à décrypter.

Dans sa rencontre ultime et tardive avec l'ethnométhodologie, Desroche a eu beaucoup de difficultés à saisir les enjeux langagiers d'une telle démarche. Entre société du langage et langage de la société, il y avait, me semble-t-il, des enjeux pour lesquels il ne voulait, résolument, se construire aucun talent, ce qui lui permettait, peut-être, de rester là où il était et, pourrait-on dire, de s'autogérer à lui tout seul, face à des collectifs qu'il incitait à s'autogérer, sans pouvoir facilement faire partie de la cohorte. Nous le sentions très proche de nous tout en demeurant à distance.

Q. - Contrairement au modèle des lumières où le savoir suppose la transparence, chez Desroche, et cela est fondamental pour parler de recherche-action, le paradoxe c'est que, pour pouvoir savoir, il faut avoir le courage d'avancer avant de savoir. Le lien recherche-action est plutôt, alors, un lien action-recherche. Pour chercher plus loin, il faut que je prenne le risque d'aller là où je ne sais pas, et cela renvoie à un second thème d'une case antérieure qui est le thème acteur-auteur ; c'est-à-dire que pour pouvoir être acteur et agir le monde, il faut que j'accepte d'être un créateur aveugle. Peut-être cela renvoie-t-il au thème religieux du mystère ou de l'initiation, cela me semble très important, et très moderne par rapport à la science. Toute la science classique, la science dite moderne, s'était inscrite dans l'idée de la luminosité et de la transparence. Je crois, au contraire, que le moteur actuel de la recherche scientifique, y compris de type traditionnel, est précisément le travail sur l'opacité, sur la prise de risque. Afin de savoir plus, je vais faire comme si je savais, et avancer et, s'il y a un ravin, j'y serai peut-être précipité. Ce problème du risque, qu'on a évoqué tout à l'heure, on le retrouve ici, mais dans la démarche intellectuelle.

Roland Colin - C'est ce qui est en jeu dans l'expression magnifique de Roger Bastide, que Desroche adorait, la « pensée obscure ». Nous vivons la réhabilitation de la « pensée obscure » comme composante de la dynamique humaine.

Q. - Je voudrais faire le lien avec la définition que donne Hanna Arendt du politique : « *lieu de l'imprévisibilité* ». Je voulais revenir sur le commentaire que vous faisiez de l'une des limites de Desroche concernant sa difficulté à se positionner comme stratège, y compris en contradiction avec ses propres analyses. Il me semble que cette remarque apparaît contradictoire par rapport au positionnement qu'il affirmait touchant la nécessité d'investir les appareils, y compris pour les faire changer — appareils qu'il a dû quitter parce qu'il a échoué à les transformer : je crois que ce débat est très actuel et que, aujourd'hui, le couple Collèges coopératifs et Universités, qui fait fonctionner la recherche-action, est un couple qu'il ne faut surtout pas abandonner. Ce qui me paraît évident, en faisant connaître autre chose que ce que l'on connaît ici, c'est-à-dire très peu de choses — il y a d'autres lieux universitaires en France qui portent la démarche de recherche-action — c'est qu'elle est encore extrêmement fragile. Le terme d' « actualité de la recherche-action » me paraît bien choisi de ce point de vue là. On doit se demander quel est aujourd'hui son pouvoir de reconnaissance, son pouvoir subversif, quels sont les leviers qu'elle peut utiliser, avec les acteurs qui y sont impliqués, pour transformer les situations. Je pense qu'on a là un couple intéressant, extérieur à l'institution, qui est le Collège coopératif — avec un pied dans l'institution universitaire. Il me semble qu'il faut garder ces deux pieds, et le dialogue entre eux qui n'ont pas nécessairement la même lecture de la recherche-action.

Q. - Est-ce que la recherche-action n'est pas, elle-même, une production du sens ?

Roland Colin - Le DHEPS est, à la fois, produit et producteur.

Q. - Pour ce qui concerne la question de production du sens, j'y mettrai une petite frontière : c'est que le sens est une construction sociale qui dépend essentiellement du milieu dans lequel il se développe, et qu'il ne peut pas y avoir production du sens à n'importe quel prix, dans n'importe quel endroit et de la même façon.

Roland Colin - Cette question rejoint tout à fait la conclusion du débat avec Guy Berger, qui nous montrait que toutes ces questions soulevées par la recherche-action se jetaient dans la philosophie.

Q. - Je pense qu'effectivement Henri Desroche était un faiseur de livres, mais c'était un faiseur de DHEPS. Grâce à l'écoute, au regard, il a pu alimenter l'action. Sa manière a permis au Collège de mieux construire la recherche-action... Je crois que le mariage du terrain, de l'action, de la pratique avec la théorie, c'est cela qui a donné le plus de sens et de particularité. C'est bien de parler des recherches-actions plutôt que de la recherche-action. ■

Jacques ARDOINO
Professeur émérite à l'Université de Paris VIII

La recherche-action, une alternative épistémologique

Une révolution copernicienne[1]

« Recherche-action » : cette expression fait quelque peu scandale, au moment de son apparition, parce qu'elle se situe à l'un des angles sous lesquels s'est réalisée ce que Sprott avait qualifié de révolution copernicienne. Après avoir passé dix siècles à vouloir que le soleil et l'ensemble des astres tournent autour de la terre — centre du monde, et donc bien faite pour conforter notre égocentrisme naturel — nous avons dû en faire le deuil et concéder que c'était finalement plutôt la terre qui tournait autour du soleil. Tel est le sens que je donne à l'expression « révolution copernicienne », laquelle n'a absolument rien à voir avec le sens politique du terme « révolution » et même probablement avec la notion de changement social. Au fond, la révolution copernicienne est une sorte d'inversion, de renversement dans les points de vue et dans les manières de voir. Mais tout de même, c'est d'une importance considérable et cela permettrait de rejoindre, par exemple, des préoccupations comme celles que peut soutenir aujourd'hui Edgar Morin, notamment quand il parle de réformes, y compris à travers *La Tête* bien faite, un de ses ouvrages sur l'éducation. Il y centre, en effet, la démarche sur un changement radical des modes de connaissance

Cela nous entraîne très loin par simple constat, d'un seul coup. L'expression « recherche-action » est donc un scandale. Il ne faut pas oublier que la fin du siècle dernier est l'époque du positivisme triomphant. On raffole des faits et on se méfie de la subjectivité ; l'objectivité est une valeur prioritaire, primée, privilégiée. Selon une formule bien connue : « On ne peut pas à la fois être au balcon et se regarder passer dans la rue ». Ceci va justement très bien régler les rapports entre chercheurs et praticiens. S'il y a des chercheurs en pédagogie, des chercheurs en sciences humaines naissantes, ces recherches seront effectivement distanciées parce que seule cette distance peut garantir une certaine vérité scientifique. On est à l'époque, qui apparaît aujourd'hui caricaturale et ridicule, où l'ethnologue, au besoin, ne sortira pas de son hôtel et recevra des informateurs qui lui apporteront la matière. Mais surtout il ne se mêle pas à la cible de son travail, puisque « *le moi est haïssable* » — expression de Pascal que, disons, je m'approprie pour la circonstance. Le Moi est donc ici dangereux pour la validité des énoncés scientifiques.

---

1 - Texte établi à partir de la conférence donnée lors du colloque *L'actualité des recherches-actions* en février 2000.

Dans ce contexte, parler de « recherche-action » c'est postuler qu'il pourra exister du lien entre les chercheurs et les praticiens. La séparation traditionnelle s'efface, ce qui est précisément l'objet du scandale. La recherche-action s'appuie, d'une part, sur une école sociologique, l'école interactionniste de Chicago, et d'autre part sur le développement de la psychologie sociale, elle-même aussi scandaleuse que la recherche-action, qui en est un des produits à travers Kurt Lewin. Scandaleuse, en effet, dans la mesure où nous sommes habitués à des champs disciplinaires scientifiques de recherche (je ne parle pas des champs scolaires d'enseignement qui en sont quelquefois une vague réplique mais ne sont pas nécessairement en connexion étroite) : la psychologie, la sociologie, le droit, la mathématique... le singulier étant plus rassurant que le pluriel. Plus tard, quand on trouvera du pluriel (les sciences de l'éducation, les sciences de l'information et de la communication) cela fera déjà beaucoup plus désordre, beaucoup moins pur. Nous n'aurons pas le temps de travailler sur ce concept de pureté dans la science, mais il est tout à fait fondamental.

Donc « recherche-action » et surtout « psychologie sociale » sont scandaleuses, et par la suite la « psycho-sociologie » qui est purement française : elle n'existe pas dans d'autres pays. La psycho-sociologie est, en quelque sorte, une application clinique de la psychologie sociale tournée vers ce qui vous intéresse beaucoup, vous, par d'autres voies, c'est-à-dire le changement, le mouvement au niveau des interactions.

La question centrale des interactions

La notion d'interaction est fondamentale dans ces nouvelles approches. Si je suis astro-physicien, je parlerai d'interactions permettant de « tout faire tenir en l'air » mais je n'ai pas besoin de supposer qu'il existe, à travers ces interactions, non plus que pour des interactions électromagnétiques, de la ruse, du désir, du calcul, de la stratégie. J'ai affaire à des interactions — pour faire simple — non impliquées, non chargées de désir. Mars n'a pas besoin, jusqu'à nouvel informé, de flirter avec Vénus pour que ça tienne en l'air ! Mais, dès que j'ai affaire à des interactions humaines, elles sont impliquées, c'est-à-dire chargées de désir, d'intentionnalité, d'angoisse, de peur... D'où l'importance de l'implication sur laquelle nous aurons peut-être l'occasion de revenir. Pourtant, dans la banalité quotidienne, nous employons indifféremment le mot « interactions » sans nous demander à chaque fois de quelles interactions il s'agit. Et, croyez-moi, cela introduit énormément de confusion. Nous sommes ici dans le cadre d'interactions impliquées. Dès que nous parlons de recherche-action, l'objectivité de jadis, valeur privilégiée, et la distanciation, vont faire place à deux énoncés contradictoires : distanciation peut-être, mais implication d'abord.

Nous allons passer du credo de l'objectivité traditionnelle à une intersubjectivité reconnue entre le chercheur et ses partenaires, laquelle aurait été appelée « objet » dans la lignée antérieure. C'est là qu'il faut évoquer, à la manière d'Henri Desroche, l'« objet », le « sujet », le « projet », le « trajet », termes qui ne rencontrent absolument pas la définition de l'objet scientifique dans la science canonique, dans l'épistémologie la plus traditionnelle.

Intersubjectivité. Relations. On voit naître, à travers ces interactions, le problème des représentations des uns et des autres. Et aussi le problème lié au fait que nous sommes ici dans un domaine qui n'est plus seulement celui de l'universalité. Sans être spécialistes de philosophie, vous comprendrez immédiatement que là où il y a du savoir, là où il y a science, il y a nécessairement exigence d'universalité. Il faut que les énoncés soient les mêmes en tout temps et en tout lieu tant qu'ils n'ont pas été falsifiés, pour reprendre le terme de Popper, tant qu'ils n'ont pas été remis en cause — ce qui est toujours possible — mais ils sont alors vrais pour tous. S'ajoute d'ailleurs à cela une dimension politique, inattendue dans ce contexte parce que la science s'est rarement bien acoquinée avec le politique. On n'a pas fait la révolution pour rien. Il y a là une perspective égalitaire : il faut que la vérité des énoncés soit la même pour tous.

C'est donc une étude scientifique mais qui est aussi proprement politique dans cette dimension canonique, classique. Nous allons avoir non seulement du clinique mais des interactions, une reprise en compte de la subjectivité. Nous allons entrer dans ce que les Jésuites du XVIIe siècle appelaient des casuistiques (études de cas). Mais les Jésuites du XVIIe siècle ne pensaient ici qu'à la morale, cela leur suffisait. Dans le langage moderne on peut dire que la clinique médicale est la casuistique de la médecine et la jurisprudence la casuistique du droit. Nous retrouvons là une problématique qui ménage une place à deux éléments contradictoires, antagonistes, au sens d'une dialectique : une perspective universelle — dont nous avons toujours besoin, avec le progrès humain, celle de la civilisation qui fonctionne par la rationalité, la philosophie des Lumières — mais aussi la perspective de la particularité et de la singularité.

Dans la mesure où nous tous ici, mais les chercheurs aussi — même ceux qui se veulent purs — sommes d'une incurie fascinante quant au langage, tout cela mérite réflexion. Facilement on prendra pour des « allants de soi » sans les revisiter ni les critiquer ou les remettre en question, des notions comme « objet », « clinique », etc. Viendra s'y ajouter tout naturellement la confusion totale entre l'universel, le particulier, le singulier, purement dialectiques et le général et le spécial qui n'ont rien à voir mais que vous trouvez au moins une fois sur cinq, et pas seulement chez les élèves, dans l'expression « du général au particulier ». Ce qui est absurde. Ce sont deux langages qui n'ont rien à voir l'un avec l'autre et qui pourtant recoupent des problématiques. Faisons ici bonne mesure, grâce aux économistes : il y a le global et le local, langage typiquement économique qui n'a rien à voir avec l'universel et le particulier et qui, pourtant, est d'actualité. Lorsqu'on s'interroge, par exemple, sur des établissements scolaires, ils sont locaux et en même temps ils ont la dimension du système central et par conséquent, ils sont globaux. Mais si on confond ces termes à profusion, on accroît à une vitesse extraordinaire les chances de finir par dire n'importe quoi.

S'il y a changement épistémologique, à la faveur simplement de l'émergence de ces disciplines de l'interaction — cet objet insolite par rapport à la tradition canonique —, à la limite, le problème des termes de la relation, de l'homme, de la société, etc., ne va même plus se poser comme on le faisait jadis dans le cadre, par exemple, de l'ontologie. C'était d'ailleurs l'époque où la psycho-pédagogie rayonnante était un véritable monstre « frankensteinien » puisque la psychologie se réclame de la scientificité par le descriptif scientifique, alors que la pédagogie est purement prescriptive c'est-à-dire normative : « psycho-pédagogie », assemblage monstrueux ! Mais vous rencontrerez dans des textes pendant quarante ans « la psycho-pédagogie scientifique » sans que cela ne fasse sourciller quiconque. Dans cet ordre-là, l'idée d'une épistémologie unique, centrale et identique pour tous existe encore. La science est toujours la science. Ce qui expliquera d'ailleurs que même Kurt Lewin, psychologue social, va emprunter des modèles à l'électro-magnétique pour décrire les interactions et le groupe parce que « ça faisait mieux », « c'était plus fréquentable ». Il ira, par exemple, chercher l'algèbre topologique comme système en plus de son travail fait de notes descriptives. Et ce, pour s'aligner sur des sciences à noyau dur, en méprisant par conséquent la spécificité de l'objet qu'il crée, qui est aussi un objet nouveau, intersubjectif et relationnel. Il faut bien en être conscient. Telle est la raison pour laquelle j'ai choisi le titre « alternative épistémologique ».

Le chercheur moyen s'accommode, le plus souvent, de la méthodologie. Mais les méthodes sont très difficiles à différencier, dans ce milieu, des techniques. Je peux changer de méthode quand elle ne marche pas, comme je change d'outil, sans que pour autant cela m'entraîne dans l'hétérogénéité. Je peux utiliser plusieurs méthodes supposées homogènes par rapport à un paradigme, à un modèle de scientificité. Autrement dit, l'épistémologie sera ce qui sous-tend toujours les méthodes et les méthodologies sans que cela ne se voie nécessairement.

Mais s'il y a des changements hétérogènes entre, par exemple, la mathématique, plus facilement hypothético-déductive, et les sciences dites naturelles plus facilement inductives, ici les paradigmes et les présupposés épistémologiques sous-jacents nous amènent à regarder les conditions de production et de validation de la connaissance.

L'hypothèse que je propose ici est la suivante : la recherche-action doit être regardée à travers son potentiel de scandale et de révolution copernicienne. Elle ne nous fait pas simplement changer de méthode, en ajoutant une technique ou une méthode à d'autres regards qui existent déjà. Elle nous oblige à une transformation des modes de pensée et de connaissance eux-mêmes, c'est-à-dire à nous référer à d'autres paradigmes et à d'autres formes ou optiques de lecture. Et surtout, nous allons aboutir à un terme que je n'ai pas encore employé, plus révolutionnaire que tous les précédents : la temporalité.

La temporalité

Je propose une petite parenthèse sur la temporalité avant qu'on ne se fourvoie. Le temps est une notion beaucoup plus qu'un concept. Saint Augustin disait ce très joli mot : « *Si on ne m'interroge pas dessus, je sais ce qu'est le temps, mais dès qu'on me pose la question, je ne peux plus rien en dire* ». Ce n'est pas suffisant mais c'est un point de départ qui interroge. Nous avons d'abord l'habitude de parler du temps qu'il fait, de la météorologie. Si la météorologie peut être une excellente introduction aux sciences humaines, ne serait-ce que parce qu'elle est liée au changement de par son degré de complication (et surtout pas de complexité), ce n'est pas ce qui nous intéresse, mais c'est un usage dont il faut bien tenir compte. Ensuite, il y a le temps d'horloge, le temps mesuré, le temps spatialisé, puisqu'on ne mesure qu'à travers le truchement de l'espace. Mais ce n'est pas non plus le temps qui nous intéresse ici. Parce qu'il ne peut pas y avoir de formation sans temporalité, vous vous êtes forcément intéressés à l'appropriation, à la façon dont ce qui est transmis ou échangé est approprié par chacun. Il est clair que l'appropriation ne se fait que par le temps et à travers le temps, mais ce n'est pas ici le temps mesuré, le temps qui peut se chronométrer. Ce n'est pas Chronos. Ni la chronométrie, ni la chronologie. C'est le temps vécu, c'est le temps de la durée qui, lui, est un temps hétérogène, là où le temps mesuré, spatialisé, est un temps homogène. Vous pouvez vérifier ce temps hétérogène simplement à travers mon propos. Il est tout à fait possible qu'à certain moment, certains d'entre vous soient accrochés par une idée dans laquelle ils se retrouvent et décrochent un peu plus loin parce que je passe à une idée qui les intéresse ou les concerne beaucoup moins. Le temps est rupture. Il est hétérogénéité. Il n'est pas linéaire, ni étale. Il est conflictuel. Le conflit est dans le temps, il n'est pas vraiment dans l'espace, notamment à travers cette autre question de la recherche-action comme recherche-action-formation, formation par la recherche-action, formation à la recherche-action, encore plus subjectivisée ou plus micro-socialisée. Cette question ne pourra sûrement pas être abordée à travers les fantasmes du moment autour du « présentiel » et du « distanciel » — les formations à distance, le multimédia, les formations en ligne, grands « dadas » du moment pour faire des économies d'échelle. Les changements ne vont pas passer par là. Il va falloir plutôt supposer des formes relationnelles. Nous avons et nous aurons affaire, presque toujours dans ce cas là, à des personnes ou à des groupes en formation comme partenaires. Nous sommes là dans le micro-social et non pas dans un macro-social où ce sont de très grands ensembles qui sont pris en considération.

Ce travail de la recherche-action a donné lieu, pendant plus de vingt ans, à du fantasme et à des illusions. On a posé des décrets volontaristes, des espoirs généreux, qui représentent, certes, du changement par rapport aux habitudes mais qui consistent à dire qu'il n'y a pas de différence entre les chercheurs et des praticiens, que tout est recherche. Cela a été dit et soutenu. En ce sens, les graffitis que je fais sur le mur d'à côté sont une forme de recherche. Et par dessus le marché, ce n'est pas faux. Cela dépend de ce que l'on met dans la compréhension du mot recherche. Nous avons donc déjà à jouer, au niveau du langage, entre au moins trois termes qui sont : questionnement, réflexivité/réflexion et recherche.

Guy Berger et moi nous souvenons d'une certaine époque de naïveté et de confusion, à Paris VIII. Époque du fantasme où l'on disait : « Ça vient vraiment du peuple, il y a des ouvriers à Paris VIII ». Il fallait pourtant les chercher et je crois que si on a réussi à trouver quelques employés, il n'y avait pas beaucoup d'ouvriers ! Un de nos collègues donnait à faire aux étudiants de l'UV sur le thème de la parure, des découpages des Galeries Lafayette pour avoir quelques exemples de robes ou de vêtements... Ce qui quand même nous interrogeait. On pouvait se demander si on était dans un jardin d'enfants ou à l'Université de Paris VIII. On a donc pu passer par ces phases un peu naïves. Le questionnement est une chose, la réflexologie en est une autre et ne suffit pas à constituer de la recherche.

Pour qu'il y ait recherche, il faut d'abord une intentionnalité spécifique. La plus classique et la plus courante est l'intention de produire des connaissances nouvelles par rapport à des connaissances déjà établies dans le cadre d'une institution scientifique. Et ce, avec tous les mauvais côtés de l'institution scientifique qui fait le barrage, n'aime pas la transgression. Ce qui fait apparaître par exemple, toujours grâce à Kurt Lewin — dans le contexte pragmatique des Anglo-saxons de l'époque aux États-Unis — le caractère nécessairement utilitaire de la science, au service de l'effort de guerre dans ce contexte précis. En France, René Le Senne, qui n'était pas un pragmatique, avait tout de même dit, à propos de la caractériologie — reprise de théories du psychiatre hollandais, Emans Hevirsmar — qu'elle ne vaudrait pas une heure de peine si elle ne servait à améliorer les actions humaines. On est là dans l'utilitaire. Lewin, avec d'autres mots, ne dit pas autre chose.

À côté de la recherche traditionnelle, apparaît ce qu'il faudra appeler la praxéologie. Là où l'intentionnalité — la finalité de la recherche en quelque sorte — est la production de connaissances, la praxéologie vise l'optimisation de l'action et l'aide à la décision : pouvoir mettre entre les mains de décideurs un certain nombre d'aides. Bien entendu sans que recherche et étude ne soient différenciées, un grand nombre d'études seront ainsi réalisées dans une optique praxéologique et non dans une perspective de recherche. Il est bien évident que la recherche-action, telle qu'elle est conçue et telle qu'elle va fonctionner, a de forte chance d'être finalement beaucoup plus praxéologique que la recherche pratique. Ce qui est utile. Cela me semble nécessaire à savoir. Quoiqu'il en soit, contrairement à la période « naïve », il n'y a pas de perte des repères entre chercheurs et praticiens. Sinon c'est un peu le rêve de la « partouze universelle » au nom de la science où chacun fait n'importe quoi selon son désir, à son bon plaisir. Il va donc falloir retrouver ses marques.

Il y aura toujours des chercheurs — dans l'ensemble « recherche-action » — qui vont s'orienter vers un lieu, un établissement, une collectivité, une étude ou un ensemble donné de personnes en interrelation et il y aura toujours des praticiens, mais ils se parleront. Le changement n'est pas mince. Avant, moins ils se parlaient, plus ils s'observaient. Avec toutes les nuances que vous pouvez saisir, si vous en avez envie. Elles font partie de la révolution copernicienne et de la distinction entre l'observation (seul l'espace peut être observé et seulement par le regard) et l'écoute (la temporalité). Nous retrouvons deux épistémologies qui nous ramèneraient, si on avait le temps et si on était amateur d'histoire, à la fin du siècle dernier, à l'école herméneutique allemande et à Dilthey avec les sciences de l'explication et les sciences de la compréhension, et donc à un pluriel.

La recherche-action ne peut pas fonctionner sans une intelligence du pluriel, de l'hétérogénéité, et sans un renoncement à tout ramener à l'unité, l'homogénéité et l'universalité. Un certain temps a été nécessaire pour s'apercevoir que beaucoup de pratiques appelées recherches-actions étaient finalement complètement dévoyées et ne produisaient pas nécessairement de l'optimisation de l'action

— ce qui peut être le cas de la praxéologie —, ni de l'aide à la décision et encore moins des connaissances nouvelles. Mais cela ne condamne pas la recherche-action pour autant. Cette période de décantation a été nécessaire. Puis, on s'y est un peu plus retrouvé. Et, à condition de respecter ces particularités de la recherche-action, c'est un outil de travail tout à fait approprié aux sciences humaines, et notamment si on a accepté un périmètre micro — au sens de micro-social, au sens de groupe — plutôt que macro. Entre le groupe et le collectif, pour reprendre une distinction déjà établie par Jean-Paul Sartre dans *La Critique de la raison dialectique*, c'est le groupe qui va pouvoir trouver des bénéfices en retour dans l'apprentissage de la recherche-action.

Le « nous » et jamais le « on ». Cette distinction est importante, elle renvoie à une aporie typiquement française. Je ne parlerai pas d'« effets pervers », puisque cette expression est une traduction de l'américain *« unexpected effects »*... Cela traduit chez nous des attitudes foncières vis-à-vis du changement et du dérangement. Le mot « altération » est toujours entendu en français comme « changement de bien en mal », alors qu'il signifie simplement « changement » d'une façon beaucoup plus neutre. C'est tout à fait du même type que « les effets pervers ». Ce qui est inattendu, pour nous, nous dérange. Du même coup, c'est la problématique du « on » : le sujet et l'autre. Thème favori des psychanalystes avec le sujet et, à la rigueur, des anti-psychanalystes avec le développement de la personne. Il y a des anti-psychanalystes doux qui ne veulent pas de la libido, de ces pensées impures qu'on a pu avoir à l'égard de grand-maman, etc. On va préférer du propre, du sans bavure. Mais le résultat est malgré tout de même nature : ce qui est du fait de l'autre est dérangeant et n'est pas accepté comme tel ou alors dans un humanisme ruisselant du type « j'ai des bons sentiments donc l'autre m'est cher ». L'altérité, c'est l'idée de l'autre. L'idée n'est pas encore trop dérangeante, on peut faire avec. Mais la réalité de l'autre... Et c'est ainsi qu'on obtient le pluriel et surtout cet autre dont le véritable sens est de nous résister, de nous faire accepter le deuil de la maîtrise, du fantasme de toute puissance.

Rappelons au passage que, dans la langue française, l'école est pavée de maîtres et que le mot « maître » induit forcément l'attente de « maîtrise ». On aurait donc dû s'apercevoir depuis très longtemps que le mot « maître » est une malédiction pour l'école parce qu'il induit un fantasme de toute puissance. La première chose à apprendre est qu'on ne maîtrise jamais l'autre, ni l'extérieur, ni l'intérieur, ni celui qui est en moi.

Je pense que tout ceci, malgré la diversion que je semble faire, reste extraordinairement lié à notre propos, parce que cette révolution épistémologique — ou ce retour réflexif sur la relation et sa complexité — ne peut pas se faire toute seule. Pourtant nombre de pédagogues humanistes — il en existe encore — pensent encore sérieusement à « enseigner » et à « apprendre » comme à des essences. Là, je peux dire que la révolution copernicienne n'est pas assumée. Elle n'est d'ailleurs peut-être pas nécessaire, ce n'est pas la question. Mais elle n'est pas assumée parce que l'on reste là dans le droit fil d'Alain, lui-même dans le droit fil de Platon, figures honorables ; et, dans cette lignée, « apprendre » est une essence. On peut faire alors une pédagogie de l'apprentissage, mais de l'apprentissage idéal. Après tout, Piaget n'a pas fait autre chose. Ce qu'il appelle le sujet épistémique, qu'est-ce d'autre qu'un sujet qui n'a pas d'autre réalité que son abstraction ? Et, je vous l'assure, nombre de collègues enseignants dans les banlieues, en Seine-Saint-Denis par exemple, préféreraient de beaucoup avoir affaire à des sujets épistémiques plutôt qu'aux « loulous » qu'ils ont concrètement devant eux.

Il est très important de voir que sous tout ce que nous supposons et ce sur quoi nous nous appuyons, il y a des présupposés, des éléments sous-jacents. C'est cela que j'invite à revisiter ou à réexaminer en tant que fondement ou soubassement épistémologique d'une pratique. Ce qui nous rassemble ici, spécifiquement dans ce colloque, est précisément la pratique. La pratique joue un rôle extrêmement important. La pratique des praticiens, de ceux qui se confrontent sur un terrain avec des difficultés, des réalités locales, sociales, et pas simplement avec des essences ou avec des principes. Ce n'est pas par hasard que vous avez choisi ce sujet. Nous sommes donc bien dans le cadre d'une recherche-action, et même d'une recherche-action-formation qui va permettre d'obtenir un certain nombre d'effets, d'influences, d'altérations au sens non péjoratif du terme, des uns sur les autres. Ce qui, du même coup, fait apparaître une constante dans les formations DHEPS qui n'est pas pour autant une constante de l'école aujourd'hui : la co-formation est aussi importante que la formation verticale. Entre les participants, dans un même groupe, ces effets de formation mutuelle (co-formation) sont fondamentaux. Ce qui se vérifie ici, ne se voit pas dans l'optique traditionnelle d'une distribution d'informations d'où, à la limite, la communication est proscrite. Un certain nombre d'entre vous se rappelleront que, il n'y a pas plus de trente ans, le mot « communication » n'avait qu'un seul emploi : quand on avait parlé à un autre élève sans en avoir le droit. Les surveillants marquaient cela sur le rapport et demandaient une colle pour le jeudi. C'est tout de même extraordinaire ! Aujourd'hui, bien que l'université ait quand même pour fonction à peu près explicite le développement de la capacité critique chez les étudiants, dans toutes les universités de France et de Navarre, vous trouvez encore des « départements d'information et de communication » manifestant par leur intitulé le renoncement à distinguer l'un de l'autre.

Il n'y a pas plus hétérogènes l'une à l'autre que l'information et la communication. L'une est une logique centrée sur la fidélité : le message transmis doit être le plus libéré possible de bruits et de distorsions qui apparaissent comme autant de pathologies par rapport à la transmission de l'information. Le savoir doit être finalement transmis et recueilli. La communication, à l'inverse, est la trahison légitime. Il ne peut pas y avoir communication entre deux ou plusieurs personnes sans appropriation, au sens de rendre propre à soi-même ce qui a été transmis. Et il ne peut pas y avoir appropriation sans trahison, sans altération. Et aujourd'hui on renonce encore à les distinguer...

La recherche-action opère un changement, elle suppose, exige et requiert, dans nos modes de connaissance et nos modes de lecture, une approche de la réalité à des fins de changement. Mais pour ne pas retomber dans les naïvetés, interrogeons-nous : de quel changement s'agit-il ? Du changement social ? On voudrait bien. De la réforme ? Les réformes se suivent et se ressemblent terriblement, notamment celles de l'Éducation nationale. Textuellement, « réforme », selon la définition des protestants, est le rétablissement dans sa pureté primitive d'une règle corrompue par l'usage. Il faut vraiment le vouloir ! Changement social, révolution... Nous ne serions pas sauvés, d'ailleurs, avec « révolution ». La preuve : la copernicienne n'est pas politiquement révolutionnaire. Et le cylindre de révolution de la géométrie n'est pas révolutionnaire du tout. Cela nous amène au retour saisonnier. Nous avons tous frémi sur l'air du « Temps des cerises », chant de la Commune, révolutionnaire s'il en est. Que nous raconte « Le chant des cerises ? » : le printemps est revenu et reviendra. C'est atrocement cyclique.

Disons, au passage, que ce pourrait être un objet des unités de formation préparant au DHEPS que de faire travailler sur la langue. Une bonne partie de l'aliénation contemporaine, aujourd'hui, est dans le langage que l'on avale. Que ce soit celui du député du coin, celui du professeur d'université ou le mien aujourd'hui par rapport à vous. Le problème n'est pas d'avaler ce qui nous est donné mais de l'entendre, de le critiquer, de le reconstruire.

En fait, il n'y aura jamais de changement social par la recherche-action, ni par quantité d'autres choses d'ailleurs, ni par la formation, ni par une classe... Indirectement, oui ! Le travail scolaire, le travail de formation, le travail d'une recherche-action-formation, etc., vont agir sur des individus en développant leur fonction critique. Il n'est pas illégitime de le viser. Si la fonction critique se développe, d'autres moyens peuvent aussi provoquer le changement social à savoir des rapports de force (les syndicats, les moyens de pression) qui supposent d'autres lieux, d'autres instances. Ils ne remplissent d'ailleurs pas toujours très bien leur rôle, mais c'est une autre histoire.

Cela signifie que la nécessité d'une perspective plurielle et multiréférentielle émerge. Avec le même modèle de déterminisme, avec le même référentiel de lecture, il n'est pas possible de tout traiter et de tout réduire au risque de tout homogénéiser. Peut-être tient-on là le vrai sens de l'apport de la recherche-action : permettre à des éléments qui, jusque là, ne pouvaient pas se trouver ensemble sans scandale (au sens de l'impureté et de la transgression), qui étaient séparés dans les sciences dures, de se rejoindre : le scientifique, le politique, l'éthique, l'épistémologie plus généralement. ■

René BARBIER
Professeur en Sciences de l'Éducation à l'Université de Paris VIII

Le sujet dans la recherche-action[1]

Tout le monde veut être sujet. À bien y regarder, la plupart des gens sont assujettis ou conditionnés. Être sujet dans la recherche-action présuppose que nous avons pu réfléchir à ce que veut dire à la fois les mots « sujet », « recherche », « action » et « recherche-action ». Une telle réflexion, à condition qu'elle soit multiréférentielle, conduit à une petite révolution dans l'univers du sens habituel de ces termes en Occident. C'est dans l'optique d'une conception existentielle de la recherche-action que je veux aujourd'hui vous inviter à élucider ce thème avec moi.

Le sujet, « auteurisation » et reliance

Qu'est-ce qu'un sujet, en tout cas tel que je me le représente ? Posons l'hypothèse qu'un sujet n'est pas donné d'avance. Si je définis le sujet par l'être humain qui s'achemine vers un état de conscience dynamique où il devient l'auteur responsable de sa parole, de son silence et de ses actes, il doit, pour y parvenir, opérer un déconditionnement radical de ce qu'il est d'emblée en tant qu'agent institutionnel, qu'acteur organisationnel et groupal, que personnage social et même relativiser ce qu'est une personne au sens occidental du terme. Pour ce faire, commençons par exposer nos représentations de ce qu'est une personne prise dans son être de sécurité, son être de pulsions, son être de dépassement et son être d'étrangeté. Je vous propose ce petit modèle.

L'être de sécurité constitue ce sujet fondamentalement par ses besoins vitaux ou essentiels : respirer, manger et boire, se vêtir, s'abriter, copuler, s'attacher au sens de René Zazo ou de John Bolby. À partir de ces besoins, d'autres besoins dérivés et socialement déterminés enferment la personne dans un réseau de conditionnements presque impossibles à analyser tant ils sont intériorisés. L'être de pulsions exprime les pulsions d'attraction vers un objet désiré *(Éros)*, de destruction et de réduction à la non-vie *(Thanatos)*, d'agressivité vitale non destructrice *(Polemos)*. L'être de dépassement vise sa capacité à aller vers un état d'être au-delà de ce qui le constitue, à un moment donné, au sein d'un élan vital, comme dit

---

1 - Texte établi à partir de la conférence donnée lors du colloque *L'actualité des recherches-actions* en février 2000.

Bergson, qui le propulse à chaque instant vers quelque chose d'autre. L'être d'étrangeté est constitué par le mystère radical de tout être vivant en tant qu'il est un élément relié à ce que Cornelius Castoriadis nomme *« le chaos, abîme sans fond »*. Les anciens Chinois tentent de le comprendre sous le terme *Tao*, les chrétiens occidentaux l'appellent *Dieu*. Nous pouvons simplement parler de réel insondable et voilé avec Bernard Despagna ou le Grand Vivant avec Krishnamurti.

Posons d'emblée comme hypothèse que la plupart des discours, des actes et des produits d'un être humain, relèvent de son *« être de sécurité »* à travers ses positions sociales, d'agent institutionnel, d'acteur de groupes et d'organisation, de personnage sociétal, et de leurs effets constituants, son habitus au sens de Gourier. Dans cette optique, nous devons partir de cet être de sécurité pour aller vers la notion de sujet humain. Cet être de sécurité est complètement lié à l'être de pulsions qui lui donne sa vitalité et sa morbidité. Sans exploration de l'être de pulsions, comment reconnaître la complexité de son être de sécurité. Une théorie des pulsions est donc une condition *sine qua non* de la compréhension d'un être humain.

La théorie freudienne en est une, certainement très intéressante et à ne pas négliger, mais inscrite dans une philosophie de la vie nécessairement située et datée historiquement. Mais l'être de pulsions peut être conçu également, dans l'optique jungienne, comme un être relevant d'une libido plus large que la libido sexuelle. Dans ce cas, le champ pulsionnel inscrit l'être humain dans la nature et l'univers. N'oublions pas que les savants nous disent aujourd'hui que nous sommes constitués d'atomes formés au premier moment de la naissance de l'univers. Que savons-nous vraiment des forces qui nous traversent, de leur nature, et de leur origine ? L'être de dépassement s'origine dans la faculté d'imaginer. Il s'agit d'une imagination radicale et créatrice dont a parlé Cornelius Castoriadis dans son œuvre, notamment dans *L'institution imaginaire de la société* (1975). L'imagination créatrice nous fonde essentiellement, comme elle fonde l'essor de la société comme imaginaire social. L'être humain est un permanent élan vers autre chose sans cesse imaginé. Sans doute, cette capacité existentielle est-elle liée à la conscience de sa propre mort inéluctable et de la finitude de toutes ses œuvres. Toutes les religions, constituant le sacré institué, sont établies sur cet être de dépassement en même temps que toutes les traditions qui s'ensuivent sont perverties, altérées par ce même élan créateur.

Le sage est celui qui prend conscience de cet ensemble psychique et l'inscrit dans un sourire.

L'être d'étrangeté, dont nous ne pouvons rien dire rationnellement, nous ouvre à la relation d'inconnues. Certains psychanalystes ont bien accepté ce type de relations, par exemple Guy Resselato ou Jean Durando qui le nomme la poétique analytique. L'être d'étrangeté nous renvoie à la figure du mystique de Ludwig Wittgenstein dans son *Tractatus logico-philosophicus*.

Si la notion d'être humain comme être de droit et de reconnaissance est donnée d'emblée à chacun, quels que soient son âge, son origine ethnique ou sociale, sa race, sa nationalité, etc., celle de sujet implique un travail sur soi sans oublier une certaine souffrance inhérente à ce travail intérieur pour se libérer du connu suivant l'expression de Jiddu Krishnamurti. C'est ainsi qu'il touche à « l'auteurisation » c'est-à-dire devenir auteur de soi-même comme aime à le dire Jacques Ardoino.

Le rapport au savoir et aux savoir-faire savant, scolaire et extra-scolaire, fondant la pensée, peut étayer, dans une certaine mesure, cette dynamique de libération. D'aucuns en Occident pensent même que c'est la voie principale d'autonomisation sous l'égide du principe de laïcité. Mais un élargissement anthropologique à d'autres parties du monde nous impose de voir que d'autres voies sont ouvertes à cet égard, notamment la voie du silence intérieur, ou voie méditative sans concept ni image. Le sujet qui s'approfondit ainsi « se gravifie » comme j'aime à le dire. Par ce néologisme, j'entends un être humain qui, à la fois, prend conscience de l'unité du genre humain et de la vie universelle dans une sorte de joie profonde et tranquille, et de sa responsabilité totale à l'égard de la reconnaissance et du maintien de cette unité pour laquelle il devient de plus en plus grave. Ce sujet devient responsable de sa propre parole comme de son propre silence, de sa pratique sociale et politique comme de son absence de pratique. Il développe nécessairement, dans un partage permanent avec d'autres, une éthique de vie complètement inscrite dans un processus que Marcel Boldebal appelle « reliance ». C'est ce processus qui constitue pour moi l'essentiel de la recherche en éducation.

La recherche au-delà de la science

Rechercher consiste à prêter du sens à un objet susceptible de connaissance. L'objet de connaissance est infini et de toute nature. Tout peut être objet de connaissance. Mais la connaissance ne se définit pas par l'usage exclusif de la raison. Mieux, on peut supposer que certains objets de connaissance ne relèvent pas fondamentalement, ou alors très imparfaitement, de cet usage. Par exemple, l'amour, la liberté, la mort, sans parler de l'éducation, cette tâche impossible dont parlait Freud. La recherche du sens de toute vie individuelle et sociale renvoie à un questionnement sur le sens même du mot objet de connaissance. En fait, sans doute vaudrait-il mieux parler d'objet de savoir et réserver le terme de connaissance à la connaissance expérientielle de son propre rapport au monde dans une perspective ontologique. Le savoir est multiple et toujours situé historiquement et culturellement. Les vérités scientifiques les plus établies ne le sont jamais que pour un temps, plus ou moins long, en fonction des révolutions paradigmatiques qui jaillissent et bouleversent l'ordre établi par la cité savante d'une époque en fonction d'une « philosophie du non », chère à Gaston Bachelard.

La connaissance relève d'une expérience intérieure unique. En tant que telle, elle est toujours particulière et personne ne peut la contester au nom d'une autre expérience ou d'un autre savoir. La connaissance ne s'inscrit pas dans une possibilité de recherche scientifique. Elle ne peut être discutée éventuellement que par ceux qui ont vécu le même type d'expérience suivant un processus analogue d'éveil de la conscience.

En Occident, nous parlons exclusivement d'objet de connaissance dans le domaine scientifique parce que nous avons fait l'impasse sur un autre type de connaissance sans rapport avec la démarche hypothético-déductive. Bien que nous parlions aujourd'hui, en psychologie, d'intelligences multiples avec Howard Gardner, nous sommes loin de reconnaître cette notion dans nos pratiques pédagogiques. En éducation, nous ne pouvons pas réduire la recherche à la seule recherche scientifique. Comprendre ce que veut dire « éduquer » implique un élargissement du procès de connaissance et une réhabilitation de la dimension contemplative sensible et poétique de l'être humain. Si on pense, comme Cornelius Castoriadis, que l'amour est une des composantes irréductibles de la relation éducative, alors convient-il de savoir de quoi l'on parle en employant ce terme. L'amour ne saurait se réduire à ce qu'en disent les neuro-physiologistes, ni même les psychanalystes. Dès lors, parlons de recherche en sciences de l'éducation quand nous nous cantonnons à utiliser les différentes sciences académiques appliquées à une situation éducative. Parlons de recherche en éducation quand nous nous décidons à ouvrir, en plus, les perspectives de recherche traditionnelle en réintroduisant les approches expérientielles d'ordre artistique, poétique, philosophique et spirituelle. C'est dans ce type de recherche en éducation que je situe mon discours. Bien qu'institutionnellement je sois professeur de sciences de l'éducation, je me suis toujours considéré comme un chercheur en éducation. C'est sans doute la raison pour laquelle mes centres d'intérêt tournent autour de la question de la relation humaine en éducation dans ses dimensions pulsionnelles, sociales et sacrales.

Par exemple, une recherche sur le silence en éducation, devrait prendre en compte, à mon avis, plusieurs dimensions de recherche :

- un rapport à la nature : le silence, dans ce cas, s'oppose au bruit, bruit de fond de l'univers, bruit lié aux saisons, bruit organique, etc., le « silence matériel » est-il un fait réel dans la nature ?

- un rapport à la psyché : qu'est-ce que le silence psychique ? qu'appelle-t-on le vide mental ? quel est le rapport à la méditation ? en quoi s'oppose-t-il au bruit du monde, à l'encombrement psychique ?

- un rapport à la société : existe-t-il un silence social et lequel ? la société ne se manifeste-t-elle pas avant tout par une activité qui est bruit lié à l'essor de la technique ? l'ère de la technologie planétaire, dont parle le philosophe Kostas Axelos, suppose-t-elle l'impossibilité sociale du silence ? des zones de silence doivent-elles être inventées dans nos sociétés modernes et lesquelles ?

- un rapport à la culture : les différentes cultures participent-elles, de la même façon, à l'avènement de la dialectique du silence et du bruit ? les cultures lointaines ont-elles quelque chose à nous apprendre sur leurs rapports humains à ce propos ?

- un rapport à la philosophie de la vie : philosophiquement, le silence s'oppose-t-il au bruit ? le non-bruit est-il du silence ? y a-t-il quelque chose qui ne serait ni bruit, ni silence ? quelle est la nature du silence pour le philosophe ? existe-t-il des moments de silence qui sont conjoints à des moments de vie ?

Le silence peut être approché ainsi par des biais très différents : dans ses rapports avec la philosophie, la psychologie clinique, la sociologie du quotidien, les arts et la poésie, la spiritualité, la création scientifique, la rencontre interculturelle et l'anthropologie, etc. Les méthodes de recherches qualitatives, cas clinique, monographie, histoire de vie, entretien non directif, etc., semblent être appropriées pour une telle investigation. Dans tous les cas, l'enjeu éthique est radical dans toute démarche de recherche. « *Si la rigueur désigne l'ensemble des procédures méthodiques d'objectivation exigibles à un moment donné,* écrit un chercheur canadien, *l'accent mis sur la méthode ne saurait faire oublier son enjeu, à savoir l'objectivation, ni le corellat de celle-ci à savoir un procès complexe de subjectivation. Du coup la réflexion éthique n'est pas un exercice marginal. Témoin embarrassant du remords ou de la mauvaise conscience du chercheur encore en proie à quelque inspiration humaniste, du moins n'est-elle pas marginale si, et pour autant que, c'est bien la question de la double implication éthico-épistémique du subjectif par l'objectif et de l'objectif par le subjectif qu'elle entend assumer* » (Gérard Vincent, in Revue *Religieux logique*, revue québécoise).

L'approche holistique de la réalité humaine

Examinons maintenant la dimension de l'action dans la recherche-action. Une recherche-action, dans la ligne épistémologique que je défends, est nécessairement à orientation existentielle. Elle pose l'implication du chercheur comme une donnée primordiale de tout processus de recherche. La recherche-formation existentielle, qui a été un axe très important de mon activité de chercheur dans les vingt dernières années, est une recherche-action existentielle appliquée à la formation continue des adultes. En tant que telle, elle est une recherche-action existentielle et elle entre dans la méthodologie de la problématique spécifique d'approche transversale. Apprenons que cette problématique d'approche transversale refuse toute coupure épistémologique entre ce qui serait scientifique, donc pertinent, et ce qui serait vulgaire, commun, imaginaire, donc dénué de toute réalité. Elle pose le problème d'une approche holistique de la réalité humaine par une articulation du réel insondable et voilé, de l'imaginaire primordial et radical et du symbolique socialement construit et vecteur de toute communication. L'action est transformatrice, changement dans les représentations du réel. La recherche-action existentielle a pour objet le changement possible de l'existentialité interne du sujet. Le concept d'existentialité interne correspond à une constellation de valeurs, d'idées, d'images mentales, de sentiments, de sensations, éprouvés par le sujet et formant un bain de sens plus ou moins conscient, garantissant son identité et déterminant ses pratiques sociales. Face à une question existentielle pour le sujet, par exemple la naissance, la souffrance, la mort, la jouissance, la vieillesse, l'amour, la haine, le travail, etc., celui-ci répondra en fonction de son existentialité interne. Comment s'opère le changement de l'existentialité interne ? Ce changement va s'opérer, dans la plupart des cas, par une reconnaissance et une réélaboration de la transversalité de la structure même de son existentialité interne par le sujet en recherche-action existentielle, au sein d'un groupe impliqué qui s'exprime en utilisant toutes sortes de techniques d'expression de l'imaginaire, selon la logique d'une triple éthique de l'action. La transversalité dont il s'agit n'a rien à voir avec le concept méthodologique en sciences sociales qui s'oppose à l'analyse longitudinale. Le concept employé par les institutionnalistes renvoie à une conceptualisation développée par Félix Guattari à propos de la psychothérapie institutionnelle. Il y a reconnaissance de la tranversalité d'un groupe institutionnalisé quand on fait apparaître différentes variables institutionnelles de hiérarchisation, d'influence, de connivence, de nondit, de séparation ou de réunification, d'égalité ou d'inégalité qui influencent toute forme de vie sociale. En recherche-action existentielle, je privilégie trois dimensions de la transversalité compte tenu de cette problématique d'approche transversale :

- une dimension pulsionnelle qui pose la question de l'influence des pulsions et de leur effet fantasmatique dans toute forme d'existentialité ;
- une dimension institutionnelle qui structure la transversalité selon une logique des magmas décrite par Castoriadis à propos de l'imaginaire social, par le biais des institutions comme matrice des *habitus* de chacun ;
- une dimension sacrale qui ouvre la transversalité sur une ontologie cosmique, la place de l'homme dans la nature universelle et son questionnement radical et inéluctable sur le sens même de son existence du fait qu'il a été jeté là, parmi les « étants », sans qu'il puisse vraiment répondre à la question du philosophe : pourquoi y a-t-il « étants » et non pas plutôt rien ?

L'approche de la transversalité comme bain de sens vécu se fait peu à peu par le biais d'une élucidation, d'une incorporation et d'une mise en œuvre de la complexité systémique de toute forme d'existentialité interne. Sont ainsi assumés des sentiments vécus comme l'ambiguïté, l'ambivalence, l'équivocité, le paradoxe, la perte et l'attachement, la retraite et l'aventure.

Importance du groupe impliqué

La recherche-action existentielle suppose un groupe impliqué, c'est-à-dire un petit nombre de personnes volontaires pour travailler selon leur histoire de vie personnelle et groupale. Dans certains cas, ce sont des groupes institutionnalisés, professionnels, qui acceptent de voir plus clair dans leur *praxis* existentielle sur les plans affectif, idéologique, économique et politique. J'ai pu ainsi réguler, dans ma vie, une équipe de psycho-sociologues et de thérapeutes d'un même organisme pendant plusieurs années. Dans la plupart des cas, ce sont des groupes construits avec des personnes qui ne se connaissaient pas *a priori* mais qui ont envie de participer au thème de la recherche-action existentielle sur la symbolique, en fonction de leur expérience de vie, de leur expérience significative. Il en fut ainsi d'une recherche sur la symbolique communautaire dans des groupes franco-allemands qui dura également plusieurs années. Il en fut de même dans une formation d'un personnel soignant d'un grand hôpital de la région parisienne sur le thème de l'écoute des souffrants et des mourants.

Le groupe accepte le dépliage de son implication, c'est-à-dire de ses investissements libidinaux, de ses intérêts de connaissance, de ses réseaux d'appartenance et de référence, de *« ce qui le fait tenir à la vie »* comme dit Jacques Ardoino. Les phases suivantes peuvent être repérées dans l'approche de cette transversalité de l'existentialité interne de chaque participant : reconnaissance des différences, assomption du conflit, ouverture à l'institution dans ses trois dimensions (instituée, instituante et d'institutionnalisation), et reconquête de la valeur symbolique de l'existence par une juste évaluation de la part radicale de l'imaginaire et de l'opacité inéluctable du réel.

À partir de la base théorique repérée, le chercheur va élaborer une hypothèse de recherche centrale pour toute sa recherche. Il s'agit de vraiment questionner la réalité, c'est-à-dire que le chercheur n'a pas la réponse à sa question. Une recherche n'est ni une illustration ni une justification d'une pratique. Dans la recherche-action, l'hypothèse naîtra le plus souvent dans la foulée même du processus de recherche collective et non au préalable. Dans la recherche-action, le déroulement de la recherche est particulier. Nelly Stromquist, en 1986, oppose la recherche-action à la sociologie classique par une analyse en quatre points :

- **Hypothèse relative à la science, à la connaissance et au changement.** La recherche-action doit servir d'instrument de changement social.
- **Processus de recherche.** La formulation des problèmes doit naître d'un groupe précis dans un contexte en crise et non créé par le chercheur. La collecte des données, les questions, doivent être celles de la communauté toute entière et non d'un échantillon représentatif. L'évaluation et l'analyse des données doivent être faites, jour après jour, avec la communauté. Leur interprétation est le produit d'une discussion de groupe. Ce qui implique un langage accessible à tous et la nécessité du *feed-back*.
- **Méthodologie.** La recherche-action utilise les instruments de la recherche en sciences sociales, mais la dynamique sociale créée par la recherche exige qu'elle en adopte ou en invente de nouveaux.
- **Le rôle du sociologue.** Il devient un médiateur du processus de recherche. Il est l'animateur de groupe et propose des pistes en termes de discussion et d'action. Il est parfois appelé à jouer un rôle d'interface avec les dirigeants ou les décideurs potentiels. Son rôle devient plus politique.

Art, rigueur et aventure

De mon point de vue, la recherche-action à dominante existentielle se veut peut-être plus radicale, parce qu'ouverte à la dimension d'*homo religiosus* de l'être humain. La recherche-action radicalisée s'enrichit d'une dimension philosophique et vise à se saisir du questionnement sur le sens de la vie. Au fil de l'expérience de vie apparaît alors l'extrême richesse et l'extrême complexité du potentiel humain. La recherche y atteint les limites d'une scientificité admise, répondant au cadrage exigé par la cité savante, pour déboucher sur des terrains où chaque chercheur aura à affiner sa démarche propre. La recherche-action existentielle se définit alors ainsi : un art de rigueur clinique, développé collectivement, en vue d'une adaptation relative de soi au monde.

... Un art, c'est-à-dire la capacité à mettre en œuvre des facultés d'approche de la réalité qui se réfèrent au domaine de l'intuition, de la création et de l'improvisation, au sens de l'ambivalence et de l'ambiguïté, au rapport à l'inconnu, à la sensibilité, à l'empathie. La recherche-action existentielle est une création dans laquelle on ne sait pas ce qui va en advenir en fin de compte.

... De rigueur clinique : rigueur des champs conceptuel et théorique ; en connaître les frontières et les zones de méconnaissance, de flou, d'incertitude ; rigueur du cadre théorique, du cadre symbolique dans lequel va se situer cette recherche-action ; rigueur de l'évaluation permanente au regard des objectifs du groupe impliqué ; rigueur de l'implication du chercheur. Rigueur doit aller de pair avec une approche multiréférentielle générale, englobant d'autres aspects que ceux des champs légitimés : questionnement philosophique, poétique, ouverture sur les sagesses lumineuses et ancestrales de l'humanité.

... **Développé collectivement** : le chercheur totalement impliqué dans l'intégralité de sa vie émotionnelle, sensorielle, imaginative, rationnelle fait partie du monde et sa recherche ne saurait se mener sans ce monde. Le chercheur agit dans le groupe, est agi par le groupe en tant que chercheur collectif. La recherche devient alors médiation et défi.

.... **En vue de l'adaptation relative de soi au monde** : la recherche-action est une aventure humaine dont le chercheur collectif doit sortir changé. Chacun des membres du chercheur collectif aura alors changé son point de vue sur la relation au problème.

Transdisciplinarité

Psycho-sociologie clinique, anthropologie, analyse institutionnelle, constituent le socle de cette approche. Mais on ne peut en rester là. Cette approche s'ouvre sur l'art, la poésie, la philosophie, les dimensions spirituelles et multiculturelles de la vie. La recherche-action existentielle nous mène à la réflexion du chercheur québécois, André Morin, sur ce qu'il nomme *« la recherche-action intégrale »*. André Morin la définit ainsi : *« La recherche-action intégrale vise un changement par la transformation réciproque de chacun et du discours, c'est-à-dire d'une action individuelle en une pratique collective efficace et incitatrice, et d'un discours spontané en un dialogue éclairé voire engagé »*. À la réflexion, le modèle de la recherche-action existentielle peut se formaliser ainsi. Vous retrouverez ce schéma dans mon petit livre sur la recherche-action aux Éditions Anthropos.

Nous pouvons conclure par les trois moments de la construction de l'objet chez Pierre Bourdieu, Jean-Claude Passeron et Jean-Claude Chamboredon dans le fameux *Métier de sociologue*, c'est-à-dire objet conquis, construit et constaté, en montrant qu'ils sont retraduits dans la recherche-action par objet approché, co-construit et effectué. Chaque phase, en vérité, modifie l'ensemble du système interactif de la recherche-action. La dialectique du chercheur professionnel et des chercheurs praticiens au sein du chercheur collectif, puis celle du chercheur collectif avec l'ensemble des groupes concernés, que j'appelle des « groupes cibles », anime sans cesse le mouvement de la recherche-action. Pendant toute la planification, la temporalité est reconnue avec son cortège de conflits et de médiations liés à l'action. L'objet devient de plus en plus co-construit au fur et à mesure que l'analyse se fait plus soutenue par l'ensemble du chercheur collectif et que des hypothèses d'action et d'élucidation sont produites et discutées dans le chercheur collectif et mises à l'épreuve auprès des membres du groupe cible. Deux temps président à leur élaboration. Le premier met au point un diagnostic en cernant la logique interne des conduites du sujet en situation problématique. L'élaboration s'appuie principalement sur une écoute sensible du vécu. L'interprétation-reformulation est plutôt rodgérienne à ce niveau. Son effet de sens est validé par les membres du groupe. Le second est référentiel. Il fait appel à des références en sciences humaines et sociales et travaille sur les points clés du blocage de la situation. L'élaboration est donc d'emblée plus en extériorité, pour le groupe cible comme pour les praticiens du chercheur collectif. Le danger est grand, pour les chercheurs professionnels qui participent à ce chercheur collectif (le chercheur collectif étant la réunion de praticiens de terrain et de chercheurs professionnels, universitaires par exemple), de prendre un pouvoir savant, malvenu dans une telle recherche. Plus que jamais, la constitution d'un langage commun est indispensable à ce niveau de la recherche. Cela suppose du temps et de la médiation là encore.

Chercheurs et praticiens : compléments réciproques

Il faut insister sur un point central de la recherche-action : l'effet de co-formation, dans le chercheur collectif, entre les praticiens chercheurs et les chercheurs professionnels. Les premiers questionnent sans cesse les seconds sur la pertinence de la dimension théorique dans la situation concrète considérée. Ils apportent des cas minoritaires, des pratiques parfois marginales qui surprennent l'ordre du raisonnement théorique toujours plus ou moins globalisant. Les chercheurs professionnels, de leur côté, font découvrir aux praticiens la relativité culturelle des conduites d'idées ou de valeurs que ceux-ci croyaient absolues parce que vécues. Ils en montrent les dimensions politiques implicites et les effets manipulatoires, ils en relèvent les aveuglements sur les ressorts profonds de l'action et sur le bien fondé de la finalité. Plus que jamais, la capacité de savoir faire des médiations est nécessaire pour les uns et pour les autres. Mais en aucun cas, ils ne doivent oublier leur capacité au défi sans lequel la recherche perdrait toute sa valeur critique et s'endormirait dans un consensus mou qui n'apporte rien du point de vue de la connaissance.

Une attitude respectueuse consiste à rester dans la logique de l'échange symbolique — du donner, recevoir, rendre, au sens de Marcel Mauss — reprise par Jean Baudrillard dans *L'échange symbolique et la mort*. Pas de don sans un accueil et un contre-don. Le chercheur professionnel arrive dans un milieu étranger à son *habitus*. Il ne va pas immédiatement donner son savoir, mais accueillir celui des autres avec qui il prétend vouloir travailler. Il devrait pouvoir être devant la région socio-affective d'autrui comme le célèbre disciple Luineng du maître Cheng'njeng, en Chine à la fin du VIIe siècle, qui a su attendre son heure de reconnaissance sociale, quoique déjà éveillé, en réalisant des besognes serviles dans la cuisine du temple, avant de composer le poème qui allait le faire reconnaître comme le plus sage d'entre tous les moines par son maître vieillissant. C'est pendant cette phase de planification qu'en terme d'actions des objectifs partiels sont proposés, réalisés et contrôlés d'une part, évalués de l'autre. Contrôlés par rapport à un échéancier précis échelonnant la recherche sur un axe temporel et spatial. Évalués par rapport à un projet visé qui donne du sens à l'ensemble de la recherche. À chaque fois, contrôle et évaluation ne sont pas le fait des seuls chercheurs professionnels, mais demandent la participation et la réflexion de tous. Plus que jamais, une recherche-action vise à l'émergence de la capacité à la fois de solidarité et de responsabilité. ■

Débat

Q. - Je suis assez surpris d'entendre un chercheur parler de dimension spirituelle dans la recherche-action. Pourriez-vous expliciter ce que vous entendez par dimension spirituelle ?

René Barbier - Ça suffit maintenant d'exclure une dimension reconnue dans la plupart des civilisations, qui est une interrogation sur le sens ultime de la vie que j'appelle la dimension spirituelle. La dimension spirituelle, cela ne veut pas dire que l'on s'engouffre dans des religions, dans des codes religieux, et encore moins que l'on devient sectaire. Au contraire, c'est parce qu'on reconnaît pleinement cette dimension-là comme une dimension constitutive de la nature humaine, de l'être humain tout simplement, que l'on ne s'engagera pas dans des dimensions sectaires de la vie.

Je pose cette question en ce qui concerne la recherche-action, plus largement dans les sciences humaines et dans les sciences de l'éducation, parce que je constate une impasse considérable dans ce domaine-là. Alors que partout, — je travaille dans la banlieue de Saint-Denis et à Saint-Denis même — comme certainement pour ceux qui sont universitaires ou ceux qui sont dans des lycées, ces questions se posent, des gens arrivent en classe avec des voiles, etc. Qu'en faites-vous ? Comment l'appréhendez-vous ?

L'appréhendez-vous avec une sorte de crispation intérieure en vous réfugiant derrière l'autorité — toujours relative comme on le sait — sans pouvoir comprendre vraiment ce qui se joue d'une façon phénoménologique dans la situation d'interaction éducative ou au contraire l'abordez-vous réellement ? Et si vous vous autorisez à aborder cette question, avec quoi l'abordez-vous ? L'avez-vous reconnue complètement pour vous-même et vous-même en tant que chercheur-acteur justement, comme une dimension inéluctable du rapport au monde ? Si vous l'avez reconnue pour vous-même, vous pouvez l'aborder avec les étudiants, avec les gens avec qui vous travaillez, etc., sinon vous allez vous bloquer. J'ai rencontré cela notamment dans ma recherche sur l'écoute des personnes en fin de vie. Dans un grand hôpital de la région parisienne, avec beaucoup d'étrangers, la question se posait d'emblée. Parce que les personnes en fin de vie se moquent vraiment de savoir si elles sont dans le bon ou le mauvais droit, s'il faut faire ça ou non. Elles ont des questions, et des questions qui se rapportent à leur culture, à leur religion et elles demandent de l'aide par rapport à ça. Comment appréhende-t-on cela ? Quel type de relations a-t-on par rapport à cela ? Je prétends qu'on ne peut vraiment y accéder que si, soi-même, on a vraiment fait une élucidation de son propre rapport au monde par rapport au sens spirituel de la vie.

Oui, c'est très marginal en sciences humaines, et même en recherche-action. Si vous avez l'habitude de lire des recherches-actions, vous verrez qu'il n'y en a pas beaucoup qui parlent de cela et je le regrette bien naturellement. C'est pour cette raison que je parle de recherche-action existentielle. Je crois qu'il faut réintroduire cette dimension-là justement parce que cela devient urgent. On est de plus en plus, affecté par des tendances intégristes, sectaires, etc., et on prétend y répondre par une laïcité plombée. Mais on ne peut pas y répondre par une laïcité plombée. On ne peut y répondre que par une ouverture de la conscience, que par un questionnement avec les personnes. Et cela suppose donc que soi-même, on s'ouvre à cette dimension-là, qu'on la reconnaisse pour quelque chose comme ayant de la valeur. Je ne dis pas qu'il faut imposer telle ou telle religion. La question n'est pas là. La question est : quel type de rapport au savoir avons-nous dans cet ordre-là ? Nous qui avons fait des sciences de l'éducation, à quel moment avons-nous été réellement éduqués à ce rapport-là ? Je ne sais pas à quel moment, dans les sciences de l'éducation, on en parle. Dans le cursus des sciences de l'éducation, il n'y a pratiquement jamais rien concernant cette question. Et pourtant, on est dans un domaine spécialisé. C'est vraiment une interrogation. Certaines questions se sont posées : comment faut-il enseigner l'histoire des religions dans les lycées, etc. En fait c'est tombé à l'eau et d'ailleurs ce n'est pas la véritable question. Pour moi, cela me semble quelque chose d'important, mais je le vois beaucoup plus comme une dimension personnelle et peut-être un travail à faire avec des groupes de chercheurs, d'interpellations, de multiréférentialité. Mais pourquoi exclurait-on de la multiréférentialité, ces références que l'on fait à partir d'un objet qui est un objet complexe ? Pourquoi on exclurait, dans cet objet complexe ou qu'on suppose tel, cette dimension-là de la vie, alors que la plupart des grandes civilisations et des grandes cultures à l'heure actuelle lui donnent une place absolument essentielle ?

Q. - Pour revenir sur cette question de dimension spirituelle. Construite à l'intérieur de la religion ne prétend-elle pas aussi aux enjeux sous-jacents de l'endoctrinement. Cette dimension spirituelle de la recherche-action ne s'apparente-t-elle pas aux enjeux sous-jacents de l'endoctrinement de la religion ?

René Barbier - Il me semble que c'est tout le contraire. Selon moi, la recherche-action développe nécessairement dans la pratique ce que j'appelle « une triangulation du doute ». Dans un premier temps, la recherche-action part de l'homme révolté, du fait que je n'accepte plus une situation en tant que citoyen simplement (une situation d'exclusion, de violence, etc.). Je suis face à une situation que je n'accepte plus en tant que telle donc il faut trouver des solutions, dans un groupe donné, dans une communauté humaine, etc. On tente de la chercher parce que l'on souffre. Et c'est pourquoi on tente de réaliser une action qui permet de sortir de cette souffrance. Cela suppose un doute sur l'ordre social. Le premier élément de la triangulation du doute dans la recherche-action c'est : « je n'accepte plus ce qui est », « il faut changer ce qui est ». Il y a bien l'idée de changement et l'idée d'engagement militant. Cela ne suffit pas mais c'est essentiel. La plupart des gens engagés dans la recherche-action, au départ, notamment les gens de terrain, sont des gens qui n'acceptent pas, qui sont dans l'ordre d'une révolte par rapport à ce qui est et vont tenter ensemble tenter de résoudre le problème. Ils s'engagent et ils ont une action, ils vont éventuellement faire appel à des aides extérieures, des chercheurs universitaires ou des centres de recherche, qui vont travailler en fonction de cette souffrance, de cette question qui se pose.

Or, ce qui est étonnant, au fur et à mesure qu'on aborde ce premier doute sur la logique sociale, sur l'ordre social (qui n'est jamais qu'un désordre établi comme disait Mounier), c'est qu'à partir de ce désordre établi, l'action entreprise conduit les gens à forcément prendre des distances pour essayer d'élucider, pour tenter de comprendre ce qui est.

On aboutit rapidement — certainement avec aussi l'accompagnement de chercheurs plus professionnels dans l'ordre du savoir scientifique — à un second questionnement que j'appelle le doute scientifique. On s'aperçoit que la plupart des instruments méthodologiques habituels de la logique académique doivent être adaptés, remis en question en fonction du groupe, du savoir du groupe, de la situation, etc. En grande partie, on a à inventer de nouveaux modes d'expression et d'investigation. Et cela nous conduit à remettre en question cette méthodologie habituelle dans les sciences. Mais au-delà même, on découvre que cela nous entraîne à un doute épistémologique sur les sciences humaines. Cela oblige à aller beaucoup plus loin dans le questionnement sur l'ordre exigé dans la cité savante. Pour cette raison, la recherche-action n'est pas simplement une méthodologie. En tant que processus, elle transforme totalement ceux qui la font et remet en question l'ordre habituel de la cité savante.

Le troisième doute est le doute ontologique. Une recherche-action est faite de co-formation, d'un rapport au terrain qui, sans cesse vous questionne et vous bouleverse parce que vous touchez à des zones d'ombre de votre propre psyché, de votre rapport au monde. Sans cesse vous êtes travaillé à l'intérieur de vous-même par le processus même de recherche. Le troisième doute, le doute ontologique, intervient sur « qui suis-je ? ». Qui suis-je pour faire une recherche-action avec les autres ? Qui suis-je pour prêter du sens avec d'autres sur certaines questions ? On est interpellé soi-même et peut-être mis à l'épreuve d'être au bord de l'abîme. Dans toute recherche-action qui va assez loin dans ces domaines de la vie affective, à un moment le chercheur se pose réellement des questions sur ce qu'il est, ce qu'il peut faire et où, éventuellement. Il se sent réellement en danger parfois dans le processus de la recherche. Mais, en même temps, c'est dans la confiance qu'il a dans l'élan vital dont je parlais (la volonté et le désir de dépassement avec d'autres) qu'il peut, peut-être, aller au-delà de ce troisième doute tout en l'assumant complètement.

Les trois doutes sont pour moi des doutes au cœur même de la recherche-action. Par rapport à la religion, je dirais qu'on interroge la dimension religieuse, on interroge la dimension spirituelle, et je préférerais dire de sagesse, qui se trouve parfois — et peut-être plus souvent qu'on ne croit malgré tout — à l'intérieur du sacré institué, non pas pour reproduire ce sacré institué mais pour justement pouvoir le relativiser par rapport à quelque chose qui donne du sens.

Q. - J'ai deux interrogations auxquelles je n'ai pas trouvé réponse dans votre livre. La première est que je considère que la proposition que vous faites est une ouverture, c'est une recherche-action des possibles mais je n'ai pas trouvé les différences fondamentales avec la recherche-action intégrale de Morin que vous citez, j'ai plutôt trouvé des éléments convergents que divergents. La deuxième est : est-ce que la recherche-action que vous proposez ou la réflexion que vous avancez n'ouvre pas une perspective thérapeutique ? Est-ce qu'on n'est pas dans l'ordre de la recherche-action thérapeutique ? Ce sont deux précisions qu'il m'intéresserait de vous entendre éclaircir.

Q. - En écoutant la discussion sur le thème de la spiritualité, j'ai essayé de faire un lien entre acteur et projet. Si ma compréhension est bonne, « acteur » sous-tend des projets et je crois que la dimension spirituelle est peut-être importante pour certains quand il s'agit d'un projet de vie. Quelqu'un disait que nier la mort, c'est ôter toute signification à la vie elle-même. Lorsqu'il y a projet de vie cela sous-tend la question d'un cadre limitatif qui est la vie elle-même. Et dans la recherche-action, pour moi qui vient de débuter, tout au long de cet exercice de distanciation, il m'apparaît comme une sorte de début de rapprochement avec un horizon d'attentes dans ma propre vie. C'est comme si la recherche-action, avec un zeste de spiritualité, peut limiter ou servir le dépassement et le contenir dans des limites non démiurgiques.

René Barbier - Quand j'ai découvert les thèses d'André Morin — je ne le connais pas personnellement, mais en lisant ses livres —, je me suis trouvé en connivence par rapport à ma propre évolution concernant la recherche-action. J'ai fait de la recherche-action à partir des années soixante-dix. Dans un premier temps, jusqu'aux années quatre-vingt à peu près, j'ai développé une recherche-action très sociologique, critique, en liaison avec l'analyse institutionnelle, les thèses de Bourdieu, un certain marxisme humaniste et avec la psycho-sociologie critique notamment française. J'appelle cela la recherche-action institutionnelle.

Après les années quatre-vingt, j'ai ouvert les choses sur la région poétique, philosophique de la vie et la région spirituelle. Ce qui m'a conduit à développer un type de recherche-action que j'ai appelé recherche-action existentielle. En théorisant de cette façon-là, j'ai découvert les thèses d'André Morin dont je suis effectivement très proche. D'ailleurs dans le petit livre sur la recherche-action, un des chapitres s'intitule la recherche-action intégrale, personnelle et communautaire. C'est vraiment très proche de la recherche-action existentielle. Mais je ne connais pas assez bien ses recherches-actions sur le terrain, je n'ai lu que les ouvrages qu'il a publiés. Je ne sais pas comment il appréhende la dimension spirituelle de la vie. Mais il me semble bien qu'il ne soit pas fermé à cela. Et donc vous avez tout à fait raison, je crois qu'on a des points communs. Il développe aussi une méthodologie que je trouve très rigoureuse et qui est certainement à reprendre dans cette optique de recherche-action.

En ce qui concerne la question sur la thérapie, souvent on me fait le reproche : « *Vous avez une dimension d'approche existentielle, donc vous faites de la thérapie* ». On me le dit beaucoup à propos du diplôme professionnel que je dirige à Paris VIII — le Diplôme Universitaire de Formateur d'Adultes (DUFA) —, que j'anime effectivement dans cette perspective. Je crois que c'est se tromper. Partir de la vie, être proche de la vie, ce n'est pas forcément faire de la thérapie. Ou plus exactement, quand on emploie le terme « thérapie », on a immédiatement une connotation d'anormalité : il faut revenir dans le droit chemin et (sous-entendu) quelle est votre référence ? employez-vous des techniques psychanalytiques ? etc. Mon problème n'est pas là.

Je ne vais jamais chercher, dans ma pratique de chercheur en recherche-action, ce qui s'est passé dans la vie d'enfance des personnes qui sont là. Je travaille beaucoup plus dans le présent et mon propos n'est pas d'aller chercher, dans une sorte de démarche régressive, ce qui se serait situé dans le passé des acteurs parce que, effectivement, je ne suis pas un thérapeute. Mon propos n'est pas de l'ordre thérapeutique mais de l'ordre de l'action incarnée dans le présent. Donc je me démarque vraiment de cette dimension thérapeutique. Et je ne suis pas d'accord pour qu'on enferme cette démarche de recherche-action existentielle, sous prétexte qu'elle parle de la vie, qu'elle prend appui sur la vie, la vie quotidienne, au jour le jour, pour dire que c'est de la thérapie. Sous-entendu, ce n'est pas à la bonne place, ce n'est pas à ce moment-là qu'il faut le faire, de toute façon vous n'êtes pas qualifié, c'est un autre qui devrait le faire, etc. En fin de compte, on invalide l'ensemble du processus et l'ensemble du questionnement de ce processus pour dire que c'est dans un autre lieu que cela devrait se faire et ça ne devrait pas d'ailleurs s'appeler recherche-action, etc. Moi je dis, au contraire, qu'on reste ici dans le présent et qu'on aborde toutes les questions, sans pour autant avoir une approche thérapeutique. Je n'emploie pas le mot existentiel pour rien mais parce qu'il se réfère effectivement à l'existentialisme. Dans l'existentialisme, il y a la liberté, le choix, l'engagement, le projet, etc.

Q. - On a beaucoup parlé de savoir théorique, de savoir universitaire, mais à quel moment, dans votre approche de recherche-action, rompt-on avec le sens commun ? Parce qu'en fait, on s'engage dans cette recherche aussi pour ne pas parler du même, pour parler d'autre chose. Donc à quel moment peut-on dire qu'il y a une rupture de sens ? En tenant compte de ce que vous avez dit — qu'on peut parler aussi de fascination du savoir théorique —, à quel moment va-t-on aussi se le réapproprier ?

René Barbier - Encore qu'il faille faire attention aussi à ne pas prendre le sens commun comme quelque chose qui serait le mauvais objet. *« Dans le sens commun, il y a du bon sens »* comme disait Gramsci, donc je crois aussi que c'est aussi important de voir cela sous cet angle. Il me semble qu'on commence à pouvoir rompre avec un sens commun, non pas à partir d'une parole savante qui serait la parole du professeur éclairé, mais lorsqu'il y a eu suffisamment de confiance dans le groupe pour qu'on puisse commencer à échanger vraiment et pouvoir se dire un certain nombre de choses. Parce que le sens commun, il est aussi du côté des chercheurs professionnels et des universitaires. Ils ont du sens commun sur les savoirs d'expérience des gens.

Je pense à la recherche d'ATD-Quart Monde qui est tout à fait intéressante pour moi par rapport à cette optique de recherche-action existentielle. Trois types de savoirs se conjuguent à partir de trois groupes différents : le groupe des universitaires, le groupe des militants quart monde d'ATD-Quart Monde et le groupe des bénévoles et des volontaires qui travaillent avec le mouvement. Le groupe des savants c'est effectivement le savoir savant, le groupe des volontaires c'est le savoir d'action, le groupe des gens vivant dans le quart monde c'est le savoir d'expérience. Les universitaires ont forcément du sens commun aussi, c'est-à-dire des représentations sur le savoir d'expérience, mais inversement les gens du savoir d'expérience ont aussi des représentations sur le savoir savant. La question est donc : comment va-t-on, ensemble, commencer à grignoter dans le savoir du sens commun quelque chose qui est peut-être de l'ordre de l'illusion. Mais il y a aussi d'autres choses qui sont à retenir et à conserver dans le sens commun.

Donc, au moment où on a réalisé une dynamique de groupe suffisante entre les gens du chercheur collectif pour qu'on se respecte, qu'on s'estime, qu'on ne sente pas qu'il y en ait un qui veuille prendre le pouvoir sur l'autre, qu'on puisse accepter la différence, l'altérité, etc., — c'est l'effort de co-formation —, à ce moment-là chacun peut commencer à s'autoriser à dire ce qu'il a à dire par rapport à ce côté illusoire du sens commun. Alors, les gens du savoir d'expérience peuvent entendre certaines réflexions, certaines interprétations, voire même des gens qui possèdent le savoir théorique ou universitaire et inversement. Les universitaires peuvent aussi entendre que peut-être ils ne connaissent pas tout et qu'ils feraient bien de temps en temps d'écouter les autres.

Q. - Comment conciliez-vous la notion ou le concept de l'*homo religiosus* avec l'enracinement de la recherche-action dans la théorie marxiste ?

René Barbier - Sur la recherche-action et le marxisme. À ma connaissance, je ne crois pas que dans aucun ouvrage marxiste on emploie le terme de recherche-action. « Recherche-action » vient d'*action-research*, c'est américain. Quand on en parlait dans les années 70 et que le marxisme avait pignon sur rue à l'université, surtout dans les départements de sociologie, faire de la recherche-action c'était vraiment « caca », pour les chercheurs qui étaient en liaison avec cette problématique. Mais si on dépasse un peu ces stéréotypes, il y a forcément dans le marxisme, par l'idée de praxis, quelque chose qui a à voir avec l'action et la réflexion sur l'action. Donc il y a nécessairement, au sein même de la théorie marxiste, par l'engagement et la volonté de trouver des solutions, par l'élucidation des rapports de forces entre les classes ou les fractions de classes sociales qui sont en question dans toute situation sociale, des éléments que j'appelle des éléments de recherche-action. C'est pour cette raison que dans la conception de la recherche-action existentielle, certes, il y a la dimension spirituelle — je n'enferme pas le mot spirituel dans quelque chose de précis, à chacun de trouver ce qu'il met derrière ; simplement ce n'est pas seulement le religieux codé ; donc renvoyons cela plutôt à la question du sens de la vie — mais aussi une implication politique. Comme je le disais tout à l'heure, c'est le premier doute, à savoir « Non ! Je n'accepte plus cet état de choses ». Or, tout militant marxiste pose cette question : « Je n'accepte plus cet état de choses et je vais tenter de résoudre les choses collectivement, avec d'autres, dans un esprit militant pour qu'ensemble on puisse trouver une solution ». ■

Bibliographie

Alinsky S., 1976, *Manuel de l'animateur social*, Paris, Le Seuil.

Allal L., Cardinet J. et Plerrenoud Ph., 1979, *Groupe Rapsodie. Prévenir les inégalités scolaires par une pédagogie différenciée : à propos d'une recherche-action dans l'enseignement primaire genevois. L'évaluation formative dans un enseignement différencié*, Peter Lang, 68-108.

Anzieu D., 1975, *Le groupe et l'inconscient*, Paris, Dunod.

Ardoino J., 1975, *Éducation et politique. Propos sur l'éducation II*, Paris, Gauthier-Villars.

Ardoino J., 1977, *Éducation et relations. Introduction à une analyse plurielle des situations éducatives*, Paris, Unesco et Gauthier-Villars.

Ardoino J., Barbier R., s/dir., 1993, L'approche multiréférentielle en formation et en sciences de l'éducation, *Pratiques de formation/Analyses*, N° 25-26, avril 1993, Université Paris 8, Formation permanente.

Barbier R., 1977, *La recherche-action dans l'institution éducative*, Paris, Anthropos, coll. Ethno-sociologie, 112 p.

Barbier R., 1997, *L'approche transversale. L'écoute du sensible en sciences humaines*, Paris, Anthropos, coll. Exploration interculturelle et sciences sociales, 350 p.

Barbier R., 1994, Le retour du « sensible » en sciences humaines, *Pratiques de formation/Analyses*, N° 28, octobre1994, Microsociologies, interactions et approches institutionnelles, s/dir. G. Lapassade, Université Paris 8, Formation permanente, 97-118.

Bataille M., 1981, Le concept de « chercheur collectif » dans la recherche-action, *Les Sciences de l'éducation*, n° 2-3, avril-septembre 1981, 37-38.

Boumard P., 1989, *Les savants de l'intérieur, l'analyse de la société scolaire par ses acteurs*, Paris, Armand Colin, Bibliothèque européenne des sciences de l'éducation.

Carr W., Kemmis S., 1986, *Becoming critical education ; knowledge and action research*, London and Philadelphia, The palmer press.

Castoriadis C., 1975, *L'institution imaginaire de la société*, Paris, Le Seuil.

Delorme C., 1982, *De l'animation pédagogique à la recherche-action, perspective pour l'innovation scolaire*, préface de D. Hameline, Paris, Chronique sociale de France.

Collectif, La recherche-action : enjeux et pratiques, *Revue de l'institut d'action communautaire*, Québec, École de service social, Université de Montréal, 5/45, printemps 1981.

Collectif, À propos de la recherche-action, Université libre de Bruxelles, n° 3, 1981.

Desroche H., 1981, La recherche coopérative comme recherche-action, *Actes du Colloque Recherche-action de Chicoutimi*, UQAC, octobre 1981, 9-48.

Desroche H., 1981, Les auteurs et les acteurs. La recherche coopérative comme recherche-action, *Communautés, Archives de Sciences sociales de la coopération et du développement*, n° 59, 1982, 39-64.

Dubost Jean, *L'intervention psychosociologique*, Paris, PUF.

Gaujelac de V., et Roy S. 1993, s/dir., *Sociologies cliniques*, Paris, Hommes et perspectives/Épi.

Goyette G. et Lessard-Hebert M., 1987, *La recherche-action, ses fondements et son instrumentation*, Québec, Presses de l'Université du Québec.

Grawitz M., *Méthodes des Sciences sociales*, 9e édition, Paris, Dalloz.

Grell P., Wery A., 1981, Problématiques de la recherche-action, *Revue internationale d'action communautaire*, vol. 5, n° 45, printemps 1981, 123-130.

Giust-Desprairies F., Müller B. 1997, s/dir. *Se former dans les rencontres interculturelles*, Paris, Anthropos.

Hess R., *La sociologie d'intervention*, Paris, PUF.

Hugon M.-A., Seibel C., 1988, *Recherches impliquées, Recherches action, le cas de l'éducation*, Bruxelles, De Bœck Université.

Lapassade G., 1989, Recherche-action externe et recherche-action interne, *Pratiques de formation/Analyses*, N° 18, décembre 1989, Recherche-action et formation. Le travail de terrain, Université Paris 8, Formation permanente, 17-41.

Lapassade G., 1991, *L'ethnosociologie*, Paris, Méridiens Klincksieck.

Le Boterf G., 1980, La recherche participative, *Éducation permanente*, juin 1980, n° 53, 21-46, et 1981, *L'enquête-participation en question. Analyse d'une expérience, description d'une méthode et réflexions critiques*, Paris, Ligue française de l'enseignement et de l'éducation permanente.

Lessard-Hebert M., 1991, *Recherche-action en milieu éducatif*, Montréal, Québec, Édition d'Agence d'Arc.

Levy A., 1984, La recherche-action et l'utilité sociale, *Connexions*, n° 43, Paris, Épi, 81-98.

Levy A., 1984, La recherche-action : une autre voie pour les sciences humaines, in *Du discours à l'action. Les sciences sociales s'interrogent sur elles-mêmes*, s/dir., Boutinet J. P., L'Harmattan, 50-68.

Lewin K., *Psychologie dynamique. Les relations humaines.* Paris, PUF, 4e édition, édition originale 1931.

Maffesoli M., La raison séparée, *Sociétés. Approches méthodologiques*, n° 42, Paris, Dunod, 403-410, et 1996, *Éloge de la raison sensible*, Paris, Grasset.

Marrow A. J., *Kurt Lewin*, Paris, E.S.F.

Morin E., 1990, *Introduction à la pensée complexe*, Paris, E.S.F., Communication et complexité.

Morin A., 1992, *Recherche-action intégrale et participation coopérative*, vol. 1, (méthodologie et études de cas) et vol 2 (théorie et rédaction du rapport), Montréal, Québec, Édition d'Agence d'Arc.

Moser H., 1975, *Aktionsforschung als kritische Theorie der Sozialwissenschaften*, München, Kösel.

Moser H., 1977, *Méthoden der Aktionsforschung*, München, Kösel.

Pages M., *Psychothérapie et complexité*, Paris, Épi, Hommes et perspectives.

Pineau G., Marie-Michele, 1983, *Produire sa vie : Autoformation et autobiographie*, Paris, Edilig et Montréal, Les éditions coopératives Albert Saint-Martin.

Stromquist N. P., 1986, La recherche-action : nouvelle approche sociologique du Tiers-monde, *Attadriss*, N° 9, Rabat, F.S.E., 36-45 (cf. G . Lapassade, 1989, 20-26).

Susman G.I., Evered R.D., 1978, *An Assessment of the Scientific Merits of Action Research*, Administrative Science Quaterly, vol. 23, 582-603.

Thirion A.-M., 1980, *Tendances actuelles de la recherche-action. Examen critique*, Liège, Institut de Psychologie et des Sciences de l'éducation, Université de Liège.

Touraine A., 1984, *Le retour de l'acteur. Essai de sociologie*, Paris, Fayard.

Trier Van W., 1980, La recherche-action, *Déviance et société*, vol. 4, 179-193.

Lorenza MONDADA
Professeur de Linguistique à l'Université de Bâle

Le langage en action

L'affirmation de la primauté des pratiques sociales pour penser, dans un modèle théorique autant que dans une démarche empirique, la constitution et la transformation de la réalité nous paraît être une perspective que la recherche-action est susceptible de partager avec un certain nombre de paradigmes en sciences sociales, insistant sur la centralité des activités sociales dans la construction du sens, de l'ordre social, des relations intersubjectives et de la matérialité elle-même, ainsi que sur leur dimension interprétative et phénoménologique[1]. Une telle perspective est compatible avec une approche du « langage en action », qui le considère tel que se déployant et agissant de façon configurante dans des pratiques sociales localement situées.

Notre but est ici d'expliciter un réseau de cohérences entre une conception praxéologique du langage, une méthodologie d'analyse des pratiques sociales et une démarche d'observation participante, dans le but d'identifier des postures de recherche pouvant être stimulantes pour, voire stimulées par, des projets de recherche-action.

Nous allons pour cela souligner l'importance d'un regard analytique particulier, fondé sur la reconnaissance et l'explicitation de l'importance de la prise en compte des dynamiques langagières — du langage en action — pour l'étude de l'établissement, de la transformation, du renforcement des réalités sociales, professionnelles, institutionnelles en général et pour la recherche-action en particulier. Nous expliciterons quelle conception du langage et quels outils nous semblent les mieux à mêmes de développer une telle analyse, ainsi que les conséquences particulières qu'un tel cadre revêt pour la recherche-action.

---

1 - Dans ce sens, au lieu d'opposer la recherche-action à la recherche académique en général, nous préférons identifier des courants transversaux dans les sciences humaines qui définissent une « sensibilité épistémologique » commune, pouvant unir la recherche-action et certains modèles ou certaines « mentalités analytiques », tels que le constructionnisme social, la phénoménologie sociologique, l'interactionnisme symbolique, la sociologie compréhensive, la sociologie de l'action, ou encore l'ethnométhodologie. Les airs de famille entre ces courants, qui par ailleurs se distinguent par des présupposés et des manières de faire spécifiques et non confondables entre eux, font que certains de ces paradigmes ont pu nourrir la réflexion théorique de la recherche-action et qu'en retour la recherche-action peut dynamiser leur démarche, notamment en les interrogeant à partir d'une pratique du terrain proche des acteurs et des contingences locales.

Nous montrerons donc le lien entre une certaine vision de la réalité sociale et du langage (1.) et une approche méthodologique de cette réalité (2.) qui peut attribuer une place importante au chercheur-praticien. Plutôt que de développer abstraitement les enjeux qui en découlent, nous préférons les montrer à l'œuvre en donnant quelques exemples empiriques de démarches d'analyse (3.).

1. Le langage comme dimension constitutive de la réalité sociale

1.1. L'omniprésence des pratiques langagières

La centralité que nous accordons au langage — considéré non pas comme une faculté abstraite, mais comme un ensemble de pratiques socio-langagières incarnées et situées — dans les pratiques sociales est notamment fondée sur le constat de son omniprésence. Les activités langagières caractérisent en effet le quotidien des pratiques professionnelles et instutionnelles, qui mettent en œuvre des compétences discursives spécifiques : rédiger un rapport, discuter d'un cas avec un collègue, conseiller un client, remplir un formulaire, répondre à une plainte, participer à une réunion de travail...

Ces activités langagières sont étroitement imbriquées dans d'autres types d'activités : après une réunion de concertation avec des spécialistes, le chirurgien décidera de la façon dont il opérera son patient ; après avoir écouté les échanges d'arguments entre le juge, la défense et l'accusation, la cour décidera de l'importance de la peine ; sur la base d'un dossier et d'un entretien on décidera de l'octroi d'aides financières ou de subventions, etc. Ces activités auront des effets configurants sur le fonctionnement des institutions ainsi que des conséquences durables sur la vie des acteurs concernés, en les constituant comme un malade en voie de guérison ou un malade défunt, comme un présumé coupable à emprisonner ou à relâcher, comme un besogneux ou non, comme éligible ou non à recevoir de l'aide, etc. Dans ce double sens on peut dire que le langage en action façonne la réalité.

1.2. La dimension « constitutive » du langage

Les exemples donnés plus haut veulent indiquer qu'il ne suffit pas d'invoquer le langage ou le discours pour se donner la possibilité de décrire l'émergence d'états, de faits, d'événements, de relations, qui se durciront éventuellement dans des matérialités, dans des lois, dans des postures corporelles. Encore faut-il préciser la conception du langage que l'on mobilise pour rendre compte de son efficacité sociale.

Contrairement à une *conception informationnelle* du langage, largement présente en sciences sociales, qui considère le langage comme un véhicule plus ou moins transparent d'informations sur le monde, comme un miroir plus ou moins fidèle de la réalité — et qui donc maintient la séparation ontologique entre le langage d'une part et la réalité de l'autre, l'un étant évalué à l'aune de sa correspondance avec l'autre — une *conception praxéologique*[2] considère le langage en

---

2 - Sur l'opposition entre ces deux conceptions voir Mondada (1995, 1998a).

l'appréhendant dans des activités langagières qui établissent des relations intersubjectives et sociales et qui interviennent publiquement sur le monde, le transformant par l'action sociale, en construisant des versions des faits plus ou moins acceptées, plus ou moins efficaces, plus ou moins réifiées dans des décisions et des matérialités[3].

Cette conception n'oppose pas le *dire* et le *faire*, mais considère que le dire *est* un faire : les activités verbales s'imbriquent dans d'autres activités, contribuent puissamment à construire leur intelligibilité, leur sens, à imposer une certaine vision du monde, du contexte dans lequel a lieu l'action, de l'action elle-même.

De façon plus particulière, cette conception praxéologique du langage permet de rendre compte de son rôle dans la *constitution* (terme utilisé surtout par les ethnométhodologues[4]) ou la *construction* (terme employé surtout dans le paradigme du constructionnisme social[5]) de l'excellence, de l'intelligence, de la déviance, de la folie, des handicaps, c'est-à-dire dans l'émergence et la stabilisation de la facticité des faits sociaux dans des contextes institutionnels. C'est en effet à travers un enchaînement de pratiques, notamment discursives, que se constituent progressivement des versions des faits qui en circulant dans des réseaux de plus en plus vastes, en constituant la base à partir de laquelle des décisions sont prises ou des actions sont planifiées, se réifient progressivement. La même approche vaut d'ailleurs pour la constitution des faits de la nature dans les contextes du travail scientifique ou de l'expertise[6].

2. Observer les pratiques langagières comme voie d'accès privilégiée pour saisir les processus de constitution

2.1. Conséquences méthodologiques

Les considérations précédentes vont de pair avec des postures d'observation et d'analyse particulières, qui focalisent leur attention sur les pratiques langagières conçues à la fois comme une dimension constitutive en actes et comme la manifestation observable des processus de constitution des réalités sociales. Dans ce qui suit nous allons insister sur quelques caractéristiques d'une posture possible, inspirée de l'ethnométhodologie et de l'analyse conversationnelle[7].

a) L'observation des *processus* et non leurs *résultats* : il s'agit de saisir des dynamiques constitutives et non pas les produits finis, objectivés et stabilisés qui en sont issus. De façon plus précise, une approche procédurale insiste sur les « méthodes » (Garfinkel, 1967) par lesquelles les membres d'un groupe effectuent

---

3 - Sur cette conception du langage comme configurant publiquement la réalité dont il parle et non pas comme la reflétant, cf. Mondada (2000, ch. 1).
4 - Pour un article introductif en français on consultera Heritage (1992). Pour des textes de référence, voir Garfinkel (1967), Sacks (1992).
5 - Voir le texte pionnier de Berger et Luckmann (1967). Pour une introduction au constructionnisme voir Corcuff (1996), Potter (1996). Pour un débat actuel entre les protagonistes voir Holstein & Miller (1993).
6 - Voir Latour & Woolgar (1979), Lynch (1985), Knorr-Cetina & Multkay (1983).
7 - Voir pour des introductions en français Bange (1992), Gülich (1990), Relieu & Brock (1995).

certaines activités, maintiennent des points de vue, attribuent un sens à des situations, etc.

b) L'observation des pratiques sociales dans leur *contexte* : il s'agit de saisir les processus constitutifs dans leur contexte d'émergence et d'action et non pas en les déplaçant dans des contextes qui seraient provoqués ou arrangés par le chercheur aux fins de son enquête. Ceci signifie que l'on va analyser le dire *dans* l'action (le dire imbriqué dans le déroulement d'actions sociales en temps et lieu réel) et non pas le dire *sur* l'action (le dire sollicité dans un contexte qui n'est pas celui de l'action mais qui est censé porter sur lui — comme par exemple dans les questionnaires ou dans les entretiens, qui se déroulent dans une situation imposée par l'enquêteur et qui fournissent après coup un récit ou une justification d'actions passées).

c) La prise en compte des *détails du déroulement des actions* : les actions prennent un sens et ont un effet constitutif en se structurant dans le détail de leur organisation interactionnelle. Ces détails sont vus mais non remarqués (*seen but unnoticed*) par les acteurs, qui y ajustent leurs conduites sans nécessairement les thématiser ou les identifier comme tels. C'est pourquoi l'analyse de ces détails repose sur un regard particulier, qui ne peut être développé que sur la base d'analyses d'enregistrements d'interactions préalablement écoutés de façon répétée et soigneusement transcrits. L'enregistrement permet de revenir indéfiniment sur le déroulement de l'action, de faire et de refaire la transcription, de revenir à la bande pour y scruter de nouveaux phénomènes qui n'étaient pas apparus à une première observation — qui sont ainsi *découvrables* mais non *imaginables*. Ces opérations observationnelles ne sont pas possibles lorsqu'on se limite à une prise de notes sur le terrain : les notes sont une première construction discursive située de l'événement, une première interprétation globale qui repose sur les détails constitutifs mais qui les gomme aussi, puisqu'elle ne peut les appréhender et les conserver en tant que tels.

d) La prise en considération du *point de vue des membres* : puisque l'action est organisée dans la production de son intelligibilité pour les autres qui devront s'y ajuster, y répondre, s'y coordonner, il est fondamental de la saisir dans la perspective de ses acteurs et non pas en invoquant des perspectives explicatives externes. Ceci ne signifie pas simplement une reconstruction de la perspective des membres, mais plus radicalement la description des procédés par lesquels leur perspective est incarnée dans l'action, maintenue et défendue en elle, mobilisée dans la production incessante de l'intelligibilité et du sens des situations et donc de conduites ajustées et adéquates. Autrement dit, le point de vue n'est jamais dissocié de l'action, mais est imbriqué dans son organisation.

Cette démarche s'oppose à une posture dite « ironique » par les ethnométhodologues, qui consiste à dévaluer le discours des acteurs en opposant leur faire et leur dire (après l'avoir réifié et décontextualisé), en affirmant que les acteurs sociaux ne savent pas ce qu'ils font et que, lorsqu'ils en parlent, leurs discours entrent en contradiction avec leurs pratiques effectives. Cette dévaluation permet de légitimer l'application de modèles externes aux activités analysées, validés dans des sphères académiques qui n'ont rien à voir avec elles, mais qui reposent sur des modèles généraux de ce que sont les actions, les normes et les représentations (cf. Watson, 1998).

e) Le traitement des pratiques langagières comme un *objet d'analyse* et non comme une *ressource* pour construire une nouvelle version des faits et des événements : cela signifie utiliser les dires des membres non pas pour nourrir l'argumentation du chercheur mais comme un objet à étudier par rapport à l'analyse des modes d'organisation de l'action et de l'interaction dans lesquelles ils émergent. Dans cette perspective par exemple, l'entretien sociologique utilisé traditionnellement dans la recherche en sciences sociales sera considéré comme un objet à étudier, comme un événement interactionnel particulier au cours duquel des versions des faits sont co-construites par les interlocuteurs (l'enquêteur aussi bien que ses informateurs), et non pas comme une ressource pour obtenir des informations sur ce que les gens pensent, se représentent, ou déclarent.

2.2. Observer comme activité située. La position particulière du chercheur-praticien

La démarche que nous avons esquissée a des conséquences fondamentales sur la façon dont on aborde un terrain d'enquête. Nous expliciterons ici en particulier les conséquences qu'elle a pour un certain type d'enquêteur, caractéristique de nombreux projets de recherche-action, que nous appellerons le « chercheur-praticien » — i.e. l'enquêteur qui est à la fois un observateur et un participant engagé dans l'action observée, pour qui elle peut constituer, par exemple, une pratique professionnelle ordinaire.

2.2.1. Le chercheur-praticien aborde le terrain d'une façon que l'on pourrait caractériser comme inversée par rapport au chercheur universitaire. En s'inspirant de la sociologie des sciences, on peut décrire leurs différences en identifiant deux espaces sociaux, celui de l'académie et celui du terrain, que la démarche de l'enquête met en relation, en tissant des relations, souvent problématiques, de continuité et de transférabilité des objets et des savoirs de l'un à l'autre (Mondada, 1998b).

Le problème qui se pose au chercheur, qui a été formé et qui travaille dans l'espace de l'académie, est de savoir comment avoir accès à l'espace du terrain, comment le pénétrer, s'y intégrer, s'y faire accepter. Son problème est aussi de savoir comment planifier, contrôler, « domestiquer » les activités sur le terrain afin de s'assurer que les données qu'il va rapporter dans l'espace de l'académie seront cohérentes, conformes, adéquates au projet de recherche qu'il y a formulé. La démarche de terrain qui émane de l'académie est donc souvent régie par une logique exogène par rapport aux logiques émiques du terrain.

Par contre, le problème du chercheur-praticien est inverse : en tant que praticien, il est sur le terrain, il a un accès privilégié à ce qui s'y passe, aux acteurs, aux activités en train de se faire, aux archives. Il se trouve dans une situation idéale pour documenter ces pratiques et recueillir des données. Son problème consiste plutôt à savoir comment organiser le passage vers l'espace de l'académie, où ses données et son travail seront évalués, où il devra lutter pour la reconnaissance, la valorisation, l'acceptation de son travail de terrain et où il devra formuler les enjeux endogènes du terrain dans un jeu de langage acceptable du point de vue des logiques de l'académie[8].

Cette situation permet de comprendre comment la recherche universitaire a souvent privilégié des méthodes indirectes, décontextualisantes pour l'abord du terrain (par des entretiens, éventuellement effectués dans des lieux neutres ou contrôlés par le chercheur, par des questionnaires, par des expérimentations qui sont tous des dispositifs permettant de contrôler le recueil des données). À l'inverse, la recherche-action semble d'emblée pouvoir se situer d'une autre manière sur le terrain, ce qui la rend davantage compatible avec les « mentalités analytiques » et des sensibilités épistémologiques venant de l'analyse des pratiques, de la phénoménologie, des approches compréhensives et interactionnistes — qui sont des approches alternatives et souvent marginalisées par rapport à un savoir académique traditionnel.

2.2.2. Une fois sur le terrain, le problème se pose pour le chercheur-praticien d'adopter une posture d'observateur qui lui donne accès à des *objets* et non à des *ressources*. Cela implique des glissements de perspective : en tant que praticien participant à l'action, il interagit, agit, parle au sein d'un cours d'action qui est celui de sa pratique professionnelle, alors qu'en tant que chercheur il porte un regard sur ces actions comme un objet d'analyse et procède à d'autres types d'activité — d'observation, de prise de notes, d'enregistrement orientées vers les fins pratiques de la constitution d'un corpus de données à analyser. Dans ce sens, le terme composé de « chercheur-praticien » renvoie à des identités multiples que cet acteur assume durant le cours de sa vie quotidienne, qui s'incarnent et se distinguent toutefois dans des types d'activités distincts, avec des réseaux de pertinences et d'intelligibilités distincts. Dans les termes d'Harvey Sacks (1972a, 1972b, cf. infra 3.2.), la catégorie de chercheur est liée à des activités spécifiques (comme p.ex. enregistrer une réunion) qui ne se confondent pas avec celles de la catégorie de praticien (comme p.ex. intervenir, argumenter, prendre position dans une réunion)[9]. Le chercheur-praticien pourra adopter au fil d'un cours d'action (la réunion) des postures

---

8 - Le chercheur est toujours confronté à une pluralité de destinataires pour qui il formule son travail de façon spécifique et adéquate — dans les termes de la théorie de l'acteur-réseau, il s'agit pour lui de mettre en œuvre des opérations différentes de traduction, d'enrôlement, d'intéressement face à des acteurs hétérogènes et des lieux différenciés du réseau de circulation du savoir (Latour, 1989 ; Callon, 1986). Il faut souligner, en particulier, le fait que la sphère académique n'est pas le seul interlocuteur du chercheur-praticien : d'une part son souci est souvent d'être entendu par des acteurs de son terrain, d'assurer un retour de son analyse auprès de ceux qu'elle concerne ; d'autre part, d'autres contextes de validation du savoir sont envisageables, qui ne coïncident pas nécessairement avec l'université. Nous pensons notamment à des forums de participation à la solution de problèmes publics (p.ex. écologiques ou urbanistiques), aux cercles militants et associatifs engagés par rapport à des sujets brûlants (p.ex. la question du SIDA, les maladies génétiques), à des espaces de discussion et d'intervention qui se caractérisent par l'émergence de savoirs complexes intégrant les facettes souvent multiples du problème traité, qui se distinguent des connaissances expertes, techniques ou scientifiques, souvent beaucoup plus sectorielles et autonomisées. Ces savoirs, qui constituent un troisième terme — *« a third culture »* (Rabinow, 1996) — entre la figure de l'expert et la figure du profane, mériteraient sans doute d'être davantage pensés à la fois par rapport à l'espace de l'université et par rapport à celui du terrain.

9 - Les deux prennent éventuellement des notes, mais pas de la même façon: les notes ethnographiques ne retiennent pas les mêmes aspects que les notes prises pour un procès-verbal, ce sont là deux activités distinctes.

différentes, tantôt caractéristiques de l'une ou de l'autre catégorie : sa présence à l'événement sera orientée ponctuellement vers l'une ou l'autre finalité pratique, sans pour autant qu'elles se confondent[10].

La distinction analytique entre ces deux positionnements catégoriels ouvre une réflexion sur les possibilités et les difficultés pour le chercheur-praticien de glisser d'une posture de praticien à une posture d'observateur dans certaines situations plus que dans d'autres. Ces possibilités et ces difficultés sont à comprendre notamment par rapport à des types d'activités mais aussi par rapport à la relation catégorielle construite avec les autres acteurs : le chercheur-praticien se trouve face au problème de légitimer et de faire accepter aux autres ces glissements et ces appartenances catégorielles différentes, le portant à exercer sur eux un regard d'observateur et non seulement de collègue.

2.2.3. Les points de vue en effet ne sont pas les mêmes : alors que le praticien est engagé dans l'action, en épousant son point de vue, le travail du chercheur l'engage à faire du point de vue des acteurs (et non d'un seul acteur) un objet d'analyse et de description. Ceci pour éviter une posture *ironique* (cf. supra, 2.1.d) qui porterait à privilégier un seul point de vue (exogène ou d'un acteur particulier) sur tous les autres. C'est pourquoi la posture que les ethnométhodologues appellent d'« indifférence ethnométhodologique » — qui implique une suspension de son jugement concernant la fausseté ou la vérité ou bien la bonté ou la perversité d'une situation ou d'un acteur — et que les sociologues des sciences rattachent au « principe de symétrie » — qui consiste à rendre compte de positions adverses avec le même type d'arguments explicatifs et interprétatifs — ne représente pas une position de désengagement ou d'indifférence morale envers ce qui se passe, mais une posture méthodologique nécessaire pour pouvoir mener à bien l'analyse des processus par lesquels les activités des membres permettent l'émergence et la consolidation de certains faits ou situations. S'aligner avec un point de vue externe (scientifique p.ex.) ou interne (d'un acteur particulier) signifierait par contre résoudre d'avance le problème analytique de savoir comment rendre compte de ce qui se passe, en décidant *a priori* d'un régime interprétatif ou catégoriel.

Distinguer posture de l'observateur et posture du praticien ne signifie pas pour autant ériger la première en un point de vue détaché, transcendant les contingences du contexte : le savoir est toujours situé, l'observation est toujours une activité contextuelle — avec les effets de mise en perspective que cela entraîne. La prise en compte de l'indexicalité de la recherche signifie la prise en compte de la place que prend l'observateur dans les contextes sociaux qu'il observe, des effets configurants que lui-même — et ses prothèses, telles que l'enregistreur ou le micro p.ex. — exerce sur l'interaction, ainsi que des effets de catégorisation que cela déclenche[11].

---

10 - Il existe certes des situations ambiguës, qui peuvent toutefois être analysées en décrivant les trames de pertinences établies par les acteurs en présence, dont les processus de catégorisation de l'action, des acteurs, du contexte ne sont pas toujours convergents (cf. Mondada, 1999, ch. 3.3.).

11 - Ainsi la catégorie de l'observateur est fréquemment associée aux catégories de l'espion, du policier ou du mouchard, avec des conséquences importantes pour les relations possibles ou impossibles sur le terrain.

3. Analyser les processus de constitution

3.1. Enjeux et dimensions

Dans ce qui suit, nous n'allons pas reconstituer des démarches de chercheurs-praticiens sur le terrain mais souligner quelques dimensions d'analyse élaborées dans le cadre de l'analyse conversationnelle, qui jouent un rôle fondamental dans la façon dont le langage constitue activement des situations, des événements, des faits et qui en cela sont susceptibles de jouer un rôle central dans une analyse menée dans le cadre d'une recherche-action. Nous allons donc nous pencher sur plusieurs domaines professionnels et institutionnels où nous développerons l'analyse de quelques manifestations observables de phénomènes de constitution, rendues disponibles par l'enregistrement de situations « naturelles », c'est-à-dire non déclenchées par le chercheur et se déroulant dans leur contexte social habituel. Ces esquisses d'analyse ont le but de souligner l'importance des enregistrements sur le terrain, la seule façon d'accéder à des détails de l'interaction permettant ensuite une analyse fine des processus de constitution.

Le point de vue adopté ici sera de considérer que les pratiques professionnelles ne prennent pas place dans un contexte social et institutionnel figé, où les statuts, les déterminations, les règles sont fixés d'avance, mais qu'elles ont un rôle configurant et instituant, consistant à ratifier, maintenir, reproduire, comme transformer, subvertir, renverser le caractère évident et factuel des situations.

Nous insisterons plus particulièrement sur trois aspects :
- l'importance des processus de catégorisation des acteurs et de leurs actions, par lesquels ils sont identifiés, caractérisés et souvent évalués ;
- l'importance des processus qui constituent progressivement la dimension factuelle, objectivée, autonome des faits institutionnels: les faits institutionnels émergent des pratiques interactionnelles situées des participants, mais une fois qu'ils sont établis ils acquièrent une matérialité, une évidence, une autonomie qui rendent très difficile leur négociation ou leur relativisation. D'où l'importance de comprendre les mécanismes qui les constituent ;
- l'importance de la façon dont sont organisées interactionnellement des activités centrales pour la production de l'évaluation, de la sélection, de la fabrication des faits, de la façon dont cette organisation va de pair avec des espaces de participation particuliers, qui permettent de réfléchir à l'efficacité de certaines formes d'organisation et à leurs effets potentiellement intégrateurs ou discriminants.

3.2. Les processus de catégorisation sociale dans les activités professionnelles et institutionnelles

Les processus de catégorisation jouent un rôle fondamental dans la façon dont les faits sociaux émergent, se manifestent, sont reconnus comme tels. Nommer un fait, un contexte, un événement, un acteur – le catégoriser – le configure en projetant sur lui un régime d'intelligibilité, en activant des inférences et des savoirs typiques, en justifiant l'adoption de conduites adéquates par rapport à lui[12].

---

12 - Les situations d'émeute, de bavure, etc. sont particulièrement intéressantes de ce point de vue: cf. de Fornel (1991, 1993) ou Drew (1978).

Ainsi la mort d'un manifestant intervient dans un événement qui peut être catégorisé comme une bavure policière, comme un accident, comme un cas de légitime défense. Ces catégorisations de l'événement ne jettent pas seulement un éclairage différent sur ce qui s'est passé, mais le construisent comme tel, en rendant pertinents certains détails et non d'autres, en déclenchant aussi des réponses correspondantes : ainsi, selon le dispositif de catégorisation adopté, le policier responsable de l'acte en question pourra être cité à comparaître devant un tribunal ou bien être décoré et récompensé pour son courage ; ainsi la personne décédée deviendra une victime ou un agitateur dangereux.

Les catégorisations des acteurs sont donc solidaires de celles des actions, des contextes, des événements[13]. Ce n'est pas seulement la compréhension de ce qui s'est passé qui est affectée par cette catégorisation, mais aussi le devenir des acteurs concernés. Il est donc important d'étudier la façon dont ces processus de catégorisation se déploient dans la temporalité de pratiques sociales particulières. Nous en donnerons quelques exemples ci-dessous, qui nous permettront d'insister sur la démarche analytique reconnaissant l'importance du langage en action.

3.2.1. Un premier exemple : comment on devient un élève retardé (Mehan 1993)

L'école est un espace de socialisation important, où sont observables les processus de production des identités des élèves, des carrières académiques, des trajectoires scolaires. Dans ce cadre, Hugh Mehan (1993) s'est intéressé aux processus par lesquels un enfant était identifié comme un candidat pour une classe spéciale pour enfants handicapés ou retardés pour être ensuite effectivement transféré dans l'une d'elles[14].

Ces processus s'articulent à travers une série de *lieux d'interaction* — la classe où l'enfant vit avec ses camarades et l'enseignant, les sessions de tests où il est accompagné par un psychologue, la réunion du comité de placement dans les classes spéciales où il est absent mais où il est l'objet de la discussion. Chacune de ces interactions produit une version des faits qui est localement située et produite collectivement, c'est-à-dire énoncée et accomplie collaborativement par les participants au cours d'une activité sociale particulière. Ces versions se cristallisent dans des formulaires, des rapports, des notes internes, c'est-à-dire sont *inscrites textuellement* dans des documents qui fournissent une base écrite pour la prochaine interaction (l'enseignant rédige une note où il signale l'enfant comme un cas potentiel, le psychologue fait un rapport qui sera transmis à la commission, etc.). Ce processus opère progressivement le passage d'une première observation très vague de l'enseignant (remarquant p.ex. qu'il a de la peine à se concentrer en classe) à une mesure quantifiée dans des tests ; il laisse émerger un fait social, le handicap de l'enfant, en le constituant comme une propriété inhérente de sa personnalité (et

---

13 - L'approche des catégories sociales dont nous nous inspirons a été développée par Harvey Sacks, cf. Sacks (1972a, 1972b, 1992). Pour des introductions en français voir de Fornel (1987), Bonu, Mondada & Relieu (1994). Pour d'autres exemples voir Mondada (1999b), Hinnenkamp (1989), Smith (1978).
14 - Dans le même esprit, cf. les analyses de Cicourel (1974), Mehan, Hertweck & Meihls (1986).

non pas comme le résultat d'une série de procédures institutionnelles), en le détachant progressivement des interactions et des contextes sociaux au fil desquels cette version a été progressivement élaborée.

Or un regard attentif sur ces interactions, sur les détails de leur déroulement, a permis à Mehan de remarquer par exemple qu'en classe, bien que de nombreux enfants réagissaient de façon analogue, embarassée et désorientée, face à une tâche difficile, c'était la difficulté éprouvée par l'enfant identifié comme possiblement retardé qui attirait et focalisait l'attention de l'enseignant. Ainsi son comportement était progressivement constitué comme un cas par un regard qui prêtait une attention particulière à tout signe pouvant être interprété comme déviant. De même, une analyse des détails du déroulement de la réunion du comité de placement a permis de remarquer que si les participants arrivaient à la réunion avec des opinions très partagées sur le cas, durant la réunion elle-même très peu de désaccords étaient exprimés et tout le monde se rangeait à l'opinion du psychologue recommandant le placement de l'enfant en classe spéciale. Celui-ci intervenait dans la réunion de façon très différente que les autres participants : ainsi, alors qu'il parlait en consultant un volumineux dossier, l'enseignante et la mère de l'enfant intervenaient sans notes ; alors qu'il présentait le cas dans un long tour de parole continu, la mère et l'enseignante étaient interrogées dans une interaction où elles étaient fréquemment interrompues et où elles réagissaient à des questions ; alors que, tout en employant un langage très technique, il ne suscitait aucune question de compréhension, l'enseignante et la mère qui parlaient dans un langage courant se voyaient adressées des demandes de clarification. En fin de compte, la version du psychologue, présentant de façon technique un ensemble de traits attribués à la personnalité de l'enfant, s'est ainsi révélée dotée d'une autorité incontestée face aux versions de la mère et de l'enseignante, plus nuancées, davantage centrées sur les contextes particuliers dans lesquels l'enfant interagissait de façon tout à fait satisfaisante.

Ce cas montre comment différentes versions du monde — des descriptions situées, produites dans une perspective particulière, qui façonnent la réalité, loin d'en être une émanation objective — sont collectivement produites dans des arènes sociales spécifiques, se rencontrent, se confrontent et sont dotées d'une autorité et d'une efficacité différentes, parvenant à imposer ou non leur propre configuration des faits.

Plusieurs éléments peuvent être retenus de ce premier exemple :
- l'importance des pratiques d'oralité interactionnelle et d'écriture dans l'émergence, la configuration, la ratification d'un fait ;
- l'importance des trajectoires temporelles, des enchaînements d'actions (où chaque phase — chaque rencontre, interaction, réunion — se cristallise et est rendue disponible pour la suivante sous forme d'inscription — un rapport, un formulaire, une lettre, un pv...) ;
- l'importance aussi de ce qui se passe en des moments clefs de ce processus, qui rendent observable le caractère émergeant du processus (et non seulement sa réification).

3.2.2. Un deuxième exemple :
comment est reconnue ou non une victime de viol durant un procès (Drew 1992)

Le tribunal est un autre lieu social où est produite la vérité et la catégorisation des acteurs et des actions au cours d'argumentations où des faits sont présentés et discutés, établis comme tels à travers la négociation de leur formulation. Nous nous pencherons ici sur deux extraits d'une interaction durant un procès, tirés d'une étude plus ample de Paul Drew (1992), afin de montrer l'émergence interactionnelle des processus de catégorisation dans le détail des formulations échangées.

Extrait 1A (A : l'avocat de l'accusé et W : la victime présumée d'un viol)
1 A it's where uh . uh gi:rls and feLLa:s MEET isn't it/
     c'est où euh . euh les fi:lles et les me:Cs se
     RENCONTRENT n'est-ce pas/
2 W people gO: there
     les gens vONT: là-bas

Extrait 1B (A : l'avocat de l'accusé et W : la victime présumée d'un viol)
1 A an' dUring that eve:NING (0.6 s) uh: didn't Mistuh ((name)) come
     et pENdant cette soi:REE (0.6 s) euh: est-ce que Monsieur ((nom))
2   over tuh SIT with you
     n'est pas venu s'ASSEOIR avec vous
3 (0.8)
4 W sat at our Table
     il s'est assis à notre Table

Ces deux extraits rendent observables les procédés par lesquels W réagit à la catégorisation implicite de A. On remarque ainsi que W ne refuse pas la version que lui propose A, mais qu'elle ne l'accepte toutefois pas non plus. En la corrigeant, en la reformulant, elle la transforme : elle intervient ainsi sur les inférences que la première formulation pouvait déclencher et les réoriente, en leur substituant d'autres inférences possibles. Ce qui est en jeu ici est la production d'une catégorie adéquate pour identifier W et l'accusé : est-elle la victime d'un viol comme elle le prétend ou bien, comme le prétend la défense du prétendu violeur, une allumeuse ? Les descriptions proposées par l'avocat A tendent à justifier la deuxième identification catégorielle — en insistant sur la pertinence des rapports entre sexes opposés dans la description des lieux et des actions des protagonistes —, alors que les enchaînements produits par W la démentent — en neutralisant au contraire cette pertinence. Se joue ainsi en deux tours de parole un problème d'attribution d'une catégorie susceptible d'avoir des conséquences essentielles sur le devenir des participants et sur les décisions légales à prendre.

3.2.3. Un troisième exemple :
l'émergence de la catégorie du crime présumé durant un interrogatoire

Un problème qui se pose souvent dans l'espace judiciaire — au tribunal mais déjà durant les interrogatoires de police — est celui de la construction de l'adéquation entre une certaine description des faits et une catégorie du droit désignant un crime ou une infraction. Les questions des avocats visent d'ailleurs souvent une telle adéquation, alors même qu'elles peuvent sembler anodines du point de vue du sens commun ou porter sur des détails marginaux pour un non-expert. Les interrogatoires sont donc un lieu où observer la confrontation de différentes versions, comme le montre l'extrait suivant :

Extrait 2 (enregistrement France Inter, fin 1998; il s'agit d'un interrogatoire du prévenu M par la procureur P)

1	P	monsieur/ je suis procureur de la république/ et je vous reproche
2		d'avoir à Paris le 18 janvier/ . (h) imposé à la vue de Monsieur
3		D une exhibition sexuelle dans un lieu accessible au regard du
4		public\ . concrètement ça veut dire/ .. que euh vous vous êtes
5		euh . (a-) montré/ . euh: . en train de vous masturber/ devant
6		un magasin/ c'était même une une librairie/ . alors euh les les
7		personnes qui vous interpellé ont ont constaté les faits/ c'est-
8		à-dire que la passante/ . une dame qui passait/ a demandé à la
9		police d'intervenir/ et la police a constaté la réalité des faits/
10		(h) puisque vous étiez si je peux m- m'exprimer ainsi/ encore en
11		train d'agi:r/ quand ^ ils sont arrivés/ . j'écoute vos explications/
12		est-ce que vous reconnaissez les faits ou: pas\=
13	M	=oui\ . oui=
14	P	=alors qu'est-ce qui vous a pris/
15	M	ben: en fin de compte c'est: c'est ça/ mais le problème c'est
16		que: (h) avant/ [j'étais euh
17	P	[oui
18	M	y a un café à côté\
19	P	oui
20	M	y a un café\
21	P	oui
22	M	j'ai pris mon petit café\ et: un petit ga- un petit un morceau
23		de gâteau/
24	P	d'accord
25	M	après y a eu une une DAme/ qui est rentrée dans le café\
26		une belle une belle dame/ [cheveux blonde/
27	P	[oui oui
28	M	qui est rentrée\ . et tout\ et: je me suis dit/ euh: .. euh je
29		vais sortir/ quand je je vais finir mon café/ je vais sortir/ (h)
30		je vais être/ je vais aller à la à la vitrine/ . et je me
31		masturbais pas/ parce que . (h) j'étais à la vitrine pour me
32		préparer/ . pour que: pour me faire voir\ . quand la la quand la
33		f:emme/ . va sortir/ du café à côté\
34	P	oui
35	M	mais: j'étais devant la vitrine/ y avait que des bouquins/ . mais
36		on voit pas à l'intérieur de la vitrine/
37	P	oui:
38	M	et: euh
39	P	quand vous dites que vous vouliez vous vous préparer pour vous
40		faire voir/ . [soyons soyons clairs/ . &
41	M	[ben ça ça
42	P	&vous vouliez sortir votre sex[e/ de manière à ce que quand &
43	M	[oui
44	P	&cette femme sortirait du magasin/ [elle vous voie/ &
45	M	[un café pas un magasin/
46	P	&un petit café/ (h) ah oui\ . quand elle sortirait du café/ elle

```
47      vous voit/ le sexe [exhibé\
48 M                    [voilà j'ai fait ça\ (hum)
49 P    oui
50 M    parce que sa voiture était mal garée/ . je me suis dit elle va
51      peut-être sortir/ . c'est pour ça j'ai mis tel- le: t- trop
52      longtemps/ . -fin I: euh euh à rester euh devant la vitrine/ parce
53      que je me planquais/ enfin je: je j'attendais/ . c'est tout\ . et
54      quand [elle serait sortie/
55 P          [oui vous atten- vous attendiez le sexe à l'air/ soyons clair/
56 M    oui oui
57 P    bon\ . donc d'autres personnes vous ont vu/ et de toute façon
58      monsieur/ que ce soit (h) que vous ayez été vu par celle/ . par
59      qui vous vouliez être vu/ . ou que vous ayez été vu/ par d'autres
60      personnes qui passaient/ [ou par des gens dans . le magasin/&
61 M                             [oui
62 P    &ne change rien au fait que c'est une exhibition sexuelle/ c'est-
63      à-dire que: (h) dans la rue/ vous vous . montrez/ vous vous
64      exhibez/ à des gens\ et peu importe si c'est pas ceux que vous
65      vouliez euh: VIser/ si c'est pas ceux [dont vous vouliez être vu/
```

Plusieurs processus constitutifs s'accomplissent dans cet extrait, où se jouent à la fois la catégorisation du présumé coupable et l'évaluation de sa description des faits.

On remarquera en premier lieu que la version de la procureur est délivrée au début de l'entretien, dans un long tour de parole ininterrompu par le prévenu, qui ne reprend la parole que lorsqu'elle lui est donnée (13 puis 15). La version du prévenu est donc produite en réponse à une question de la procureur ; elle est ponctuée de marqueurs de réception de la procureur (« oui », « d'accord ») jusqu'à ce que celle-ci reprenne la parole en profitant d'une hésitation de M (39) et intervienne dans la construction du récit (jusqu'à la ligne 56). La version de M n'a donc pas le même degré d'autonomie que celle de P, d'une part de par sa position séquentielle et d'autre part de par la façon dont elle est interactionnellement produite.

Si l'on se penche sur les versions ainsi produites, on remarque en deuxième lieu que la version du prévenu rend pertinents d'autres détails, notamment en introduisant dans le récit des actants (« y a eu une une DAme »/ 25) et des lieux (« y a un café à côté\ » 18) non mentionnés par P et qui vont pourtant y jouer un rôle fondamental. M construit donc un récit différent, fondé sur des pertinences différentes. Les références à son comportement sexuel se font, de même, par des descriptions (« me préparer » 31-32, « me faire voir » 32, « je me planquais/ enfin je : je je l'attendais » 52-3) qui se distinguent de celles employées par P, qui mentionnent explicitement le sexe (par une mise en équivalence du dire de M avec sa reformulation, « vous vouliez sortir votre sexe » cf. 39-42; cf. « le sexe exhibé » 47, « le sexe à l'air » 55). Les reformulations de P transforment les énoncés de M en des versions qualifiées de plus « claires » (« soyons clairs » 40, 55): de cette façon P s'autorise à extraire de la parole de M une version qui rejoint la sienne initiale. M aussi se positionne par rapport à cette version initiale, en s'y distanciant : il nie, dans sa version, un élément important de la version de P (P : « en train de vous masturber » 5, M : « je me masturbais pas » 30-31). Lorsqu'il prend la parole, s'il répond affirmativement à P lui demandant de reconnaître les faits (13), il enchaîne à la question suivante par « ben: en fin de compte c'est : c'est ça/ mais le problème c'est que:\ (h) » (15-16) qui lui permet d'introduire une version en contraste (« mais ») avec celle qui précède tout en ne la niant pas frontalement.

Les interventions de P portent à son évaluation finale du cas (commençant par « bon\ » 57), qui rejoint sa première formulation et qui répète la catégorie légale d'« exhibition sexuelle » (62, cf. 3). Face à elle, la version du prévenu a apporté des détails supplémentaires qui sont toutefois traités comme non pertinents et donc rendus non pertinents (« ne change rien au fait que » 62, « peu importe si » 64) pour la définition du cas. Deux versions s'affrontent ici : certains de leurs aspects sont négociés, elles sont co-construites, mais une s'impose de façon plus efficace que l'autre.

3.3. Organisation des activités et formes de participation

3.3.1. La notion d'« espace de participation »

La façon dont chaque interaction est organisée découpe des « espaces de participation », définis par des postures d'énonciation et de réception, des possibilités et des contraintes d'accès à la parole et par l'établissement et la reconnaissance de droits et obligations liés à la prise de la parole[15]. L'espace de participation est configuré par différentes dimensions : par la façon dont les tours de parole alternent d'un participant à l'autre, par la façon dont une activité interactionnelle (p.ex. chercher un mot) est structurée comme invitant ou non d'autres interlocuteurs à y participer, par la façon dont les regards sont orientés par celui qui raconte une histoire vers ceux qu'il institue comme des destinataires ratifiés et reconnus, par la posture corporelle des uns et des autres, par des dispositifs qui interviennent dans la communication médiée par la technologie (p.ex. la position des micros dans une salle lors d'un débat et la distribution des micros parmi le public), par des dispositifs légaux (p.ex. dans les familles traditionnelles on interdisait aux enfants de parler durant les repas, seuls les adultes ayant le droit à la parole).

Nous voudrions ici souligner quelques enjeux de participation soulevés par la structuration des activités interactionnelles dans deux types de contextes, scolaires et professionnels.

3.3.2. L'organisation des modes de participation en contexte scolaire

La recherche ethnographique sur les contextes scolaires a insisté dans les années 80 sur la diversité des formes de communication possibles, ayant des conséquences importantes pour certaines catégories d'élèves, notamment les élèves appartenant à des cultures minoritaires (Philips, 1972, 1983 ; Érickson, 1982 ; Érickson & Mohatt, 1982).

---

15 - Cette notion est utilisée par Goffman (1987, 1991) pour différencier des formes de participation à des activités interactionnelles et notamment pour différencier des types d'activités de parole et d'écoute. Elle a été approfondie dans le cadre conversationnel par les analyses de Goodwin (notamment 1981, 1984, Goodwin & Goodwin, 1986) montrant l'importance des regards et des postures dans l'organisation de la participation sollicitée, rejetée, négociée par les interlocuteurs.

Ainsi Philips (1983) montre à propos d'élèves indiens-américains en échec scolaire que ceux-ci ne sont pas à l'aise dans des situations de classe « traditionnelle » où l'enseignant gère centralement les activités, où les élèves interviennent l'un après l'autre, seuls, vis-à-vis de lui et de leurs camarades. Par contre ils sont très à l'aise dans des situations de travail en petits groupes, où l'enseignant est plus un support qu'un évaluateur et un directeur de la situation, où les activités sont moins individualisées et plus collaboratives, où l'activité de l'enfant se fond dans une activité de groupe. L'organisation différente de ces espaces de participation affecte la performance scolaire (Érickson, 1982) : les résultats des enfants dans ces deux types de situation sont radicalement opposés. L'échec est ainsi contextualisé non seulement par rapport à un modèle culturel mais à des modes de participation qui favorisent ou non certains « styles communicatifs ».

Mais une caractérisation générale de ces interactions ne suffit pas : les espaces de participation sont réalisés dans le détail du déroulement de l'interaction. C'est pourquoi nous proposons l'analyse de deux extraits enregistrés dans un même lieu, une « classe d'accueil » pour enfants d'immigrés nouvellement arrivés en Suisse au début de l'école secondaire. La même activité (raconter une histoire) s'y déroule dans des formes de participation différentes où les jeunes manifestent des « compétences narratives » radicalement opposées.

Extrait 3A (fgc21044e) (E est l'enseignant et les autres les élèves)

1	E	qu'est-ce qui: est-ce qu'il essaie- qu'est-ce qu'il doit faire/
2		y a juste un ou deux . une ou deux petites choses/ là vous
3		allez vous souvenir/ . une ou deux petites choses/ qu'il
4		doit fai:re euh . je dirais en cachette/
5	A	ah il fume en cac-
6	E	il/
7	A	il fume
8	I	il pouvait pas fumer de-
9	E	alors il n'ose/ ouais
10	I	il n'osait pas fumer dans la maison
11	E	c'est ça/ [dans son appartement\ hein/ &
12	I	[xxxxxxxxx
13	E	&dans son appartement\ . il n'ose pas fumer\ qu'est-ce qu'
14		il fait alors/ I
15	P	il va xxx
16	I	il: fume en cachette/ . et pis il: est: . cache ses
17		cigarettes dans les/ . tiroirs
18	E	dans un tiroir/ et pis enc- . ouais/ . bon il met pas
19		comme ça les cigarettes dans le tiroir/ il les met/
20	Q	xxx
21	E	dans quoi/
22	A	dans une boîte
23	I	bocal
24	E	dans un bocal/ exactement ouais\ .

Extrait 3B (idem) (dans la même classe, durant la même leçon)

1	I	après il va mettre de l'eau: . aux scaliers/ pour l'escalier/
2		après il y a de [la glace
3	A	[ouais il fabrique des trucs

```
 4  I    quand ils vont monter/ . i- ils ils tombent
 5  A    et il met des clous par terre ((rit))
 6  I    pis il emmène le: ... à repasser là:
 7  A    [le fer           [ouais
 8  I    [le fer à repasser [en haut/ et pis y a un voleur
 9  I    qui entr(ait) dans la cave/
10  A    il voulait allu[mer
11  I                   [pis il voulait allumer la (lumière)
12  ((rires))
13  I    et pis il a tiré le filet y le . le
14  F    le feu
15  I    no:n y a le
16  A    le fer le fer . [à repasser
17  P                    [à repasser
18  I    le fer à repasser/ qui va ici/ [. après il se brûle
19  A                                   [non il regarde
20  I    il regarde là-haut
```

L'analyse contrastée de ces deux extraits montre comment les modes d'intervention de l'enseignant et des élèves définissent des modes de participation particuliers. Dans le premier extrait (3A), l'enseignant E contrôle et distribue les tours de parole ; c'est lui qui ouvre et initie et ensuite clôt les séquences, c'est lui qui structure le récit en introduisant un épisode et en en évaluant ensuite la formulation, c'est lui qui introduit les éléments du récit en posant des questions et en décidant quel élève y répond. Les élèves voient ainsi leur parole délimitée de façon très précise, ainsi que l'objet sur lequel elle doit porter — formulé de façon générique comme « une ou deux petites choses » (2 et 3), dans des structures interrogatives comme « qu'est-ce qu'il doit faire/ » (1), dans des débuts d'énoncés à compléter comme « il les met/ » (19). Les élèves remplissent ces cases vides, plusieurs d'ailleurs proposent plusieurs solutions à chaque fois (ex. A en 5 et en 7, I en 8 et 10 ; A en 22 I en 23), dans un piétinement du récit sur la même place paradigmatique, dans la production de bribes parfois fortement décontextualisées (comme « bocal » 23). Le mode de contribution des élèves ne leur permet pas vraiment de participer à la fabrication du récit.

Par contre dans le deuxième extrait E n'intervient pas, les jeunes sont les narrateurs responsables de l'histoire, par rapport à laquelle ils effectuent des tâches fort diverses : ils racontent ensemble en enchaînant l'un par rapport à l'autre (4-5), l'un fait un commentaire sur ce qu'a dit l'autre (3), l'un conteste ou corrige la version de l'autre (18-19), l'un aide l'autre à trouver le mot qu'il cherche (6-7). Ils définissent ainsi un espace de participation où la fabrication du récit est partagée entre A et I, d'où aussi d'autres sont éventuellement exclus : ainsi F qui participe à la recherche de mot surgie à nouveau en 13 voit rejeté son apport et se voit d'une certaine façon exclue du groupe des narrateurs compétents. La compétence narrative dont ils font preuve dans cet espace de participation est très différente de ce qui se passait dans le premier extrait, puisqu'ils gèrent la narration de façon autonome, en passant d'un épisode à l'autre et en travaillant les détails pertinents de chaque épisode. Dans le passage de l'un à l'autre — et il est intéressant de se poser la question des conditions qui permettent cette transition — c'est une toute autre performance des locuteurs qui est rendue possible.

3.3.3. L'organisation des réunions de travail

On peut rapprocher cette situation scolaire d'autres situations où il s'agit de collaborer pour formuler ensemble une solution. Les réunions de travail sont des lieux où des professionnels interagissent pour résoudre un problème, pour formuler ensemble des idées, des projets ou des hypothèses, pour prendre collectivement des décisions (cf. Meier, 1997) ; elles sont le lieu où prend forme l'ordre interactionnel des organisations – comme des sociétés, organismes, administrations, etc. (Boden, 1994). Plusieurs espaces de participation sont concevables dans la structuration de ces réunions, comme le montrent les deux extraits que nous allons brièvement analyser.

Extrait 4A (tc26038v/st/str/1184-1190) (réunion de concertation entre experts en chirurgie)

```
1  SEF    donc la question qui se pose devant ce kyste séreux/ puisque a
2         priori il ne va pas dégénérer/ pensez-vous qu'il y a\ . compte
3         tenu de sa taille/ et de l'âge de la patiente/ une indication
4         chirurgicale/ et en quoi doit-elle consister\
5  MAI    bon je vais donner la parole donc très brièvement à monsieur
6         Pageot/ ensuite à monsieur Tanner/ et ensuite éventuellement à
7         monsi:eur Dumont/
8  (4 s)
9  MAI    mon[sieur Pageot/
10 PAG        [xxx      oui\ en ce qui concerne donc la réponse à
11        votre question je vais être très bref/
```

Extrait 4B (IC10098/FR/B1mat 768-) (réunion de travail entre universitaires en sciences humaines)

```
1  DIR    moi je pense que nous vivons actuellement une euh: .. une:
2  SER    resurgence/
3  DIR    resurgence des nationalismes/ . euh qu'est-ce qui se passe
4         actuellement en europe/ . chaque fois/ . euh que euh: un espace
5         . euh: change disons de . de: système politique/ et ben on
6         retombe dans les ETATS-nations\ . en bosnie/ par exemple/
7         voilà au moins les serbes/ . euh les croates/ euh les tchèques/&
8  ZEL    [c'est c'est pas les x-
9  DIR    &[les slovaques <bien sur [c'est ((hausse la voix))>
10 SER                              [<on on retourne dans
11        l'ethnicité ((voix très forte))> [encore xxx
12 DIR                                     [bien sûr ce sont des états/
13        ce sont [ce sont
14 ZEL            [ce sont ce sont des . groupes qui se constituent
15 SER            [ce sont des des des groupes voilà exactement\
16 DIR    euh . basés\ . ce  sont des GROUPES basés sur UNE LANGUE/
17 ZEL    mhm
18 DIR    euh commune\ . rarement sur une ethnie commune
```

Le premier extrait est tiré d'une visioconférence où SEF vient de terminer la présentation d'un cas clinique, dont on a ici la clôture (1-4). Les participants sont connectés ensemble pour trouver une solution à ce cas difficile, dont ils débattront dans la discussion qui est lancée par MAI, le modérateur de la rencontre. Le fait que la discussion soit modérée et la façon dont MAI l'introduit (5-7) dessinent un mode de participation spécifique : la parole est allouée par le modérateur qui l'organise en une série de prises de parole, dont il définit l'ordre à l'avance. Ceci a pour effet de déclencher une suite d'interventions de personnes présélectionnées — d'abord PAG dont on a le début de l'intervention (10-11) — qui fournissent une réponse à la question posée mais n'établissent pas de liens entre elles, n'exploitent pas l'enchaînement séquentiel local de l'une à l'autre pour se répondre ou pour reprendre des arguments. Il y a donc un effet d'autonomisation des réponses, bien délimitées de ce qui précède et de ce qui suit.

Par contre si on se penche sur le deuxième extrait, une réunion entre universitaires engagés ensemble sur un projet de recherche commun, on constate les possibilités offertes par une parole qui circule librement sans modérateur et par auto-sélection de chaque participant. DIR a la parole, mais celle-ci n'est pas délimitée de façon tranchée comme celle de PAG dans le cas précédent : alors qu'il cherche un mot (1), SER intervient pour lui en proposer un (2) qu'il reprend (3) ; plus tard ZEL (8) et SER (10-11) interviendront en tentant de prendre la parole et DIR continuera en haussant la voix pour la garder (9) ; ZEL ajoutera une considération (14) en la formulant par le même pattern syntaxique que celle qui précède par DIR (13), qui sera reprise par SER (15) et par DIR lui-même (16) qui continuera son propos en l'y intégrant et en rejetant celle qu'énonçait SER (10-11) sur l'ethnicité (18). Si on peut dire que c'est DIR qui a la parole dans cet extrait, celle-ci est enrichie par toutes sortes d'autres interventions, qui relèvent d'activités discursives variées. Elles s'appuient sur un détail de son intervention, sont occasionnées par ce détail et ont leur raison d'être dans un enchaînement immédiat (Mondada, 1999a) — elles n'auraient plus de sens si elles intervenaient à la fin de l'intervention de DIR.

La possibilité de s'autosélectionner pour intervenir immédiatement ou d'attendre son tour a donc des effets structurants sur l'interaction, qui ne concerne pas uniquement qui participe à quel moment, mais aussi la façon dont les objets de discours proposés sont co-construits. Les modalités d'organisation interactionnelle du travail interviennent donc de façon constititutive par rapport à ce qui est dit et fait durant ce travail.

Ces exemples montrent l'importance des espaces de participation issus de l'organisation des activités sociales : l'ordre interactionnel définit des possibilités et des contraintes, des droits et des devoirs par rapport à la prise de parole, donc par rapport aux voix qui pourront s'exprimer, aux objets de discours qui pourront être proposés, aux versions des faits qui pourront être stabilisées, ainsi que par rapport à la façon dont ils seront traités collectivement. Des phénomènes d'inclusion et d'exclusion peuvent être ainsi décrits non pas en attribuant *a priori* des statuts aux participants à l'interaction mais en observant la façon dont émergent les formes de participation.

4. Pour ne pas conclure : quelques conséquences pour la recherche-action

La démarche que nous avons esquissée ici devrait être prolongée par rapport à d'autres problématiques intéressant la recherche-action comme les théories sociales. Les exemples que nous avons donnés ont voulu montrer le lien entre une certaine conception du langage en action, une méthode d'analyse sensible aux détails des pratiques interactionnelles et la description ainsi rendue possible de processus constitutifs.

Les retombées de cette analyse détaillée des pratiques interactionnelles permettent d'abord à des chercheurs-praticiens engagés dans des recherches-actions de mieux les comprendre, de mieux en saisir les processus constitutifs, de mieux rendre compte de l'émergence des faits avant leur réification. Partant, elles lui permettent de diagnostiquer des situations problématiques et d'identifier les conséquences de certains choix ou de certains modes de structuration des activités. Elles lui permettent aussi d'incorporer ces observations dans des processus intervenant sur la moyenne durée en termes de formation et de réforme[16] — où des modes alternatifs d'organisation des activités peuvent être envisagés. Ces alternatives renvoient à la nécessité de tenir compte d'une pluralité de points de vue dans l'action sociale — au lieu de naturaliser un point de vue unique comme étant le seul envisageable de manière évidente et légitime, en naturalisant aussi l'exclusion et la négation de points de vue qui seraient différents[17].

5. Conventions de transcription

	[	chevauchement
	xxx	segment incompréhensible
	/ vs \	intonation montante vs descendante
	. .. ...	pauses
	((rire))	commentaire du transcripteur
	< >	délimitation du phénomène faisant l'objet du commentaire
	(1 s)	pauses en secondes
	:	allongement syllabique
	RAre	prononciation appuyée

---

16 - On trouvera des exemples intéressants de lien entre observation ethnographique et intervention dans les pratiques de formation des acteurs observés dans les travaux de Roberts et Sarangi (Roberts, 1992 ; Sarangi & Roberts, 1999).

17 - Cette problématisation rejoint la réflexion anglo-saxonne sur la *politique de la représentation*, dont le double enjeu est d'une part la production de versions du monde ou de versions des faits qui tiennent compte d'aspects minorisés des réalités sociales, mais d'autre part aussi, plus radicalement, la prise en compte de la prise de parole d'acteurs qui sont souvent davantages des sujets parlés que des sujets parlants (cf. Mehan, 1993 ; Shapiro, 1988).

6. Eléments de bibliographie

Bange P., 1992, *Analyse Conversationnelle et Théorie de L'Action*, Paris, Hatier/Didier Erudition.

Berger P. L., & Luckmann T., 1967, *The Social Construction of Reality*, New York, Anchor Books (tr. fr. *La construction sociale de la réalité*, Paris, Klincksieck, 1986).

Boden D., 1994, *The Business of Talk. Organizations in Action*, London, Polity Press.

Callon M., 1986, Éléments pour une sociologie de la traduction. *L'année sociologique, 36*, 169-208.

Cameron D., Frazer E., Harvey P., Rampton M., & Richardson K., 1991, *Researching Language: Issues of Power and Method*. London, Routledge.

Cicourel A. V. (Ed.), 1974, *Language Use and School Performance*. New York, Academic Press.

Corcuff P., 1995, *Les nouvelles sociologies : constructions de la réalité sociale*. Paris, Nathan.

Drew P., 1978, Accusations : the occasioned use of members knowledge of religious geography in describing events. *Sociology, 12* (1).

Drew P., 1992, Contested evidence in a courtroom cross-examination: the case of a trial for rape. In P. Drew & J. Heritage (Eds.), *Talk at Work : Social Interaction in Institutional Settings*, Cambridge, Cambridge University Press.

Erickson F., 1982, Classroom discourse as improvisation : Relationships between academic tasks and structure and social participation structure in lessons. In L. C. Wilkinson (Eds.), *Communicating in the Classroom*, New York, Academic.

Erickson F., & Mohatt G., 1982, Cultural organisation of participation structures in two classrooms of Indian students. In G. Spindler (Eds.), *Doing the Ethnography of Schooling. Educational Anthropology in Action*, New York, Holt, Rinehart and Winston.

Fornel M. d., 1987, Catégorisation, identification et référence en Analyse de Conversation, *Lexique, 5*, 161-195.

Fornel M. d., 1991, Voir un événement : comptes rendus de perception et sémantique des situations, in J.-L. Petit (Eds.), *L'événement en perspective* (pp. 97-122), Paris, Éd. de l'EHESS.

Fornel M. d., 1993, Violence, sport et discours mediatique : l'exemple de la tragédie du Heysel, *Réseaux, 57*, 29-47.

Garfinkel H., 1967, *Studies in Ethnomethodology*, Englewood Cliffs, N.J., Prentice-Hall.

Goffman E., 1987, *Façons de parler*, Paris, Minuit.

Goffman E., 1991, *Les cadres de l'expérience*, Paris, Minuit.

Goodwin C., 1981, *Conversational Organization : Interaction Between Speakers and Hearers* New York, Academic Press.

Goodwin C., 1984, Notes on story structure and the organization of participation. In M. Atkinson & J. Heritage (Eds.), *Structures of Social Action* (pp. 225-246), Cambridge, Cambridge University Press.

Goodwin M. H., & Goodwin C., 1986, Gesture and coparticipation in the activity of searching for a word, *Semiotica, 62* (1-2), 51-75.

Gülich E., 1990, Pour une ethnométhodologie linguistique. Description de séquences conversationnelles explicatives, in M. Charolles, S. Fisher, & J. Jayez (Eds.), *Le Discours : représentations et interprétations* (pp. 71-109), Nancy, Presses Universitaires de Nancy.

HERITAGE J., 1992, L'ethnométhodologie : une approche procédurale de l'action et de la communication, *Réseaux, 50,* 89-131.

HINNENKAMP V., 1989, « Turkish man you ? The conversational accomplishment of the social and ethnic category of Turkish guestworker ». *Human Studies,* 12 (1), 117-146.

HOLSTEIN J. A., & MILLER G. (Ed.), 1993, *Reconsidering Social Constructivism. Debates in Social Problems Theory,* New York, Aldine de Gruyter.

KNORR-CETINA, K. & MULKAY M. (Ed.), 1983, *Science observed : Perspectives on the social study of science,* London, Sage.

LATOUR, B., 1989, *La science en action,* Paris, La Découverte.

LATOUR, B., & WOOLGAR S., 1979, *Laboratory life : The social construction of scientific facts,* London, Sage (tr. fr. *La vie de laboratoire,* Paris, La Découverte, 1988).

LYNCH M., 1985, *Art and Artifact in Laboratory Science : A Study of Shop Work and Shop Talk in a Research Laboratory,* Boston, Routledge and Kegan Paul.

MEHAN H., 1993, Beneath the skin and between the ears : A case study in the politics of representation, in S. Chaiklin & J. Lave (Eds.), *Understanding Practice. Perspectives on Activity and Context,* Cambridge : Cambridge University Press.

MEHAN H., HERTWECK A., & MEIHLS J. L., 1986, *Handicapping the Handicapped : Decision Making in Students Careers,* Stanford, Stanford University Press.

MEIER C., 1997, Arbeitsbesprechungen : *Interaktionstruktur, Interaktionsdynamik und Konsequenzen einer sozialen Form,* Opladen, Westdeutscher Verlag.

MONDADA L., 1995, La communication partagée, Actes du Colloque Transfrontalier *« Communication, circulation des idées et des personnes »,* Université de Lausanne, 22-23 sept. 1994, 543-553.

MONDADA, L., 1998a, De l'analyse des représentations à l'analyse des activités descriptives en contexte, *Cahiers de Praxématique (n° spécial Représentation, discours et analyse du discours), 31,* 127-148.

MONDADA, L., 1998b, Technologies et interactions sur le terrain du linguiste. Le travail du chercheur sur le terrain. Questionner les pratiques, les méthodes, les techniques de l'enquête. Actes du Colloque de Lausanne 13-14.12.1998. *Cahiers de l'ILSL,* 10, 39-68.

MONDADA, L., 1999a, L'organisation séquentielle des ressources linguistiques dans l'élaboration collective des descriptions, *Langage et société, 89,* 9-36.

MONDADA, L., 1999b, L'accomplissement de l'« étrangéité » dans et par l'interaction : procédures de catégorisation des locuteurs. *Langage (n° spécial Interaction et Langue Étrangère,* dir. J. Arditty, M.-T. Vasseur), juin (134), 20-34.

MONDADA, L., 2000, *Décrire la ville. La construction des savoirs urbains dans l'interaction et dans le texte,* Paris, Anthropos.

PHILIPS S. U., 1972, Participant structures and communicative competence : Warm Springs children in community and classroom, in C. Cazden, V. P. John, & D. Hymes (Eds.), *Functions of Language in the Classroom,* New York, Teachers College Press.

PHILIPS S. U., 1983, *The Invisible Culture : Communication in Classroom and Community on the Warm Springs Indian Reservation,* New York, Longman.

POTTER J., 1996, Discourse analysis and constructionist approaches : theoretical background, in J. E. Richardson (Eds.), *Handbook of Qualitative Research Methods,* Leicester, British Psychological Society.

RABINOW P,. 1996, *Essays on the Anthropology of Reason,* Princeton, Princeton University Press.

RELIEU M. & BROCK F., 1995, L'infrastructure conversationnelle de la parole publique, *Politix, 35,* 77-112.

ROBERTS C., 1992, *Language and Discrimination, A Study of Communication in Multi-Ethnic Workplaces*, London, Longman.

SARANGI S., & ROBERTS C. (Eds.), 1999, *Talk, Work and Institutional Order. Discourse in Medical, Mediation and Management Settings*, Berlin, Mouton de Gruyter.

SACKS H., 1972a, An Initial Investigation of the Usability of Conversational Materials for Doing Sociology, in D. Sudnow (Eds.), *Studies in Social Interaction* (pp. 31-74), New York, Free Press.

SACKS H., 1972b, On the Analyzability of Stories by Children, in J. J. Gumperz & D. Hymes (Eds.), *Directions in Sociolinguistics : The Ethnography of Communi-cation* (pp. 325-345), New York, Holt, Rinehart and Winston.

SACKS H., 1992(1964-72), *Lectures on Conversation (2 Vol.)*, Oxford, Basil Blackwell.

SHAPIRO M., 1988, *Politics of Representation*, Madison, University of Wisconsin Press.

SMITH D., 1978, K is Mentally Ill. The Anatomy of a Factual Account, *Sociology, 12* (23-53).

WATSON R., 1998, Ethnomethodology, consciousness and self, *Journal of Consciousness Studies*, 5 (2), 202-223.

2

Praticiens en formation supérieure
par la recherche-action.
Des parcours DHEPS

Domaines des recherches-actions[1]

I - Formation des adultes
Samuel Aklé
Francesco Parisi

II - Développement social urbain
Alain Dubost
José Pinto

III - Développement rural
Robert Ponchon

IV - Développement Sud
Pierre A. Yoni

V - Prévention spécialisée
Catherine Pissarro-Alföldi

VI - Immigration - Intégration
Odile Meunier

VII - Médiation familiale
Dominique Lefeuvre

VIII - Insertion professionnelle des femmes
Michelle Belin
Nicole Curtil

IX - Santé mentale
Martine Dutoit-Sola
Jean-Charles Sogny

X - Santé - Travail social en gériatrie
Noëlle Alföldi

XI - Santé publique - Jeunesse
Françoise Maître

XII - Entreprise
François Mairey
Anne-Marie Soullier

XIII - Psychothérapie
Malika Belkassan

---

1 - Ces témoignages d'anciens étudiants du Diplôme des hautes études des pratiques sociales ont été classés selon le secteur social, économique ou culturel qui fut le terrain de leur recherche et donc sur lequel porte leur témoignage et non sur leur profession d'origine.

I - Formation des adultes

Accompagner le changement dans les professions, le développement local, les formations

Samuel AKLÉ

Au Collège coopératif (Paris), la plaquette de présentation informe seulement sur le dispositif mis en place : dispositifs de sélection, de validation, d'organisation du suivi et des contenus. Elle n'annonce pas ce que doivent être capables de réaliser les étudiants à l'issue de leur formation. L'intention est-elle de laisser l'étudiant définir lui-même les objectifs de sa formation ? Il s'agit en fait de poser par avance que son avenir lui appartient ; son élaboration est également l'affaire de la formation où il trouvera l'appui pour le faire.

Ce que j'ai vécu au Collège de Paris me permet de dire que c'est avec l'aide de mon directeur de mémoire et des camarades de ma promotion que j'ai réussi à bien préciser les objectifs de ma formation. Cette interaction est à signaler au début de cette intervention qui comporte les points suivants : les circonstances de mon entrée au Collège, le déroulement de la recherche-action dans le contexte de mes pratiques professionnelles (étapes, méthodes), les effets du DHEPS sur moi-même et sur mes pratiques, sur l'institution. Un essai de définition de ce qu'est pour moi une recherche-action conclura mon propos.

Les circonstances d'entrée au Collège

Avant d'être nommé à la Cimade comme animateur national en 1991, j'avais assumé auparavant plusieurs postes de responsabilité. La Cimade (comité inter-mouvement auprès des évacués) est une association intervenant en faveur des réfugiés et des demandeurs d'asile.

J'avais pris l'habitude d'évaluer mes activités tous les cinq ans. À l'occasion d'un de ces points avec la Secrétaire Générale de la Cimade début 1996 est apparue la nécessité de faire un bilan plus global de mes expériences et pour cela d'entrer au Collège coopératif de Paris. Une bourse et une politique de restructuration en faveur des jeunes créèrent l'occasion de bénéficier d'une préretraite progressive, mi-temps travaillée et mi-temps en formation.

L'entretien de sélection avec le directeur, assez encourageant, et l'examen des documents m'ont permis d'entendre parler de recherche-action et d'acteur-chercheur.

Le déroulement de ma recherche dans le cadre de mon contexte professionnel

Après une autobiographie centrée sur les intérêts pouvant provoquer une recherche, la méthode monographique, proposée pour la première étape, invite le stagiaire à choisir son terrain d'observation en fonction de ses pratiques. J'ai retenu le Service de Formation de la Cimade. Formateur moi-même et toujours affecté à des secteurs de formation et d'animation, il m'a paru utile de tenter, par ce choix, une recherche d'acteur sur cette action. Ce Service accueille et forme des personnes venant de différentes cultures, de contextes socio-économiques spécifiques. Cette mission ne peut être accomplie que dans des conditions et des dispositions particulières.

Pour entrer dans la recherche, j'ai organisé des entretiens avec les formateurs. La méthode a ses exigences, la mettre en œuvre n'est pas de tout repos : rendez-vous, préparer le guide d'entretien, choisir le lieu, se fixer une durée, etc. Sur les sept formateurs contactés, seule, une personne trop personnellement remise en cause par la démarche, a dû renoncer. À part ce cas, tout au long de mon parcours au Collège, je me suis senti porté par mes camarades de travail. Chef de Service et formateurs n'ont manqué aucune occasion de m'interroger sur l'avancement de ma recherche. La méthode utilisée, à savoir les entretiens semi-directifs, rend les interlocuteurs attentifs au concept de recherche-action. Durant cette première étape, ces contacts dépassaient le simple encouragement de politesse. Les collègues ont compris mon projet : *« Cette démarche nous plaît ; elle nous force à réfléchir sur ce que nous faisons sans toujours nous donner le temps de nous arrêter pour y penser ; merci de nous associer à ton travail. »* Ce va-et-vient entre formation et travail permet de mieux se rendre compte de ce lien entre la recherche et la profession.

La soutenance de cette démarche monographique consacre la fin de cette première étape et ouvre la voie à la suite de la recherche plus soucieuse de compréhension des phénomènes.

Cette suite du parcours, préparant le mémoire final, s'est faite en deux étapes. D'abord il s'agit à la fois de s'initier à la recherche en se familiarisant avec les outils du recueil des données et de maîtriser — ou d'essayer — les notions de question initiale, d'hypothèse et les lectures indispensables pour la partie théorique. C'est une période de travail personnel, mais qui demande une utilisation très judicieuse de tout le dispositif pédagogique mis en place au Collège sans oublier les personnes-ressources hors du Collège.

L'objectif de ma recherche était l'étude des effets de l'interculturalité dans la formation supérieure des adultes et mon terrain allait être le Collège lui-même : *« De l'expérience à la recherche à projet scientifique : une dialectique interculturelle. L'exemple des étudiants du Collège coopératif de Paris ».*

L'outil méthodologique utilisé fut le questionnaire préparé et soumis aux étudiants ; ils y ont massivement répondu. Cependant, parallèlement, pendant tout le parcours, j'ai eu à observer très attentivement comment se vivait le climat interpersonnel et les échanges au niveau de l'Association où je travaillais. L'évolution de ma recherche me rendait très sensible à ce qui se passait sur mon lieu de travail. J'ai l'impression, jusqu'à la fin de mon DHEPS, que j'étais « branché » à la fois sur les étudiants du Collège et sur les collègues de la Cimade devenus « objet d'étude » en quelque sorte. En soutenant mon DHEPS, j'étais conscient de l'implication de mon contexte professionnel et de tout le dispositif du Collège dans ma recherche-action. C'est ce qui me conduit à évoquer les effets de ce travail sur moi-même.

Les effets induits de cette recherche : métissage et projet

L'effet essentiel réside dans la double identité acquise à la fin du parcours. Ce cadre interculturel développé et vécu au Collège n'a pas été et ne sera jamais le reniement de ma culture africaine. Cette rencontre entre mes expériences personnelles, professionnelles et la culture de recherche m'a fait acquérir cette double identité due au métissage culturel. L'avant, le pendant et l'après Collège coopératif constituent désormais une bonne dose de ma personnalité. Mon rapport à l'autre est un peu différent. En ce qui concerne mes pratiques professionnelles et interpersonnelles, je reconnais que je suis de plus en plus sensible au concept « projet ». J'associe à ce dernier les mots animation, conduite de réunion et avec toutes mes excuses le mot prédication qui vient assurément de ma formation théologique.

Si le mot projet me hante aussi sérieusement, c'est parce qu'il suscite en moi des questions. De quel projet s'agit-il ? Qui en est l'initiateur? Où se situent les différents partenaires dans le projet ? Je suis conduit ici à rendre à Sartre ce que je lui dois : dans *Les Mots*, le *Pro-jet*, c'est l'homme inscrit dans l'Histoire. Le projet peut faire que l'Histoire soit ceci ou cela. Dans le projet, l'homme se jette devant les autres et devant lui-même. Cette référence au projet selon Sartre vise à montrer que je suis de plus en plus conscient de ma présence à l'autre, disons de ma présence au monde. Quels autres effets signaler ?

J'essaie d'apporter quelques modifications à mes pratiques. Il m'arrive, de temps en temps, après avoir présidé un culte, de provoquer un débat sur mon message-histoire, de sortir les gens de leur position de consommateurs du religieux. C'est un essai de transformation des mentalités. Efforts à poursuivre à tous les niveaux. Le fait d'avoir travaillé sur l'interculturalité me rend très sensible aux relations interpersonnelles dans mes pratiques professionnelles, notamment dans mes animations et mes rapports avec les réfugiés ou les demandeurs d'asile. Mon Association connaît le Collège et c'est un atout.

Je conclurai ce court exposé en proposant une tentative de définition de la recherche-action. Compte tenu de mon expérience, je qualifierai la recherche-action de questionnement existentiel, librement décidé, sur ses propres pratiques et dans un lieu de formation approprié. Cette démarche est entreprise en vue de dégager un savoir, une connaissance entraînant au bout du parcours des transformations sur l'individu et sur ses repères (famille, travail, société, etc.). ■

Recherche-action et pratique de l'évaluation formative

Francesco PARISI

Enseignant en soins infirmiers à l'École du Personnel Soignant de Fribourg (Suisse) durant huit ans, l'évaluation tant sommative que formative des étudiants a été un de mes principaux pôles d'intérêt. De 1996 à 1998, j'ai mené une recherche-action auprès d'étudiants en soins infirmiers afin de mieux comprendre les enjeux pédagogiques, psychologiques et philosophiques de ces deux types d'évaluation.

À l'École du personnel soignant de Fribourg (EPS), un taux d'échec d'environ 50 % au terme de la première année de formation était habituel. Ce constat déplorable, enrichi de mon expérience d'évaluateur, de discussions avec des collègues et des étudiants m'a fait douter de l'adéquation de nos outils et de nos méthodes d'évaluation. Nous pensions que l'évaluation formative centrée sur l'apprenant, sa progression, ses ressources et ses limites devait garantir un meilleur apprentissage, un taux de réussite élevé ainsi qu'une diminution du stress lors des examens sommatifs.

Paradoxalement, les étudiants étaient stressés lors des évaluations formatives et les échecs fort nombreux lors des épreuves sommatives. Du reste, les étudiants — tant ceux qui réussissaient que ceux qui échouaient — se plaignaient du manque de logique et de la faiblesse de notre système d'évaluation formative.

Afin de documenter et d'analyser cette problématique, je me suis intéressé aux représentations des étudiants sur le système d'évaluation formative appliqué à l'EPS. Un questionnaire, alliant des questions qualitatives et quantitatives, a été distribué aux 70 étudiants présents à l'école au moment de l'enquête. Les réponses m'ont fourni un premier *corpus* de données qui a été analysé et enrichi d'informations recueillies durant un cours « *d'introduction à l'évaluation* » donné lors de l'accueil d'une nouvelle promotion. Ce complément a effectivement enrichi les réponses obtenues à travers le questionnaire et a débouché sur une conclusion générale et des propositions de changement.

Durant cette démarche de recherche-action, j'ai régulièrement partagé mes résultats intermédiaires, mes impressions avec quelques collègues proches. En confrontant les résultats de mon analyse avec leurs propres perceptions, leurs propres explications, j'ai parfois réorienté ma réflexion, mes axes de recherche afin de tenir compte de leurs remarques. Une fois ma recherche terminée, j'ai présenté les résultats à l'ensemble de mes collègues pour qu'ils réagissent à mes conclusions et à mes propositions de changement. Lors de cette présentation, mes collègues n'ont pas véritablement été surpris ou inquiétés par les résultats et cette recherche-action n'a pas débouché sur un changement de nos pratiques d'évaluation formative. Je m'attendais, en partie, à un tel résultat car l'évaluation a été le thème récurrent de nos réunions pédagogiques durant les huit années de mon activité d'enseignant à l'EPS. Malgré de multiples réflexions, réaménagements et réorientations, nous n'avons jamais réussi à optimaliser notre méthode d'évaluation et à atteindre (ou plutôt « *à tendre vers* ») les idéaux que nous nous étions fixés. Certes, nous étions plus ou moins conscients de l'insatisfaction des étudiants face au système que nous leur proposions, mais il me semble que ma recherche-action a permis d'étayer cette insatisfaction, de l'analyser et de l'exposer par écrit.

Recherche-action et effets sur le parcours d'un apprenti acteur-chercheur

Environ sept à huit mois avant la présentation de ma recherche-action à l'EPS et la soutenance de mon mémoire à l'université de Paris III, j'ai commencé à réfléchir à « l'après-DHEPS ». Durant une vingtaine de mois, j'avais vécu une alternance de temps forts au Collège coopératif de Paris (séminaires, ateliers, rencontres diverses et enrichissantes), de moments d'analyse et de remise en question de ma pratique et de celle de mon institution (enquête et écriture) et de périodes d'enseignement et d'évaluation à l'école (réalité matérielle, pragmatique). Un retour total et définitif à une activité d'enseignement, dans un système que je mettais en doute, me semblait inimaginable. Tous ces événements, véritables jalons de mon parcours de Dhepsien et d'acteur-chercheur, ont finalement abouti à ma démission de l'EPS : j'avais besoin de découvrir d'autres réalités, de nouveaux horizons.

Pourtant, tous ces événements ont contribué à la construction de mon identité professionnelle et sociale. J'ai appris à mieux argumenter, à mieux me positionner, à ne plus être uniquement en réaction affective, mais à réfléchir, à mobiliser mes acquis. Je pense avoir, aujourd'hui, une plus grande autonomie de pensée et d'action ainsi qu'une plus grande capacité à me distancer. En effet, la recherche-action a cette exigence, face au chercheur-acteur, d'être alternativement « au dedans » et « au dehors » du champ de recherche et de pratique. Ce précepte guide le regard que je porte sur ma pratique et celle de l'institution dans laquelle je travaille et me permet de chercher des explications ou des solutions.

Si je devais réaliser une nouvelle recherche-action, ce serait une démarche de groupe, impliquant l'ensemble de mes collègues. D'une part, je pense que le changement, l'évolution des pratiques engage la responsabilité de la collectivité et que, d'autre part, la richesse des résultats procède de la quantité et de la qualité des échanges à l'intérieur du groupe. Enfin, l'expérience de la recherche-action est, à mon avis, déjà un changement en soi parce qu'elle suppose un acte réflexif sur sa propre pratique et, de fait, sur celle de l'ensemble du groupe.

... Et aujourd'hui ?

Depuis bientôt dix-huit mois, je suis responsable pédagogique au centre de formation de l'Association vaudoise des établissements médico-sociaux (AVDEMS). Mon activité, organisée autour du marketing et de l'ingénierie de la formation, ne me laisse guère l'opportunité de conduire une recherche-action. Toutefois, certaines formations certifiantes proposées par l'AVDEMS sont validées par un mémoire qui s'apparente à une recherche-action. Mon expérience d'acteur-chercheur, ma formation pédagogique et les connaissances acquises durant le Dheps me permettent d'offrir aux praticiens en formation un appui méthodologique dans le cadre de ce mémoire et, parallèlement, d'enrichir mon savoir pratique et théorique.

En conclusion, s'il fallait donner une définition de la recherche-action, je dirais que c'est une démarche méthodologique qui implique au moins trois dimensions de « l'Homme acteur-chercheur » : les dimensions *comportementale, émotionnelle et cognitive*. Ce choix me semble pertinent car l'acteur-chercheur remet en question sa pratique (comportements) et, simultanément, convoque inévitablement des émotions et des pensées (cognitions) liées à sa pratique (craintes au sujet de ses performances ou de l'adéquation de ses pratiques, certitudes). Ces trois dimensions interagissent et conditionnent la réussite de la recherche-action : le chercheur-acteur doit être capable de les transcender et de se mettre en position « méta », c'est-à-dire de poser un regard critique, analytique sur sa pratique, ses émotions et ses pensées, sans les évacuer pour autant. Cette succession d'implication et de distanciation est probablement le principal défi à relever et confère à la recherche-action son intérêt épistémologique. ■

II - Développement social urbain

Deux recherches-actions sur un même territoire avec des effets individuels et collectifs

Alain DUBOST

Le début des années 90 a été fertile en travaux relatifs au Développement Social Urbain. Je présente deux recherches-actions, réalisées au début des années 90, ayant le même terrain d'expérience, le quartier Saint-Jean à Châteauroux (et l'opération de Développement social de quartier [DSQ] qui s'y déroulait), et un axe d'études commun, la participation des habitants. Ces deux recherches-actions ont pris deux formes :
- une auto évaluation de l'opération DSQ, animée par le Collège coopératif (Paris) ;
- un mémoire que j'ai réalisé dans le cadre de la préparation du DHEPS et intitulé *« De la participation au changement social par le développement personnel. L'expérience de la participation des habitants à l'opération DSQ Saint-Jean à Châteauroux, 1990-1994 »*.

Tout en les mettant en parallèle, j'essaierai de distinguer ces deux démarches en mettant en évidence les effets observables (en 2000), tant en ce qui concerne la dimension individuelle de mes pratiques professionnelles, qu'en ce qui concerne la dimension collective des pratiques institutionnelles sur le quartier et que l'on peut imputer, les uns et les autres, à ces deux recherches-actions.

Parcours pour s'engager dans des recherches-actions

Assistant de service social, j'ai été en poste dans des institutions de protection de l'enfance, dont la formation et la mission sont structurellement inscrites dans la relation individuelle et dans le face à face aidant-aidé. (On observait que progressivement) les difficultés individuelles et collectives des familles se développaient en même temps que s'amenuisaient les voies de réinsertion sociale et professionnelle.

Parallèlement, militant syndical d'une part et associatif dans la coopération décentralisée Nord-Sud de l'autre, le développement local s'est imposé à moi comme moyen de changement social, face à cette situation.

De l'intention à l'acte, la question des méthodes s'est posée. Je me suis engagé dans une formation visant à acquérir des méthodes d'intervention en développement social local. De la formation à la mise en œuvre dans le cadre de l'institution qui m'employait alors, le fossé était large. J'ai choisi l'opportunité d'occuper le poste de chef de projet de l'opération DSQ qui démarrait sur un quartier de la ville où je travaillais et où j'étais impliqué dans le tissu associatif.

Engagé dans la conduite de l'action, deux moments ont pour moi été nécessaires pour prendre du recul par rapport à ce que je faisais, pour réfléchir avant de continuer, d'une part avant d'adapter les travaux entrepris, d'autre part avant de repartir sur d'autres modes d'interventions. Ces deux moments ont été menés sous forme de recherches-actions, les deux citées en préambule et développées maintenant.

L'auto-évaluation assistée a été retenue comme méthode d'évaluation, à mi-chemin de l'opération DSQ, car elle concourrait à mobiliser la population (c'est du moins ce que l'équipe du DSQ en attendait) sur sa participation à la démarche de développement local engagé. En effet, le diagnostic initial avait reposé sur une approche d'expertise à partir d'un échantillon très restreint de population et de groupes de réflexion avec des travailleurs sociaux du quartier.

La recherche-action réalisée dans le cadre du DHEPS a été faite alors que j'avais quitté mes responsabilités de chef de projet et intégré un nouveau poste[1]. Cette recherche-action visait pour moi à procéder à une relecture distanciée de mon action comme acteur très impliqué, parfois activiste dans la conduite du DSQ. La formation au DHEPS visait aussi à approfondir des connaissances théoriques, susceptibles d'étayer mon action dans mes nouvelles fonctions, au service d'un changement des pratiques institutionnelles du secteur social et médico-social.

Un point d'articulation entre les deux recherches-actions réside dans le fait que la recherche-action conduite dans le cadre du DHEPS intervenant deux ans après l'auto-évaluation assistée, s'est alimentée des effets générés par cette dernière auprès de la population du quartier, qui en ont constitué l'objet de recherche et le terrain.

Questionnements et méthodes

Je m'interrogeais sur les effets de la participation des habitants impliqués dans des actions collectives sur leur développement personnel. Cette recherche-action du DHEPS, a nécessité des entretiens individuels avec un échantillon de personnes impliquées dans la vie collective du quartier et présentant un ensemble de difficultés personnelles, sociales ou familiales. La construction de cet échantillon s'est effectuée avec les opérateurs de l'action sociale du quartier. Eux-mêmes ont été interrogés sur leur perception des effets de la participation des habitants, des causes de ces effets et de la place que le travail social était susceptible d'occuper auprès de ces populations pour accompagner, impulser de tels changements. Ce choix d'associer le plus possible les travailleurs sociaux à la conduite de la recherche-action, de leur donner une place dans l'évaluation des effets produits dans les changements opérés dans la population locale, visait à les amener à réfléchir sur leurs méthodes et les adaptations qu'ils pouvaient initier.

Pour l'auto-évaluation assistée, devenue cadre de la recherche d'acteur en vue du DHEPS, deux données essentielles de méthode me paraissent devoir être soulignées : la formation et l'accompagnement des personnes impliquées dans cette démarche. La formation conjointe de travailleurs sociaux et d'habitants du quartier a été nécessaire à la construction d'une culture commune, faite d'objectifs et de moyens à élaborer conjointement avec le soutien de l'intervenant spécialisé. L'accompagnement de ce même groupe a été nécessaire dans la conduite de ses évaluations afin de maintenir un intérêt quand les choses ne se passaient pas comme initialement prévues et d'imaginer de nouvelles voies pour apporter, malgré les difficultés rencontrées, une contribution à la production du groupe.

Les effets observés

Ce que j'ai pu observer des effets de l'auto-évaluation assistée peut être classé en deux plans : les effets individuels et les effets institutionnels.

L'implication d'individus dans l'auto-évaluation assistée s'est le plus souvent poursuivie au-delà de la démarche, par un investissement dans des activités collectives sur le quartier. Des résidents, invités à participer aux groupes mis en place par les évaluateurs du quartier, se sont à leur tour impliqués dans les activités collectives ou ont donné des idées et proposé leur contribution pour les mettre en œuvre. C'est là où l'auto-évaluation a dû proposer des modalités de prises en compte de ces propositions

---

[1] - Conseiller technique au Centre Régional pour les Enfants, les Adolescents et les Adultes Inadaptés (CREAI).

et de mise en forme d'une action. L'évaluation était ainsi directement prolongée de propositions de plan d'action à mettre en forme par les opérateurs du DSQ et les habitants.

L'auto-évaluation a révélé des dysfonctionnements institutionnels des deux plus importants équipements du quartier — Centre social et Centre socio-culturel — qui ne participaient pas au processus de développement engagé (dans le cadre du DSQ).

Dans les mois qui ont suivi le rendu de l'auto-évaluation assistée, la direction d'une des structures s'est saisie de ce travail et a procédé à des changements radicaux dans son encadrement et ses missions. À ce jour, il a repris une part importante du travail de soutien aux initiatives des habitants et se trouve très impliqué dans le développement social local.

Pour le second équipement, ni son conseil d'administration, ni sa direction, ni son financeur principal (la Ville), n'ont pris la mesure du décalage entre son action et les aspirations des habitants en matière de développement culturel. L'association concernée est à ce jour sous administration judiciaire après que la Ville ait cessé de verser les subventions habituelles, lasse du *statu quo* et du décalage entre d'une part, le projet défendu par l'actuel dispositif de DSU avec des habitants bénévoles et d'autre part, le projet de cet équipement. Les arguments développés par l'auto-évaluation assistée et les positions des habitants impliqués alors dans la démarche sont aujourd'hui repris pour contraindre cet équipement à changer, mais contraint-on à changer ?

Pour ce qui concerne la recherche-action conduite dans le cadre du DHEPS, je parlerai surtout d'effets individuels concernant l'évolution de ma pratique professionnelle. Je citerai d'abord le préalable que constituait l'obtention de ce diplôme pour occuper mon poste actuel.

De nombreux travaux ont été confiés à l'institution (à laquelle j'appartiens maintenant), notamment dans le champ de la protection de l'enfance. Ils ont toujours été pour moi l'occasion de mettre en œuvre des démarches participatives des institutions concernées. Le processus de la recherche-action m'a toujours aidé à concevoir des travaux dans lesquels les acteurs étaient impliqués, à la fois pour se poser de bonnes questions, élaborer des problématiques à partir des observations et à la fois pour rechercher des axes de résolution des problèmes en mettant toujours l'usager, la population concernée au centre des préoccupations de l'institution et en favorisant en permanence sa participation à son devenir.

Lors de l'assistance technique à l'élaboration de schémas départementaux d'équipements sociaux ou médico-sociaux, la dimension de la recherche de solutions par les acteurs institutionnels s'est progressivement substituée à une approche quantitative qui décrit un phénomène, mais ne mobilise pas une équipe, laissant aux autorités administratives toute latitude pour décider d'une programmation. Nous avons cherché à ce que les acteurs, souvent contenus dans un rôle passif, deviennent des chercheurs, puis des acteurs plus actifs de la mise en œuvre d'une réponse plus diversifiée aux besoins d'une population dépendante ou en difficultés sociales.

Ce sont les ressorts et les outils de la recherche-action que nous avons cherchés à mobiliser en ces circonstances. Il nous revient de poursuivre dans cette direction, notamment en associant les usagers ou leurs représentants dans ces démarches de recherche de solutions aux difficultés auxquelles ils sont confrontés. C'est un enjeu de démocratie participative.

Tentative de définition de la recherche-action

La recherche-action est un processus de recherche, s'appuyant d'une part, sur des ressources humaines disponibles qui peuvent être à la fois sujet et objet de la recherche et d'autre part, sur des méthodes visant, outre la production de connaissance, la mobilisation de ces ressources humaines au service de leur implication dans une démocratie participative. En ce sens, la recherche-action concourt au changement social. ■

Affronter la complexité de la société

José PINTO

Comment faire partager en quelques lignes ce travail de recherche pour un acteur engagé dans la vie sociale au travers d'un engagement syndical et responsable d'un service logement dans une municipalité au moment où les luttes pour le droit au logement se développaient. J'ai fait le DHEPS au cours de années 1992-1995 à Paris III.

Le dossier, transmis en introduction, pose la question de l'ambivalence de la « recherche-action » comme étant tantôt à la mode tantôt honnie. Mais pour l'acteur social et le praticien engagé que je suis, rien ne me prédisposait à me lancer dans un *cursus* de formation qui m'amènerait à faire un travail d'interrogation de mes pratiques, le caractère ambivalent de la recherche-action est somme toute secondaire pour moi, faire un travail de deuil n'a pas été facile.

Ces trois années ont été un travail de quête de réponses aux interrogations nées de mon expérience, me permettant en même temps de m'armer des outils nécessaires pour trouver les réponses aux question que ma vie professionnelle ne manque pas de faire surgir dans ma pratique quotidienne actuelle.

La progression dans le *cursus* d'apprentissage m'a petit à petit conduit à interroger le « réel », toujours évoqué mais jamais défini ou explicité par ceux qui l'utilisent comme un vérité en soi. Pourtant, la lecture d'Edgar Morin m'a appris qu'il fallait se méfier de nos yeux, bien que ce soit à eux que nous devons faire confiance (pour sortir du XXe siècle). Cette méfiance était pour moi assez confuse et pas du tout problématisée à cette époque.

En effet, j'avais choisi comme thème de travail au DHEPS de faire porter ma recherche-action sur le logement des « gens », des demandeurs de logement qui, bien qu'étant mal logés, n'acceptent pas la proposition de relogement proposée par l'institution.

Cette proposition semblait le plus souvent ne pas correspondre à la demande pourtant faite quelques mois auparavant et être en décalage avec la motivation évoquée, le plus souvent l'urgence de relogement notamment pour les enfants nés ou à venir.

À partir de ce constat, j'avoue qu'il ne m'a pas été facile d'avancer dans la recherche car chaque avancée se traduisait par un nouveau flot de questions nouvelles et par delà des pratiques et certitudes à remettre en cause.

De plus en fin de la première année, je décide d'effectuer des entretiens auprès de personnes ressources : des acteurs, des praticiens, des élus, des responsables HLM, des syndicalistes. Ces personnes interrogées sont intéressées par la problématique énoncée, mais le plus souvent interloquées par la question posée ; à savoir la demande d'une définition de ce qu'est pour eux un logement. Drôle de question pour commencer un entretien ! Pourtant c'était bien là le centre de mon questionnement, le pourquoi auquel il fallait trouver une réponse. Des progressions se sont effectuées étape par étape, au cours desquelles des deuils nécessaires se sont accomplis tant bien que mal.

C'est d'ailleurs un des mérites de la recherche-action que d'obliger l'auteur à chercher de plus en plus les outils nécessaires, lui permettant de construire des savoirs nouveaux, au regard des pratiques quotidiennes tant professionnelles que sociales.

Acteur social, j'ai été confronté de plus en plus à des oppositions dans ma pratique professionnelle alors qu'au niveau social de nouvelles reconnaissances naissaient ailleurs. C'est une expérience pleine d'enseignements mais en même temps extrêmement déstabilisante du point de vue psychologique. Alors que socialement des responsabilités nouvelles m'étaient confiées, je me trouvais confronté personnellement à des questionnements nouveaux.

Je dois dire que le rôle du directeur de recherche en deuxième année a été pour moi extrêmement important. Nous ne nous sommes pas vus souvent, mais c'est grâce à lui que ma recherche a pu prendre une direction nouvelle, me permettant d'investir un champ nouveau et de trouver les réponses aux questions nouvelles, nées de la confrontation de ma pratique et des savoirs acquis. Ainsi mon questionnement s'est petit à petit orienté vers la question de la signification des espaces habités comme marqueurs sociaux pour ceux qui y habitent. Une interrogation des discours s'imposait alors pour comprendre les forces en action, régissant les rapports entre acteurs sociaux, les interactions entre ceux-ci et leur environnement dans la construction d'un discours nouveau, explicatif du malaise des Villes et des banlieues. C'est cet infléchissement de ma recherche qui m'a permis d'aller de l'avant et de pouvoir commencer à parler au même niveau que mes interlocuteurs. Cette possibilité nouvelle permet enfin de parler du « réel » comme une construction idéologique d'un groupe social donné, qui cherche une autojustification à son ascension et ne peut supporter les laissés pour compte de la société actuelle.

Mon terrain d'intervention m'oblige à un travail d'observation participative à la définition d'un « réel » tenant compte de l'histoire du lieu et de celle des hommes et femmes qui l'ont bâti, habité et y habitent encore.

Ce travail me permet d'échanger alors avec mon entourage professionnel sur le bien fondé des hypothèses émises et de valider ainsi les axes futurs de la recherche-action en cours. Toutefois, cela n'a pas manqué de produire des effets, d'une part sur mes pratiques sociales et d'autre part sur mon environnement professionnel. En effet, les savoirs nouveaux et les outils pour me mettre en action m'ont amené à une mobilité interne dans l'institution où j'exerce en devenant chargé de mission sur les questions interculturelles.

Le statut nouveau, acquis au cours et après le DHEPS, se traduit par des interventions en formation d'acteurs syndicaux sur les thèmes : *« L'évolution de la société »* et *« Les questions urbaines »*. La méthodologie utilisée est basée d'une part sur le transfert de connaissances et d'autre part sur la participation des stagiaires avec appel à leur sens critique pour une compréhension du monde dans lequel ils évoluent.

La formation DHEPS apprend à être disponible et ouvert au monde, attentif à ses évolutions et surtout à être critique. Cette dynamique nouvelle du questionnement, dans les processus d'apprentissage, peut être mobilisée tous les jours pour analyser les situations nouvelles dans le cadre professionnel et social et trouver des explications aux enjeux auxquels nous sommes confrontés.

La « recherche-action » au travers du DHEPS me semble pouvoir se définir comme l'acquisition d'une boîte à outils, pas forcément utilisable quotidiennement dans son métier, sa profession, son activité sociale ou culturelle, mais plutôt ponctuellement voire conjoncturellement. Chaque fois qu'il est nécessaire de s'interroger, de trouver une explication à une question donnée à partir d'autoformation ou/et mutuelle.

Les processus cognitifs du DHEPS me semblent donc être les moyens les plus adaptés pour affronter la complexité de la société actuelle. ■

III - Développement rural

Un développement humain plus solidaire dans le monde rural

Robert PONCHON

Pour un monde rural solidaire « Action caritative et développement local ». L'analyse de pratiques du Secours Catholique mises en relation avec la dynamique du développement local, face aux nouvelles situations de pauvreté fut le thème de ma recherche.

Un parcours imprégné de recherches-actions sans le savoir

Fils d'agriculteurs, second d'une famille de dix enfants, à 14 ans, après le certificat d'étude, j'ai occupé la place d'aide familial, participant une journée par semaine durant la période scolaire à des cours post-scolaires agricoles. Avec du recul, je crois pouvoir dire que l'instituteur itinérant nous intéressait et nous impliquait fortement car il sollicitait nos pratiques et celles de nos parents. À 20 ans, grâce à la complicité de mon ancien instituteur, je reprenais les études dans le cadre de la promotion sociale agricole au sein d'établissements pratiquant la pédagogie de l'alternance : les Maisons Familiales Rurales. Avec un BTA (Brevet de Technicien Agricole) en poche, j'ai travaillé comme moniteur dans les Maisons Familiales Rurales durant quatorze années, d'abord en France, puis en Afrique noire.

Établissements de formation professionnelle gérés par les parents ou la population locale elle-même, la formation prend appui sur la pratique et l'observation des élèves grâce à la pédagogie de l'alternance[1].

Je dois beaucoup à mes années en Afrique qui m'ont énormément questionné et enrichi quant au sens du développement et à la participation active des habitants, notamment les villageois dits analphabètes, se prenant en main par de multiples initiatives locales. Mais, que d'interrogations vis-à-vis des exclus du développement et sur les causes ! Ces questionnements m'ont conduit à m'investir au sein de l'action caritative. Au Secours Catholique d'abord, sur un territoire, puis dans les champs successifs des prisons, puis des pauvretés en milieu rural.

Naissance de mon désir de distanciation par la formation

C'est au cœur de ce parcours professionnel que le désir de recul, de formation, a pris corps. Retrouvant mes racines, réinvestissant sans en avoir vraiment conscience la pédagogie active de l'autopromotion, j'identifiais qu'il y avait lieu de repenser les modes d'intervention du caritatif en milieu rural.

---

1 - Collection Mesonance, centre national pédagogique des Maisons Familiales Rurales. Nombreux ouvrages valorisant des recherches-actions dans le cadre du DUEPS (Université de Tours).

« En monde rural, la pauvreté a trop tendance à être oubliée, influencés que nous sommes par l'image de la pauvreté urbaine et par notre vision mythique de la campagne idéale. Pourtant, elle existe, même si les ruraux rechignent à être des assistés sociaux » dit Nicole Mathieu, chercheur au CNRS.

Les pratiques que j'accompagnais et mes observations m'ont laissé penser qu'il y avait lieu de s'inspirer des dynamiques de développement local afin que l'action caritative contribue à ce que les personnes ou groupes en difficulté soient davantage pris en compte et moins marginalisés.

Grâce à des rencontres et échanges la dynamique de la recherche-action s'est comme imposée.

Étapes et méthodes mises en œuvre

À partir d'une réelle mise à plat de mon parcours professionnel et social grâce à la démarche « d'autobiographie raisonnée » j'ai pu formaliser ma question de recherche : « *Face à la réalité des pauvretés dans le monde rural en France aujourd'hui, quelles démarches d'animation du réseau caritatif promouvoir pour un développement plus solidaire du milieu ?* ».

En partant de cette identification, grâce à l'accompagnement actif des formateurs et aux échanges interactifs entre stagiaires en formation, les étapes et les méthodes se sont précisées, entièrement intégrées à mon activité. J'ai vécu là trois années passionnantes en associant pleinement des équipes de terrain et certains collègues nationaux du Secours Catholique où j'animais le service « Réseaux en milieu rural ». Cette complicité a été d'une réelle efficacité.

J'ai opté pour observer et accompagner trois terrains de recherche. Sur chacun d'eux j'ai pris appui sur les acteurs impliqués, et cela, dans la durée. Les méthodologies mises en œuvre ont facilité cette participation interactive à la recherche.

Il s'est agi, en effet, de faire un choix méthodologique en adéquation avec le repérage d'un processus qualitatif ou d'une démarche d'animation, plus que de données quantifiables.

Ainsi ont été utilisées le diagramme événementiel[2] et des entretiens semi-directifs. Le diagramme événementiel permet, avec les acteurs concernés, de dégager, les étapes ou les événements et leurs conséquences en terme de démarche ou d'animation ainsi que les résultats.

Ces deux outils ont été de véritables éléments de médiation pour associer les acteurs concernés. À bien des reprises, au-delà de cette recherche proprement dite, j'ai utilisé ces méthodes pour aider un groupe à relire son parcours et à identifier les résistances et les leviers pour avancer.

Une recherche-action qui laisse des traces

Tout d'abord j'ai gardé des contacts avec les différents terrains observés, et surtout, les personnes qui se sont impliquées, car c'était aussi leurs questions. Au plan personnel, cette distanciation a été source de changements professionnels dans la continuité.

Mon hypothèse générale[3] étant vérifiée j'ai recherché un nouvel engagement professionnel dans un réseau associatif plus en amont de l'action caritative, pour y cultiver la dimension solidarité. Il est évident, que

---

2 - « *Nous entendons par diagramme événementiel un schéma représentant les variations significatives et déterminantes qu'entretiennent des partenaires sociaux dans leurs relations institutionnelles et organiques. Nous retiendrons ce schéma comme un analyseur et le dénommerons événementiel, dans la mesure où, chronologique et périodisé, il s'efforcera de mettre en évidence les relations et opérations qui seront à la fois constituées et constituantes de l'évolution* », Manificat M., Séminaire méthodologique, 1988-1989, Paris, Collège coopératif.

3 - « *Une action caritative en milieu rural ne peut permettre d'élargir le développement local aux personnes ou groupes en difficulté que si elle s'appuie sur leurs dynamiques propres inscrites dans une mobilisation collective et solidaire des différents acteurs* ».

venant du milieu « catho », la distanciation et l'analyse opérées par la recherche-action ont été un facteur déterminant dans cette évolution personnelle et professionnelle.

Au niveau du réseau national des associations familiales rurales, j'ai occupé le poste de chargé de mission « Solidarités entre les générations ». Riche expérience où j'ai mesuré combien il était difficile d'intégrer pleinement la valeur solidarité dans des réseaux qui mettaient en place, certes des actions de promotion humaine, mais que les contraintes économiques forçaient plus naturellement à rejoindre les familles ou publics ayant davantage de moyens. Au sein même de cette organisation, l'action militante auprès des groupes les plus fragiles n'était pas toujours comprise. Là aussi, c'est par un temps d'appropriation et d'expérimentation que des possibles s'ouvrent dans la durée.

C'est au cœur de cette nouvelle responsabilité que le mouvement CMR (Chrétiens dans le Monde Rural) a fait appel à moi pour prendre la responsabilité de l'animation nationale de ce réseau de 1 500 groupes de base représentant 15 000 militants, comme secrétaire général.

La visée profonde de ce mouvement d'Action catholique reconnu d'éducation populaire est de contribuer de façon significative à un développement humain plus solidaire en rural.

Pour actualiser le projet du mouvement pour la décennie à venir, nous sommes engagés dans un processus ascendant d'actualisation du projet pour notre temps : large consultation/expression des militants, université d'été pour y repérer ensemble les défis à relever. Le processus mis en œuvre lors du DHEPS laisse des traces !

Fort de l'identification de défis pour demain, le conseil d'administration du mouvement est ouvert pour mettre sur pied une dynamique de recherche-action permettant à la fois de valoriser le travail et les engagements des militants et/ou permanents par une formation qualifiante et aussi d'éclairer des questions de fond pour l'avenir. Un collègue du Pas-de-Calais est engagé dans cette dynamique.

Enfin, à plusieurs reprises j'ai été amené à présenter les résultats de ma recherche dans le cadre de séminaires ou dans des publications.

Comment qualifier la recherche-action à partir de ma pratique ?

C'est un processus d'engagement dynamique de relecture de son itinéraire, de façon globale qui conduit à valoriser ses propres pratiques, à les confronter à des apports théoriques et scientifiques pour en produire des savoirs. C'est particulièrement une valorisation de la personne et de ses activités (choix divers).

C'est une pédagogie du désir qui produit de la confiance au plan individuel comme au plan collectif. J'ai acquis la conviction, que la dynamique de la recherche-action devrait, au-delà de la valorisation du parcours et des pratiques individuelles, se développer ou s'amplifier au niveau de recherches collectives. ■

IV - Développement Sud

Un regard du Sud sur le Nord

Pierre A. YONI

Avant de présenter ma recherche je voudrais dire un mot du développement du Sud et en particulier, des problèmes de développement au Burkina Faso, centrés sur l'organisation du monde rural, car c'est l'axe principal de ma pratique sociale.

S'il y a un point sur lequel tous les théoriciens de l'économie s'accordent, c'est bien le rôle déterminant de l'agriculture dans tout processus de développement économique. Même si aujourd'hui, en ce qui concerne le développement des pays occidentaux, l'accent est mis sur l'industrialisation, le rôle régulateur et promoteur des activités d'amont et d'aval de cette industrialisation, reste à l'agriculture surtout au Sud. D'abord, je parlerai de la période après l'indépendance du pays à nos jours. Ensuite, j'aborderai d'une part, la recherche-action, réalisée autour du développement, et d'autre part, ses effets. Une analyse, appuyée par quelques éléments observables et caractéristiques du niveau de développement du pays termine ce propos.

Le Mouvement Coopératif du Burkina Faso

Le Burkina Faso, *« terre des hommes intègres »*, avec une population de dix millions d'habitants environ, possède à la base de son économie, l'agriculture et l'élevage. Près de 90 % de la population appartient au monde rural. Ainsi, tous les régimes politiques qui se sont succédés à la tête de l'État, ont toujours affirmé avec force que le développement du pays passe par celui du secteur agricole. L'un des moyens choisis pour atteindre ce développement est l'organisation des producteurs, d'où le mouvement coopératif. Nous incluons dans le vocable « mouvement coopératif » tout système d'organisation socio-économique visant à résoudre les problèmes des acteurs à la base, pour déboucher sur une amélioration croissante du niveau de vie de leurs membres.

Dans le mouvement coopératif burkinabè, il faut compter, les organisations dites formelles d'une part, et de l'autre, les structures traditionnelles qui ont aussi un poids considérable dans le développement du pays. Sans rentrer dans les détails, je commencerai par parler des organisations traditionnelles.

Les structures traditionnelles

Les différentes sociétés traditionnelles du Burkina Faso sont structurées et fonctionnent selon une hiérarchie et une affinité établie par groupe d'âge, par sexe, par lignage, etc. À l'intérieur de chaque groupe social se développe une solidarité permanente caractérisée par un esprit d'entraide systématique et d'assistance mutuelle dans tous les domaines de l'existence de la communauté. Les structures sont caractérisées par l'absence d'une organisation formelle et une existence saisonnière ou épisodique. L'accent est surtout mis sur les objectifs sociaux et culturels.

Les formes les plus courantes sont[1] :
- Les *Jawaab-taanli* ou les *Sôsoaaga* (Associations de cultures). Les individus y sont regroupés par affinité d'âge ou de sexe. La solidarité ici, s'exprime à travers les travaux champêtres, la réfection de l'habitat.
- Les *Tons*. Le plus souvent, ce sont des associations de femmes au niveau des villages et centres urbains. Les membres constituent un fonds de solidarité par cotisation individuelle. Ces associations sont plus structurées et présentent un caractère permanent.
- Les *Naams*. Ce sont des associations de jeunes filles et de garçons au niveau d'un village ou d'un quartier. L'organisation fonctionne durant une campagne agricole. Leurs principales activités sont les travaux champêtres, la culture des champs collectifs, les activités culturelles. Le *Naam* est caractérisé par son organisation interne et son fonctionnement qui est à l'image de la société traditionnelle mossi du Yatenga, le renouvellement des membres à l'issue de chaque campagne, l'exercice systématique de la responsabilité de la solidarité par tous, dans le respect scrupuleux des personnes et de leurs biens.

Les organisations formelles ou étatiques

À partir de 1960, après l'indépendance du pays, le pouvoir central entreprit d'intégrer la promotion des organisations paysannes dans ses programmes de développement rural. La responsabilité de cette promotion du monde rural fut confiée au début des années 60 à des sociétés d'intervention. Ainsi furent créées jusqu'en 1965, 589 coopératives dont 545 par la Société d'Aide Technique et de Coopération (SATEC), 40 par la Compagnie Française pour le Développement des Textiles (CFDT) et 4 par le Bureau pour le Développement de la Production Agricole (BDPA). Ce dernier, jugeant prématuré de constituer des coopératives, préférerait promouvoir des groupements pré-coopératifs. Cette action se solda par un échec, comme l'expérience des premières coopératives de la période coloniale.

La plupart des coopératives disparaissent[2], après le retrait des sociétés d'intervention. À la suite du retrait des sociétés d'intervention, la promotion du développement rural a été confiée aux Oganismes Régionaux de Développement (ORD). Entre autres tâches, ces organismes étaient chargés, de la promotion des structures paysannes dénommées dans leur statut « groupement de producteurs ».

Compte tenu de l'échec des actions antérieures qui avaient suscité si peu l'adhésion des populations aux programmes de développement rural, les années 70 furent surtout caractérisées par la recherche d'une nouvelle approche.

S'appuyant sur un programme expérimental du Centre Agricole Polyvalent (CAP) de Matourkou, le Gouvernement en son temps retint en 1974, l'option du « Développement Communautaire » (DC) pour relancer la stratégie du développement rural. Le contenu de ce DC a été défini au cours

---

1 - Les organisations traditionnelles ont des formes et des activités différentes, selon l'aire géographique. Les termes qui les désignent dans les langues nationales éclairent leur sens.
a) Le *Jawaab-taanli* : signifie littéralement « union ou association de jeunesse en Gourmantché (Gulimancema) ». Ce dialecte est parlé dans la région de l'Est du pays dont le chef-lieu est Fada N'Gourma.
b) Le *Sôsoaaga* : désigne « association de culture » en mooré (dialecte majoritairement parlé au Burkina). On retrouve ce type d'organisation au Centre, au Centre-Ouest, au Centre-Est et au Centre-Nord, du pays.
c) Le *Naam* : signifie en mooré pouvoir. Le *Naam* en tant que structure paysanne est typique au Yatenga, région située au Nord du Burkina. Le fonctionnement du groupement *Naam* s'inspire de celui de la chefferie traditionnelle dont le roi est entouré de ses sujets. Les groupements *Naams* ont été promus par Bernard L. Ouedraogo qui a été longtemps responsable de l'ONG "6S" au Burkina et qui a fait son parcours au Collège coopératif de Paris.
d) Le *Ton* : signifie en dioula, se rassembler, faire quelque chose ensemble. On retrouve ces structures dans l'Ouest du pays.

2 - « L'autopromotion paysanne en Haute-Volta. Études des expériences étatiques et des structures non gouvernementales », in DUEPS de Yoni Abdoul, p. 16.

d'une conférence, par les cadres du développement rural, au CAP de Matourkou, alors que j'y suivais le cycle de formation d'Agent Technique d'Agriculture Spécialisé (ATAS). Cette nouvelle approche avait pour fondement, la promotion des populations rurales en tenant compte de leurs aspirations et en cherchant un développement intégral et authentique incluant les domaines économiques, sociaux, et culturels sans pour autant rejeter les valeurs socioculturelles de la population. Pour les populations, il s'agissait d'un processus par lequel celles-ci devraient participer effectivement à leur propre développement.

C'est ainsi qu'à partir de 1975, l'on assista à la création de nouvelles structures paysannes, à savoir les « groupements villageois » (GV). Constituer un GV était une des conditions pour avoir accès au crédit moyen terme en vue de l'achat d'une unité de culture attelée. De nombreux GV furent ainsi créés. Mais la plupart d'entre eux n'ont eu qu'une existence formelle.

S'appuyant toujours sur l'option du DC, d'autres structures paysannes ont également vu le jour à partir de 1975. Il s'agit des groupements des jeunes agriculteurs (GJA). Le GJA est une structure d'accueil des jeunes ayant suivi une formation agro-pastorale, civique et familiale, pendant trois ans dans les Centres de formation des jeunes agriculteurs (CFJA). L'objectif au niveau des GJA est de permettre aux jeunes rentrant dans la phase de la vie active de perfectionner leur formation et de rester dans leur village pour produire. Les membres des GJA intègrent plus tard les GV au niveau des villages. Après le GJA, les jeunes qui se sentent capables peuvent poursuivre leur formation dans les Centres de Promotion Ruraux (CPR) pour une durée de deux ans. À sa sortie du CPR, le jeune intègre le GV de sa localité. Dans la plupart des cas, ce sont les producteurs issus du système FJA qui jouent les rôles de secrétaire ou de trésorier au sein des groupements villageois.

En résumé, au niveau de la typologie des organisations paysannes rencontrées au Burkina Faso, on peut citer : les coopératives agricoles, les coopératives d'élevage, les coopératives artisanales, les coopératives d'épargne et de crédit, les groupements villageois, les groupements de jeunes agriculteurs, et les structures traditionnelles.

On retiendra également, que le mouvement coopératif au Burkina Faso, comme dans la plupart des pays d'Afrique de l'Ouest, a connu des aspects positifs et négatifs, les derniers points pesant plus lourds que les premiers.

On pourrait citer...
Les aspects positifs :
- approvisionnement des membres en facteurs de production ;
- octroi de crédit à leurs membres (cas des coopératives d'épargne et de crédit) ;
- commercialisation de productions agricoles ;
- mise en culture des champs collectifs ;
- réalisation d'infrastructures socio-économiques (écoles, dispensaires, magasins, puits, etc.).

Les aspects négatifs :
- absence d'une volonté politique conséquente de promouvoir le mouvement coopératif ;
- récupération de certaines coopératives par l'État (imposition de certains fonctionnaires à la tête des coopératives) ;
- cumul des fonctions au niveau de certains membres des organes dirigeants ;
- manque de motivation de certains agents ;
- manque d'esprit coopératif des membres ;
- non-tenue de documents comptables ;
- manque de formation ;
- absence de motivation des membres ;
- manque de participation à la gestion de leur structure ;
- méconnaissance des objectifs de l'organisation.

Confronté à l'ensemble de ces problèmes dans ma pratique professionnelle, j'ai été amené à chercher des voies et moyens en vue de son amélioration. L'issue pour moi a été d'entreprendre une recherche-action.

Ma recherche-action et ses effets

Une piste vers la recherche-action

Un jour de 1986, pendant que je discutais sur un dossier du Centre de Promotion Rural (CPR) dont j'assumais la Direction, avec un ancien Dhepsien, H. Benoît Ouedraogo, dans son bureau de Directeur de la DFOMR (Direction de la Formation et de l'Organisation du Monde Rural), il me dit : « *Vu tes capacités, j'ai envie de t'envoyer faire des études universitaires…* ». À ces termes, je répliquais : « *Si vous faites ça, vous m'aurez fait un grand bien* ». Depuis ce jour, commencèrent les démarches en vue de mon inscription dans une université française.

Entre temps, la DFOMR fut érigée en ministère, le ministère de la Question Paysanne (MQP), et le Directeur de la DFOMR en fut nommé le Secrétaire Général. Le chemin n'a pas été sans embûches. Lorsque ma candidature a été proposée officiellement, beaucoup de voix se levèrent pour manifester leur mécontentement et leur égoïsme. Souvent, certains de mes promotionnaires me disaient : « *Tu iras faire des études pour revenir nous commander* ».

D'autres voix faisaient semblant de m'appuyer en me suggérant de passer le concours professionnel d'entrée à l'École de Formation de Cadres Supérieurs d'action coopérative au Bénin, car pour eux « mon projet » d'aller étudier en Europe risquait d'échouer. Enfin, ceux qui m'encourageaient dans la voix de la recherche disaient : « *Va te former et si tu peux, continue en 3ème cycle ; ainsi, tu reviendras prendre en mains la direction de l'Action Coopérative* ».

J'ai souligné ces points pour dire que la recherche-action, dès le stade des intentions, suscite des conflits, des tensions. J'obtins par la suite une bourse de la Coopération française, puis mon inscription à l'université François Rabelais de Tours. C'est ainsi que le 27 septembre 1988 je prenais l'avion pour Paris. À mon grand étonnement, à mon arrivée à Paris au CIES (Centre International des Étudiants et Stagiaires), j'apprenais que mes études se dérouleraient plutôt au Collège coopératif de Paris. En novembre 1988, j'entamais au Collège coopératif mon initiation à la recherche-action.

Ma recherche-action

C'est en juillet 1978 que j'ai fait mes premiers pas dans la vie active à l'ORD du Yatenga-Ouahigouya en tant que technicien de l'agriculture. Il va sans dire que pendant ces dix ans, j'ai connu des enchantements mais aussi des déconvenues dans ma vie professionnelle. Durant tout mon parcours, j'ai travaillé en faveur des organisations paysannes (adultes et jeunes). Compte tenu des difficultés que j'ai intériorisées dans ma pratique, c'est-à-dire les problèmes qui se posaient au niveau des structures paysannes ; le manque de participation des membres aux affaires de leur structure, et la quasi indifférence des membres vis-à-vis de la bonne marche des organisations ; compte tenu également des questions que je me posais, face à ces blocages, j'envisageais de mener ma recherche-action sur « *La participation des coopérateurs à l'organisation et à la gestion de leur coopérative…* ».

Après ma première année universitaire, j'ai réalisé en juillet 1989 des enquêtes auprès des membres des GV dans l'ORD de l'Est/Fada N'Gourma, en vue d'accueillir leurs points de vue sur ce qu'ils pensent du développement en tant que membres de GV. Je leur expliquais, que c'était dans le cadre de ma recherche-action en vue de préparer le DHEPS que je voudrais obtenir leurs avis, car ils faisaient partie également de ma recherche-action. Les paysans trouvaient cela extraordinaire. Pour eux, c'était une approche révolutionnaire[3]. D'habitude ils sont sans voix et voilà qu'on vient leur don-

---

3 - Au fait, si les paysans caractérisaient la recherche-action de révolutionnaire, ils faisaient surtout allusion à la Révolution Démocratique et Populaire (RDP) qui avait été proclamée le 3 août 1983 en Haute-Volta (qui devint par la suite Burkina Faso), avec à sa tête le Capitaine Thomas Sankara. Pour les paysans c'était vraiment l'ère du changement, d'autant que dans le dialecte de ceux-ci, en gourmantché, on désignait *(suite page suivante)*

ner la parole, afin qu'ils disent ce qu'ils pensaient. Je me propose maintenant de vous livrer les témoignages de quelques paysans.

Témoignage n° 1 : *la Présidente du GV féminin du secteur 8 de Fada*

« Notre groupement a été créé en 1984 sous les conseils des agents de services de la PMI (Protection Maternelle et Infantile)... Nous étions 30 membres à constituer le groupement, il n'en reste que 18 aujourd'hui. Pour nous le groupement est une bonne chose, il nous procure certains avantages que nous n'aurions pas eus, en dehors de la structure. C'est un moyen de développement pour nous, membres, d'abord, et aussi pour les autres. Grâce au GV, nous réalisons la culture maraîchère, la teinture, c'est notre activité principale.

« À la création du groupement, nous travaillions au centre de PMI et durant deux ans. Nous avions constaté par la suite, que les responsables du centre ne voulaient pas de notre développement. Elles récupéraient l'argent des pagnes sans jamais nous faire la situation de la caisse. Tout se passait comme si nous travaillions pour rien.

« Depuis 1987, nous avons décidé d'installer l'atelier chez moi. Nous vendons le pagne à 500 FCFA (soit 5 FF). Une partie des recettes est réinvestie dans l'activité (achat de tissu et des produits), l'autre moitié est déposée dans notre compte épargne.

« Nous bénéficions aussi de l'appui de l'ONG " les 6 S "[4]*, depuis un an. Ils nous ont accordé un crédit " embouche ovine ". Mais c'est une perte pour nous car il n'y a pas de débouché. Nous risquons d'abandonner cette année le GV, la plupart des femmes se découragent... Le problème qui décourage les membres et qui bloque le bon fonctionnement de notre GV, c'est le comportement des fonctionnaires qui travaillent avec nous. Parfois l'encadreur ou l'animatrice nous promet une visite sur le site de notre champ collectif. Le jour venu, nous pouvons passer toute la journée sans que personne ne vienne. Ce genre de comportement n'est pas de nature à favoriser notre développement.*

« Et puis, actuellement, nous sommes en jugement avec un agent de l'office national des céréales (OFN AC E R), qui n'a pas voulu nous payer nos 100 000 FCFA (soit 1 000 FF) de ristournes, il nous accuse au contraire d'avoir détourné 300 000 FCFA (soit 3 000 FF) de ses fonds... Les groupements villageois, en général, ne sont plus soutenus comme auparavant. Les agents de l'ORD distribuaient aux membres des GV de l'huile, de la farine de maïs, du lait en poudre, etc. Aujourd'hui il n y a plus ça. Je me demande si cela dépend des colonisateurs blancs ou c'est un problème entre nous paysans et les cadres nationaux... »

Entretien n° 2 : *le Président du GV du village de Diapangou (localité située vers le nord-ouest, à 20 km de Fada)*

« Le groupement villageois a été créé en 1974. Nous étions 14 à sa création. Grâce au GV, la culture attelée a été introduite au village. Les avantages de la culture attelée ont incité 13 autres paysans à rejoindre le groupement en 1975. Nous avons pu augmenter la production agricole, et notre village ne connaissait plus de famine. C'était le début du développement de notre village.

« Le village avait bénéficié de plusieurs infrastructures socio-économiques : une banque de céréales, une pharmacie villageoise, un moulin à grains. Aujourd'hui, à part la pharmacie, les autres unités écono-

---

3 - (suite) la « révolution » par le terme *« li lèbidi-cãaen »*, qui se traduit littéralement « le changement est irréversible ». Mais à la date à laquelle se déroulaient les enquêtes, juillet 1989, la RDP avait déjà connu des métamorphoses, puisque le leader de la dite révolution avait été assassiné, deux ans auparavant (15 octobre 1987). Les paysans en gardaient quand même un souvenir, ne serait-ce que la suppression de l'impôt de capitation.

4 - Le terme « 6 S » se décompose comme suit : Savoir se Servir de la Saison Sèche en Savane et au Sahel. Au démarrage de ses activités, cette ONG travaillait uniquement dans le Nord du pays, particulièrement dans la région du Yatenga, et appuyait les groupements Naam. Depuis, l'ONG a élargi son rayon d'action à d'autres régions du pays, dont la région de Fada N'Gourma.

miques ne marchent pas. Nous commençons à avoir des inquiétudes pour notre groupement. Plusieurs membres n'ont pas encore payé la totalité de leur crédit " culture attelée ". Aussi l'ORD refuse de nous en accorder d'autres, même à ceux qui ont fini de rembourser...

« Depuis trois ans, les membres ont constaté qu'il n'y a plus d'aide et se désintéressent du GV. Certains ont quitté carrément le groupement car disent-ils " l'ORD nous a abandonnés à nous-mêmes ". La banque de céréales ne fonctionne plus et le problème est dû à un arriéré. Avec la sécheresse de 1983, il y a eu de la famine au village. Nous avions reçu de l'aide alimentaire, des sacs de farine de maïs, de Ouagadougou. Ce geste n'a pas été avantageux pour le G.V. Le mil de la banque de céréales a été vendu à un prix dérisoire, ce qui nous a causé un arriéré de 135 000 CFA dans le remboursement. À cela, nous avons négocié avec les responsables de l'ORD afin qu'ils nous accordent la possibilité de poursuivre l'activité, ne serait-ce que pour rembourser les arriérés ; mais, ils n'ont pas accepté. Concernant le moulin à grains, lorsqu'il est tombé en panne (cassure du vilebrequin) les agents de l'ORD n'ont pas voulu nous aider à faire les réparations. À partir du moment où le moulin a été installé, disaient-ils, il nous appartient de nous débrouiller. Et pourtant, les recettes de la mouture n'alimentaient pas la caisse du groupement. Nous les versions à l'ORD au titre des remboursements... L'ORD veut maintenant nous abandonner. Il ne veut plus de notre développement. La plupart des paysans se tournent vers les " 6S " qui accordent des crédits aux paysans et de l'aide alimentaire pendant les travaux d'investissement commun.

« Face à tous ces problèmes, nous pensons que le tort incombe au Gouvernement, puisque l'ORD ne peut rien faire sans le soutien du Gouvernement. Il semblerait qu'avant, le Gouvernement supportait 50 % des charges de l'engrais et les paysans en supportaient 50 %, de sorte que l'ORD nous vendait l'engrais à bon prix. Actuellement, le Gouvernement refuse de le faire, il n'a pas pitié des paysans, il ne veut pas nous aider. Que nous vivions ou non, ce n'est pas le problème du Gouvernement. Maintenant, tout coûte cher, le matériel, les intrants. Autrement, le GV peut bien nous être avantageux, si le Gouvernement est de bonne foi... »

Après ces témoignages, je vais ensuite parler de ma recherche-action dans d'autres situations.

Les effets de ma recherche-action

À la deuxième année de mon DHEPS, c'est-à-dire après les enquêtes que j'ai réalisées auprès des paysans, j'ai eu envie de faire une formation complémentaire, en gestion et management. C'est ainsi qu'avec l'appui des responsables du Collège coopératif dont Christian Hermelin, mes démarches ont abouti et je me suis inscrit pour l'année universitaire 1989-1990, à l'École de Spécialisation de la Coopération Agricole (ESCA) à Paris en vue de suivre le cours de *« Préparation à la gestion et au management des entreprises coopératives de l'agro-alimentaire »*. Cette formation devait être sanctionnée par un rapport à soutenir devant un jury. Cela s'est passé pour moi avec succès et le représentant du Collège coopératif à ma soutenance était Jean-François Draperi.

Pour produire mon rapport, il m'a fallu faire un stage de trois mois dans les coopératives. J'ai été placé à la Fédération Départementale des Coopératives d'Utilisation de Matériel Agricole (FDCUMA) de la Vienne à Poitiers. Durant cette année universitaire 89-90, j'étais théoriquement en deuxième année du DHEPS mais en réalité je n'étais pas au Collège coopératif, je ne voulais pas non plus qu'elle soit considérée comme une année blanche, étant donné qu'il ne me resterait officiellement qu'un an vis-à-vis de mon administration au pays. Ainsi donc, je demandais à mon directeur de recherche qui était Guy Belloncle, si je pouvais tout en gardant ma problématique, changer de terrain de recherche. Mon directeur ne voyait pas d'inconvénient à cela, mais me suggérait de travailler avec Yves Chevalier, puisque lui Guy Belloncle est plutôt spécialiste des problèmes de développement au Sud. C'est ainsi que j'ai refait d'autres enquêtes auprès de deux coopératives d'utilisation de matériel agricole (CUMA) qui sont la CUMA des « Gourmets »[5] et la CUMA « Belava »[6].

D'où le titre de mon mémoire : « *La participation des coopérateurs à l'organisation et à la gestion de leur coopérative. Une étude de cas des Cuma, des Gourmets et de Belava dans la Vienne* ».

D'autres effets de la recherche-action que j'ai repérés se situent au niveau du système de la FJA (Formation de Jeunes Agriculteurs). Après avoir travaillé plusieurs années comme cadre du système de la FJA, ce n'est qu'après mon DUEPS que je me suis rendu compte que l'un des principes méthodologiques du système n'était rien d'autre que la recherche-action permanente. Il s'agit du principe de la réflexion-action-réflexion, appelée communément la « RAR ». Toute action en situation de formation est réfléchie avant sa réalisation, accomplie et analysée de manière critique, afin d'améliorer les actions ultérieures.

Un autre moyen d'échange sur ma recherche-action, est l'ABRAD (Association Burkinabè pour la Recherche-Action et le Développement) qui regroupe entre autres, des anciens Dhepsiens. Le Président de l'ABRAD est celui qui m'a mis sur la piste de la recherche-action.

Concernant mon positionnement vis-à-vis de mon institution, la distanciation a été grande. Cela s'explique comme suit.

D'abord, dans les années 1990, avec la mise en place du Plan d'Ajustement Structurel, imposé par les bailleurs de fonds (FMI, Banque Mondiale), la Fonction Publique du Burkina Faso avait ouvert ses portes pour laisser s'en aller ceux qui le voulaient.

Ensuite, la deuxième raison, après le DHEPS j'ai voulu poursuivre des études de 3ème cycle. J'ai écrit à mes responsables administratifs par l'intermédiaire de mon directeur de recherche, demandant à ce que les autorités de mon pays m'accordent une prolongation d'un an. La réponse a été négative. La raison était purement une attitude bureaucratique : « J'étais parti pour préparer un DHEPS, alors il n'est pas question qu'on accorde encore la possibilité de faire un 3ème cycle ». Telle était la décision des responsables administratifs burkinabès.

Entre temps, ma candidature avait été acceptée pour le 3ème cycle en sociologie du développement à l'IEDES (Institut d'Études de Développement Économique et Social) de Paris I. J'ai alors décidé de poursuivre mes études, malgré les conséquences qui pourraient s'en suivre face à mon institution employeur. L'expérience me dictait que sur place, de retour dans mon pays, j'aurais très peu de chance pour faire valoir, dans la pratique, les acquis de mes quatre années d'études.

Je pris alors mes responsabilités (ce qui n'a pas été facile face à ma famille), de rompre avec la Fonction Publique du Burkina Faso, compte tenu de tout cela. Depuis, j'ai décidé de m'installer en France avec ma famille, et nous avons accepté de prendre la nationalité française.

Conclusion

Je considère le développement socio-économique et culturel d'un pays comme un processus. À ce titre, je dirai, d'une manière générale, que beaucoup des choses ont été réalisées au Burkina Faso. Mais le chemin est encore long.

Au niveau de la population, j'ai l'impression qu'il y a une naissance de prise de

---

5 - « *La CUMA des " Gourmets " est implantée à Archigny, localité située dans la commune de Pleumartin, au nord et à 30 km environ de Poitiers. L'activité principale des membres de la coopérative consiste à valoriser les produits d'élevage par l'abattage et la cuisson* », in DUEPS de Yoni Abdoul, p. 45.

6 - « *La CUMA " Belava " est située dans la partie ouest de Poitiers, dans une zone à dominance élevage, à 30 km également de Poitiers. La coopérative regroupe des fermiers venant de trois localités différentes (Benassay, Latillé, Vasles). C'est l'ensemble des deux premières lettres de chaque localité qui a donné le nom de la coopérative " Belava "* », op. cit., p. 60.

conscience. Les gens ont compris qu'il ne faut pas tout attendre de l'aide exogène, et qu'il leur faut retrousser les manches. Le tissu associatif se développe de plus en plus. Par exemple, il y a dix ou quinze ans de cela, les paysans de certains villages de la région de Fada N'Gourma, qui étaient réfractaires aux innovations, semblent maintenant ouverts à celles-ci. Nombreux sont ceux qui pratiquent aujourd'hui la culture attelée. Ceci est une preuve que la prise de conscience de ces paysans est suivie d'un changement de mentalité pour leur permettre d'accéder aux innovations.

Je dirai alors, qu'il ne peut y avoir de développement réel, sans changement de mentalité. Cela est valable autant pour les paysans que pour les responsables nationaux des pays du Sud.

Dans la mesure où l'on ne développe pas un homme, c'est l'homme qui se développe, pour que l'homme se développe, c'est-à-dire passe d'une « étape A » à une autre « supérieure B », il lui faudra changer. Cette mutation n'est pas forcément quelque chose d'apparent, qui frappe les yeux. Cette mutation qui provoque le développement est interne à l'homme, et fait appel à son esprit, à son intelligence. À partir du moment où, l'homme prend conscience du développement soit, pour lui-même, soit au profit des autres, il prendra aussi les dispositions appropriées. Il cherchera alors à ce moment, les voies et moyens pour permettre au développement de se réaliser.

La synthèse des témoignages des deux paysans que j'ai évoqués dans les pages précédentes, nous montre comment ils conçoivent le développement. Pour eux, le développement c'est :
- pouvoir se soigner et faire soigner convenablement les membres de sa famille ;
- pouvoir se nourrir sans qu'il n'y ait de famine au village ;
- avoir accès au crédit agricole ;
- pouvoir écouler ses productions agricoles à un prix intéressant ;
- pouvoir bénéficier d'un bon encadrement et du respect de la part des responsables techniques.

Le constat est que tous ces points sont encore loin d'être satisfaits. Si je considère par exemple, le premier point seulement qui est une question de santé publique, car la question ne concerne pas uniquement les paysans mais la population tout entière, je dirais que la situation est misérable.

J'ai suivi personnellement, en août 1999 une scène caractéristique, à l'hôpital de Fada N'Gourma. Les responsables au niveau de la maternité étaient dans l'incapacité de faire une opération chirurgicale sur une femme en difficulté, parce qu'il manquait une « valve ». On ne pouvait pas non plus l'évacuer ailleurs, pour des « raisons de sécurité ». Tellement la situation était difficile, finalement, les sages-femmes sont arrivées au bout de l'accouchement par le forceps. Il fallait aussi réanimer le bébé, malheureusement encore, l'oxygène faisait défaut dans les appareils, et le bébé décéda. Deux mois plus tard, la femme succombait de ce mauvais traitement.

Il est vrai, quand on arrive aujourd'hui à Ouagadougou, la capitale du Burkina Faso, on constate que la ville, en espace de dix ans, s'est métamorphosée. Quel est le sort de la population qui vit à la périphérie de Ouagadougou ? On pourrait se demander si l'infrastructure urbaine est suffisante pour qu'il y ait développement ?

En matière de développement, lequel est plus important, l'homme ou le béton ? À cette question, dans son exposé sur les problèmes de développement, Philippe Missotte citait Edgar Pisani : *« Qu'est-ce qui le plus important pour le développement les hommes ou le béton ? C'est parce beaucoup répondent le béton, que le chemin sera encore long »*.

En effet, quand les responsables des pays du Sud auront pris conscience de leurs vraies missions et de ce que les populations attendent d'eux, quand aussi les populations en général, toutes catégories sociales confondues, à l'intérieur de chaque pays auront pris conscience, qu'il ne sert à rien de chercher chaque fois à mettre des bâtons dans les roues d'autrui, alors commencera le vrai développement pour tous. ■

V - Prévention spécialisée

La Prévention spécialisée gérée par les habitants est-elle possible ?

Catherine PISSARRO-ALFÖLDI

Je suis issue d'une famille d'intellectuels, politisés, humanistes et écrivains. Mon père, professeur de santé publique, a depuis de nombreuses années une pratique axée dans le champ de la santé communautaire[1]. Mon mari a commencé un DHEPS une année avant moi. Nous avons deux enfants. J'ai eu mon diplôme d'éducatrice spécialisée en 1984 après trois années passées en faculté (sociologie, histoire de l'art puis archéologie). J'étais formatrice « non permanente » depuis 1979 aux CEMEA[2], mouvement d'Éducation populaire s'appuyant sur les principes de l'Éducation nouvelle, et organisme de formation (principalement dans le champ de l'animation volontaire et professionnelle).

J'ai exercé mon métier d'éducatrice spécialisée cinq années, pendant lesquelles je suis « passée dans les mains » de l'équipe du CFDJ[3] avec Joe Finder (Directeur) et Stanislas Tomkiewich (Psychiatre). Puis j'ai rejoint l'équipe des « permanents » aux CEMEA de Paris où j'ai été cadre associatif pendant cinq ans. J'étais chargée de gérer l'équipe des formateurs non permanents. J'ai encadré une centaine de stages BAFA et BAFD[4], je suis intervenue dans des formations professionnelles et d'insertion professionnelle.

Après ce détour par la formation et l'animation, je découvrais au printemps 1994 la fonction de chef de service éducatif dans un champ où je n'avais jamais exercé mon métier d'éducatrice spécialisée : la Prévention spécialisée (PS). Ce qui m'avait attirée vers ce poste était la possibilité d'y travailler comme j'avais toujours eu envie de le faire. Imprégnée d'Éducation nouvelle et tombée dès l'enfance dans un bouillon de pensées humanistes et politisées, je savais que j'exerçais mon métier en m'appuyant sur cette culture et je savais que je ne me reconnaissais pas vraiment parmi mes pairs vis-à-vis de mon identité professionnelle. À l'occasion de cette prise de fonction, je prenais conscience de la cohérence des positions idéologiques de cette association avec les valeurs issues de ma culture familiale, de mon expérience asso-

---

1 - **Santé** : cf. définition de l'OMS, tendre vers un bien-être où toutes les fonctions vitales sont considérées (physique, mentale, environnementale et économique). **Communautaire** : il s'agit d'un ensemble de personnes, d'origines diverses, ayant la spécificité d'être réunies sur un même territoire et ayant un but commun, celui d'améliorer leurs conditions de vie pour accéder à un bien-être suffisant et nécessaire.
2 - Centre d'entraînement aux méthodes d'éducation active.
3 - Le Centre familial de jeunes a géré un foyer de semi liberté à Vitry-sur-Seine.
4 - Brevet d'aptitude aux fonctions d'animateur, de directeur.

ciative et professionnelle. À cette époque ma représentation de la Prévention spécialisée était celle de l'éducateur de rue qui va au-devant des jeunes les plus en marge et j'avais une représentation intuitive, voire « familiale » du développement social local. Par ailleurs, j'avais intégré les principes de l'Éducation nouvelle à ma pratique professionnelle

Place de la recherche-action dans ma pratique professionnelle

Ma recherche-action porte sur l'organisation d'une unité de Prévention spécialisée créée pour être au service d'un processus de développement social local, vieux de quinze ans, située dans la banlieue sud de Paris. Sa spécificité née de son histoire est d'être administrée[5] par les habitants des territoires sur lesquels elle intervient. Il s'agit de repérer en quoi la Prévention spécialisée et le développement social local sont complémentaires et les conditions nécessaires à la coopération entre les habitants et les professionnels dans la mise en œuvre du projet associatif et institutionnel.

Mon engagement associatif, mon parcours professionnel et mon cheminement personnel m'ont menée à une pratique différente du travail social et j'ai eu besoin de la théoriser, de la conceptualiser et de la confronter. La question de la recherche a émergé lorsque, prise entre une équipe de professionnels devenue incompétente alors que chacun possédait toutes les qualités requises pour être efficace, et un groupe d'habitants ayant obtenu ce qu'ils voulaient et se battant pour le garder, même au prix de rendre inaptes des professionnels, j'ai voulu interroger cette réalité avec un projet et des méthodes scientifiques : envisager ce qu'il fallait mettre en œuvre pour passer des relations de concurrence à des relations de complémentarité où le conflit a une fonction constructive. J'étais tellement convaincue que la coopération était possible que j'avais besoin de l'étayer théoriquement pour la mettre en place.

Même si je crois actuellement que j'aurais dû commencer cette recherche-action plus tard, je pense qu'elle m'a permis de tenir le coup face aux difficultés rencontrées dans ma pratique quotidienne. L'élaboration de nouvelles relations professionnels/bénévoles et le travail de la recherche se sont donc fait de manière concomitante.

Les deux années de conflits professionnels correspondant aux deux premières années de mon DHEPS ont été difficiles et enrichissantes. Certains mois j'étais incapable de travailler car je ne voulais plus entendre parler ni penser à ma recherche tellement ma pratique quotidienne était prenante. J'ai vraiment utilisé la recherche comme une soupape de sécurité, et parfois sans savoir où j'allais. Je savais que petit à petit, une réflexion s'élaborait, se nourrissait, que j'allais sortir de cette espèce de confusion pour enfin y voir plus clair, pour pouvoir y mettre des mots, des concepts et en tirer une réflexion argumentée et ancrée dans la théorie et la pratique.

J'ai eu besoin de m'arrêter entre la deuxième et la troisième année de formation. La démission simultanée de deux salariés, la confusion de mes idées et le besoin de rassembler les pièces du puzzle ont été les raisons principales de cette interruption. Je me suis recentrée sur ma pratique professionnelle et j'ai pris du recul, vis-à-vis de ma formation, de mon travail et de moi-même. Je pense aussi que j'ai commencé mon DHEPS un peu tôt par rapport à mon ancienneté dans cette fonction et dans cette institution. Je n'avais pas eu le temps de repérer un certains nombres d'éléments d'analyse. Ce cheminement s'est fait au cours des deux premières années et je pense que cela explique l'impression que j'ai d'avoir oscillé en permanence entre la pratique et la théorie, l'une venant sans arrêt alimenter l'autre. Je pense que c'est également une des raisons qui a fait que j'ai pris beaucoup de temps pour définir mon objet de recherche. Je n'y suis arrivée que quand les pièces du puzzle se sont mises en

---

5 - L'association "Vis avec Nous" est uniquement composée d'habitants du quartier.

place. Les écrits que j'ai fournis en sont le reflet : le premier a porté sur mon histoire, le second, sur l'histoire de l'association, le troisième sur la description des champs concernés et le dernier, le mémoire les rassemble en permettant l'analyse d'une gestion des conflits.

La dernière année, j'ai réalisé que ce qui m'intéressait portait sur les interactions entre les champs d'intervention et les acteurs. Les années passées à gérer les conflits m'avaient conduite à développer une stratégie où les interactions devaient permettre de construire et non de détruire tout en laissant à chacun son champ d'application. J'avais alors circonscrit l'objet de ma recherche : *Comment des acteurs ayant des places et des rôles spécifiques, issus de champs conceptuels différents pouvaient utiliser leurs complémentarités pour agir ensemble dans un projet de changement social ?*

Le parcours que j'ai suivi tout au long de ces quatre ans a donc été marqué par un aller retour incessant entre pratique professionnelle, recherche et personnalité. L'influence des unes sur les autres m'a permis d'avancer et de m'inscrire dans une spirale constructive tout en dépassant les difficultés rencontrées. La construction de l'objet de recherche était liée à l'évolution de la réflexion, elle-même dépendante de celle de la pratique.

Place de l'acteur dans la recherche

Je pense que je n'ai pas voulu aborder de front la question du travail social car je ne me retrouvais pas dans sa pratique classique que je considérais trop « assistantielle » où les individus étaient pris comme des « cas » et non comme des personnes à part entière, intégrées dans un contexte et capables d'évolution à condition de leur en donner les moyens. J'exerce le métier d'éducatrice spécialisée, mais je m'y suis souvent sentie à la marge. Je ne me reconnaissais pas parmi mes pairs, je ne voulais pas leur ressembler d'autant plus que je tâchais d'exercer autrement. Je ne voulais pas me pencher sur le champ de l'éducation spécialisée et y centrer ma recherche. Je voulais faire cette recherche pour l'association, pour les habitants du quartier qui à mes yeux étaient plus engagés, plus « méritants » que les travailleurs sociaux, payés pour intervenir.

Le champ du développement social local me semblait alors mériter toute mon attention et il me semblait impensable de ne pas me focaliser sur les habitants, acteurs de ce processus et porteurs d'une inévitable reconnaissance. Au risque de perdre mon identité professionnelle en m'identifiant aux habitants, ma recherche ne pouvait que se centrer sur ceux-ci. Mais ce regard ne me satisfaisait pas complètement. J'ai donc continué à cheminer, entre la pratique de terrain et les apports théoriques. Et puis, ce que j'ai repoussé dans un premier temps a dû être réintroduit (le travail social). Ce que j'ai survalorisé a dû être remis à sa juste place (l'implication des habitants).

Les effets de ces réflexions se sont également ressentis dans la place que j'occupe. En tant que responsable de l'ensemble de l'équipe (éducative et administrative) et garante du respect du projet associatif et de sa mise en œuvre, je suis « entre deux » : entre l'équipe et les bénévoles. Je suis le représentant de l'employeur, mais je me dois aussi d'être porteuse, dans une certaine mesure, de la parole des professionnels. Cette place est très difficile à tenir. Elle est d'autant plus périlleuse que c'est une toute petite association avec des bénévoles très engagés dans l'action. Lorsque je rejetais mon appartenance professionnelle, je me positionnais comme défenseur des membres de l'association contre les travailleurs sociaux incapables de comprendre le sens de l'action. Puis, petit à petit, j'ai repris ma place et j'ai alors considéré qu'il fallait que l'équipe me sente à ses côté pour pouvoir mieux faire face à certaines pressions exercées par les membres de l'association tout en maintenant mon attention tournée vers eux.

L'écriture du rapport intermédiaire a eu un rôle important dans ce changement de position. J'y ai décrit les différents champs dans lesquels j'évolue quotidiennement. J'ai constaté, à mon grand étonnement que le développement social local et la Prévention spécialisée pouvaient être mis en œuvre de manière complémentaire comme le travail effectué par les différents acteurs de l'association. Il ne s'agissait plus de privilégier l'un par rapport à l'autre. Le regard devait se porter sur l'ensemble d'une pratique sociale spécifique et innovante afin de déterminer comment les rapports s'articulent, s'alimentent, se complètent dans une dialectique originale, notamment à l'occasion des avancées et des ruptures. Chacun, avec ses savoir-faire, ses savoir-être et ses compétences pouvait trouver sa place pour agir sans perdre son identité d'habitant ou de travailleur social et sans avoir besoin de la revendiquer à tout prix. Les objectifs institutionnels et associatifs se retrouvaient et pouvaient être complémentaires.

J'ai eu beaucoup de mal à trouver matière à observation et analyse. Les entretiens ne me satisfaisaient pas, mais je ne savais pas sur quoi porter mon regard d'observatrice. Cette difficulté avaient deux origines. L'une concernait l'atypisme de l'association où je travaillais et donc l'impossibilité d'avoir d'autres lieux semblables vers lesquels j'aurai pu me tourner ce qui m'aurait aidée à prendre du recul, d'autant plus que je ne connaissait pas la Prévention spécialisée. L'autre était de ne pas me mettre en difficulté dans la fonction que j'occupais. Il me fallait trouver un objet d'observation où la mise en œuvre de la complémentarité étaient observables mais qui ne mettait pas trop en jeu mon rôle et ma fonction par rapport aux autres acteurs et qui serait accepté par toutes les personnes concernées.

Je pensais aussi qu'à l'occasion de cette recherche un travail de remobilisation des membres de l'association et des habitants du quartier pouvait être fait. Finalement, j'ai renoncé à les associer car c'était mon projet et pas le leur. Je ne me sentais pas suffisamment d'énergie pour porter la direction du club avec les difficultés de cette époque et une recherche que je craignais trop dépendante de la volonté des membres de l'association et de mes collègues. La faisabilité me paraissait trop aléatoire.

Les effets institutionnels et personnels

Comme je viens de le dire, les effets ont été indiscutables sur mon positionnement dans l'institution. Ils ont été également importants dans la relation avec la Présidente de l'association. Lors de nos échanges, je lui faisais part de l'avancée de ma réflexion et je sais qu'elle réutilisait un certain nombre d'arguments dans les rencontres qu'elle pouvait faire à l'extérieur, que ce soit avec des administrateurs d'autres associations de Prévention spécialisée ou avec les responsables de la PS au Conseil Général (le financeur). Elle a pu continuer à défendre la spécificité de l'action en l'intégrant dans la commande institutionnelle. La reconnaissance n'a pas tardé : l'association a obtenu un poste supplémentaire pour le travail fait avec les parents (dans la PS « classique », les familles sont plutôt tenues à l'écart). Lors des entretiens d'embauche qui se font actuellement, j'entends, avec plaisir la Présidente reprendre un certain nombre de mes arguments pour mettre en avant la complémentarité entre les professionnels et les bénévoles de l'association.

Pouvoir nommer les conflits et repérer les différents enjeux aide à prendre du recul, « calme le jeu », apaise les relations et permet de se centrer sur autre chose. L'année où j'ai enregistré les réunions de travail rassemblant les professionnels et les bénévoles a été une année très riche. Elle a été peu conflictuelle et les actions sur le quartier se sont développées avec une co-animation tout à fait positive. Même si je n'ai pas fait une recherche-action collective, j'ai, à ma manière, associé les bénévoles et les professionnels à la fabrication du matériel de travail. Je pense que cette forme d'implication a tenu tout le monde en haleine et a permis qu'un travail de qualité se fasse, tant sur l'action que sur les réflexions qui en ressortaient.

Un virage est également en train de se prendre par rapport au recrutement des travailleurs sociaux. Après avoir considéré (de manière très arbitraire, je le reconnais) que les personnes diplômées étaient trop figées dans une pratique « classique » et risquaient de mettre en péril l'équilibre instable de l'association, l'embauche de personnes ayant seulement une expérience professionnelle était privilégiée. Aujourd'hui, je constate qu'il faut des professionnels expérimentés, comprenant le projet de l'association et étant prêts à le mettre en œuvre. Je pense aussi que je me sens suffisamment armée pour diriger une équipe composée de pairs autonomes, et je le dois en partie au DHEPS.

J'ai également réinvesti les produits de la recherche dans la rédaction de certains documents : le rapport d'activité, le projet associatif, le projet éducatif, la définition des profils de poste et une grille d'évaluation des entretiens d'embauche.

Enfin, j'ai eu l'occasion de rencontrer des théoriciens du développement social local, du travail social et du travail avec les familles, qui, très intéressés par cette expérience nous ont sollicité pour en parler à différentes occasions et m'ont demandé d'écrire un article dans un ouvrage collectif. La renommée de l'association est arrivée aux oreilles du Conseil général et contribue à la reconnaissance du travail qui y est fait.

Je n'ai pas encore fait de « retour » formel à l'ensemble de l'institution. Mais à ce jour, je n'ai pas encore terminé. J'ai fait un certain nombre de retours informels et je compte inviter tous les bénévoles et les professionnels à ma soutenance. Je fais circuler le texte de l'article que j'ai écrit et qui est une synthèse de mon mémoire. Au jour où j'écris ces lignes, la Présidente est en train de lire mon mémoire. Dès que j'ai remis un exemplaire sur mon lieu de travail, elle l'a pris.

Avant de conclure, je voudrais dire quelques mots des effets sur mes pratiques personnelles. Cette recherche-action m'a d'une certaine manière donné l'autorisation de penser et d'envisager que ce que je fais est très particulier alors que cela me semble normal. Je m'aperçois que je suis devenue une interlocutrice potentielle pour certains théoriciens, car j'ai une expérience qu'ils n'ont pas et que je peux en parler de manière argumentée et référée. Participer à une expérience innovante exceptionnelle et atypique fait que les chercheurs « non acteurs » viennent nous demander de témoigner et c'est vraiment très agréable.

Sans vouloir finir sur une note négative, je tiens à dire quels sont les obstacles que j'ai rencontrés. Ils ont été principalement liés, à une grande difficulté de concilier ma vie professionnelle, ma vie personnelle avec celle de mon mari et notre vie familiale. Faire cette formation quand on a un poste de cadre, que l'on est mère de deux jeunes enfants et que son mari fait aussi un DHEPS demande de jongler avec son temps et ses disponibilités.

Conclusion

Faire une recherche-action est vraiment une aventure intellectuelle personnelle qui laisse des traces profondément ancrées sur lesquelles on continue à s'appuyer dans la suite de sa vie personnelle et professionnelle. Je n'ai pas seulement appris à organiser mon propos, j'ai aussi appris à le concevoir et à le transmettre. J'ai développé mes capacités intellectuelles, rencontré des personnes passionnantes et pris de l'assurance. ∎

VI - Immigration - Intégration

À la rencontre de l'Autre

Odile MEUNIER

Le champ de ma recherche est l'immigration maghrébine en France. Son objet, le rapatriement des corps, m'a conduite à poser cette question initiale : *Le choix pour un immigré maghrébin de faire rapatrier son corps au pays après la mort est-il en contradiction avec l'installation en France et le processus d'intégration en cours ?*

CONTEXTE

De l'ignorance à la découverte

Au cours de la première partie de ma vie, aucune situation ne m'avait amenée à rencontrer d'étrangers. Ce n'est que dans les années 80, alors que j'exerçais la profession de formatrice pour des publics adultes au sein d'organismes de formation que m'a été confiée l'animation d'une première action d'alphabétisation auprès d'un public migrant. Après quelques hésitations liées à cette méconnaissance, j'acceptais la proposition. Cela m'a permis de rencontrer l'Autre, avec ses richesses et ses différences. Bref, de découvrir d'autres cultures !

Aujourd'hui, j'exerce la profession d'agent de développement dans un quartier sensible de Nantes. Les domaines dans lesquels j'interviens concernent, entre autres, la vie associative et l'intégration des populations d'origine étrangère à travers différents supports de la vie quotidienne. Et d'une manière plus large, j'essaie de favoriser la participation des habitants à tout ce qui concerne la vie de leur quartier, au moyen de démarches participatives. J'exerce cette profession d'agent de développement pour la Ville de Nantes depuis 1991. Ma formation au Collège coopératif de Paris ainsi que mon travail de recherche se sont donc déroulés parallèlement à mon activité professionnelle.

Et de la découverte à l'engagement

Par ailleurs, j'assume des responsabilités au sein de l'Association Santé Migrants Loire-Atlantique. Cette association intervient dans le domaine de la santé bien sûr puisque c'est sa vocation première, mais aussi dans d'autres champs, le réseau d'interprètes-médiateurs étant de plus en plus souvent sollicité par des professionnels du travail social et de l'enseignement.

C'est bien la rencontre avec l'**Autre** qui m'a amenée à chercher, pour en savoir plus et pour comprendre. Car, après avoir découvert que notre culture occidentale n'était pas « La Culture » mais seulement une forme de culture parmi beaucoup d'autres, un abîme d'ignorance s'ouvrait devant moi. L'engagement associatif a été une première forme de réponse à ces interrogations. Puis le hasard (la chance !) a voulu que je reçoive une publicité du Collège coopératif (Paris) au moment où un impérieux besoin de formation commençait à se faire sentir, à la fois pour aller plus loin dans la connaissance et dans la construction de cette connaissance, et aussi pour me distancier de ces nouveaux objets de savoir.

DÉROULEMENT

Les différentes étapes de ma recherche

Origine de l'interrogation - En tant qu'agent de développement (mais aussi comme thème de ma monographie), j'ai été amenée à travailler avec une association du quartier (l'Association Culturelle Franco-Maghrébine) qui proposait dans ses objectifs d'organiser le rapatriement des corps dans les pays du Maghreb. Cet objectif m'a interpellé et je me suis alors demandé s'il y avait contradiction ou non entre ce choix et une volonté exprimée par les immigrés eux-mêmes de s'intégrer ici. J'ai d'abord commencé par interroger des personnes de mon entourage (amis et collègues) et pour la plupart d'entre eux, il y avait bien contradiction entre les deux intentions. Cela ne me paraissait pourtant pas aussi simple ! Alors j'ai donc décidé d'en faire un objet de recherche.

Constitution d'un « savoir » de départ (observation, lecture) - Ma connaissance du public migrant, si elle était bien réelle, était plutôt une connaissance basique, de la vie quotidienne, avec ses pratiques culturelles (vêtements, cuisine ou encore musique et danse). Il me fallait prendre de la distance par rapport à mon objet et j'ai donc lu un certain nombre d'ouvrages. Par ailleurs, j'ai visité des cimetières : des carrés musulmans ici et de nombreux cimetières au Maroc. Ce début de connaissances constitué, j'ai entrepris ma recherche sur le terrain.

Méthodes

Choix des acteurs (individuels et groupe) - Pour des raisons de facilité et de gestion du temps, j'avais prévu dans un premier temps de réaliser les entretiens auprès de personnes résidant dans le quartier où j'exerce ma profession. Mais je me suis très vite rendu compte que mon positionnement institutionnel municipal ne permettrait pas une liberté d'expression satisfaisante. En effet, accepter de répondre à des questions pouvait laisser espérer quelque chose en retour (par exemple une aide pour un travail, un stage, un autre logement...). J'ai donc choisi de rencontrer seulement quelques personnes de ce quartier, puis d'aller interroger d'anciens stagiaires en alphabétisation avec lesquels la relation de confiance (bien qu'un peu ancienne) existait toujours et avec lesquels il n'y avait pas d'enjeu. Ce choix m'a permis d'avoir des échanges beaucoup plus libres et donc bien plus riches en terme de contenu (et de calories aussi !)

J'ai également réalisé un long entretien collectif avec le groupe alphabétisation du centre socioculturel, groupe composé uniquement de femmes du quartier dans lequel je travaille.

Outils d'enquête - Les outils d'enquête ont été classiques puisqu'il s'agissait d'entretiens semi-directifs enregistrés sur magnétophone. Cependant, leur réalisation a dû tenir compte d'un certain nombre de paramètres environnementaux, à savoir la télévision qui diffuse de la musique ou des feuilletons, les enfants qui rentrent de l'école, la confection de gâteaux ou de crêpes qui m'obligeaient parfois à suivre la femme dans la cuisine avec le magnétophone (sans parler de la préparation rituelle du thé !)

Les entretiens individuels m'ont permis de recueillir des éléments qui se situent sur deux registres : d'une part ceux concernant l'intégration des immigrés maghrébins en France[1], à partir d'indicateurs préalablement choisis, sauf un qui est apparu spontanément au cours des entretiens (concernant le sapin de Noël) ; et d'autre part sur leur futur lieu de sépulture et sur les raisons de ce choix.

L'entretien collectif a été l'occasion de compléter les informations recueillies dans les livres concernant les rites funéraires et de vérifier la pertinence de ces informations. Cet entretien collectif a été l'objet

---

1 - Il s'agit là uniquement des immigrés maghrébins venus en France dans les années soixante et soixante-dix, pour des raisons économiques.

d'un véritable échange entre plusieurs cultures et donc différentes pratiques liées à la mort. En effet, des femmes originaires de Turquie et d'Asie du Sud-Est participaient également à l'entretien qui, de ce fait, remplaçait un cours d'alphabétisation.

Restitution - À l'issue de ma soutenance, j'ai à nouveau rencontré le groupe de femmes du quartier afin de leur présenter la globalité du travail effectué et les conclusions auxquelles j'étais arrivée. Ce travail de restitution m'a permis de constater que les femmes concernées avaient été intéressées par la démarche et que l'entretien collectif les avait amenées à s'interroger sur leur choix et leurs connaissances théoriques qu'elles jugeaient insuffisantes et bien plus restreintes que celles des hommes (différences de scolarisation de base).

Effets sur ma pratique

Associative - Un travail de mise à plat des actions de l'association dans laquelle je milite est commencé à mon initiative depuis quelques mois. Il a pour objectif de répertorier de manière structurée les différentes actions menées depuis la création de cette association (quinze ans environ), de mesurer les évolutions de ces actions et enfin de redéfinir si besoin est les orientations de l'association à partir des analyses produites. Ce travail est réalisé par plusieurs personnes, membres du conseil d'administration.

Professionnelle - Ce travail de recherche m'a amenée à mieux cerner les différentes étapes qui composent tout travail de réflexion sur une quelconque problématique. Ma mission d'agent de développement m'amène à réunir autour d'une même table des individus (professionnels, représentants associatifs et habitants) concernés par une même problématique. La démarche méthodologique nécessaire pour favoriser la réflexion de ces groupes et leur production me semblent très proches de celles d'une recherche-action et je m'y sens plus à l'aise aujourd'hui.

Transférabilité - Actuellement, je participe à une recherche-action qui se déroule sur le quartier où je travaille. Elle est menée par une psychosociologue et concerne les professionnels de la petite enfance qui interviennent sur le quartier. Une autre recherche-action est menée sur la problématique de la violence chez les jeunes et elle s'adresse aux professionnels d'un même territoire concernés de manière large par les jeunes et par les comportements déviants.

Conclusion

En conclusion, je poserai tout d'abord les limites de ma propre recherche comme étant une recherche-action. En effet, je pense qu'une recherche-action doit nécessairement s'inscrire dans le temps et qu'elle implique une démarche collective.

Et pour finir, si je devais proposer une définition de la recherche-action, je dirais qu'il s'agit avant tout d'une démarche collective dynamique, et que cette démarche interroge davantage le processus même de l'action que la finalité de la recherche. ∎

VII - Médiation familiale

Entre raisonnement et émotion
La médiation de conflits dans la famille

Dominique LEFEUVRE

Ce que la recherche-action dans le cadre d'une formation m'a apporté, ce qu'elle a modifié personnellement et professionnellement, voici mon témoignage.

Assistant de service social dans un quartier, j'avais déjà satisfait mon aspiration au changement par la préparation d'une maîtrise en sociologie de la famille.

La proposition d'une formation à la médiation familiale s'est présentée à un moment de disponibilité et de lassitude professionnelle. L'écriture et la soutenance d'un seul mémoire validaient aussi la préparation au Diplôme des Hautes Etudes des Pratiques Sociales (DHEPS Paris III). L'engagement dans ces deux formations s'est traduit par l'opportunité rare d'exercer à plein temps un poste de médiateur familial en matière de séparation et divorce pour accompagner des parents en situation de rupture conjugale.

J'ai choisi un thème au croisement de mes sensibilités personnelles et professionnelles. Sept années plus tard ce sujet reste d'un grand intérêt. Cette période de formation représente moins une réflexion déjà menée mais une élaboration ardue où la pensée rationnelle le dispute aux émotions pour modifier ma pratique professionnelle.

Le thème sélectionné provoque la fascination et le rejet, penser les actes de violence dans le cadre familial relève d'un défi dans le contexte d'une société en recherche de dispositifs pour mettre en échec le développement de la violence dans différents secteurs de la société. La violence à l'école, dans les banlieues et sur le lieu de travail en particulier est au cœur de l'actualité. Poser des mots sur la violence, rationaliser des comportements aux limites de la pensée commune, mettre en mots ce qui a toujours existé, mais qui est apparu depuis les dernières années inacceptable et illégal dans les cultures occidentales.

L'évolution des mentalités en matière de règlement des conflits dans le domaine de la famille est le second centre de ma réflexion.

À partir du récit de ma vie, j'ai identifié cet intérêt récurrent. Cette première étape a consisté à produire un écrit organisé au-delà de mes souvenirs plus ou moins fugaces. À partir de ma pratique d'assistant social, j'ai rassemblé des faits isolés et parcellaires et des sensations éparpillées et incompréhensibles. L'écriture m'a été le moyen de transmettre des faits sociaux objectifs et du matériel humain, du « vécu » pour construire des constats.

Le recueil des récits de trois femmes qui étaient dans un processus de sortie de violences conjugales a été un moment de questionnement plus riche et plus complexe que les rares livres écrits sur le sujet.

Je n'ai pas posé une hypothèse préalable qu'il s'agissait de valider.

Le premier objectif était l'identification des étapes du processus de sortie de la violence repérables à travers le récit des trois femmes. Le second objectif était de trouver des indices d'évaluation de la pertinence de l'indication de médiation dans des situations où des actes de violence avaient été repérés par la personne ou ressentis comme tels ; qu'il y ait eu ou non-dépôt de plainte judiciaire.

La réflexion pour produire ce mémoire m'a été difficile à établir, son élaboration fut laborieuse, son écriture une épreuve douloureuse et la soutenance un moment difficile, mais, avec le recul, je mesure la liberté acquise ; l'effet maïeutique a fonctionné.

Particulièrement ardue en tant qu'homme et en tant que professionnel du travail social censé « savoir aider », cette approche des pratiques sociales et des pratiques professionnelles pour décrypter les violences ne pouvaient rester sur le registre du rationnel et me laisser indemne.

Aujourd'hui, que reste-t-il de ces années-là ? Sur le plan personnel un regard plus aiguisé sur la mise en scène de la violence banalisée dans le quotidien, dont la mienne.

Plus que les actes de violences repérables et relevant de la barbarie, je suis sensibilisé aux situations de violence ordinaire où l'emprise progressive d'une personne sur l'autre est constitutive de situations de relations duelles, où les émotions sont intenses voire brutales et les mots absents.

Mon rapport à l'écrit a été durablement modifié, en matière de lecture et d'utilisation de l'outil informatique. L'usage du stylo à encre est devenu complémentaire du traitement de texte sur ordinateur.

Au cours des entretiens de médiation, à travers la manière de présenter les événements familiaux, j'identifie des situations de contrainte, des coups, des objets cassés, des contextes de dépendance financière, de surveillance, de jalousie qui ne sont explicitement présentés comme tel. Mon vocabulaire s'est enrichi. Mon écoute a aiguisé son acuité pour situer le conflit et ses manifestations, différencier les actes agressifs ponctuels des agressions répétées dans tous les domaines de la relation, pour apprécier la cohérence ou la discordance entre une situation apparemment banale et son vécu où se cristallise de la souffrance.

Dans la pratique de médiateur familial en matière de séparation et divorce, les deux parents sont présents ensemble pour dialoguer et trouver les bases d'accords durables concernant l'organisation de l'enfant au-delà de la rupture de leur couple. Dans le service où j'exerce, il est devenu systématique de proposer aux parents demandeurs la possibilité de précéder les entretiens conjoints d'un entretien individuel de médiation familiale. Au cours de cette rencontre individuelle préalable, un parent parvient plus facilement à évoquer ces événements cachés qui n'ont pas été parlés avec l'ex-conjoint.

Le décodage des événements relatés permet à un tiers vigilant de repérer des situations de contrainte que les personnes n'ont pas identifiées comme telles. La responsabilité et l'éthique du médiateur l'engagent à évaluer les situations ou les sujets non négociables et susceptibles de mettre les personnes en situation de danger ou de risque de danger. Exemple une femme révèle en entretien des actes de violence physique susceptibles d'être qualifiés de délit au regard du droit pénal, des conditions sont à réunir pour recevoir les conjoints et les laisser s'exprimer sur leur vie privée. L'insupportable révélé par l'un des parents comporte un risque d'être suivi de représailles hors du cadre de l'entretien.

La révélation et la dimension publique d'un événement resté longtemps secret dans l'environnement privé et non mis en mots laissent place au doute qu'il ait même existé. Les étapes de sortie d'un contexte de violences familiales est un processus long où les personnes franchissent des étapes qu'elles peuvent apprendre à identifier pour mieux les dépasser.

Je suis investi dans une activité associative de promotion de la médiation familiale et dans le processus de professionnalisation de l'exercice de cette fonction de médiateur familial.

J'interviens dans des formations de médiateurs familiaux au niveau de la sélection et du jury de mémoire. Je participe en dehors de mon cadre professionnel à des groupes d'échanges et d'analyse de la pratique entre médiateurs familiaux.

De l'histoire de ma vie, j'ai puisé une préoccupation devenue motrice d'une réflexion très élargie. Elle a trouvé sa source dans le cadre d'une formation enrichie de l'expérience professionnelle, elle a été structurée par le support livresque et l'écriture. Cet intérêt se traduit dans ma pratique professionnelle actuelle par des lectures appropriées et par une approche qui développent une analyse particulière des situations.

C'est ce que je peux témoigner de cette démarche de recherche-action inscrite désormais dans mon itinéraire. Une stagiaire riche des connaissances dispensées en formation de médiation, étonnée du fossé entre le contenu des cours et la réalité, m'a décerné un mot positif : « *Tu es un chercheur à ta façon* ». Ma réflexion se tisse de la rationalité des connaissances et de l'interprétation de la réalité de mes pratiques et des pratiques sociales et familiales en pleine mutation.

Mes préoccupations sont au cœur d'une problématique beaucoup plus vaste au croisement de plusieurs disciplines dont :

- La sociologie de la famille. L'étude des relations hommes-femmes, leurs projets différents dans leur investissement amoureux et dans leurs fonctions respectives de père et de mère.
- L'anthropologie du droit, la sociologie du droit.
- Les approches thérapeutiques familiales et groupales dans les champs psychanalytiques et systémiques.
- Les techniques de négociation raisonnée...

Elles sont au croisement des représentations sociales, des pratiques familiales, de la constitution du couple jusqu'à l'exercice de sa parentalité, et des pratiques des professionnels intervenant dans le domaine de la séparation et du divorce.

Écrire à partir de ma pratique et participer à un groupe de recherche sur les pratiques des médiateurs familiaux sont des projets que je concrétiserai à moyen terme. ■

VIII - Insertion professionnelle des femmes

Insertion professionnelle et sociale de femmes en CHRS

La prise en compte de la personnalité

Michelle BELIN

Il me paraît important de préciser, avant toute chose, le contexte particulier dans lequel ma recherche-action s'est effectuée. Je travaille dans une association gérant trois centres d'hébergement (financés par l'État) pour femmes seules avec enfants. Je suis responsable du service emploi-formation situé au sein de l'un de ces centres, service que j'ai créé en 1993. Le personnel éducatif de l'ensemble de l'institution est issu du secteur social : éducateurs, assistantes sociales, conseillères en éducation sociale et familiale ainsi que les cadres et la directrice générale qui sont d'anciens éducateurs.

À mon arrivée dans l'association, je sortais d'une période de chômage après dix-sept ans de travail dans l'informatique. Pendant plusieurs années, j'ai ressenti une méfiance de la part de l'institution, minimisant mon travail, niant l'existence du service : je n'étais pas acceptée comme l'une des leurs. D'autre part, si l'État considère que le retour à l'emploi doit constituer une dimension essentielle de l'action, il ne reconnaît pas le financement d'un poste spécifique. Et il était important de ne pas faire de « vagues » qui auraient pu entraîner la suppression du poste.

Lorsque j'ai émis le désir de suivre une formation, la direction a essayé de m'en dissuader. Ressentant la nécessité de me former, de faire le point sur mon travail, d'analyser mes pratiques, je me suis débrouillée seule, découvrant le DHEPS. Mise devant le fait accompli, la direction a finalement financé la formation.

L'origine de la recherche-action

L'association a comme activité principale l'hébergement et l'accompagnement des femmes. L'objectif du CHRS[1] est de les aider à accéder ou à retrouver un logement décent et approprié à leurs besoins. En Île-de-France, le logement n'est attribué qu'après une stabilisation professionnelle.

Dans ce contexte institutionnel, trois éléments se trouvent en présence :
- le CHRS avec ses lois, ses obligations ;
- les femmes avec leur demande, leur besoin, leur désir, leurs limites ;
- le travail autour de la réinsertion professionnelle impliquant des contraintes de temps et une réalité économique.

Au début de la recherche, j'ai constaté :
- une contradiction entre le temps imparti et les problématiques de réinsertion par le travail impliquant une reconstruction identitaire ;
- un taux d'échec important dans les cas où l'on ne répond qu'à la demande : il faut

---

1 - Centre d'Hébergement et de Réadaptation Sociale.

un travail à tout prix sans tenir compte de la manière dont les femmes conçoivent leur place dans la société, le rôle qu'elles pensent avoir à jouer ;

- une motivation très forte lorsqu'on peut les écouter et les amener progressivement vers notre façon de concevoir les choses.

La majorité de ces femmes viennent de divers pays et il est impératif de tenir compte de leur origine culturelle pour faire un accompagnement sensé.

De cette contrainte de temps, je suis arrivée tout naturellement au problème des différences culturelles sujet de mon travail. Cette recherche-action a donc été complètement liée à mon activité professionnelle.

Le déroulement

Je n'ai jamais eu de temps pendant les heures de travail pour écrire ou étudier. Tout s'est fait en dehors.

Je me suis rendu compte très vite que j'avais besoin de comprendre le fonctionnement de l'institution et des lois qui la régissent. Suite à ma demande, la direction m'a renvoyée à une série de documents et à un ouvrage collectif, sans autres explications.

Le sujet de ma recherche portant sur les femmes en CHRS je devais enregistrer des entretiens. Je savais qu'un veilleur de nuit de l'association qui préparait un doctorat et souhaitait interviewer des femmes hébergées s'en était vu refuser l'autorisation. Aussi, l'ai-je fait sans rien dire. Mais mon magnétophone était toujours à portée de main.

J'avais sélectionné un certain nombre de femmes de notre centre ou venant d'autres CHRS, en fonction de leur pays d'origine, de leur capacité à s'exprimer et les avais prévenues de la recherche que je faisais. Mais pour que ces femmes puissent s'exprimer, elles devaient avoir confiance. Cette dimension confiance est bien entendu associée à une dimension temps. Elle s'établit progressivement et est à la base du travail quotidien.

Je travaillais avec elles dans le cadre de SIFE collectifs[2]. Nous étions ensemble toute la journée et apprenions à nous connaître. Elles ont pu s'exprimer, ce qui m'a permis d'enregistrer des entretiens individuels mais aussi des discussions impromptues portant sur des thèmes culturels dont elles avaient envie de parler entre elles.

La participation du milieu professionnel

Pendant la recherche

Dans l'institution - À aucun moment, durant ces trois années, la direction ne s'est intéressée à mon travail. J'ai essayé à plusieurs reprises de parler avec certains éducateurs des observations que j'avais pu faire, mais je sentais une réticence de leur part car cela pouvait remettre en question leur façon de travailler.

À l'extérieur - J'ai toujours eu l'habitude de travailler en équipe. J'avais donc créé des liens avec les référents sociaux des femmes extérieures que je suivais ainsi qu'avec les institutions, ANPE et DDTEFP. Ils se sont intéressés à ce travail de recherche et nous avons régulièrement échangé sur des observations, des lectures, des suivis. Les référents sociaux m'ont apporté des informations complémentaires sur certaines femmes, ont essayé de trouver des situations identiques permettant certaines comparaisons, ont pris du temps pour que nous puissions réfléchir ensemble. Ce travail leur permettait aussi d'avoir un regard différent sur leur pratique.

À la fin de la recherche

Le travail important effectué avec l'ANPE a commencé à porter ses fruits et a entraîné des retombées au niveau de la Direction qui a pris alors conscience que cette recherche présentait un intérêt.

---

2 - Stages d'Insertion et de Formation à l'Emploi. Ce sont des stages à temps plein d'une durée de trois mois, conventionnés par la Direction Départementale du Travail de l'Emploi et de la Formation Professionnelle.

La directrice générale a souhaité assister à la soutenance. Ce fut le point de départ pour elle d'une nouvelle réflexion.

Effets repérés

Dans l'environnement institutionnel - Plusieurs écrits ont été faits par la Direction et le Conseil d'administration de l'association concernant cette recherche et les méthodes de travail afférentes. Plusieurs membres du CA sont venus assister à des entretiens de groupe afin de vérifier l'adéquation des méthodes. Lors d'un dernier bulletin de liaison le président écrit : « ...*Il est frappant de constater que le Service Formation du Centre Michel Bizot apporte aux personnes qui le fréquentent plus qu'une simple aide technique. Rien de très efficace ne peut être fait s'il n'y a pas prise en compte de la personnalité de chacun et de son environnement familial et social* ».

Plusieurs services de l'association commencent à considérer les problèmes culturels, dans l'accompagnement des femmes hébergées. Prenant conscience d'un changement chez les femmes lorsqu'elles participent aux stages SIFE, les éducateurs essaient de travailler plus étroitement avec le service formation.

Le service est habilité aussi par la direction régionale de l'ANPE pour accompagner des chômeurs de longue durée dans une réinsertion professionnelle passant par une élaboration de projet ou un emploi. Dans ce cadre, la personne est considérée dans sa globalité sociale et professionnelle.

Sur moi-même - C'est tout au long de ces trois années de formation que s'opère une transformation identitaire et professionnelle. Nous savons que dans la formation et le suivi des personnes en difficulté, l'impact psychologique est très important. La recherche ainsi que les regroupements permettent une régulation extérieure nécessaire à la réflexion.

Progressivement j'ai appris à prendre de la distance avec les situations pour mieux les analyser. Je me rends compte également que j'ai intégré un ensemble de connaissances que j'utilise spontanément dans mon travail quotidien.

La construction de cette nouvelle identité professionnelle basée sur une meilleure connaissance de soi-même entraîne tout naturellement une prise d'assurance importante. Je me suis reconnue une place que l'institution me reconnaît à présent. Mes responsabilités professionnelles se sont accrues et une nouvelle confiance s'est établie avec la direction. Mais la reconnaissance officielle de la fonction n'est toujours pas envisagée.

Conclusion

Pour moi, la recherche-action a été un moyen :

- de développement personnel et d'intégration d'un secteur professionnel (je fais partie du secteur social et suis reconnue par lui) ;
- d'enrichissement des connaissances et de développement de savoirs ;
- de modification de mon environnement professionnel (les méthodes d'accompagnement que j'ai établies font écho dans l'association). ■

« Devenir actrice de son insertion »
L'accompagnement, les interactions

Nicole CURTIL

Femmes immigrées habitant des quartiers dits « difficiles », actrices de leur insertion : les conditions de la réussite. Recherchons solutions énergiquement !

Déroulement de la recherche-action dans le contexte professionnel

Formatrice, puis responsable de projets dans un organisme de formation[1], j'éprouvais [...] le besoin de réfléchir à mes pratiques professionnelles. Confortée dans cette idée par ma directrice, nous nous sommes inscrites au DHEPS à Paris III en même temps !

Nous réfléchissions déjà de différentes façons à nos pratiques, mais ces réflexions sortaient peu du « pratico-pratique » [...]. Mais nous sentions qu'une dimension essentielle nous manquait, une interaction raisonnée entre les deux réflexions, une distanciation, une prise en compte analysée de tous les changements.

Je me suis engagée dans la recherche-action parce qu'elle est menée par les acteurs. Dans ma pratique professionnelle, je cherchais des solutions à des situations posant problème et il me semblait nécessaire d'en faire émerger la théorie existant de façon sous-jacente, implicite. Il n'y avait pas assez de liens entre pratique et théorie et il était alors difficile d'expliquer, de comprendre, voire de produire des connaissances à propos des transformations vécues par le public que j'accompagnais et par moi-même dans mon désir d'évoluer.

À cette période, j'organise des stages d'insertion pour les femmes. Il faut comprendre ce qui les prédispose à sortir de leurs difficultés, ce qui les motive à devenir actrices de leur insertion. Mon travail de responsable de formation doit faire apparaître le côté innovant des stratégies d'insertion mises en œuvre par des femmes et les facteurs de la réussite. Je souhaite aussi faire reconnaître mon rôle de « personne ressource » auprès des femmes, faisant avec elles un travail d'analyse de leur situation, d'orientation, de recherche de solutions. Je pense pouvoir dire que mon parcours personnel et professionnel me permet de comprendre leurs interrogations, leurs motivations. Avec le désir de comprendre pour améliorer mes pratiques, je me trouve dans la situation suivante : « *Un désir de réflexion, d'amélioration, de transformation de ma pratique professionnelle et sociale, voire une visée de changement social. Et un besoin de reconnaissance sociale, par l'université et par mon institution, de la production et de la théorisation de savoirs sur mes pratiques, de la validité de mon action* »[2].

Différente d'autres formations, la recherche-action dans le DHEPS a pour particularité de partir de l'individu : parcours personnel et projet, de les mettre en lien. De nous guider (tuteurs et pairs) de ne pas laisser l'étudiant seul, de faciliter la relation avec les autres, les tiers, de proposer des retours sur les productions. J'ai beaucoup apprécié tout au long de la formation le va

---

1 - ARCHE St Quentin en Yvelines (78) a pour objectif d'accompagner des personnes en difficulté (bénéficiaires du RMI, DELD...) à la recherche de solutions pour une (ré)insertion sociale et professionnelle.
2 - D'après Bernard Petit, « Recherche-action coopérative et formation d'adulte » in *Pour*, juin-juillet 1983, Privat, Toulouse.

et vient entre les temps forts de regroupement et les moments de réflexion en solitaire, toujours alimentés par le travail sur le terrain.

Un des événements importants de la seconde année de DHEPS fut mon déménagement. Nous habitons près de Saint-Étienne, j'ai trouvé un emploi au Centre Social « La Mosaïque » au Chambon-Feugerolles (Loire). [La recherche-action se poursuit]. Au Centre Social, j'ai pour mission d'aider à l'insertion sociale et professionnelle des hommes, des femmes, des jeunes filles. Je saisis cette opportunité car je sens la cohérence avec ma recherche. Je rencontre surtout des femmes. Elles ressemblent vraiment aux femmes observées au départ. La question qui se pose ressemble à la première : « *Comment, malgré leurs difficultés, pourraient-elles mettre en œuvre leurs projets et réussir ?* » Le déroulement de la recherche-action m'a aidée à trouver la cohérence existant entre toutes ces juxtapositions de situations.

L'apprenti chercheur est pris en compte dans toutes ses dimensions : sociale, professionnelle, humaine. C'est ce qui a apporté l'équilibre à tout l'édifice. Équilibre durable puisque approprié à chacun. Ce travail confirme que la connaissance de l'autre doit être reconnaissance et respect de la différence qui le fonde. C'est ce que je voulais pour moi, c'est ce que je souhaite pour les femmes que je côtoie ! En raison de mes activités professionnelles, ma vitesse de travail a plutôt été lente, mais un de mes objectifs était d'arriver au bout de cette recherche puisque je m'efforce d'aller au bout de mes projets, de les « ficeler », me construire moi-même et mieux les défendre. À noter que le sujet de ma recherche-action est en lien très étroit avec mon travail, ce qui en a facilité le déroulement.

Les étapes

1ère année : Année de découvertes - C'est le déclic et le début d'un cheminement personnel et professionnel dans le cadre choisi de la RA. C'est la découverte des liens entre mon parcours, mes projets et l'objet de ma recherche. Face aux constats concrets sur le terrain, un vaste questionnement se fait jour mettant en lumière des champs théoriques (culture, religion, insertion...). En fin d'année, la rédaction du rapport intermédiaire se termine. Déjà trois hypothèses sont exprimées.

2ème année : Année de changement - Nouvel emploi, nécessité de recadrer le champ de la recherche, de préciser ma question de départ. J'avais effectué un premier travail exploratoire sur la représentation de la réussite pour une femme. Le changement de mon champ de pratique et son observation ont alors l'efficacité d'un nouveau travail exploratoire. Ceci m'a permis, sans modifier fondamentalement l'objet de ma recherche, de trouver plusieurs façons de le questionner. La question devient : « *Dans quelles conditions des femmes en difficultés, d'origine étrangère, de catégorie sociale peu favorisée, peuvent réussir leur insertion, c'est-à-dire trouver une place dans la société ?* » C'est aussi l'année de la promenade dans la forêt des concepts en relation avec les hypothèses qui bougent sensiblement, reposant à chaque fois la problématique.

3ème année : Année de construction - Il s'agissait de resserrer autour de l'objet, une problématique définie, des concepts pertinents. Après les changements précédents et le détour nécessaire, je reviens aux trois hypothèses de départ resituées dans mon nouveau champ. La méthodologie se clarifie (photo-langage et entretiens semi-directif). C'est le recueil des données et le début de l'analyse.

4ème année : Année des choix et de l'écriture - L'écriture du mémoire est un moment fort, délicat. Au cours de la recherche, il devenait indispensable d'écrire pour finaliser les étapes. En même temps, l'écriture faisait jaillir d'autres pistes de réflexions qui nécessitaient la vérification sur le terrain... Il faut alors faire le choix de la direction à prendre ! En parallèle se fait l'analyse critique des résultats puis la reformulation des hypothèses et enfin la présentation de nouvelles pistes. Pour moi l'écriture était épisodique, plutôt hachée, sans cesse reprise pour clarifier, expliciter mes idées. Le plus difficile fut la mise en lien cohérente de tous les écrits. Puis est venue l'heure de la soutenance.

La durée dans le temps de mon travail a permis une véritable participation des populations observées et la mise en œuvre avec elles, d'un projet tenant compte des résultats de la recherche. La lisibilité de la RA en a été améliorée, autant pour le public que pour le Centre Social et les partenaires.

Les effets

Sur moi-même - La recherche-action m'a fait découvrir les interactions entre l'acteur de terrain que je suis, mes expériences, mon projet, l'auteur du mémoire que je devenais et m'a fait faire le lien avec les interactions existant aussi pour les femmes : ce qu'elles sont, leurs expériences, leurs projets, les actrices qu'elles deviennent.

Mon évolution personnelle est très liée à mon évolution comme chercheur débutant et à ma recherche-action. Une des grandes découvertes a été d'observer les points d'ancrage de mon parcours et ce que je suis maintenant. J'ai repéré progressivement les éléments qui m'ont construite, toutes les compétences acquises dans la sphère du privé que j'ai transférées dans le domaine professionnel, les multitudes de rencontres porteuses d'un sens compris plus tard, tous les changements qui m'ont ébranlée, toutes les négociations effectuées... un ensemble symbolisant mon évolution.

Plus j'avançais dans ma recherche, plus je constatais que cette construction faite de progressions par petites touches, par modestes avancées était relativement identique à celle des femmes observées qui s'insèrent de multiples façons dans la société et la vie française, à des rythmes différents après des changements, des départs déstabilisants et qui sont à la recherche de nouveaux repères. Cette proximité m'aide à expliquer ma démarche. Avec le recul, je peux dire que je me sens effectivement, dans un processus de changement, dans une démarche de reconnaissance, de renaissance. Je comprends comment, malgré les changements professionnels, mon questionnement a gardé toute sa force et comment il renaît de mes pratiques quotidiennes actuelles car il est avant tout ancré dans mon parcours.

Sur mes pratiques personnelles - Une meilleure connaissance de ma façon de me mettre au travail de mes stratégies d'apprentissage, de mon écriture, de mes modes de transmission.

Sur les équipes d'acteurs avec lesquelles je suis engagée - Cette recherche aura confirmé l'urgence de modifier certains regards, certaines pratiques et considérer le public en souffrance, ne pas les obliger à faire à tout prix, ne pas forcer le passage mais le faciliter. Avec les partenaires de la mise en œuvre des projets, il me paraît plus simple maintenant d'amorcer les échanges en analysant les situations avec une approche théorique.

Utilisation des acquisitions - Le conte est l'objet transitionnel que je cherchais pour amener les femmes à comprendre la médiation et la négociation. Il est l'objet de relation permettant de faire l'expérience ludique de l'interculturalité. L'écriture des femmes sous la direction de l'écrivain Jean Yves Loude, de JHA en Eden le confirme. De plus, avec des collègues, nous proposons un travail de réflexion sur les relations interculturelles. Nous pensons à une recherche-action. Dans une démarche d'analyse de la pratique, l'objectif de départ serait de rendre possible les échanges entre les acteurs sociaux et les populations de cultures différentes afin de les aider à prendre conscience de leurs identités culturelles pour la faire connaître, la relativiser, mettre en évidence les similitudes et les différences et accepter une démarche de négociation de part et d'autre.

Une définition de la recherche-action

La recherche-action, en vue de l'obtention du DHEPS, est tout ce qui n'est pas la formation initiale. C'est un parcours de formation volontaire, guidé, en relation étroite avec la vie. Cette démarche tient compte de l'individu dans sa globalité, de son rythme, face à ses stratégies de travail, d'apprentissage, elle facilite la relation aux autres : pairs et tiers, formant ainsi une communauté de chercheurs-acteurs. ■

IX - Santé mentale

De la recherche d'acteurs à la recherche-action

Martine DUTOIT-SOLA

J'ai mené deux recherches que j'ai qualifiées de recherches-actions. Je voudrais ici analyser de façon plus approfondie, comment elles répondent à la définition d'une recherche-action en essayant de comprendre comment de l'une à l'autre s'est opérée, ce qui m'apparaît fondamental aujourd'hui, l'émergence du sujet concerné par la recherche.

De la première recherche-action menée dans le cadre du DHEPS[1], je dirai avec le recul qu'il s'agissait d'une recherche d'acteur. Son titre est : « *De l'interdit à l'inter-dit. L'Assistante Sociale dans l'entre-deux thérapeutique* ». *De la prise en charge à la prise en compte des patients en psychiatrie par l'application d'une méthode d'intervention de Travail Social avec les groupes - Centre Hospitalier Sainte-Anne 1994-1997* - DHEPS sous la Direction de Philippe Missotte, Collège coopératif (Paris), 1997, Université Rennes 2.

Assistante sociale en psychiatrie, j'intervenais dans deux lieux différents de la prise en charge des malades, l'hôpital et un foyer de postcure. Complémentaires, ils visent, à première vue, des objectifs éloignés, mais se caractérisent par une commune confrontation des professionnels et des patients dans une proximité de vie, aux questions de la relation, aux problématiques du dedans et du dehors de l'institution, de l'avant et de l'après prise en charge hospitalière. La manière dont la personne concernée s'approprie le projet thérapeutique est un des facteurs de sa réussite. Pourtant les professionnels prennent rarement en compte leur point de vue. La recherche-action a analysé le passage de l'interdit à l'inter-dit, ce « dire » des patients qui n'existe pas de droit. Exprimé et pris en compte il produit des effets pour améliorer la prise en charge.

Auteur et acteur de son mieux être, la personne n'est plus pensée comme destinataire du soin, objet d'un savoir dont le destin se lit dans les divers discours, historiquement stratifiées, de l'Institution psychiatrique. L'approche systémique, rompant la logique linéaire, de l'observation au diagnostic, permet de prendre en compte les différents statuts et rôles des acteurs, sans en exclure aucun ; modélisant leurs interrelations, interactions, elle permet d'aborder la complexité en renouvelant notre vision du monde. En appliquant une méthode d'intervention de Travail Social avec les groupes, le travailleur social crée les conditions d'émergence de cette dimension du Sujet. Grâce au soutien du groupe et l'aide mutuelle, les personnes y modifient leurs perceptions d'elles-mêmes, renforcent leur

---

1 - Barbier R., *La recherche-action*, Paris, 1996, Anthropos, 111 p.

estime de soi et modifient leurs façons d'entrer en relation avec les autres et leur environnement social.

Dans cette recherche-action, j'ai proposé au groupe de travail social, constitué au foyer de postcure, et, de façon individuelle, à quelques patients de l'hôpital, de travailler à l'expression de leur rapport à l'institution et de devenir en somme les chroniqueurs de leur prise en charge. Par la photographie, puis une exposition, intitulée « *Vos Yeux ont la Parole* », les patients/résidents s'autorisent, s'expérimentent, comme interlocuteurs dans un échange avec des professionnels.

L'évaluation de cette recherche-action a conduit à problématiser ma conception de l'institution et des pratiques professionnelles. Comment, au travers d'une évaluation et d'une modélisation à partir d'un *feedback* de changement, l'institué peut s'enrichir par l'instituant, dans une dynamique de vie. En effet, pour atteindre les objectifs d'autonomisation et d'insertion définis dans la prise en charge, notamment dans les missions du service social, les soignés doivent être pris en compte par l'institution qui contribue au maintien d'un lien social, quelquefois le dernier lien d'appartenance à la société. La reconnaissance du statut de Sujet de la personne soignée permet de faire évoluer la relation tripartite — individu/soignants/institution — vers une forme contractualisée du soin, prenant en compte leurs désirs et leurs besoins dans l'articulation de leur projet de soin à leur projet de vie, au bénéfice du respect de la dignité des personnes. Le concept et la pratique de l'*Advocacy*[2], utilisés dans de nombreux pays, adaptés à la culture française, permet d'imaginer la construction d'un tel contrat où les contractants soient de réels partenaires de santé. Cette recherche conduit ainsi à une nouvelle pratique professionnelle.

Cette recherche-action se déroulait donc dans un service hospitalier de psychiatrie.

A priori la situation des acteurs en présence soignés/soignants déterminait le constat de départ et la formulation de l'hypothèse. La méthodologie d'intervention choisie permettait de réaliser une action collective qui visait pour un groupe d'acteurs, quasi « invisibles » dans l'institution, de se faire reconnaître dans un rôle inédit et de prendre la parole. La règle du jeu institutionnel, modifiée pour un temps, permettait que cette parole entendue et réinscrite dans un échange socialisé, une exposition, laisse une trace. La modification des rapports soignants/soignés était limitée, mais réelle. Les acteurs impliqués n'avaient pas la maîtrise du dispositif d'action collective dans sa conception, mais bien dans sa mise en œuvre et dans l'évaluation de ses résultats. Je parle donc aujourd'hui d'une recherche d'acteurs. Chacun est convoqué dans cette recherche à sa place. Le professionnel se place en position de chercheur et recueille les éléments nécessaires à une compréhension de ce qu'il perçoit comme étant une situation de blocage : l'absence de prise en compte des personnes prises en charge par l'institution. Ce professionnel (en l'occurrence le chercheur) propose une méthodologie d'intervention : le travail social avec les groupes et analyse cette pratique au regard de cette situation de blocage initiale. Les soignants sont amenés à écouter une parole inédite. Les patients devenant auteurs/acteurs dans l'institution prennent conscience d'un rôle possible, de la validité de leur point de vue et valorisent leur expérience. Les modifications s'opèrent donc à chacune de ces places : celle du professionnel qui prend conscience de la dimension idéologique de ses pratiques professionnelles comme activités sociales et politiques et tire les conséquences de la recherche sur ses choix futurs tant professionnels que personnels ; celle de l'institution en agissant sur les représentations et les interprétations de rôle des soignants/soignés.

---

2 - L'*Advocacy*, dans le champ de la santé mentale, est un concept et des pratiques de soutien de la parole, d'aide à l'expression — des besoins, du point de vue — des personnes stigmatisées du fait de leur appartenance à une catégorie spécifique d'usagers, de patients et/ou d'handicapés par l'introduction d'un tiers, *advocate*.

La seconde recherche menée dans le cadre du DEA est aussi une recherche-action, elle s'incrit directement dans le prolongement de la première : « *Des Stigmates aux pratiques innovantes : L'Advocacy d'un je. Actions collectives et autoformations solidaires en santé mentale* ». DEA formation d'adultes sous la Direction de Jean-Marie Barbier, Centre national des arts et métiers, 1999.

Elle s'est déroulée dans le temps d'une action collective conduite dans un séminaire par une Association et simultanément à celle-ci. Cette action participe aux buts de l'Association de changer les rapports sociaux (dans le cadre des accompagnements que réalise cette association, des malades mentaux avec la société). [...] Réflexion *a posteriori*, sur l'action menée, comme un apport inédit dans la compréhension du vécu, la recherche-action n'aurait pas été possible sans les autres acteurs engagés dans l'action collective. (Le fond de cette deuxième démarche de recherche-action voulant aller plus loin que la première pose d'autant plus vigoureusement quelques questions essentielles, déjà présentes dans la première).

Comment, dans le champ de la santé mentale, peut-on modifier les représentations en modifiant les rapports sociaux ? C'est la question des stigmates attachés à la personne en difficulté psychologique, de la marque de la différence qui assigne une place à chacun dans les rapports sociaux qui est posée. Est-il possible, dans le champ de la santé mentale, de sortir des rapports de domination proposés sous la forme de la dichotomie sensé/insensé, communément admise, et d'imaginer d'autres types de rapports sociaux fondés sur la dignité de la personne et le respect de l'autre ? Le prolongement de cette réflexion était donc la création d'un espace : *l'Association Advocacy-France*, dont l'auteur de cette recherche assure la présidence depuis sa création. Cet espace est avant tout la création d'un partenariat patients/professionnels et entre tous les acteurs de la santé mentale. Dans cet espace s'élabore une action collective, coopérative et solidaire entre tous les acteurs engagés, aussi différents soient-ils, dans leurs statuts ou leur expérience. L'engagement est militant autour d'une cause : amplifier la demande de la personne disqualifiée dans le rapport usager/patient. C'est « l'Advocacy d'un Je », le soutien du discours singulier de la personne par elle-même, pour elle-même.

[L'action collective en question porte sur] la réalisation de « Blasons » au cours du séminaire de l'Association [choisi comme terrain et objet de la recherche]. L'objectif visait à faire travailler ensemble des personnes stigmatisées par leur qualification de malades mentaux et des personnes dites normales, voire professionnelles, est un événement inédit. Les participants deviennent acteurs et auteurs.

Le but de la recherche-action [apparaît là selon sa vocation et son histoire] la transformation de la réalité sociale et l'amélioration de la vie des personnes impliquées. R. Barbier qualifie cette recherche-action d'« existentielle ». La problématique dans laquelle le chercheur s'inscrit est celle que les acteurs engagés dans l'action collective définissent. Dans ce contexte spécifique, le chercheur construit son hypothèse. Il choisit, dans les actions collectives, les matériaux à analyser pour valider cette hypothèse. Impliquée comme acteur dans l'Association, militante active en son sein, j'ai choisi de considérer mon implication comme une « implexité »[3], caractérisant la présence du chercheur à la fois dans l'action et dans la réflexion. La première étape pour le chercheur est de reconnaître sa position idéologique et de l'élucider dans la recherche en se donnant les moyens d'une observation participative totale, en quelque sorte en immersion, tout en construisant des cadres d'analyse rigoureux.

Si le processus de recherche-action est le même (que dans la recherche précédente),

---

3 - Pour reprendre le terme de Jean-Louis Le Grand cité par Barbier R., *La recherche-action*, Paris, 1996, Anthropos, 111 p., p. 47.

la question initiale est posée par le collectif des personnes engagées dans l'action collective. La première étape est une prise de conscience de l'inscription possible du « je » dans un « nous », susceptible de modifier les représentations et les pratiques en changeant les rapports sociaux.

Les résultats de la recherche sont constitués de la mise en sens et en cohérence de ce que les personnes impliquées valident comme faisant sens. Le rôle du chercheur consiste à permettre la mise en question de l'action collective pour en tester la pertinence quant à l'objectif à atteindre collectivement. Il s'agit de permettre une analyse, réfléchie et informée par la théorie, de l'action d'émancipation menée par les acteurs, qu'ils transforment en stratégie pour modifier leur situation personnelle et sociale.

Pourtant la question de l'interprétation reste entière. En effet, l'interprétation reste largement le fait du chercheur praticien qui construit un écrit validé par un diplôme. Ainsi, au moment de faire entrer tel symbole, tel mot, telle devise dans une catégorie, le chercheur se retrouve seul. Le chercheur auteur et acteur engagé avec d'autres dans la co-compréhension d'un phénomène social s'octroie cette compétence. Il s'agissait de trouver les moyens de donner aux auteurs des blasons et aux participants cette interprétation pour que ce point de vue singulier soit mis à disposition de la collectivité. Ainsi du sens circule, en boucle intelligente, qui nourrit de nouveau l'action.

D'une recherche-action à l'autre, le professionnel et militant qui se décentre comme chercheur découvre l'émergence du sujet concerné qui signe la recherche-action. Ce sujet, individuellement ou collectivement, n'accepte pas d'être dépossédé du sens. Le dialogue entre les différents acteurs de la recherche est fondamental. Le groupe impose ses valeurs et la recherche doit servir l'action de conscientisation, de changement des rapports sociaux.

Ce cheminement du chercheur part d'une position qui pourrait être qualifiée de professionnelle dans l'institution [pour aller] vers une position militante, où l'engagement l'incite à construire un cadre plus coopératif pour mieux servir les buts collectifs. Cet aspect de co-gestion de l'action collective et de sa mise en sens par la recherche émerge peu à peu. La réalité est une donnée complexe et dynamique et le chercheur ne prétend pas tout seul en épuiser le sens, c'est l'action sans cesse qui questionne le discours toujours provisoire. La recherche devient alors une façon de réinterroger l'action pour que le sens toujours se reconstruise et nourrisse en retour l'action, alors que l'action réinterroge la recherche.

[Pour cette recherche-action] nous avons choisi de prendre une séquence dans l'ensemble des activités de l'Association : l'organisation d'un séminaire européen et dans ce séminaire un moment particulier : la réalisation d'un blason par chacun des participants. La réalisation des blasons constitue, c'est notre hypothèse, des présentations de soi valorisées et valorisantes des participants à ce séminaire, qu'ils soient usagers ou non usagers. Pouvoir affirmer son identité de manière valorisée et valorisante est, pour les personnes discréditées par l'étiquette de « fou », une étape nécessaire pour accéder à une place différente qui leur permette d'agir face aux autres, parce qu'elles prennent conscience de leur valeur personnelle et de leur dignité. Ces présentations de soi sont un positionnement réciproque des participants dans un échange socialisé. L'estime de soi qui se donne à lire dans les blasons est à référer à d'éventuelles procédures de réparation de l'image de soi dans l'ensemble des composantes des blasons. La valorisation de soi passe par la perception que l'on a d'être évalué positivement donc de partager avec d'autres un même système de valeurs et d'appartenir à un groupe qui va reconnaître qui on est. Elle est principalement lisible dans le souci des personnes de se présenter dans une possible réalisation d'idéaux, exprimés dans des valeurs, à la fois dans un projet de soi et/ou dans un projet collectif. Ces présentations de soi sont l'expression d'une image valorisée de soi, pour mettre en cohérence ses expériences, ses aspirations personnelles, en vue de permettre un échange et la construction d'une action collective.

Nous nous sommes attachés à rechercher la validité de cette expérience en la confrontant à des problématiques plus larges : la maladie mentale, l'exclusion, l'action collective et la formation. Cette présentation de soi valorisée n'est-elle pas à son tour la porte qui ouvre au malade mental l'accès à ce que nous appelons « l'acte-pouvoir ». Nous définissons comme l'acte-pouvoir la capacité de se comporter différemment face aux autres parce que l'on a pris conscience de sa valeur personnelle et de sa dignité. L'acte-pouvoir, c'est le fait d'« être en capacité de " parce que l'on " se sent en droit de ». Le handicap n'est plus défini comme une déficience, mais comme une différence sociale. Cette démarche du sujet de réappropriation de ses capacités à partir de la réappropriation de sa propre parole ne peut être réduite à une démarche de réhabilitation. Dans le projet de réhabilitation, il y a l'idée que la société fasse une place ou, au mieux, trouve une place pour la personne disqualifiée. Dans le projet de l'acte-pouvoir, que les Anglais appellent l'*empowerment*, il y a l'idée que la personne prend la place qui lui revient. ∎

Changement institutionnel et engagement des acteurs
La création de l'Hôpital de nuit de La Nouvelle Forge, 1979-1984

Jean-Charles SOGNY

Cette recherche-action a été menée de septembre 1994 à octobre 1997 au Centre de Psychothérapie et de Rééducation de Senlis, Hôpital de jour géré par l'Association La Nouvelle Forge (60).

Il s'agit d'un établissement à visée thérapeutique inséré dans le système de soins de l'intersecteur (de psychiatrie), accueillant des enfants de 3 à 16 ans présentant des troubles psychoaffectifs et des perturbations relationnelles graves pesant lourdement sur le développement de l'enfant, son intégration scolaire et sociale et sa vie familiale. Il est caractérisé par sa forte référence au mouvement de la psychothérapie institutionnelle.

Cette recherche se propose d'étudier la dynamique d'évolution d'une structure de prise en charge de nuit au sein de l'Hôpital de jour. La création de l'Hôpital de nuit de La Nouvelle Forge consiste à amener la petite section de nuit, reliquat d'un ancien internat, d'une dynamique substitutive de prise en charge en continu à une dynamique d'étayage familial centré sur la notion de séparation. Cette transformation est liée au passage de l'institution du champ médico-social au champ sanitaire, qui lui fait intégrer le dispositif de soins pédopsychiatriques. Cette évolution se révèlera longue, compliquée, émaillée de tensions intra-institutionnelles et d'attitudes passionnelles au sein de tous les personnels.

La problématique se construit suivant trois axes. Notons d'abord l'existence d'une rupture dans la qualité du temps au passage du jour à la nuit, entre temps de l'éveil, de l'action, de la maîtrise et du contrôle et temps du privé, de l'intime, du lâcher prise et de l'abandon. Il y a, du jour à la nuit, un certain caractère d'étrangeté dont l'institution doit s'emparer et qu'elle doit parvenir à tourner à son profit pour investir positivement l'une et l'autre plage de temps

Nous identifions en arrière-plan des deux dynamiques précitées des représentations et des modèles culturels qui orientent et portent les actions. Certaines pratiques référées à l'internat ne sont plus pertinentes par rapport au nouveau modèle auquel se réfère l'institution. Elles font alors l'objet d'un blocage de la part des segments institutionnels légitimes, moteurs, confrontés à cette contradiction : ce que l'on sait faire traditionnellement et qui ne peut être abandonné facilement pour des raisons culturelles, historiques, organisationnelles ou structurelles, amène l'institution à aller à l'encontre de ce qu'elle affirme par ailleurs. À partir de la notion de séparation comme analyseur du travail de l'institution, la recherche analyse l'action instituante de l'équipe.

Cette création provoque une modification profonde des tâches et des rôles de chacun et, de ce fait, des relations interpersonnelles. La recherche étudie donc la nécessaire remise en cause des rapports et de l'« ordre local » existants.

L'hypothèse qui sous-tend ce travail est donc la suivante...

L'évolution d'une institution et sa faculté de construire de nouveaux outils tiennent à sa capacité d'élaborer de nouvelles représentations et de nouvelles règles du jeu de l'action collective. Comme produits de l'institution, celles-ci ont à voir avec les spécificités locales, historiques, culturelles, et avec son type de relations à son environnement et aux autres institutions. Ces réponses, telles quelles, ne peuvent donc être directement transposables ailleurs, car ceci situe le changement comme un phénomène non déterminé et ouvert. Pour apparaître quelquefois nécessaire ou même urgent, ce changement, pour ce qui est de sa nature, sa date, son point d'application, son mode de surgissement ainsi que de ceux qui le portent, ne peut être clairement déterminé à l'avance.

L'initiative du changement appartient à tous les acteurs. C'est par l'action des professionnels endossant alors réellement leur dimension d'acteurs, que pourra se réaliser cette création d'outils prolongeant les pratiques existantes et empruntant à l'enracinement historique et culturel, mais issus également d'un travail d'incarnation en pratiques sociales innovantes d'orientations culturelles, de modèles théoriques ou professionnels traversant la société. Tous peuvent, à partir de leur formation, du fait de leurs besoins ou objectifs, de compétences particulières, de circonstances internes et de leur position dans l'institution, se retrouver en situation d'avoir une « clef » et de permettre à cette institution d'exercer sa créativité, en étant le ou les initiateurs d'un changement. C'est par leur intermédiaire que s'exerce alors la dimension instituante de l'institution.

Le cadre nécessaire à l'exercice de cette action instituante tient à l'action de l'équipe de direction. Elle doit veiller à ce que l'institution ne se rigidifie pas autour de ses structures hiérarchiques (certes nécessaires) et de la gestion de l'existant, afin de donner tout son sens au concept d'acteur, de relayer et d'inscrire ces initiatives comme des projets de l'institution en leur donnant leur dimension globale, transversale. Il s'agit de mettre les gens en situation d'assumer deuil, réticences, résistances, tensions et conflits inhérents à la transformation et au changement, d'engager l'institution en garantissant le cadre formel et les objectifs et d'adapter par ce changement l'institution aux contraintes qui s'exercent sur elle.

Il s'agit d'une recherche individuelle d'acteur conduite parallèlement à ma situation d'emploi (éducateur spécialisé) au sein de l'Association. Il faut préciser toutefois que l'entrée en formation a provoqué pour moi un écart par rapport à l'équipe de l'Hôpital de nuit à laquelle je n'appartenais plus dès le début de ce travail, puis par rapport au CPR lui-même. Le projet de cette recherche a été énoncé et présenté d'une part au médecin-directeur, d'autre part à l'équipe et validé comme partie de la dynamique interne de l'établissement. Il s'articule d'ailleurs à une réflexion de l'institution sur le temps passé et à une intention énoncée de procéder à un bilan du fonctionnement de l'Hôpital de nuit après dix ans. Il s'agit donc à la fois d'une démarche personnelle à visée formatrice d'un membre de l'équipe, mais aussi d'une interrogation de l'institution sur elle-même.

Les étapes en ont été les suivantes…

- À partir du choix personnel du thème, premier travail de décentration par objectivation au niveau événementiel grâce à quelques entretiens préalables et à des échanges informels. Ce temps m'a permis également de resituer cette recherche non plus seulement dans une perspective personnelle, mais aussi par rapport à des attentes institutionnelles et collectives.
- Établir une chronologie aussi claire, complète et confirmée que possible à partir du travail d'entretiens et de recherche documentaire.
- Élargir la base d'informations par le biais de la seconde batterie d'entretiens.
- Second travail de décentration par l'analyse des résultats et la modélisation à partir de schémas théoriques et conceptuels.
- Retour du travail devant l'équipe à l'occasion de journées d'étude.

Les modalités de mise en œuvre de la recherche ont consisté en…

- Recueil de documents écrits (courriers, cahiers ou comptes rendus de réunions, projets, notes, notes de service, registres administratifs, etc.) renseignant sur l'activité du CPR, les stratégies de direction développées pour la création de l'Hôpital de nuit en direction des différentes tutelles, financeurs et des instances de l'Association, la dynamique de l'équipe, les faits objectifs d'histoire, les réflexions individuelles ou collectives au quotidien. Ceci a nécessité une collaboration avec des services à différents niveaux dans l'Association.
- Recueil et organisation des souvenirs personnels en une historiographie.
- Recueil des souvenirs des différents acteurs pouvant compléter les miens, parcellaires et sujets à caution et de leurs représentations des faits, celles par lesquelles ils expriment leurs positions, les raisons sous-tendant leurs actions, les liens qu'ils établissent spontanément : « comment ça fonctionnait selon eux ».

Les entretiens réalisés ont été au nombre de 16 pour les différents personnels. Il s'agit d'entretiens souvent appelés semi-directifs, centrés sur des thèmes, d'une durée de 30 minutes à 2 heures et réalisés avec, en guise de guide d'entretien, une liste de thèmes sur lesquels je souhaitais entendre s'exprimer l'interviewé et d'une chronologie issue de la première recherche documentaire.

La seconde batterie d'entretiens visait à travailler la question de la validation de l'outil Hôpital de nuit et a consisté en entretiens d'une durée moyenne de 45 minutes, également semi-directifs : 7 entretiens avec des référents de cure et 5 entretiens avec des parents. Pour l'ensemble de ces entretiens, un travail préparatoire a été nécessaire auprès des personnes concernées.

L'idée de cette démarche de recherche reposait sur la sensation que le trajet de la création de l'Hôpital de nuit, chaotique, parfois conflictuel, toujours complexe, devait être réinséré dans une compréhension globale de la marche institutionnelle intégrant le lien à l'histoire. Il me semblait difficile de poursuivre sans cette remise en perspective historique des événements. La participation de tous à la dynamique de fonctionnement de l'Hôpital de nuit et le dépassement de freins encore à l'œuvre me semblait liés à une réappropriation à travers cette relecture.

D'autre part, rendre lisible le processus de création au sein de l'institution, c'était permettre à celle-ci de se remobiliser, de reconnaître des mobilisations déjà existantes à partir du modèle ainsi créé. C'était identifier l'institution dans une démarche de créativité, à travers par exemple, la réalisation en cours d'un projet d'accueil de très jeunes enfants à la journée.

D'un point de vue personnel, cette recherche m'a permis de dépasser une représentation de ces événements trop autocentrée (sur l'équipe de l'Hôpital de nuit), encombrée de scories émotionnelles. Par ailleurs, ce mouvement inclut une mise à distance des pratiques permettant analyse, formalisation et organisation des connaissances, ainsi qu'une modification de mon rapport aux savoirs. Ce détachement a ouvert la possibilité d'un départ sur une base professionnelle différente, je suis aujourd'hui formateur et je m'appuie largement sur les outils créés à l'occasion de cette recherche-action : acquisitions théoriques pour l'analyse des pratiques et les contenus d'enseignement, expérimentation de la position de cadre à partir d'une meilleure compréhension de la nature d'une équipe, de ses modes de création, des effets et des moyens de collaboration.

Il me semble qu'à partir de la saisie et de l'objectivation sous tous ses aspects d'une réalité et d'un ensemble de pratiques constitutifs d'une institution (d'un segment d'institution) en marche, la recherche-action pourrait être la mise en lumière de la double dynamique existant entre modèles théoriques, pratiques des acteurs et changement institutionnel. L'acteur, porteur de la capacité créatrice de l'institution, invente sans cesse de nouvelles possibilités de collaboration, tisse et enrichit le maillage institutionnel, permettant qu'émergent de nouvelles pratiques de soins, de nouveaux modes d'action. Dans le cadre de l'institution, il redécoupe et redéfinit continuellement son outil. Il le crée, l'habite et le fait vivre. Un sujet qui modifie ses représentations d'une réalité reconstruit celle-ci à partir de l'expérience perceptive, en lui conférant un sens différent. Dans les événements étudiés, entre ce qui se joue dans les situations concrètes du soir et de la nuit, et les modèles théoriques auxquels se réfère l'institution, les acteurs découvrent à propos de la situation d'accueil de nuit, une demande, des besoins, des moyens d'action et des effets de leur action nouveaux, une prise nouvelle sur la réalité et les difficultés de ces enfants et de leurs familles.

Il s'agit donc là d'une modification de la pensée du sujet quant aux liens qu'il établit de manière réciproque entre savoirs théoriques d'une part, connaissance ou expérience perceptive, situations concrètes de terrain d'autre part. Il utilise, s'approprie les savoirs acquis en devenant capable de les traduire en dispositifs opératoires. Il tire de la réflexion sur ses pratiques concrètes la possibilité de créer ou du moins, d'accéder à de nouveaux savoirs. ■

X - Santé - Gériatrie

La parole du sujet face au discours social

L'épuisement professionnel *(burn-out)* chez les soignants en gériatrie

Noëlle ALFÖLDI

I - Déroulement de la recherche-action dans le contexte professionnel

Mot-clef : discrétion... pour ne pas dire circonspection. J'étais arrivée depuis relativement peu de temps dans un nouveau milieu, celui d'une petite ville de province nichée au cœur de la France profonde. S'il m'était étranger, je lui étais plus étrangère encore. Lorsque j'ai entrepris cette recherche-action, j'avais déjà dépassé le stade de la période d'observation, mais j'en étais encore aux phases d'approche ; approche d'autant plus prudente qu'à la méfiance « instinctive » ressentie pour *l'autre que nous venu d'ailleurs*, mes nouvelles collègues associaient une aversion pour tout ce qui, de près ou de loin, pouvait évoquer *l'intellectuel*. Aussi n'était-il pas question pour moi de manifester une quelconque velléité d'acquisition dans ce domaine.

Au cours de la deuxième année du DHEPS, les manœuvres d'apprivoisement étaient suffisamment avancées pour que je me sente autorisée à diffuser mon questionnaire d'enquête sans risquer le camouflet. Les résultats obtenus se révélèrent d'ailleurs au-delà de mes espérances : 60 % de réponses. En revanche, sur une dizaine sollicitées, deux collègues seulement ont accepté un entretien enregistré. Ce n'est pas le principe de l'entretien qui faisait barrage : la plupart d'entre elles ont répondu à mes questions sans difficulté, ce qu'elles ne supportaient pas, c'était l'enregistrement.

II - Les réactions dans le milieu professionnel. Mot-clef : laconisme

Pendant la formation

De la part des personnes concernées par ma recherche, c'est-à-dire les aides-soignantes et les agents de service hospitaliers, ainsi qu'à un degré moindre, les infirmières :
- pas ou très peu d'intérêt pour la recherche ;
- quelques remarques relatives à mon engagement personnel, sur le mode admiratif, du genre : *« C'est courageux de reprendre des études à ton âge, moi je ne pourrais pas »* ;
- quelques manifestations de surprise, parfois suspicieuse, parce que ça n'allait rien me rapporter, ni promotion ni augmentation de salaire ;
- à ma proposition d'organiser une réunion pour leur rendre compte des résultats du questionnaire, j'ai obtenu quelques acquiescements de principe, non suivis d'effet : cette réunion, plusieurs fois reportée pour différents motifs, n'a finalement jamais eu lieu.

De la part de personnes non directement concernées : le directeur de l'hôpital, le chef du personnel, le cadre infirmier supérieur du service ainsi que plusieurs membres du service administratif :

- de nombreuses manifestations d'intérêt ;
- des encouragements chaleureux ;
- une curiosité positive, et anticipée, pour les résultats de la recherche.

Durant la période précédant la soutenance

De la part de tous :

- un début ou un regain d'intérêt, toujours de type personnel, sous la forme d'encouragements : *« Tu vas y arriver, tu vas réussir, on est sûr que tu l'auras... »* ;
- des questions sur la façon dont se déroule une soutenance ainsi que sur le lieu. Beaucoup étaient impressionnées d'apprendre que cela se passerait à la *Sorbonne nouvelle* et j'ai dû en décevoir plus d'une en précisant que les membres du jury ne porteraient pas perruque.

Quelques personnes ont répondu à mon invitation générale d'assister à la soutenance : le directeur, le cadre infirmier supérieur du service, une infirmière d'un autre service et un kinésithérapeute d'un autre service.

Depuis la soutenance

- À l'occasion du pot rituel célébrant l'événement, j'ai remis à la collectivité un exemplaire de mon mémoire et à chacune des personnes présentes une photocopie de la quatrième de couverture. En la distribuant, j'ai expliqué que sa lecture leur donnerait un aperçu de l'ensemble de mon travail de recherche. Mes petits gâteaux ont eu beaucoup plus de succès, il n'en est pas resté un seul, contrairement aux photocopies que la plupart oublièrent dans la salle en partant !
- Pourtant... quelques jours plus tard, une aide-soignante m'a dit, à brûle-pourpoint : *« Tu devrais envoyer ton mémoire à Kouchner »* (c'était juste avant qu'il parte exercer d'autres fonctions au Kosovo). J'ai ri, croyant à une boutade, mais j'avais tort.

Elle revint à la charge deux jours après : *« Je te dis que tu devrais l'envoyer à Kouchner, comme ça il comprendrait »*. Dans cette culture où le compliment ne saurait être qu'indirect, j'ai reçu sa remarque bourrue comme un compliment.

- Mon mémoire a été lu par une infirmière (d'un autre service), un infirmier psychiatrique (d'un autre service), une kinésithérapeute (d'un autre service) et aussi sans doute par le directeur et le cadre infirmier, qui en ont reçu chacun un exemplaire personnel. À ce jour, seul l'infirmier psychiatrique en a fait un retour direct. Ma collègue kinésithérapeute a sensiblement modifié son comportement avec moi, dans un sens positif : j'interprète ses manifestations de considération comme un retour indirect.

- Un scoop pour conclure : plusieurs aides-soignantes et ASH de mon service, que j'ai décrites si réticentes et suspicieuses au début de ce texte, m'ont proposé tout récemment de devenir... présidente de l'Amicale du personnel de l'hôpital. Sans doute dois-je surtout cet honneur à ma collaboration active à la vie de l'association ainsi qu'à la fidélité sans faille avec laquelle j'entretiens et alimente la machine à café, mais... il est possible, que par des voies souterraines, le DHEPS n'y soit pas tout à fait étranger.

III - À la périphérie du professionnel. Mot-clef : satisfaction

- La proposition de présenter ma recherche dans le cadre d'une formation pour personnels soignants, non de manière ponctuelle, mais régulièrement, en tant que composante de cet enseignement n'a pas encore abouti, mais la proposition en elle-même est une reconnaissance de la pertinence de la recherche qui, pour le moment, me suffit.
- Pour ne pas perdre l'habitude du clavier et des nuits courtes, j'écris un ouvrage[1]. Il ne s'agit pas pour moi de réécrire le mémoire, consacré aux personnels soignants de gériatrie ; au contraire, j'ai complètement

---

1 - Publié en septembre-octobre 2000, aux éditions Yves Michel, dans la collection dirigée par Odile Martin-Saint-Léon.

modifié l'orientation du projecteur pour le centrer désormais sur les vieillards dépendants eux-mêmes. J'attends de cet ouvrage qu'il me permette de toucher un plus large public que celui des travailleurs sociaux.

IV - Recherche-action ? Ouverture, franchissement, retrouvaille

Ouverture comme : une fenêtre que l'on ouvre sur un paysage inconnu, une porte bloquée que l'on déverrouille enfin, un passage obstrué que l'on dégage... Franchissement comme : une voie d'accès interdite que l'on s'autorise à emprunter, un pont effondré que l'on reconstruit... Retrouvaille comme : une rencontre avec soi-même, un soi-même perdu de vue, oublié, nié, refusé...

V - Conclusion

Il me semble impossible de comprendre le déroulement de ma recherche-action, ainsi que ses retombées (ou absence de) sans la situer dans le contexte spécifique où elle s'est déroulée, contexte lui-même issu d'une culture générale particulière. C'est pourquoi j'ai beaucoup insisté sur ce point dans cette présentation.

L'aventure du DHEPS m'apparaît déjà lointaine et je ne suis diplômée que depuis huit mois et demi ! Mais ce court temps de recul me permet déjà de vérifier l'importance et la solidité de deux acquis fondamentaux : une nouvelle capacité d'apprendre et d'en restituer les fruits, une transformation identitaire positive. ■

XI - Santé publique - Jeunesse

Mobiliser les jeunes pour leur santé

Françoise MAÎTRE

Le mouvement personnel qui surgit en soi et qui peut mener à une recherche-action peut avoir comme origine, une remise en cause professionnelle, une lassitude dans ses pratiques, une stimulation extérieure, une demande institutionnelle, une interpellation du public, un besoin d'approfondissement, une démarcation politique et parfois tout cela à la fois. Bref, ce qui me semble fondamental c'est l'entrée dans un processus qui, s'il est agi et voulu par la personne acteur de la recherche action est déjà un gage de réussite.

Trois acteurs, je les appelle ainsi pour faciliter la compréhension de mes propos, sont en scène dans cette recherche-action : la personne, acteur de la recherche, le public bénéficiaire de ses pratiques, l'Institution dans laquelle elle agit comprenant évidemment les collègues, la direction, les partenaires. Ces trois acteurs sont porteurs de valeurs, de pratiques, de demandes, d'attentes qui sont en interaction constante et constituent un système de référence pour chacun, plus ou moins équilibré qui deviendra pour l'acteur principal le terreau de sa recherche-action.

Mon expérience de Dhepsienne m'a fait prendre conscience que la recherche-action venait éclairer et décortiquer un système qui alors pouvait se trouver déséquilibré par cette incursion questionnante.

D'où l'importance de faire participer chaque acteur à ce mouvement entrepris par l'acteur principal, de l'impliquer dans la démarche entreprise afin qu'il entre dans une éventuelle transformation.

La démarche de recherche-action a pris naissance pour moi dans un Foyer de Jeunes Travailleurs à Besançon où j'intervenais comme animatrice socio-culturelle. Le foyer a eu l'opportunité d'entrer dans une formation-action financée par la Fondation de France, initiée par l'UFJT visant à mettre en place des Points Santé. Ce processus répondait à une approche communautaire de la santé où les jeunes devenaient acteurs de leur propre santé et pouvaient se mobiliser autour de projets communs tels que les Points santé. Les adultes devenaient alors des personnes ressources accompagnant la démarche.

La direction a pris la décision d'entrer dans cette formation-action sans récolter l'adhésion au préalable de l'ensemble du personnel du foyer. J'ai répondu à cette proposition, car elle correspondait à un ressenti personnel d'une volonté d'inclure les résidents du foyer dans l'animation de celui-ci et de leur demande d'être acteurs et force de proposition.

Le mouvement mis en route par cette stimulation extérieure, a perturbé le mode de fonctionnement structurel et organisationnel du foyer où le directeur, par exemple, n'avait l'habitude de traiter qu'avec le personnel et non avec les résidents. Les animateurs faisaient pour les résidents et non avec et encore moins laissaient faire. Le système établi où le pouvoir était réparti entre la direction et les professionnels du foyer s'est trouvé déséquilibré par le pouvoir donné ou pris par l'autre acteur qu'est le public, en l'occurrence les résidents. Les animateurs ont pris de plein fouet cette remise en cause de leurs pratiques et ont posé des freins à toute perspective de changement, paralysant de fait l'initiative des jeunes.

Cette formation action offrait la possibilité d'appliquer un certain nombre d'outils permettant de relire le vécu : l'application de grilles d'observation, une enquête de besoins auprès du public, une démarche de montage de projets par les résidents. L'application des outils, pour être pertinente et fiable, demandait l'adhésion de l'ensemble du personnel qui n'a pas su profiter de cette opportunité pour améliorer ses pratiques et gagner en savoir et savoir-faire.

Cette formation cependant nourrissait mon désir de recherche, d'approfondissement de ma pratique au quotidien.

J'ai quitté le foyer et après quelques détours professionnels et personnels suis entrée au Collège coopératif (Paris).

La relecture de la pratique professionnelle au FJT par le biais d'une monographie a permis de poser un regard objectif sur un certain nombre de points, de mettre en exergue les questions à développer et à approfondir. Deux questions ont ainsi émergé, une relative à la participation des jeunes et à leur rôle en tant qu'acteurs dans la prise en charge de leur santé et l'autre sur le rôle social du foyer incluant la responsabilisation des jeunes et leur autonomisation, une question donc plus institutionnelle.

La recherche-action arrive toujours dans un contexte donné, ainsi ma courte expérience en témoigne car je n'ai pas eu le choix de l'objet de cette recherche, la vie m'a orientée vers une réflexion tournée vers les jeunes. En effet je n'avais plus de terrain professionnel, et pour garder un lien entre recherche et action, j'ai trouvé un lieu de stage qui m'a orientée vers une autre institution, une Mission Locale. J'y ai retrouvé les deux champs de référence, les jeunes et la santé. Nous n'étions pas dans une approche communautaire de la santé mais dans le développement social local avec la démarche d'éducation par les pairs.

La recherche-action s'inscrivant dans une durée, elle est susceptible de subir les aléas de la vie et de devoir adapter son orientation en fonction des événements. Le chercheur doit alors trouver la cohérence et l'articulation entre sa recherche et l'action qui, elle, varie en fonction des événements.

Ainsi la recherche-action s'inscrit-elle bien dans la vie de l'acteur, la question qui met en mouvement le chercheur vient se décliner avec une problématique donnée par sa pratique professionnelle, l'hypothèse de recherche prenant alors les couleurs des terrains où s'appliquent les outils de la recherche.

Pour ma recherche, deux terrains différents, le FJT qui a donné naissance au questionnement et qui a permis de montrer la pertinence de la participation des jeunes, la relation entre jeunes et santé et l'intérêt de la santé comme levier de socialisation et la Mission Locale qui a offert un lieu de vérification de l'impact sur les jeunes d'actions menées par eux auprès de leurs pairs.

À travers mon expérience, on voit combien il est nécessaire que le chercheur prenne de la distance avec le terrain pour formaliser son hypothèse de recherche, théoriser les concepts auxquels il fait référence et qu'il retourne au terrain pour appliquer un certain nombre d'outils d'investigation construits en référence et à la théorie et à la pratique.

Le fait de changer de terrain professionnel a peut-être facilité les enquêtes menées et l'exploitation de celles-ci. Cependant un élément reste constant, le chercheur doit obtenir l'adhésion de la direction de l'Institution, du public concerné par la recherche, car immanquablement, le questionnement va rejaillir sur les pratiques.

La position du chercheur dans l'Institution est essentielle, en effet si le chercheur est au poste de direction, il n'aura pas à demander l'adhésion de sa direction mais se préoccupera de motiver l'ensemble du personnel. S'il est salarié, la recherche devra s'inscrire dans le projet de l'Institution et récolter l'adhésion du personnel et de la direction. La recherche est intimement liée à l'action qui se décline à travers des pratiques qui elles-mêmes sont mises en place par des acteurs.

Une recherche-action met bien en scène trois éléments :

- le chercheur qui a le feu sacré de son questionnement issu d'une pratique de laquelle il tend à se distancer pour l'analyser et la transformer ;
- l'action qui touche un certain public qui a des demandes particulières, une place à trouver, un développement à acquérir ;
- le trait d'union que je représenterai par l'Institution qui a ses propres pratiques, ses attentes, ses projets et ses freins.

Le chercheur en questionnant l'action, en l'approfondissant, en la passant au crible de la théorie et de l'analyse va automatiquement interroger les pratiques qui positionnent et le public, et le chercheur et l'Institution. Chacun devra se situer au vu de ses pratiques, certes, mais surtout au vu de ses attentes, de ses désirs exprimés ou non. Il devra peut-être remettre en cause un certain nombre de valeurs essentielles pour lui qui lui donnaient un pouvoir et une position dans la société.

Il est indispensable avant d'entamer une recherche-action de faire exprimer le plus loin possible les attentes de chacun des acteurs, de leur faire prendre conscience de leur positionnement actuel et les aider à formaliser les valeurs sur lesquelles reposent leur action. Ainsi en ayant clairement conscience d'où ils partent peut-être seront-ils prêts à avancer ensemble sans peur du changement.

Ma recherche-action impliquait le public et le rendait acteur au même titre que les professionnels. Ce phénomène de conscientisation avec le corollaire de possible prise de pouvoir est à réguler et à accompagner.

En effet la recherche-action doit mettre en mouvement chacun et le repositionner mais pas au détriment des autres acteurs présents.

Un autre élément important est que plus le chercheur est impliqué dans l'action, plus la recherche aura d'impact sur celle-ci. J'ai pu noter combien la formation-action a engendré de réticences et de bouleversements au FJT du fait que le formé était pleinement dans l'action avec une équipe, un public et dans une Institution. Alors qu'à la Mission Locale, du fait que j'étais stagiaire, l'analyse des pratiques n'aurait pu avoir d'impact que si la direction l'avait voulu et avait impliqué d'autres acteurs de l'Institution dans cette recherche.

Cette expérience de recherche-action m'a permis de me professionnaliser dans l'éducation pour la santé, d'adhérer à des valeurs telles que la participation, le développement endogène, de comprendre des mécanismes institutionnels et de mettre une réalité derrière le mot acteur.

La recherche, mise au service de l'action, doit réfléchir à la place de chaque acteur au début de l'action et doit noter les changements de positionnement dus à la recherche afin d'accompagner les transformations de manière harmonieuse et équilibrée.

La réussite de la recherche action est à mon avis à ce prix !

L'acteur, qui se met en mouvement et entame une recherche, entre pour lui aussi dans un processus de transformation professionnelle et personnelle, car son regard change sur sa propre expérience, celle du public pour lequel il s'engage et celle de l'Institution au sein de laquelle il travaille.

Ce regard critique peut l'amener à se séparer de cette Institution si le même mouvement n'est pas entamé par chacun. En conclusion je dirais que la recherche-action est une chance car elle ouvre le regard et met en mouvement un processus de transformation ! ∎

XII - Entreprise

Actions culturelles sur le lieu de travail

François MAIREY

Voici l'inventaire chronologique des effets de ma recherche action (RA). Le mémoire titré « *Culture en action : culture au pluriel* » rend compte d'une recherche portant sur des pratiques culturelles dans les activités sociales de salariés d'une grande entreprise. Cette étude s'est intéressée à des réalisations considérées comme novatrices dans le domaine de l'action culturelle au travail.

Au départ

Cette recherche-action est une formation née d'une triple nécessité.

Cette formation était nécessaire pour effectuer ma mutation d'élu à salarié d'un CCE (Comité central d'entreprise) et pour transformer une longue expérience de militant syndical, de représentant du personnel en compétence professionnelle.

Elle m'a permis de faire (enfin) des études et ainsi de combler un manque. La forme pédagogique qu'implique la recherche-action est, pour moi, la seule méthode possible de réussir des études : parce que non scolaire, parce que centrée sur un intérêt particulier.

Enfin, elle est un moyen de contribuer au développement d'un des champs qui, de mon point de vue, mérite engagement : l'action culturelle. J'ai là une formidable raison d'apprendre. Toutes ces nécessités, on l'aura compris, sont très personnelles. Il faut bien souligner : formation, recherche-action ne sont voulues que par moi et par moi seul. Cela peut expliquer, pour partie, la suite de cette histoire.

Pendant la recherche-action

Dans les activités sociales du personnel de l'entreprise. Pendant la formation, les seuls rapports importants et forts avec des salariés de mon entreprise se nouent lors de l'enquête. Pour la réaliser, je choisis des actions locales de Comité d'entreprises (CE). Elles sont situées sur le lieu de travail et sont suffisamment éloignées du CCE où j'étais responsable. Les CE étudiés sont heureux de parler de leur *aventure*, comme ils nomment leur réalisation culturelle. Leur action difficile fait l'objet d'attention : c'est la première fois. Et, ils aiment qu'elle trouve, si peu soit-il, une forme de pérennité dans un écrit.

Parallèlement, l'institut de formation auquel je suis rattaché me demande successivement deux études. Les études sont réalisées, mais jamais suivies d'effet.

Hors du travail. Étudiant et chargé d'études, je suis orphelin de possibilités d'agir dans mon domaine de prédilection. À d'anciennes relations de travail culturel, je propose de nous associer pour créer : La Forge. Les buts de l'association précisent qu'il s'agit d'*un atelier de production collective où l'on façonne entres autres* — selon l'expression d'Edgar Morin — *des idées en signes publics.*

Pendant la recherche-action, à différentes étapes de formalisation, je sollicite les réactions de ces *autres*. Je soumets mon travail à ces artistes de disciplines différentes, qui ont vécu diverses expériences créatives dans le milieu de l'entreprise. Leurs réactions accompagnent et nourrissent mon travail.

Depuis la fin des études.

La Forge vit. Ce collectif interroge régulièrement la société et crée des signes : sur la guerre, avec des femmes méditerranéennes... aujourd'hui avec des campeurs, prochainement avec la population d'une ancienne région industrielle. Seule l'ambition première d'associer à ces actions artistiques des scientifiques ne s'est pas encore réalisée à ce jour, mais elle est en voie de l'être lors de la prochaine action.

Le CCE tergiverse. Au sortir de ma formation et à partir d'elle, je lui propose de mettre en place entre les différents organismes d'activités sociales, un réseau de ressources d'action culturelle. Une nouvelle étude m'est demandée. Elle se réalise à partir d'une démarche collective, d'une étude-action impliquant les différents acteurs, comportant expressions, restitutions. Un texte commun naît. Et depuis un an et demi, les propositions qui en sont issues attendent des décisions. Dans l'attente, une deuxième fois, et toujours à mon initiative, je me sers de mon travail de recherche. Lors d'une manifestation nationale, je participe à la réalisation d'une exposition, de débats et d'un journal. Le tout questionne : comment naissent les actions culturelles sur le lieu de travail ? Et le tout est étouffé par une recherche d'audience aussi festive que complaisante.

Aujourd'hui

À La Forge. Ce collectif est un lieu d'action alternatif. De secondaire et complémentaire, il devient dans l'attente, mon activité principale. Ici, la recherche-action permet d'enrichir ma participation à la conception et à la médiation des projets. J'apporte à mes complices artistes, le fruit de mon nouvel intérêt pour la sociologie et des lectures que je continue à effectuer.

Au CCE. Là, mon inactivité interroge. L'utilité du réseau de ressources est reconnue par tous. Alors pourquoi cette absence de décisions, qui se traduit par une absence de travail ? Une partie de la réponse n'est-elle pas dans l'origine, personnelle, de la proposition première ? Autre question qui, j'espère, ne vient pas d'un délire d'interprétation : cette incapacité à décider — à me faire travailler — n'est-elle pas, pour partie, liée aux anciennes responsabilités, aux nouvelles connaissances ? En tout cas, on peut dire que la qualité d'ancien *élu*, l'expérience, la connaissance du milieu des activités sociales et de l'action culturelle, les études en pratiques sociales — et culturelles — ne paraissent pas être un facteur favorisant la décision positive.

Questions

À la question des effets sur le milieu professionnel répond ici une longue attente, et une absence de travail pour l'auteur. Mais y a-t-il des effets que je ne verrais pas ?

Pour témoigner à ce colloque, j'interroge.

D'abord le Centre de documentation du CCE. Depuis deux ans le mémoire est disponible et diffusé. A-t-il été demandé ? Le résultat : dans l'entreprise, il a été emprunté par un étudiant de formation continue et par le responsable du centre lui-même. En externe, par un étudiant et un chargé d'études du ministère de la Culture.

Ensuite, un peu par dépit, je pose la question au directeur de l'organisme, mon supérieur hiérarchique — à qui j'ai remis mon mémoire et qui ne l'a pas lu, je crois. Sa réponse est la suivante : politiquement, ce travail va dans le sens des réflexions des représentants du personnel. Il a, peut-être, conforté ses volontés de complémentarités d'actions entre organismes — CE, CCE — et de qualité de leur contenu. Pour la qualité du contenu des activités, l'avenir est à la décentralisation. Dorénavant tout doit venir d'en bas, des salariés, pour leur plus grande satisfaction. Ceci implique que l'organisation centrale a du personnel en surnombre dans ce domaine. Quant au projet de réseau de ressources, il est toujours en débat, un débat qui se situe dans le cadre d'économies à réaliser.

Interprétations

Dans le discours directorial fermé, je note que la notion — inerte — de *contenu* remplace celle — dynamique — d'*action culturelle* qui est une notion liée à l'idée de politique et de mouvement. Quant à la volonté décentralisatrice, elle est essentielle si elle est structurée par une politique volontaire et des moyens de la conduire. Le *« tout faire venir d'en bas »* est nécessaire ici, pour que l'offre soit au plus près de la demande exprimée et ainsi pour obtenir un succès d'audience. Or, les actions qui correspondent directement à la demande portent en elles le poids conservateur de la société, aujourd'hui, imprégnée par la culture économique du marché. Il n'y a pas de politique culturelle possible dans la correspondance offre et demande, dans la recherche d'audience la plus large. Pour Jean Caune, *« Raisonner en terme d'offre ou de demande conduit à faire l'impasse sur un processus qui ne s'exprime ni par la formulation d'un besoin ni ne s'achève dans sa satisfaction »*[1]. Interrogés sur ces constats de *duplication de logique économique*[2], certains de mes anciens camarades répondent par un fatalisme paisible : pour eux, les volontés transformatrices sont à l'image des forces des organisations syndicales, de leurs membres moins nombreux. Comme le montre Catherine Berto-Lavenir, les salariés pour leurs loisirs ou leurs vacances se satisfont de savoir que des possibilités d'activités leur sont offertes mais souhaitent le moins d'implication personnelle possible[3]. Alors le développement culturel avec ce qu'il comporte de dérangement, ne paraît pas d'actualité.

Les conclusions de la recherche-action mettent en exergue le rôle déterminant de l'organisation syndicale pour le développement d'action culturelle au travail. Cette recherche-action a été faite dans un autre temps, sur une autre dynamique, volontariste et transformatrice qui ne paraît pas en phase avec le contexte d'aujourd'hui. Mais deviendra-t-elle, demain, d'actualité ?

En attendant et pour ce qui me concerne, ce travail a, sans aucun doute, développé mes capacités d'écoute et d'analyse, la curiosité et une envie de continuer à étudier. C'est peut-être déjà beaucoup. ■

---

1 - Caune Jean, 1999, *Pour une éthique de la médiation, le sens des pratiques culturelles*, Grenoble, Presses Universitaires de Grenoble.
2 - Idem.
3 - Berto-Lavenir Catherine, 1999, *La roue et le stylo*, Paris, Odile Jacob.

Traces et influence des représentations sociales sur les pratiques langagières des acteurs de la direction commerciale de la SNCF

Représentations sociales des cheminots sur leur entreprise : mythes, images symboliques et cultures de la SNCF

Anne-Marie SOULLIER

Un chemin pour un parcours

Pour parler de mon parcours de recherche-action, je citerai en introduction cet extrait d'un poème d'Antonio Machado :

« Caminante, No hay camino,
Se hace el camino al handar. »
« Marcheur, Il n'y a pas de chemin,
Le chemin se fait en marchant. »

car à mes yeux, suivre un parcours de recherche-action, c'est prendre un chemin, en abandonner d'autres, en essayer encore un autre, et suivre celui que l'on se trace. Et c'est en cela, dans les choix opérés d'une façon volontaire et personnelle, même si le souci de la scientificité et de la validité des propos guide les pas de l'apprenti chercheur, que l'on se positionne en tant que « acteur-chercheur », ou tout du moins au sens que je lui prête.

Avant tout, je désire vous faire part du sens que j'ai développé autour des notions de recherche-action, de parcours, sans nulle intention de l'imposer, et en utilisant l'image d'un chemin qu'un marcheur débroussaille et trace au fur et à mesure de ses pas.

Car être acteur ou ne pas être acteur... telle est la question !

Bien sûr, j'ai été plus ou moins acteur de mon parcours et de mon histoire, selon le lieu, le moment, l'institution ou l'entreprise dans laquelle et pour laquelle j'ai travaillé. J'ai opéré des choix dans mes activités quotidiennes, j'ai décidé, parfois contre, parfois avec mon entourage professionnel des chemins que certains se doivent de prendre — dans leur intérêt pensais-je — j'ai agi dans un sens que je croyais le bon, que je m'imaginais avoir choisi, bien qu'il soit souvent imposé. Imposé par des règles, une organisation, un système de références tissé par d'autres et dont je me sentais peu ou prou proche, dans un sentiment confus d'appartenance à un groupe social. En effet, avant de suivre le chemin que j'ai choisi pour ma recherche — et choisi seule — j'avais le sentiment d'œuvrer et d'agir dans un sens certes qui heurtait une longue histoire d'entreprise et ses valeurs morales très prégnantes, mais en appliquant tout de même des règlements rigides et incontournables *a priori*, inscrits dans un fonctionnement conflictuel, où j'étais quelque peu « ballottée ».

Mais être acteur dans un parcours de recherche-action, c'est poser un instant ses bagages, regarder en arrière le chemin parcouru, analyser et réfléchir sur ce trajet, et donc se poser des questions afin de déterminer le nouveau chemin que l'on souhaite se tracer. C'est le recul que l'on se donne et le temps de réflexion que l'on s'octroie. Sans vouloir se situer comme « premier de cordée », en somme comme celui qui ouvre le chemin pour les autres, entreprendre une recherche-action représentait ainsi une façon de mieux comprendre pour mieux choisir sa route. C'est cela que je nomme « poser ses bagages » : réfléchir « d'où je viens » pour déterminer ensuite « d'où je parle » et « vers où je veux aller ». C'est passer de l'état d'agent à celui d'acteur, d'acteur à auteur. C'est se tracer un itinéraire, et tenir compte des aléas du parcours.

Être acteur représente alors à mes yeux une façon d'accepter les contraintes de son environnement, en comprendre les limites pour y puiser des leviers et en repousser les frontières. Car la recherche, par les questionnements qu'elle alimente, n'en a pas.

De l'acteur à l'apprenti chercheur, un chemin escarpé...

La recherche serait alors ce petit caillou dans la chaussure — que les Romains nommaient si joliment et si justement un *scrupule* — et qui titille le marcheur selon la manière dont il place ses pas. Un guide en quelque sorte, qui nous oblige à changer de soulier et la façon d'avancer, qui nous montre les écueils, mais aussi les pitons, fiables et éprouvés par d'autres avant nous, et sur lesquels nous nous appuyons pour franchir certains escarpements qui nous paraissaient jusqu'alors infranchissables.

Ainsi, l'apprenti chercheur, ce marcheur, ne part-il pas seul et à l'aveuglette : certaines balises lui sont proposées. Hésitant au début par un regard restrictif issu d'une petite lorgnette, il les suit ou non, il en cherche d'autres, il tâtonne, il glisse sur une hypothèse qui s'invalide car trop liée encore à des idées dont il ne peut et ne veut se défaire. Il craint parfois que son identité sociale ne se perde dans un abîme de valeurs morales contradictoires à son système de représentations sociales, pourtant déjà en changement.

Puis il se repose des questions, il remet en cause peu à peu ses certitudes qu'il abandonne enfin au bord du chemin pour découvrir un horizon plus lointain, encore inaccessible. Son bagage s'allège des vérités qu'il croyait détenir, mais qui n'étaient en fait que des chaussures mal adaptées à la route prise, et il s'alourdit aussi peu à peu de ses premières connaissances.

Et le marcheur-chercheur met des lunettes « grand angle », celles prêtées par d'autres chercheurs reconnus et dont il utilise les idées selon la situation et la place où il se trouve. Il s'appuie sur ses pairs pour s'ouvrir à d'autres modes de pensée, en se distanciant vis-à-vis de son histoire et de son parcours.

Mais se distancer d'un objet de recherche ne signifie pas pour autant faire table rase du passé. Ce passé, parcours déjà tracé, représente à mes yeux une canne qui, selon le chemin pris, est nécessaire ou handicape le marcheur. Car le marcheur peut intégrer les expériences précédentes sur lesquelles il pose un autre regard et sur lesquelles il s'appuie. Comme il peut rester trop soumis encore à une vision affective de ses objets de réflexion. Cette « canne du passé » gêne alors le pas et les lunettes du chercheur n'apportent qu'un regard flou, où la mise au point argumentée devient difficilement réalisable.

Voilà en somme le sens que je donne aujourd'hui à la notion de parcours de recherche-action : celui d'un chemin que l'on se trace, d'un parcours non linéaire mais toujours progressif.

Mais qu'advient-il de ce marcheur, quand il a déjà parcouru quelques pas sur ce difficile chemin de la compréhension et de la connaissance, en balisant sa route de repères pour ceux qui suivraient ? Pour le dire autrement, quels ont été pour moi les effets de ma recherche-action ?

J'en citerai quatre, sans hiérarchie ni ordre pré-déterminé.

Je parlerai en premier lieu du plaisir, même si certains pas ont été très ardus à franchir, notamment la remise en cause d'*a priori*, qui oblige à remettre en cause sa position d'acteur et sa façon d'appréhender son environnement.

Surtout quand l'environnement professionnel exige, par ses règles morales très fortes, de n'être qu'un « agent », noyé dans un « agrégat d'individus », agent non doué de pensée et soumis à l'obéissance de règlements quelque peu aliénants.

Mais c'est là toute la richesse de la recherche-action : la complémentarité entre l'acteur et le chercheur. Car par la recherche, le monde social dans lequel on s'inscrit devient plus lisible, ce qui mène à une place d'acteur devenue plus lisible également. Et cet effet de « lisibilité » se retrouve tout autant dans le monde personnel que professionnel.

Ensuite, je citerai comme effet **le passage d'un sentiment de rupture d'avec mon environnement professionnel à un sentiment d'acceptation de son fonctionnement.** Et cela reste lié à la place d'acteur telle que j'ai pu la re-déterminer, et me donner non sans mal, à la suite de mon parcours. Autrement dit, mieux comprendre les systèmes de pensée de mon entreprise m'amène à trouver des leviers que j'utilise pour que les « mondes culturels » qui s'y côtoient se parlent et travaillent en collaboration, en lieu et place de conflits stériles. Même si cela demandera du temps, il est vrai.

Autre effet, non négligeable, celui issu directement des modiques connaissances que j'ai développées durant mes trois années de recherche-action : **la « philosophie » même de ce parcours, celle du chemin que l'on trace.**

Responsable jusqu'alors d'une formation continue pour de futurs cadres commerciaux, j'ai élaboré un parcours basé sur celui de la recherche-action : notion de projet à développer, réalisation d'un mémoire dont l'objet provient d'une pratique professionnelle et qui doit tisser théorie et pratique, en allers-retours permanents... Cette formation apporte ainsi une évolution progressive de leur identité professionnelle et sociale.

Ayant moi-même fait face aux problèmes que ces personnes rencontrent, je peux plus aisément les accompagner sur le chemin qu'elles choisissent, pour les aider à se distancier à leur tour, à poser un autre regard sur leur environnement professionnel que, pour beaucoup d'entre elles, connaissent depuis l'âge de 16 ans.

Et pour terminer, je crois que la dynamique de **la recherche-action ouvre sur la possibilité que l'on ressent de relever des défis, personnels et professionnels,** par les interrogations qui guident toute analyse de son environnement et amènent à vouloir comprendre d'autres pratiques, à rencontrer d'autres acteurs.

Je ne qualifierais pas ces changements de courageux, ou de téméraires ; il ne s'agit en somme que d'un nouveau chemin que l'on souhaite se tracer mais sur lequel les pas sembleront plus sûrs, plus fermes.

C'est ainsi qu'après plusieurs années consacrées au développement des compétences et à la gestion des ressources humaines — pour employer le langage consacré — je me tourne aujourd'hui vers un métier où le client est au cœur des actions commerciales entreprises pour l'aménagement des gares. Changement radical de métier, d'acteurs, d'organisation, mais quoi de plus passionnant que de découvrir et d'apprendre !

Ainsi nul parcours, de formation ou de réflexion, n'est anodin, tant il oblige, par ses apports de connaissances comme ses apports de références autres, à se remettre en cause.

S'inscrire dans une démarche de recherche-action, c'est à un moment donné se repenser en tant qu'acteur par un regard de chercheur, et c'est une démarche qui ne trouve jamais de fin. ■

XIII - Psychothérapie

Effets d'une recherche-action en psychothérapie

La modélisation des savoir-faire du psychothérapeute

Malika Belkassan

Nécessité d'une recherche-action

1.1. Richesses et limites des formations par les pairs

Lorsque j'ai commencé ma recherche-action, en 1991, j'étais psychothérapeute exerçant en libéral depuis huit ans, aimant profondément ce métier que j'avais choisi par vocation et réussi à atteindre par une lente reconversion professionnelle. J'étais pourtant consciente des fragilités identitaires encore liées à son statut seulement toléré sur le plan légal, aux failles de ses systèmes de formation jalousement tiraillés entre universités et instituts privés, et aux contradictions épistémologiques découlant de l'absence d'une théorie générale de la psychothérapie.

À cette époque, trois possibilités se présentent pour devenir psychothérapeute :
- les études de médecine, suivies ou pas d'une spécialisation en psychiatrie ;
- le DESS de psychologie donnant le titre de psychologue clinicien et protégé par décret depuis 1985 ;
- la « troisième voie », celle que j'ai suivie, passant par des cursus de formation en instituts privés, également appelés formations « par les pairs ».

Le futur psychothérapeute qui empruntait cette troisième voie, pouvait choisir, en fonction de sa propre logique de développement, les techniques auxquelles il désirait se former, et les formateurs et didacticiens dont il souhaitait suivre l'enseignement. Il était tenu en plus — ce qui n'est pas le cas pour les psychothérapeutes passant par médecine ou psychologie — de faire une démarche approfondie de psychothérapie lui-même avant de pouvoir pratiquer avec des patients, et d'être supervisé. Il passait ensuite par un processus de titularisation devant des groupes de pairs, qui évaluaient ses savoir-faire, ses grilles de références théoriques, et, chose plus délicate, son savoir-être. Dans mon cas, ce fut auprès du Syndicat National des Praticiens en Psychothérapie que j'obtins cette reconnaissance.

Chaque psychothérapeute construisait ainsi, au fil des années, un *cursus* théorico-technique unique. Certains préféraient rester définitivement affiliés à la même école, on les désignait alors par le nom de leur technique : gestaltistes, analystes transactionnels, rebirth-thérapeutes, etc. D'autres préféraient au contraire apprendre plusieurs techniques, accumulant au fil des années plusieurs formations jusqu'à construire une pratique pluridisciplinaire qui les satisfasse.

Pour ma part, j'avais intégré trois grands axes : la psychothérapie psycho-corporelle, l'écoute psychanalytique et la programmation neuro-linguistique (PNL), méthode cognitivo-comportementale, que j'apprécie particulièrement, dont j'avais fait l'axe central de mon travail. Après avoir passé les diplômes internes à cette approche, j'avais commencé d'enseigner à de jeunes psychothérapeutes, reprenant ainsi la tradition de la transmission orale des savoirs.

Mais je me posais des questions, tant sur l'inconfort de la position légalement seulement tolérée des psychothérapeutes issus de cette troisième voie, que sur le bien-fondé de reproduire à mon tour ce mode de formation sans le questionner.

Par ailleurs, la programmation neuro-linguistique me semblait, à l'évidence de la pratique, être un outil d'une grande richesse clinique, avec une forte dimension scientifique, bien que non enseignée à l'université et je souhaitais la faire mieux reconnaître sur le plan théorique aux milieux professionnels que je fréquentais.

L'étape suivante de mon itinéraire m'apparaissait donc ainsi : commencer une recherche pour analyser ce qui permet à un psychothérapeute de construire ses grilles théoriques à partir de sa pratique, et de les relier sans se perdre aux savoirs académiques. Je prendrai comme exemple la PNL.

Je trouvai le lieu idéal pour cette réflexion dans le DHEPS de Paris III : devenir un chercheur-acteur, qui réfléchit sur sa pratique pour en tirer de nouveaux savoirs à faire remonter en l'occurrence vers le champ des pratiques sociales. La méthode ressemble beaucoup à la démarche du psychothérapeute qui veut devenir sans cesse plus efficace dans ses séances tout en contribuant, à sa mesure, à l'élaboration d'une science globale de la psychothérapie qui n'existe pas encore.

1.2. Combler le fossé entre théoriciens et praticiens

Mes questions pour commencer la recherche-action furent donc les suivantes : *Qu'est-ce exactement que la PNL ? Qu'est-ce qui lui confère une spécificité par rapport aux autres approches, notamment quant à son positionnement vis-à-vis du monde scientifique ? Et quelle dimension manque éventuellement aux formations par les pairs pour que les psychothérapeutes qui les choisissent ne restent pas coincés entre une formation seulement technique sans théorisation possible et des études universitaires théoriques sans lien avec leurs pratiques réelles, puisque la PNL semblait avoir su concilier les deux ?*

1.3. Découverte d'un troisième pôle : la modélisation des savoir-faire

Après plusieurs découpages, j'ai recentré mon sujet sur le *processus de recherche* à l'origine de la PNL. Les fondateurs de cette approche avaient analysé des séances de psychothérapie utilisant plusieurs techniques, au travers de concepts issus de la linguistique, de la cybernétique, de la systémique et des neurosciences, champs encore disparates à l'époque, devenus aujourd'hui les sciences cognitives. Ils en avaient tiré une série de nouveaux concepts et de procédures d'intervention psychothérapeutiques.

Je montrais comment cette démarche se plaçait à mi-chemin d'une recherche en psychothérapie de type scientifique, comme celle par exemple des théoriciens de l'école dite « de Palo-Alto » (Bateson, Watzlawick) et d'une recherche de type expérientielle telle que la pratiquent les thérapeutes humanistes du Centre Esalen (Perls, Satir). Ces deux centres étaient d'ailleurs situés en Californie, non loin de l'université où travaillaient les fondateurs de la PNL. Je montrais aussi combien la recherche en PNL avait considéré comme central le concept de modélisation.

Et je posais l'hypothèse qu'il s'agissait là de la dimension manquante qui permettrait aux psychothérapeutes, quelle que soit leur technique de référence, et même et surtout s'ils sont pluridisciplinaires, de formaliser leur grille de travail. J'entrepris ensuite de comparer la notion de *modélisation des savoir-faire thérapeutiques*, telle que transmise par la PNL, avec la dynamique des *savoirs en usage* de Gérard Malglaive[1], qui

---

1 - Malglaive Gérard, 1990, *Enseigner à des adultes. Travail et pédagogie*, Paris, PUF.

relie formalisation des pratiques et théories. J'en conclus que la modélisation des pratiques comme troisième mode de recherche pourrait permettre aux psychothérapeutes de penser et transmettre leurs découvertes cliniques et les nouveaux concepts qui pourraient en découler, et à l'inverse, de mettre en forme des procédures inventives non limitées aux théories déjà existantes.

1.4 . L'enquête sur le terrain

J'ai pu effectuer onze entretiens de psychothérapeutes, psychologues et psychiatres, tous formés en PNL au niveau maître-praticien, à qui j'ai demandé de décrire leur pratique thérapeutique avec la PNL et de me parler de leur rapport à la théorie et à la modélisation.

L'analyse de ces entretiens a montré l'existence d'une pratique variée et créative de la psychothérapie en PNL, déclinée en de multiples manières d'accommoder les procédures de base. Les praticiens PNL sont bien producteurs de nouveaux savoirs pratiques, soit qu'ils mélangent les techniques apprises, soit qu'ils inventent en séance en suivant leur intuition, soit qu'ils adaptent à leur style les protocoles d'intervention.

Mais aucun d'entre eux n'avait formalisé cette dimension de son travail, certains parce qu'ils n'en éprouvaient pas le besoin, d'autres parce qu'ils ne s'en sentaient toujours pas les moyens malgré parfois des années d'expérience et de nombreux diplômes.

À ma grande surprise, le psychothérapeute en PNL, pas plus que ses collègues d'autres techniques, ne semblait s'être approprié la dimension de modélisation de ses propres pratiques, bien que ce soit pourtant le projet officiellement annoncé des fondateurs de cette approche et des enseignants qui les ont suivis. Et sa production de nouveaux savoirs formalisés reste très faible, voire inexistante.

Il semble donc que les formations proposées jusqu'ici aux thérapeutes, tant par l'université que par les instituts privés, ne développent pas suffisamment cette dimension, et cela pas plus en PNL que pour d'autres techniques thérapeutiques.

Quels lieux, quels modes de formations restent donc à inventer, aujourd'hui plus que jamais, pour que le psychothérapeute puisse faire remonter les concepts qu'il extrait de son expérience pratique vers la production d'écrits reconnus scientifiquement et devienne ainsi à part entière un praticien-chercheur ?

2 - Les effets de la recherche action

Une chose est sûre : le processus de cette recherche-action a transformé mon regard sur mon métier et sur mon rôle de formatrice-didacticienne en y ajoutant la dimension d'action dans et sur le champ social. Les effets en ont été nombreux et parfois même inattendus sur les différents acteurs impliqués.

2.1. Une transformation psychologique

Tout d'abord, le travail de dé-construction, de tri, et de ré-articulation de mon objet, s'est accompagné d'une traversée des peurs et des ombres que me cachait au départ sa complexité. Je dus combattre tour à tour la tentation de toute-puissance, puis son corollaire, la tentation d'impuissance. La taille de mon objet fondait comme un oignon qu'on épluche : n'allait-il rien en rester ? Une fois différenciée de ses racines et celles-ci rendues à leurs terrains d'origine la PNL existerait-elle encore ? Je dus me battre aussi avec la confusion et le sentiment d'illégitimité de celle qui n'a pas les mots précis pour dire les idées complexes qu'elle porte.

Mais j'y gagnais en retour de belles récompenses : l'intégration, avec celles de mon objet, de mes limites enfin acceptées, la découverte de l'originalité de ma grille pluridisciplinaire, et surtout une réparation de mon droit à la parole.

J'ai pu aussi, par ce travail, relier mon identité de psychothérapeute à un groupe bien plus large que ceux auxquels je me sentais appartenir jusque-là : celui des chercheurs-praticiens de terrain, et parmi ceux-ci, plus précisément, celui des théoriciens de la pratique.

J'ai pris goût à transmettre mes idées dans un vocabulaire plus conceptuel qu'auparavant, ce qui m'a permis, après la soutenance, de voir deux articles acceptés dans des revues spécialisées[2]. Et je souhaite bien sûr continuer d'écrire sur le sujet.

2.2. Effets sur les psychothérapeutes interrogés

Le premier groupe qui a été mobilisé par ma recherche est celui des thérapeutes interviewés dans les entretiens. Mon questionnement sur leur rapport à la modélisation les a, de toute évidence, troublés, avec la prise de conscience quasi unanime du sous-emploi de cette dimension de leur travail. Voici quelques exemples des réactions qui ont suivi.

L'une d'elles, D.J., qui avait souhaité garder le contact avec moi, a rejoint depuis quatre ans le groupe de « co-vision » pluri-disciplinaire dont je fais partie et nous avons le projet de continuer à travailler ensemble sur les développements théorico-pratiques de la psychothérapie en PNL.

Une autre, A.S., qui avait manifesté dans l'entretien son refus d'adhérer à l'association de PNL, pour ne pas se faire « gourou-tiser par les saints fondateurs », s'y est investie quelques mois plus tard et fait maintenant partie du conseil d'administration.

Deux autres interviewées, J.D. et A.R., membres à l'époque de la même association, ont créé une commission de travail sur le thème « *Psychothérapie et PNL* », et se donnent aujourd'hui pour mission de structurer cette approche auprès des instances européennes.

Leur première victoire a été de voir la Programmation neuro-linguistique parmi les premières techniques reconnues comme spécialités thérapeutiques par l'EAP, *European Association of Psychothérapie*. À la suite de quoi, les psychothérapeutes spécialisés en PNL qui le souhaitent, peuvent désormais déposer devant cette instance un dossier d'attribution pour le Certificat Européen de Psychothérapie, en attendant une meilleure structuration légale de la profession en France.

2.3. Le groupe des psychothérapeutes en formation

Dès que j'ai pu identifier l'importance de ce concept et en formuler les différents aspects, j'ai ajouté à mes formations en PNL un module spécial de modélisation des savoir-faire du psychothérapeute.

Puis, j'ai créé un stage, une fois par an, ouvert à tous les psychothérapeutes à qui j'enseigne : comment formaliser leur propre grille de travail à partir de leurs séances de thérapie. Ces stages semblent très appréciés. Ils permettent aux participants de découvrir, au-delà des différences entre leurs pratiques, quels sont les invariants dans leur rapport à la théorie et au-delà de leurs difficultés à conceptualiser, comment commencer à se situer en tant que chercheurs-producteurs de savoir sur leurs propres pratiques. Ces stages ont débouché, pour deux groupes qui avaient souhaité continuer ce travail, sur la production d'un écrit collectif. Pour ma part, je souhaite affiner encore et transmettre de plus en plus largement cette dimension.

Un autre groupe m'a contacté, que je n'attendais pas : celui des psychanalystes. À l'automne 99, on me demanda de présenter mon travail de recherche sur l'épistémologie et les pratiques de la psychothérapie en PNL dans une série de six exposés dans une école de formation en psychanalyse, dont je salue ici l'ouverture d'esprit[3]. Et je continue, dans certaines de mes conférences actuelles à explorer les ponts possibles entre ces deux approches de la psychothérapie pourtant peu destinées l'une à l'autre : la psychanalyse et l'axe cognitivo-comportemental.

2.4. L'Association Française des Certifiés en PNL

En direction des membres de cette association, que j'avais co-fondée en 1989, j'ai écrit dès la fin de ma soutenance un article intitulé « Modélisation et psychothérapie » (Revue *Métaphore*, septembre 97). Mon

---

2 - « Modélisation et psychothérapie » in *Métaphore* n° 23, septembre 1997.
« La psychothérapie en programmation neuro-linguistique » in *Actua-Psy* n° 108 et 109, novembre-décembre 1999.
3 - École de Propédeutique à la Connaissance de l'Inconscient (EPCI), Paris.

premier message était le suivant : la PNL est bel et bien une psychothérapie, même si certains souhaitent préserver pour leurs formations en entreprise l'image d'une PNL pas trop « psy ». Et, second message, les formations actuelles s'éloignent dangereusement du cadre scientifique que les fondateurs lui ont donné, notamment en ce qui concerne la notion de modélisation. Je reprenais les différentes confusions de sens relevées dans mes entretiens concernant cette notion et finissais l'article en présentant ce qui pourrait être une définition générale de la psychothérapie en PNL à partir de ses différents niveaux de boîte à outils, ensemble de modèles-procédures et système conceptuel.

Que la PNL soit désormais reconnue comme psychothérapie dans cette association, c'est maintenant acquis, comme le montre la réflexion sur le titre européen de psychothérapeute spécialisé en PNL décrite plus haut. Que les instituts de formations en PNL aient repris le travail d'analyse du concept de modélisation à la suite de mon article, je n'ai pas les moyens de le savoir, n'ayant reçu absolument aucun *feed-back* pour mon article. J'ai toutefois pu constater que deux de ces instituts avaient fait venir l'année suivante un enseignant américain pour animer trois modules sur ce thème. Qu'en déduire ? Disons que je me satisfais d'avoir pu apporter ma contribution.

Notons également que tout récemment, on m'a demandé de présenter mon travail de psychothérapeute enseignante en PNL au congrès annuel de cette association, dont le thème pour janvier 2000 était *« PNL et Inconscient »*. Les choses avancent donc nettement dans le sens d'une reprise de la recherche en psychothérapie.

2.5. La difficile voie universitaire

Le moins qu'on puisse dire, c'est que le monde de la recherche universitaire en psychologie reste encore très fermé aux chercheurs non-conformes à la pensée dominante.

Fière de mon Diplôme des Hautes Études des Pratiques Sociales et de ma mention, j'ai écrit fin 98 au directeur d'un département de recherche en psychologie d'une université parisienne pour demander l'autorisation de présenter un dossier de DEA, sous réserve, bien entendu, que j'obtienne la validation d'acquis nécessaire. Je lui ai joint mon CV complet et un projet de recherche détaillé portant sur la modélisation cognitive des processus intégratifs des psychothérapeutes.

Hélas, malgré l'accord de ce directeur de département, l'obtention de la fameuse validation d'acquis, et l'accord successif de deux directeurs de recherche pour m'accueillir dans leur séminaire et diriger ma recherche, et bien que j'aie tenu bon jusque et y compris le jour de la rentrée, pendant que les négociations continuaient, un désaccord des professeurs a réussi à bloquer mon dossier en obtenant que l'inscription administrative soit refusée.

J'ai donc occupé ces deux dernières années universitaires à suivre en auditeur libre les cours du DEA de sciences cognitives de l'École des Hautes Études en Sciences Sociales, auprès des professeurs qui m'y autorisaient. L'an dernier, j'ai déposé une demande plus directe pour pouvoir suivre dans cette même école un cours sur l'histoire de la psychothérapie, mais sans succès également, ou plus précisément sans réponse.

Je dois dire que, rétro-activement, j'ai pu alors mesurer le respect, l'ouverture d'esprit et l'accompagnement privilégié dont j'avais bénéficié à Paris III.

Ces refus, en tout cas, m'ont fait réfléchir. Ils m'ont fait mesurer l'intensité des peurs et les réflexes corporatistes du groupe des psychologues universitaires vis-à-vis de notre profession, dont certains collègues m'avaient parlé, mais qu'avec beaucoup d'idéalisme, j'avais refusé de croire, préférant parier sur la bonne volonté de part et d'autre du fossé à poser des ponts sur le vide au-delà duquel se tient l'autre. Force m'est de constater qu'il reste pour l'instant des logiques trop incompatibles entre une recherche en psychothérapie telle que la conçoivent les psychothérapeutes dont je fais partie, c'est-à-dire pluridisciplinaire et reposant sur l'articulation sans cesse retravaillée de leur développement personnel, de leur savoir-faire et de leurs savoirs théoriques, et celle qui relève encore exclusivement de la reconnaissance universitaire en psychologie.

Il existe également une guerre, qui n'est pas la mienne mais dans laquelle je suis impliquée de fait comme beaucoup de mes collègues, entre universités et instituts privés pour le contrôle économique de la formation des psychothérapeutes.

Et surtout, à la fois cause et conséquence de ce qui précède, il continue de manquer une définition claire de ce qu'est la psychothérapie et les savoirs qui la composent. Et il reste la question de fond : où et comment, pour l'instant, le psychothérapeute peut-il effectuer une recherche théorique sur ses pratiques ? Existe-t-il une route après la recherche-action en DHEPS ? Et si non, comment contribuer à la construire ?

Alors, ainsi se décident parfois les chemins, dans les semaines qui suivirent ces refus universitaires, je décidais de me mobiliser plus radicalement dans l'action pour le droit du psychothérapeute d'accéder librement à la recherche scientifique, et me tournais alors vers le syndicat auquel j'adhérais depuis dix ans, jusque-là plutôt tranquillement.

2.6. L'action syndicale

De simple psychothérapeute désirant partager ses recherches, je suis ainsi devenue depuis deux ans une militante active pour la reconnaissance légale de la profession de psychothérapeute, avec des prises de parole régulières concernant la formation et la recherche.

En avril 99, je présentais mon dossier devant la Commission Nationale de Titularisation du Syndicat National des Praticiens en Psychothérapie. J'eus, lors de cet examen sans concession, l'occasion de parler de ma recherche-action et de mes projets de promouvoir un espace plus libre pour la recherche en psychothérapie. Quelques semaines plus tard, on me contacta pour me proposer de postuler à un des postes bientôt vacants du conseil d'administration, ce qu'après quelques hésitations je décidais d'accepter. J'ai ainsi commencé à participer au groupe de travail qui réfléchissait depuis plusieurs mois avec les pouvoirs publics sur une proposition de loi protégeant légalement la profession de psychothérapeute, et définissant les *cursus* de formation pour y accéder.

Dans ce groupe de travail, j'ai proposé un texte présentant mon expérience de recherche-action, en soulignant l'importance de la modélisation des savoir-faire dans la formation du psychothérapeute.

Au début de l'année 2000, les travaux de ce syndicat ont abouti à une proposition de loi *« relative à l'exercice de la profession de psychothérapeute, à l'attribution et usage du titre »* déposée à l'Assemblée nationale le 28 mars par le député Jean-Michel Marchand. Cette proposition de loi fait suite à celle déposée en novembre 99 par un autre député, Monsieur Bernard Accoyer, essayant de réserver l'exercice de la psychothérapie aux seuls médecins et psychologues cliniciens.

Le porte-parole du Secrétariat d'État à la Santé, dont dépend notre profession, a clairement indiqué dans un colloque[4] que le gouvernement *« souhaite prendre en compte tous les acteurs du champ social de la psychothérapie, y compris ceux formés et reconnus par leurs pairs »*. Avant de prendre sa décision, il leur pose à tous trois questions : *« Qu'est-ce que la qualification de psychothérapeute ? Comment s'acquiert-elle ? Et qui peut en être garant ? »*. Il y a donc là quelques signes de reconnaissance, mais encore beaucoup de travail à faire.

Ainsi, de la pratique à la théorie, puis à la recherche, pour aboutir enfin à l'engagement citoyen, je continue ma réflexion sur la construction des savoirs du psychothérapeute. Et dans ce précieux voyage, je suis tantôt celle qui chemine et tantôt celle qui observe et décrit le chemin, travaillant à penser, et j'espère contribuant à construire les ponts qui n'existent pas encore. ■

---

4 - Colloque *« Les psychothérapeutes et la loi »*, Assemblée nationale, 23 mars 2000.

Table-ronde : Échange et synthèse autour des témoignages

Les recherches-actions : entre mythe et réalité ?

Intervenants

Renée Rousseau, responsable du Diplôme Universitaire d'Ingénierie et de Formation (DUIF) à la Formation continue de l'Université de Paris I.
Marine Zecca, enseignant-chercheur à l'Université de Paris VIII.
Michel Bataille, Professeur de Sciences de l'éducation à l'Université de Toulouse le Mirail, responsable scientifique du DUEPS (Diplôme Universitaire des Études en Pratiques Sociales).
Christian Hermelin, ancien Directeur du Collège coopératif, ancien secrétaire général du RHEPS, président fondateur de l'Université populaire de recherche-action coopérative (UPRACO).
Pierre-Marie Mesnier, maître de conférence en Sciences de l'éducation, directeur pédagogique du DHEPS à la Formation continue de l'Université de Paris III.
Philippe Missotte, président du Collège coopératif (Paris), secrétaire général du RHEPS, coanimateur du DHEPS à la Formation continue de l'Université de Paris III.

P.M. Mesnier - Des anciens étudiants du DHEPS ont présenté les changements opérés par la recherche-action sur eux-mêmes et sur leur environnement. Cette présentation s'est organisée autour de trois pôles :

- l'acteur-chercheur, son rapport à la recherche-action et ses effets sur l'acteur ;
- les sujets impliquées dans la démarche de recherche, pendant la recherche ou en amont ;
- l'environnement professionnel et l'institution.

1 - Les effets repérés sur le sujet acteur-chercheur sont nombreux et divers. Par exemple : « *Quand on vient faire un DHEPS, on cherche d'abord une reconnaissance, un diplôme qui va modifier un statut. Mais dans un deuxième temps, sur lequel on se fixe, au cours du développement de la recherche, c'est l'idée que l'expérience professionnelle va se transformer en un certain nombre de compétences qu'on va pouvoir repérer* ». Un deuxième niveau de motivation apparaît déjà. La motivation du troisième type, qui semble se prolonger ensuite, est celle du plaisir de la recherche, de la production de savoirs ou de regards nouveaux sur les savoirs. Et cette satisfaction continue : la recherche-action, une fois qu'elle est vraiment engagée, n'est jamais finie. L'attitude du chercheur valorise plus le processus que les résultats de la recherche.

La recherche-action a un autre effet, une sorte de restauration narcissique parce qu'elle permet de régler des comptes, par exemple, avec un passé scolaire difficile.

Des effets de réidentification professionnelle sont mis en évidence : des ruptures sont vécues, y compris celles qui aboutissent à une mobilité professionnelle. Celle-ci peut être soit interne, soit externe, soit impulsée par l'institution, soit voulue par l'acteur. Parfois les effets se **traduisent** par des formes de réinsertion dans l'institution qui ne se **manifestent** pas obligatoirement par des départs ou des ruptures. Dans les métiers du social, le regard sur la profession et le positionnement dans la profession a particulièrement changé.

Le changement dans le rapport au savoir fait l'objet de plusieurs confrontations. Il est parfois vécu en terme d'évolution, parfois de transformation forte, voire de révolution, avec une sensation passagère peu confortable de déséquilibre.

Est également évoqué le passage d'une position purement militante à une position tout aussi engagée, mais intégrant des questionnements, des formes d'interrogations nouvelles. Enfin, est formulée de différentes manières, la possibilité pour le sujet d'un positionnement nouveau par rapport à des acteurs ou des groupes en difficulté de communication ou pris dans des systèmes culturels très hétérogènes. Le changement de regard peut conduire le praticien chercheur à jouer le rôle de « passeur de frontières ». Plus simplement, le sujet se sent plus à même d'opérer ces ruptures et ces déplacements grâce à des formes d'émancipation appréhendées comme une plus grande liberté intérieure.

2 - Avec les personnes de l'environnement du chercheur-acteur, que ce soit par une recherche-action participante (modèle très minoritaire), que ce soit comme interlocuteur, la démarche instaure une influence mutuelle. *« La parole des sujets impliqués dans ma recherche a changé mon regard, mais j'ai aussi le sentiment que le fait d'avoir été impliquées dans ma démarche de recherche-action avait produit des modifications chez ces personnes »*. Des relations établies par des récits de vie, plus impliquants, se prolongent par un accompagnement imprévu de ces personnes par l'acteur-chercheur. A une échelle un peu plus grande, l'implication de groupes est signalée produisant des changements inattendus dans leur fonctionnement.

3 - Un troisième domaine est assez développé : l'institution, l'environnement professionnel. La plupart des témoignages constatent que ces effets sont difficiles à évaluer, microscopiques, parfois de l'ordre du clandestin. On est parfois dans l'ordre de la *« résistance »*. Même dans des cas plus réussis, l'appropriation par l'institution est peu visible. L'institution est parfois à l'origine de la recherche-action. Ces effets de commande sont vécus comme positifs et dans ce cas-là la légitimation est plus grande. Dans la plupart des cas, quelques effets apparaissent *a posteriori*, une fois l'acteur légitimé par le diplôme. Le positionnement de celui-ci a changé, l'acteur est parfois davantage associé à d'autres intervenants, d'autres chercheurs qui interviennent dans cette institution.

D'autres cas sont notés : ils posent la question de l'opposition entre l'utopie du changement à l'intérieur même de la recherche-action (la recherche-action participative, collective n'est pas le modèle dominant rencontré dans les témoignages) et les changements ultérieurs. Un acteur-chercheur a dû quitter l'institution pour conduire sa recherche-action, infaisable au sein de celle-ci. Un autre a créé une association à l'issue de sa recherche-action pour faire vivre les effets de sa recherche-action.

Ph. Missotte - La polarisation sur la recherche-action individuelle semble importante. Les groupes ont peu débattu de problèmes posés par une recherche-action collective qui réunirait plusieurs chercheurs. Les formes et les effets collectifs évoqués sont des déclinaisons de la recherche-action individuelle. Elle est peu revendiquée comme inventive d'un modèle social. Les problèmes et les effets (ou non-effets) sont centrés sur l'auteur de la recherche-action individuelle. Parfois, rarement, l'acteur-chercheur fait participer les autres à sa recherche. Demeure la question capitale : Comment une recherche-action fondée sur le désir d'un individu est-elle compatible avec la vie institutionnelle ? Et au-delà : la transformation du social est-elle un critère de la recherche-action ?

P.M. Mesnier - La transférabilité des résultats — ou du modèle — engendrés par la recherche-action est aussi au centre des débats. Ces résultats sont-ils transférables ? Circonscrits à une expérience et il n'est pas question de transférabilité des résultats. En revanche, apparaît dans les débats, la transférabilité de la démarche de recherche-action.

Ch. Hermelin - Dans les années 90, au Collège coopératif de Paris, j'ai progressivement, lentement, lancé, à côté du DHEPS, des activités collectives. Cela ne m'étonne pas du tout que le DHEPS soit évoqué peu collectif, il a été créé ainsi. Cependant en relisant Desroche, j'ai eu le sentiment qu'en filigrane se trouvait l'idée d'une recherche collective d'acteurs. Pour des raisons légitimes, dans le cadre de l'École des Hautes Études puis du Collège puis des Universités, Desroche, avec sa volonté de promotion sociale à un niveau supérieur et en même temps l'idée d'une recherche conduite par des acteurs sociaux, avait dû, d'abord faire sa proposition sous forme d'un diplôme..

Qu'est-ce que la recherche-action ? Le terme m'empoisonne comme beaucoup de gens. Nous sommes tout simplement victimes d'un terme qu'on ne peut plus changer. C'est tout. Mais pour Desroche, la recherche-action est une recherche savante. Je ne vois pas pourquoi les experts, les savants, les chargés d'étude ne pratiqueraient pas de la recherche par des méthodes dites de recherche-action, si tant est qu'il s'agit de méthodes. Je comprends très bien que d'autres disent : *« Que serait une recherche sans action, cela n'a pas de sens, donc cela a toujours existé ».* Elle se définit ici comme une recherche d'acteurs. C'est ce qui la caractérise d'abord. Effectivement, le DHEPS est une recherche d'acteur au singulier.

À un moment, il m'a semblé qu'il fallait aller plus loin sans pour autant arrêter la recherche-action individuelle. J'étais tenté de dire, l'important est la recherche d'acteurs collective, il s'agit cette fois-ci, de mettre « acteurs » au pluriel. Pourquoi ? Puisque les acteurs sociaux qui viennent faire des DHEPS, sont, la plupart d'entre eux, engagés dans des actions au cœur de collectif, pourquoi faut-il qu'un individu seul se permette de faire de la recherche au nom du collectif ? C'est très bon pour lui, mais on peut aussi le faire avec le collectif lui-même. Alors évidemment, il faut se méfier de toute démagogie populiste. En particulier, j'ai un grand débat quand je vais en Afrique avec certains de mes amis sur la spontanéité. Je ne crois pas à la spontanéité. La spontanéité est un outil utile, essentiel mais la recherche-action collective suppose — là encore on est piégé par les mots mais je n'en ai pas d'autres pour l'instant — une animation de recherche. Le mot « animation » est un mot dévalué, mais il s'agit au fond de ce que Desroche appelait la maïeutique, au niveau individuel. Il faut trouver des moyens de maïeutique collective.

Loin d'être seulement une méthode, la recherche-action collective est un processus de production, de valorisation et de diffusion de savoirs collectifs d'acteurs sur la base de leur expérience et de leur action commune, dans le but de théoriser cette expérience, de la concrétiser dans une écriture qui tend à la communiquer et de s'en servir pour reconstruire leur expérience. La méthode est indispensable. J'ai dit que je n'étais pas pour la spontanéité. Ceux qui ont pratiqué la recherche-action collective savent qu'ils partent dans des aventures invraisemblables, plus qu'une méthode, il faut un processus méthodologique. S'ils s'accrochent aux méthodes qu'ils connaissent, c'est une catastrophe. On verra s'il faut passer par des questionnaires, s'il faut rencontrer des gens. Mais l'important est ce que nous voulons chercher et finalement le chemin que prend le groupe. L'animateur est pour cet aspect extrêmement important parce qu'il a quelques outils dans sa poche, mais il ne doit pas les sortir.

À titre d'exemple, un groupe dans les Yvelines travaillait sur les questions de petite enfance. Pendant un an ses membres devaient expérimenter une forme temporaire d'accueil et d'observation pour les enfants placés. Ces conditions entraînaient une nouvelle forme du travail d'assistante maternelle en lien avec les juges, les assistantes sociales, etc. L'atelier a réfléchi et théorisé cette nouvelle forme d'accueil de la petite enfance. Un groupe d'assistantes sociales de l'Association des Paralysés de France étaient préoccupées par les handicapés d'origine étrangère avec qui elles sentaient des difficultés particulières. On a passé deux ans sur ce travail avec publication en deux volumes d'un document « Handicap et culture » qui témoigne d'observations et d'expériences assez passionnantes mais qui aboutit à un schéma théorique : le modèle de la double différence. Dans un pays, être étranger et handicapé, est-ce que c'est un cumul ou autre chose ? Elles ont découvert, en travaillant leur expérience, que des stratégies d'acteurs pouvaient se glisser à l'intérieur de cette double différence. Un seul exemple : handicapé et étranger, on est rarement naturalisé, paraît-il, et en même temps on n'est pas expulsé.

Un petit texte écrit à partir d'un mouvement fondé par des Africains et des Européens précise le sens, pour nous politique, de ce que peut être la recherche-action collective : « *Aspirant à contribuer davantage au mouvement de transformation sociale, les fondateurs se donnent pour finalité la généralisation de la production de savoirs collectifs d'acteurs. Collectifs, parce que différents de la somme des savoirs individuels, nés qu'ils sont de l'échange, de l'expérimentation commune et des synergies. Savoirs d'acteurs, parce qu'élaborés au cours et à propos des pratiques sociales partagées. Ces savoirs produits ne se substituent pas à ceux des chercheurs experts ou des décideurs politiques et techniques. Ils cherchent à contribuer à la lutte contre les pauvretés et visent tout à la fois le changement social et la production conceptuelle, tendent à se constituer comme un corps de connaissances pratiques et théoriques autonomes qui demandent à être formalisées, exprimées et diffusées afin d'engendrer un mouvement de créativité sociale. Les fondateurs partagent la conviction selon laquelle les populations ayant un espace de pratique en commun sont potentiellement porteuses ensemble de savoirs qui leur sont spécifiques. Ces savoirs que l'on peut aussi nommer des savoirs sociaux ont une logique qui leur est propre. Le mouvement de recherche-action collective tend à dépasser la dichotomie qui s'instaure habituellement entre la classe politique, la classe scientifique et la société civile. Ses promoteurs aspirent à l'émergence d'une société dans laquelle toute personne et toute collectivité remplit sa fonction non seulement dans l'organisation sociale mais encore dans la construction des savoirs sociaux et des prises de décision qui en découlent à l'échelon local comme dans l'ordre mondial. [...]. Nous considérons que l'encouragement à la production et à la diffusion des productions de savoirs collectifs en tant qu'elles sont constructives du patrimoine de l'humanité est une manière de faire participer l'ensemble des individus à travers le monde à la construction d'une réelle mondialité. Ceci supposera que soit mise à l'œuvre la diversité des visions intérieures de l'homme et du monde sur le sens de la vie afin qu'ils échangent et interagissent. C'est par la valorisation des savoirs locaux en interaction avec des savoirs universels que peuvent se produire des stratégies collectives fécondes et naître de nouvelles sociétés politiques ».*

M. Zecca - Sortant d'un long tunnel d'écriture, je ne suis pas sûre d'être parfaitement à même de déplier une pensée après avoir passé dix mois à devenir sociologue, ce que je n'étais pas. Et précisément devenir sociologue, pour pouvoir défendre un savoir. J'ai entendu qu'on pouvait faire passer les savoirs vernaculaires. J'y ajouterai les savoirs des professionnels, ce que j'appelle les savoirs « agentiels ». Il n'existe pas seulement des savoirs du peuple et les savoirs de la science. Entre les deux, un monde interagit et, si on veut séparer les savoirs, on peut dénombrer au minimum ces trois formes.

La conflictualité est un premier point. Le conflit doit être réintroduit, pour confronter dans le cénacle de la connaissance scientifique ce qui est porté au titre de la connaissance vernaculaire et de la connaissance des professionnels. Ces approches ne sont pas exemptes de rapport de pouvoir. On constate dans les approches individuelles, et ce n'est pas étonnant, des micro-changements ou des changements clandestins ou des formes de résistance, voire d'appropriation de changements par les institutions parce qu'il n'y a pas eu d'approche stratégique.

Une lacune me frappe dans les recherches-actions individuelles, et notamment celles conduites dans le cadre du DHEPS. Trop souvent on n'a pas pensé — alors que c'est un préalable — le fait que l'introduction du changement dans une institution ou dans une pratique, affecte inévitablement, les champs périphériques, les territoires des autres, *a fortiori* si ça fonctionne. Si une approche stratégique n'est pas mise en place, l'auteur-acteur, porteur de la recherche, prend les conséquences en pleine figure. Il est possible qu'elles soient aussi portées au préjudice de la population ou du groupe, *a fortiori* si les groupes sont plus ou moins fragilisés.

Ce sera « *Blames the victims* ». Le résultat est exactement aux antipodes de ce qui était escompté.

Un point d'histoire sur mon propre trajet. Je conduis des recherches-actions participatives. Je ne les appelle pas collectives dans la longue tradition de la recherche-action participative dans le domaine du développement.

Je la pose par rapport à ce qui s'était imposé à moi, et à mes collègues, en Italie à la chute du mouvement de désinstitutionnalisation de la psychiatrie. En fin de ce mouvement (1977) la capitalisation qui aurait pu être engagée à partir de nos pratiques de désinstitutionnalisation, n'a pas été réalisée, alors qu'elle aurait contribué, peut-être, à forger de nouveaux savoirs en matière de clinique, d'accompagnement des plus pauvres, de lecture des processus autres que ceux qui dominaient à l'époque. Nous avions manqué quelque chose de tout à fait fondamental.

Dans des mouvements critiques, ou lorsqu'on engage une action qui se veut transformatrice — toute action transforme, mais ici la volonté était tout à fait dirigée de changer du social —, il est souhaitable de mettre en place une recherche-action ou, en tout cas, une dimension de recherche inhérente à l'action. Pourquoi ? Parce qu'on parle beaucoup d'une autre épistémologie ou de questions épistémologiques posées par la recherche-action. Effectivement, les recherches-actions génèrent de nouveaux éléments paradigmatiques (je ne dis pas que la recherche-action est un nouveau paradigme). Mais comment les mettre au jour ? D'abord avec une très grande rigueur dans la description de ce que l'on fait. Comment faire naître de nouvelles catégories d'analyse sinon à partir d'une description des pratiques. Or comment décrire ces pratiques, avec suffisamment de rigueur si nous n'avons pas de recherche inhérente à l'action. *A posteriori*, nous n'avons pas la possibilité de ressaisir cette construction en actes de savoirs, de savoir-faire, qui n'ont pas le statut de connaissances la plupart du temps. Cette recherche inhérente à l'action est fondamentale dans tout aspect qui se veut novateur dans le social, mais aussi à un autre égard.

J'ai toujours travaillé avec des populations, soit très pauvres, soit enfermées depuis vingt ou trente ans dans des institutions spéciales, totales, ou avec des enfants qui ont pour particularité de vivre dans des quartiers tristement connotés et sur lesquels pèse toujours le poids d'un préjudice. Je crois encore à la valeur du concept d'aliénation. Et je pense qu'on ne peut pas engager une démarche si on ne prend pas celui-ci en compte... parce que ce que l'on reçoit de la part des gens avec lesquels on travaille, c'est finalement le contenu de formes aliénées. Pour transformer cette état de choses, la démarche de Machado, « *Camino caminando* », permet en marchant de construire avec d'autres les conditions de la distanciation, les conditions d'une prise de conscience des obstacles à l'émergence du sujet. En s'engageant dans l'action, on peut transformer progressivement, effectivement, les représentations tant des professionnels que des usagers des services.

Pour ma part, c'est dans le Sud de l'Italie que j'ai commencé à faire de la recherche-action participative, sur la base d'un constat. Nous avions à définir la politique de réforme sanitaire pour la Région Campanilia et nous avions décidé de le faire en participation avec la population. Nous avons immédiatement vu que, dans nos recherches participatives, nous ne recevions, dans nos demandes, que « plus de la même chose ». Cela se résumait à des dimensions quantitatives et jamais n'émergeait une dimension qualitative. Pour cette raison, nous avons directement décidé de créer l'institution minimale qui permettrait de répondre aux demandes de la population en matière de santé, mais aussi du social et de la psychiatrie telle qu'elle se formulait, et de la renégocier, de la retravailler. Chaque fois que nous avons négocié sur la demande, nous ouvrions un champ de possibilités inexistantes auparavant. C'était accompagné, bien évidemment, par une dimension de recherche. De cette façon, progressivement, on a pu, avec une population locale, construire — ce qui était le projet initial — un centre de médecine sociale adapté aux besoins d'une population très pauvre (25 % de la population était en dessous du seuil de pauvreté). Quand aux institutions supposées répondre aux populations les plus pauvres, comme les formes de la pauvreté avaient changé, ces institutions perduraient, personne n'y était reçu, mais les professionnels étaient toujours payés.

Dans une recherche-action participative, on voit bien qu'au fur et à mesure de son développement, on entre dans des relations de pouvoir extrêmement fortes et dans une dimension nécessairement conflictuelle. Par conséquent, elle se doit d'être à la fois une approche stratégique, elle se doit de repenser ses catégories et ses unités d'analyse, et elle se doit aussi de se donner les outils pour pouvoir affronter, dans les lieux du savoir dit universel, les connaissances qui en émergent (moi je crois que ce n'est pas seulement un rapport au savoir), et ce n'est pas le plus facile de l'affaire.

R. Rousseau - En tant que Directrice de recherche, j'ai suivi les travaux d'un certain nombre de participants au DHEPS. À partir de cette expérience et de la synthèse des ateliers, je suis frappée par la dimension très individuelle de ces recherches-actions. Cette dimension m'apparaît comme une recherche de réappropriation de sa vie. J'ai souvent eu cette impression qu'on entrait dans le DHEPS parce qu'on était à un tournant professionnel et/ou personnel, en tout cas à un moment où on a envie de rattraper quelque chose que l'on n'a pas pu mener à bout à un certain moment. Sont évoqués le rattrapage de la relation au savoir, qui parfois ne s'est pas bien passé à l'école, le désir contrarié de prolonger des études. La réappropriation de sa situation professionnelle, au sens où les institutions sont terriblement contraignantes mentalement, est aussi un facteur possible.

Chacun, à un certain moment, se rend compte, qu'il est en train de parler une langue de bois. Une prise de conscience plus ou moins nette se fait du processus d'aliénation : on s'est perdu quelque part et on a envie de se reprendre, de se retrouver, voire de se trouver. L'entrée en recherche-action, est l'occasion. Pourquoi faut-il un dispositif de recherche-action pour le faire ? Le retour sur les bancs de la faculté est toujours une possibilité. Dans la recherche-action, mise en place pour le DHEPS, un travail se fait, dès l'entrée, sur son parcours de vie. Rien à voir avec de la psychanalyse (on n'est pas sur le divan) ! Mais ce n'est pas non plus un simple bilan, du type bilan de compétences, froid, prétendument objectif, hyper-rationnel. Au point de départ de toute recherche, chacun doit faire le point, mais à différents niveaux. Ce point est l'occasion de se rendre compte que certains fils de son existence se sont noués de telle ou telle façon et que l'on a envie d'en reprendre un certain nombre, d'en laisser d'autres et de faire quelque chose de nouveau à partir de ces différents fils pour tisser sa vie différemment. J'ai toujours perçu cela dans les directions de recherche, dans le cadre du DHEPS, comme un point tout à fait important.

S'il faut se réapproprier sa vie, cela signifie qu'on la sentiment qu'on en a été désapproprié. On est tous dans des processus d'aliénation. Cette désappropriation de soi renvoie au fait que l'on vit dans des ensembles institutionnels (la famille, le lieu de travail, etc.) qui laissent finalement très peu de place au recul critique. Une des fonctions essentielles, propre à toute recherche, qu'elle soit d'action ou non, est d'exercer cette fonction critique, cette marge (on a évoqué parfois de « petits pas de côté ») qui fait qu'on s'écarte un peu, on examine les faits. Se faisant, on sort d'un monde de représentations mentales, plus ou moins imposées. Il s'interpose constamment entre le réel et nos façons de le voir. Un travail est à faire, jusqu'à sa mort, car la réalité est une notion fort complexe. La recherche-action est l'occasion de réaliser cela.

Le discours militant a souvent du mal à trouver sa place dans la démarche de recherche-action, justement parce que on ne peut pas tout mélanger. Dans la revendication militante, on ne peut pas critiquer la « plate-forme » à partir de laquelle on parle. Si la fonction critique n'est pas incompatible avec une démarche militante, elle est difficile, je l'ai toujours constaté dans les démarches de recherche-action. Le chercheur, dans une démarche militante, a souvent au départ des difficultés à remettre en cause le discours qu'on attend. En revanche, ce discours pense le collectif.

La fonction critique est parfois une découverte, tout dépend des parcours précédents. Des personnes découvrent parfois d'un coup qu'elles peuvent ne pas être d'accord, même avec des intellectuels célèbres, non sur des opinions, mais parce qu'elles ont travaillé des faits, élaboré une pensée et qu'elles sont arrivées à des conclusions différentes. Cela apparaît dans l'écriture au moment de passer de la récapitulation des savants propos d'untel dans un livre, où l'on va détacher un certain nombre de lignes, un paragraphe que l'on place dans son document comme une sorte de porte-parole : *« Il dit cela tellement mieux que moi, donc je ne vais pas me permettre de m'exprimer personnellement »*. À un moment le recul est pris. Le chercheur se référera encore au même auteur — il ne s'agit pas de le dénigrer — mais de telle manière qu'il lui permette de travailler à partir de sa réflexion personnelle. L'usage de l'auteur en question devient personnel. Le recul critique a pris toute sa dimension. Il permet d'arriver à une libération intellectuelle, importante pour chacun d'entre nous.

La recherche-action change les rapports de l'acteur-chercheur avec son environnement. Parfois très bon, même à l'origine de beaucoup de plaisir, c'est aussi parfois difficile. Une personne que je suivais dans sa recherche, voilà quelques années, dirigeait un service d'animation dans une ville. Elle me disait : *« C'est terrible quand je reviens sur mon terrain, il y a comme un espèce de petit fossé qui s'est creusé avec mes collaborateurs immédiats. Je me pose des question dont je n'arrive pas à parler avec eux parce que ils ne comprennent pas très bien où je veux en venir »*. Dans d'autres cas, des relations s'affirment avec des collaborateurs qui sentent la progression d'une autonomie intellectuelle, ils sont impressionnés, en tout cas attirés. Même difficile à gérer, cela change les rapports. On a évoqué le fait que certains étaient obligés de quitter l'institution. C'est aussi l'un des résultats. Un changement du rapport au savoir, du rapport aux collaborateurs, aux gens avec lesquels on travaille sur son terrain s'est opéré. Le changement du rapport à soi-même domine, d'après moi, toute mon expérience.

Enfin, je finirai sur le rapport au collectif. Pour que la recherche-action produise des transformations sociales, elle ne peut rester à un niveau strictement individuel. Il faut bien que du collectif se crée. Si on rencontre aujourd'hui, tout le monde l'a souligné ici, des difficultés à retrouver ou à trouver ces dimensions collectives, c'est aussi, que l'on est en train de changer de monde. Être militant, c'est bien, mais de quoi ? pour quoi ? avec quelles visées de société. Si on prend les gens qui vivaient en Occident au Ve siècle après J.C., ils ne se sont pas dit : *« Tiens ! on est en train de quitter l'Antiquité et nous rentrons dans le Moyen-Age »*. Ils ont continué à vivre et se sont accommodés de très profondes transformations et des siècles plus tard, des gens ont dit : *« Ah ! l'Antiquité s'est terminée là »*. Nous vivons des bouleversements de cet ordre. Ce qui permettait de fonder notre action collective a été bouleversé ; les recherches-actions en témoignent. Je ne dirai pas qu'il y a un repli sur l'individu mais une sorte de retrouvaille avec soi-même parce que finalement il faut peut-être d'abord se retrouver soi-même pour pouvoir savoir quelle sorte d'action collective on veut mener. C'est un peu la leçon que je tirerais de mon expérience.

M. Bataille - Je disais cela déjà dans les années quatre-vingt. La recherche-action est un travail sur l'implication. Elle fait passer l'acteur-chercheur — ou le chercheur-acteur — d'une implication pliée, complètement emmêlée à une autre forme d'implication. Cette implication est réfléchie, délibérée. Elle a quelque chose à voir effectivement avec ce qui vient d'être dit, la réappropriation de soi, la réappropriation de sa vie, et avec une ouverture des possibles sur chacune des dimensions de l'implication personnelle, sociale, professionnelle. « Être plié dans » devient « s'engager dans ». C'est une ouverture des modalités qui concernent l'individu dans ses liens avec ses objets socio-professionnels. C'est un accroissement des possibles sur, effectivement, la réalisation de soi, sur une reprise de signification de soi-même pour soi-même. Ces valorisations, ces réidentifications multiples déjà évoquées sont une réintérrogation des affiliations, des désaffiliations et des réaffiliations. Le contrôle, la maîtrise que l'on peut avoir sur les choses s'est accru, parce que du sens a été redonné. Les repères ont été repositionnés dans le travail d'implication/distanciation de la recherche-action. Elle joue un rôle de passeur de frontières intrapersonnelles, interpersonnelles, intragroupe, entre les organisations, etc.

Quels sont les processus en œuvre chez l'acteur dans cet accroissement des possibles de toutes les dimensions de l'implication ? C'est un peu ce qu'Ardoino appelle l'altération, le passage par l'autre, des individus, mais aussi des collectifs et par l'autre en tant qu'il est autre et qu'il me déporte de moi-même, qu'il me déplace de moi-même ; d'où la fonction critique qui est un effet de la recherche-action.

Le recherche-action, on l'a souvent dit, dans cette expression le plus important c'est le trait d'union. Mais le trait d'union, comme le disait Boldebal, c'est la *reliance*. Et une *reliance* dans toutes les directions. Par référence à Ardoino, la recherche-action est peut-être de « l'alternet ». Si le terme n'a jamais été employé, je le dépose immédiatement, publiquement. À l'heure de l'internet, où circule de l'information qui n'est ni communication, ni significations, je pense que tout ce qui a été dit dans les ateliers, rapporté ici et repris par mes collègues dans cette table-ronde, c'est bien de la *reliance*, de la relation dans la communication, de « l'alternet ». ■

Michel BATAILLE
Professeur de Sciences de l'éducation à l'Université de Toulouse Le Mirail
Directeur de la formation doctorale "Éducation, Formation, Insertion"

Une formation à l'analyse des pratiques par la recherche

La plaquette de présentation du DUEPS[1] de Toulouse précise, en fin de page 3 : *« Le participant au DUEPS est à la fois chercheur et acteur de son projet »*. La première phrase de cette brochure indique : *« Il s'agit d'une formation à l'analyse des pratiques par la recherche à partir de l'expérience des individus ancrée dans une réalité sociale »*.

Je ne me livrerai pas ici au commentaire de texte intensif et extensif proposé récemment aux DUEPSiens toulousains de plusieurs fragments de la brochure (examiner à la loupe les mots, les couples de mots, les segments de phrase, les phrases). J'appliquerai la même méthode à une partie de ces deux dernières lignes : *« l'accompagnement de la recherche-action dans l'exploration des champs théoriques pertinents »*, en me bornant à indiquer d'autres pistes de réflexion.

Le premier champ théorique pertinent est à mon avis celui d'une épistémologie élémentaire, et c'est sur celui-ci que porte ma communication. *« Il s'agit d'une formation à l'analyse des pratiques par la recherche à partir de l'expérience des individus ancrée dans une réalité sociale »*. Le projet est clairement énoncé, dans une densité de proposition, cependant, qui mérite une explicitation conceptuelle.

Si l'on se propose *de former à l'analyse des pratiques*, c'est que l'analyse des pratiques ne va pas de soi (l'analyse de quelles pratiques, au fait, et qu'est-ce qu'une pratique ?) et... qu'elle est susceptible d'être enseignée.

On pourra s'accorder sur l'idée que l'analyse des pratiques passe par leur mise à distance, c'est-à-dire leur observation depuis un site distant, surtout quand leur observateur est en même temps l'un des acteurs de ces pratiques *(à partir de l'expérience des individus ancrée dans une réalité sociale)*.

---
1 - Deux universités ont choisi pour le diplôme DHEPS une appellation spécifique : DUEPS (Diplôme universitaire des études en pratiques sociales) à Toulouse et DUHEPS (Diplôme universitaire des hautes études en pratiques sociales) à Tours.

Ce qui est proposé dans ce cas, c'est bien une mise en dialogique (au sens défini par E. Morin) d'une connaissance interne de l'objet « pratiques », une connaissance impliquée, et d'une connaissance externe, ex-pliquée. L'une des difficultés du travail du formateur dont tel est le projet réside dans l'emprise du vécu du formé. Ce dernier est invité à dépasser ce qu'il perçoit comme une injonction paradoxale, à savoir « tourner le dos » à ses pratiques pour mieux les comprendre.

Ainsi la formation à l'analyse des pratiques consiste-t-elle d'abord en une déformation d'une posture impliquée, en une sorte de déconstruction du sens qui lie l'acteur à ses actes, en une mise à plat (explication) des représentations qui supportent d'emblée et globalement ce sens, pour donner forme à un autre type de rapport à l'objet où celui-ci est décomposé, repéré par ses constituants qui ont à être dénommés, où il est réorganisé selon une classification de ses dimensions susceptibles d'avoir une correspondance empirique en termes d'indicateurs observables.

Cet autre type de connaissance des pratiques est, selon les termes de Morin, en relation dialogique avec leur connaissance impliquée en ce sens que les deux formes de connaissance ne peuvent être pensées l'une sans l'autre mais qu'elles sont concurrentes, contradictoires et antagonistes.

L'analyse de l'implication de l'acteur, ancrée dans une réalité sociale, constitue l'un des points d'appui du trépied qui soutient la mise à distance, l'un des instruments de mise en ordre du « désordre » de la complexité pratique. Les deux autres points d'appui sont la problématisation théorique et l'appareillage méthodologique.

Se chercher, trouver, prouver

C'est ici que nous retrouvons la recherche. Mais quelle recherche ?

J'ai l'habitude de dire aux étudiants que « la » recherche peut prendre au moins trois sens pour eux, et qu'il convient de les distinguer soigneusement s'ils veulent se donner une petite chance de les articuler :
1 - le sens de la recherche personnelle (se chercher) ;
2 - le sens de l'heuristique (trouver) ;
3 - le sens de l'administration de la preuve (prouver).

Le moyen que nous pouvons proposer, pour *former à l'analyse des pratiques par la recherche*, est d'essayer de s'installer préalablement dans la posture du sens N° 2, mais avec une ambition franchement limitée, puis dans la posture du sens N° 3, là encore avec beaucoup de modestie, la recherche de soi (sens N° 1) étant méthodologiquement laissée de côté, à titre provisoire, sous le postulat que le détour (tourner le dos) est souvent une façon pertinente de progresser vers l'objectif...

L'idée principale est que ce qui est formateur, c'est le travail d'appropriation de la démarche scientifique. Et l'expérience montre que le détour par la recherche modifie chemin faisant le regard sur les pratiques.

L'heuristique part de l'analyse de l'implication (qui est quand même une façon de se chercher dans ses pratiques sociales) : il s'agit de trouver la *question de départ* sur la base de laquelle un *objet de recherche* pourra être défini, c'est-à-dire une question de terrain à inscrire dans une problématique de recherche scientifique. Il s'agit en fait de *construire* un questionnement des pratiques qui permettra de *construire* un objet scientifique. Alors que l'objet de l'analyse de l'implication est l'investissement de ses pratiques par le sujet, l'objet scientifique est assez éloigné de la complexité du rapport à la pratique parce que celle-ci (la complexité) est irréductible à l'explication scientifique.

Le chemin est déjà long et pénible jusqu'à la formulation de la question « de départ ». Il s'escarpe encore ensuite. Il est jalonné par des lectures, par des discussions avec les formateurs et les pairs (où la parole des « anciens » est attentivement écoutée), par l'affrontement avec les données empiriques, par des efforts d'écriture. L'objet scientifique qui en est dégagé est construit dans l'articulation de plus en plus affinée du terrain, de la problématisation et de la méthodologie.

Il peut arriver que ce travail débouche sur une prise de position explicitement exploratoire, le mémoire de DUEPS consistant à rendre compte d'une démarche inductive destinée à aboutir à la modélisation d'un objet de recherche dans un corps d'hypothèses réfutables, appuyé sur un dispositif méthodologique adéquat qui a permis de l'extraire des données empiriques. Il peut arriver aussi qu'il donne lieu à une approche hypothético-déductive canonique.

Quoi qu'il en soit, l'objectif à atteindre est que le DUEPSien acquière une compétence de confrontation du théorique et de l'empirique, en maîtrisant l'emprise de son vécu.

Situer l'inédit

L'expérience le montre, l'appropriation des écrits scientifiques passe par une phase de découverte malheureuse : tout, ou presque, semble avoir déjà été dit sur ce qui nous intéresse. D'un auteur à un autre, ce qui nous intéresse a été étudié, avec des points de vue (au sens strict) différents mais « pertinents », à première vue. La difficulté est de parvenir à englober l'ensemble de ce qu'on lit avec suffisamment de recul pour ne pas être fasciné par cette pertinence. Or elle existe, précisément parce que la recherche, même si elle vise à réduire la complexité, s'efforce d'en traquer le code à partir de « vraies » questions de terrain.

Mais les chercheurs se placent sur des positions théoriques variées. Dans le champ des sciences humaines et sociales comme dans les autres champs scientifiques *(l'expérience des individus ancrée dans une réalité sociale...)*, les controverses se développent sur la base d'engagements philosophiques : l'homme est-il agent, acteur ou auteur de son destin, dans quelle mesure est-il déterminé par ses gènes et/ou son milieu, qu'est-ce que le « progrès », etc. ? Ces controverses construisent des objets scientifiques problématiques, qui sont effectivement problématisés selon des systèmes d'interprétation souvent contradictoires. En outre, les niveaux d'analyse de l'objet depuis des approches disciplinaires différentes (historique, sociologique, économique, psychologique...) tendent à en brouiller la définition.

L'apprenti chercheur ne peut pas éviter de rendre compte du contexte théorique général dans lequel il inscrit son objet, donc de balayer les lignes de force de l'étude de celui-ci (multiréférentialité). Mais il ne peut pas non plus éviter de *situer* sa recherche dans les controverses connues, et donc de faire le choix d'un point de vue et d'une théorisation référencée à ce point de vue, c'est-à-dire de faire des deuils. Sinon il risque d'être paralysé (et protégé d'écrire) par la boulimie d'en savoir toujours plus et par le fantasme de l'explication exhaustive. Notons qu'une autre façon de s'empêcher d'écrire est de s'enfermer dans l'instrumentation technique du traitement des données de terrain.

L'accompagnement dans l'exploration des champs théoriques pertinents suppose au préalable une clarification de la proposition formative et de la représentation que le DUEPSien se fait des attentes des formateurs. La formulation en termes de *recherche-action* risque de l'enfermer dans une sorte de magma confusionnel si l'on ne prend pas le temps de l'aider à réfléchir à la signification de chacun des trois termes qui composent cette expression : la recherche, l'action, et surtout le trait d'union. Or c'est bien sur le site du trait d'union qu'on l'invite à se placer, site d'entre-deux difficile, voire intenable s'il n'est pas nettement défini comme le lieu d'un processus de circulation et d'articulation, dans la durée. ■

Pierre-Marie MESNIER
Maître de conférences en Sciences de l'éducation, Université de Paris III Sorbonne Nouvelle

Les formes de recherche-action repérables dans des mémoires de DHEPS : du prescrit au vécu

Les formations professionnelles utilisant la démarche de recherche (avec production d'un mémoire) se sont développées dans plusieurs secteurs — travail social, entreprise, formation des enseignants — en raison des compétences transversales — ou de processus — qu'elles semblent susciter[1].

« *Les compétences de processus peuvent être identifiées à partir des performances mobilisées tant dans un contexte de production que dans un contexte de formation (élaborer un projet, recueillir de l'information pour résoudre un problème, produire et mettre en œuvre des schémas d'analyse de l'action, rendre compte des étapes et des résultats d'une recherche professionnelle). Les systèmes de formation cherchent à mobiliser ce type de compétences. Le développement des démarches de projet, des dispositifs d'analyse des pratiques, s'explique dans ce contexte où on s'intéresse autant au processus qu'au résultat : c'est le processus par lequel le travail prend forme qui est important, ainsi que la façon dont les acteurs en prennent conscience et l'évaluent par eux-mêmes.* » (Mesnier, 1998 : 185).

Dans le cadre du Diplôme des hautes études des pratiques sociales (DHEPS)[2], les compétences de processus mobilisées par la formation — et qui se présentent comme autant de dimensions-clés d'une mise en œuvre de la démarche de recherche-action[3] dans ce contexte — peuvent être énoncées sous la forme générale suivante :

---

1 - Sur les formations par la recherche et les distinctions qui s'imposent avec l'activité de recherche, voir la mise au point précise proposée par M. Fabre (1994 : 109-111).
2 - Le Diplôme des hautes études des pratiques sociales (DHEPS), diplôme d'université de niveau BAC + 4 (Paris III Sorbonne Nouvelle), est préparé dans un dispositif de formation pluri-professionnelle dont l'objet est l'analyse des pratiques sociales par la recherche-action.
Cette formation s'inscrit dans un réseau de dix universités délivrant le même diplôme, le Réseau des hautes études des pratiques sociales (RHEPS), en partenariat avec quatre instituts de formation professionnelle, les Collèges coopératifs. *(suite page suivante)*

- l'aptitude à mettre en question(s) des pratiques sociales en les analysant dans leur complexité ;
- l'aptitude à interroger les modèles d'action sous-jacents à ces pratiques, en développant des facultés de diagnostic et d'anticipation ;
- l'aptitude à produire de nouveaux savoirs en théorisant des expériences, en menant des analyses inédites de l'action et en transmettant les savoirs ainsi formalisés auprès des institutions et milieux concernés ;
- l'aptitude à concevoir des projets et méthodes d'action en développant de nouvelles formes d'organisation, en réexaminant les pratiques professionnelles en fonction des mutations permanentes qui les affectent[4].

Ces compétences ainsi énoncées révèlent bien l'ambition de permettre à des « praticiens-chercheurs » d'articuler un projet d'intervention sociale et un projet de recherche. La conception et la rédaction d'un mémoire constituent le vecteur privilégié de l'acquisition de ces savoir-faire et de leur expression. Mais que révèlent les textes ainsi produits sur les modèles de recherche mis en usage par les étudiants ? Quels sont les marqueurs repérables du rapport entretenu avec la scientificité dans des recherches-actions qui sont censées répondre à des exigences universitaires ? Nous ébaucherons ici quelques réponses à cette interrogation à partir de la lecture de 15 mémoires soutenus récemment (à Rennes II ou à Paris III), ayant tous obtenu la mention « Très Bien » avec, le plus souvent, l'expression d'un avis favorable du jury pour une entrée dans un troisième cycle universitaire[5]. Ce repérage nécessite, dans un premier temps, que soient identifiés les critères d'évaluation spécifiques à cette formation.

---

2 - *(suite)* La formation DHEPS s'adresse à toute personne pouvant justifier d'une pratique sociale (professionnelle, associative ou militante) d'au moins cinq ans et projetant de mener une recherche sur cette pratique. Aucun prérequis en termes de diplôme n'est exigé des candidats, même si la plupart d'entre eux se situent actuellement à un niveau BAC + 2. Les secteurs d'appartenance peuvent être des plus divers, ce qui constiue un des atouts importants de la formation :
- éducation et formation, développement des ressources humaines (entreprise, secteur public ou associatif) ;
- insertion, prévention, protection judiciaire ;
- politiques de la ville, développement local, domaines de la santé et du handicap, de la famille, action syndicale, action culturelle.
3 - Recherche-action : concept polysémique s'il en est (voir Goyette, Lessard-Hébert, 1987, Resweber, 1995, Barbier, 1996, trois ouvrages au même intitulé : *La Recherche-action*). Dans le cadre de la formation DHEPS, nous nous référons volontiers à la définition large qu'en a proposé le fondateur de ce dispositif, Henri Desroche :
« *1. Elle est une recherche dans l'action, c'est-à-dire une recherche :*
- *portant sur des acteurs sociaux, leurs actions, leurs transactions, leurs interactions ;*
- *conçue pour équiper d'une " pratique rationnelle " leurs pratiques spontanées ;*
- *assumée par ces acteurs eux-mêmes (autodiagnostic et autopronostic) tant dans ses conceptions que dans son exécution et ses suivis.*
« *2. Visant à être simultanément : sur, pour et par, elle n'est :*
- *ni une recherche appliquée tributaire d'une simple observation participante (de type recherche sur). Elle relèverait plutôt d'une participation observante sans être pour autant une manipulation expérimentale. Car elle opère* in situ, *en vraie grandeur, sur le terrain et non plus dans un laboratoire visible ou à partir d'un laboratoire invisible ;*
- *ni une recherche subalternée à une militance idéologique, à une firme économique ou à un pouvoir administratif de type recherche pour d'autres destinataires que ceux par qui s'accomplit conjointement la " conscientisation "* ».
(Desroche, 1982 : 43-44).
4 - Éléments reformulés à partir d'un document du RHEPS élaboré par un groupe de travail en vue de l'homologation professionnelle du diplôme ; groupe dans lequel l'auteur de ces lignes était partie prenante.
5 - Voir page 179, la liste numérotée de ces 15 mémoires. L'utilisation de ce codage numérique apparaîtra entre parenthèses, au fil du texte. Le choix de mémoires ayant obtenu la plus haute mention s'explique par le souci de construire l'analyse sur la base d'une apparente homogénéité quant au jugement porté sur ces textes à partir des critères exposés ci-après.

Évaluer des mémoires de recherche-action

L'évaluation d'un mémoire de DHEPS ou DUEPS peut être appréhendée d'un triple point de vue, correspondant aux objectifs annoncés de la formation dont elle constitue la production.

L'identification d'un parcours de recherche

Le mémoire professionnel du DHEPS est un exercice conduit dans la perspective d'une production personnelle et guidée de savoir. C'est, en effet, à l'occasion de et par la recherche et l'écriture que sont censés se construire et se mettre en œuvre les apprentissages méthodologiques et théoriques et que s'organisent une exploration et des acquisitions nouvelles. Le projet a pour conséquence une conduite personnalisée de formation, progression liée au parcours de chacun. Évaluer le mémoire dans cette perspective suppose l'appréciation d'un cheminement personnel, d'un « progrès » relatif au niveau de départ, aux compétences spécifiques, au projet individuel de formation.

Une recherche-action

Le mémoire présenté a pour caractéristique d'être une recherche d'acteur. Cette considération conduit à prendre en compte des éléments d'appréciation spécifiques :
- les approches inédites de l'acteur, soit la façon dont le chercheur a su exploiter valablement sa position d'acteur pour accéder à des informations et à des analyses privilégiées (documents inédits, techniques d'observation directe, interprétation originale de données recueillies...) ;
- la définition de la position précise de l'acteur par rapport à l'objet de sa recherche et l'analyse qu'il mène à propos de cette position. Le DHEPS suppose une dialectique de la distanciation/implication ;
- un rapport de la théorie et de la pratique qui implique une certaine mise en relation tout en maintenant la distinction des deux sphères. Le discours théorique le plus brillant n'est guère satisfaisant s'il n'infléchit pas la lecture des pratiques et vice-versa ;
- les incidences pratiques immédiates de la recherche, du moins la manière dont elle rencontre l'action : construction de nouveaux projets, lisibilité et communicabilité de la recherche aux acteurs sociaux concernés : les institutions, les pairs, les populations...

Ceci conduit à prendre compte, dans l'appréciation portée, ce qui caractérise la conduite de la recherche, lisible notamment au travers de la méthodologie et de ses résultats, et ce qui relève des intentions exprimées par l'auteur en matière de projets d'action et en matière de communication de son travail.

L'accession à une recherche validée par l'instance universitaire

Le mémoire est également évalué selon un ensemble de critères propres à la recherche, l'acteur-auteur présentant devant des instances universitaires le résultat d'un savoir qui se situe au croisement des acquis de l'expérience et de la théorisation de ces acquis. Cette démarche implique le respect de normes propres à la recherche universitaire. La conformité à ces normes peut s'apprécier selon trois types de critères.

Critères scientifiques et méthodologiques : présence d'un objet de recherche et d'une problématique doublement référée à des champs théoriques et à une expérience ; présence d'un appareil méthodologique mis en œuvre pour appréhender l'objet, réponse apportée à la problématique, en termes de confirmation ou d'infirmation des hypothèses ; présentation structurée des données recueillies et des interprétations ; analyse critique des résultats et reformulation de nouvelles hypothèses.

Critères formels : écriture, cohérence, progression et lisibilité du plan, pertinence de la bibliographie, qualité de la présentation, bonne articulation du texte, des schémas et des annexes.

Critères de transférabilité : passage de la spécificité de l'objet de recherche à la généralisation pour l'ensemble du champ ; réflexion sur l'utilité sociale de la recherche[6].

Les modèles de recherche identifiés

Dans les mémoires examinés, les métiers représentés sont très divers : assistante sociale, polyvalente (3) ou en secteur psychiatrique (1 et 12), éducateur spécialisé (7, 13 et 15), animateur en centre de loisirs (8), enseignant en collège (5 et 9), administratrice de spectacle vivant (6), responsable de développement social urbain (2 et 14), responsable de formation dans un institut de soins infirmiers (4), formateur en informatique (11), conseil interne en entreprise (10).

Des dimensions communes

Dans tous ces mémoires se donne à lire une qualité de construction, un fil conducteur très repérable que le lecteur a plaisir à suivre. L'écriture, souvent fluide, se développe en un système d'argumentation lisible dans la construction générale comme dans les différents moments du texte.

L'enracinement de ces textes dans une présentation organisée des pratiques ou de l'expérience sociale des acteurs constitue un autre point commun. Cette expérience est confrontée aux données recueillies pour les besoins de la recherche.

Chacun de ces textes restitue une démarche de recherche, attestant une capacité de méta-discours sur le processus, un recul pris par rapport aux choix opérés — dans les méthodes de recueil de données, par exemple. On perçoit cette capacité de distance sur l'ensemble du mémoire, parfois de façon très visible grâce au choix d'une police de caractères spécifique pour désigner ces décalages énonciatifs.

On identifie dans ces 15 mémoires des explorations conceptuelles récurrentes : les représentations sociales (5 occurrences), le concept d'identité (3 occur-

---

6 - Nous avons résumé ici un document de travail, auquel l'auteur de ces lignes a participé, document approuvé en 1995 par le Conseil national des DHEPS-DUEPS.

rences), celui d'analyse stratégique (2 occurrences). D'autres choix sont moins représentatifs et très reliés aux objets étudiés : l'évaluation, l'interlocution, l'interculturalité, pour ne fournir que quelques exemples

La quasi-totalité de ces textes — à une exception près, le (4), qui s'appuie sur le seul questionnaire quantitatif — valorise, souvent parmi d'autres, une approche méthodologique, la plupart du temps dénommée « entretiens semi-directifs », auxquels est appliquée une méthode d'exploitation de type analyse de contenu thématique dont les ressorts théoriques et les étapes sont présentés, la plupart du temps, assez succinctement.

Ces premiers constats recoupent les principales conclusions d'une analyse portant sur 82 mémoires de DHEPS soutenus entre 1987 et 1997 (Bonnami, Saint-Pé, 1998), laquelle fait apparaître deux types majeurs d'approche :

- l'approche « scientifique » révèle un nombre important de disciplines de référence en sciences humaines et sociales, avec une dominante du côté de la sociologie et de la psychologie sociale, avec, en contrepoint non négligeable, la psychologie, l'économie, l'anthropologie, la linguistique, l'histoire et le droit ;

- l'autre approche, dénommée « pratique » est présente *« non seulement comme terrain ou objet d'étude, mais aussi comme pratique en train de s'élaborer et de se formaliser en une méthodologie »* (p. 74) : pratiques de travail social, d'interventions culturelle, pédagogique, judiciaire, mais aussi coopérative, de gestion, de management, de communication.

« L'analyse des types d'approche [...] met en évidence la tendance des auteurs à relier l'approche pratique et l'approche scientifique : c'est un indice de créativité évident. L'acteur devenu auteur se place ainsi à la marge des disciplines scientifiques et techniques, à la marge de son domaine socio-professionnel, pour ouvrir un horizon jusque-là souvent inédit et, ce faisant, contribuer à la production d'un savoir scientifique et pratique nouveau et pertinent » (Bonnami, Saint-Pé, 1998 : 77).

Deux paradigmes contrastés

1. Un modèle dominant, plutôt référé à une démarche de type « hypothético-déductif »

La majorité des mémoires analysés procèdent à peu près de la même façon dans la construction de la démonstration.

Une question principale naît du retour de l'acteur sur son parcours et ses pratiques. Ces pratiques sont contextualisées dans un ensemble institutionnel, dans une dimension historique — également dans un premier ensemble construit de concepts — et elles sont interrogées par le biais d'une ou deux hypothèses de recherche très clairement formulées. Presque tous les textes proposent ensuite des formes d'instrumentation de ces hypothèses — un modèle d'analyse permettant de construire le recueil des données ou, *a minima*, une énonciation précise des enjeux et des objectifs qui vont orienter ce travail de recueil. On trouve également une justification argumentée des choix opérés quant aux outils de recueil et d'analyse des données.

Une autre caractéristique commune aux mémoires relevant de ce modèle tient dans le fait que la partie essentielle de tous ces textes, considérée comme l'élément le plus important, porte sur l'analyse des résultats. Et dans cette analyse se donne souvent à lire un « tissage » intéressant entre les éléments du *corpus* étudiés, organisés, cités, et des éclairages théoriques puisés dans l'organisation conceptuelle antérieure. En fin du développement, une synthèse des résultats débouche, paradoxalement, sur une conclusion relativement peu développée en termes de retombées professionnelles, d'orientations nouvelles pour les pratiques. Dans ce modèle se manifeste peu ce que H. Desroche appelle le « projet » qui suit le « trajet » de recherche (Desroche, 1990 : 33-40). Ce modèle, en privilégiant le versant « recherche » dans le binôme recherche-action, se réfère, implicitement, à celui des sciences expérimentales, comme le confirme l'étude menée par Michèle Guigue sur des mémoires professionnels de DHEPS et de DSTS soutenus il y a une dizaine d'années :

« *La référence à la méthode expérimentale permet de comprendre les caractéristiques des* corpus *de travail, en particulier la prépondérance des* corpus *produits et la fabrication d'outils de recueil particuliers. Cette stratégie est adaptée simultanément à la vérification et à la répétition, un peu comme la mesure en physique. La grille d'entretiens ou le questionnaire sont construits spécifiquement pour examiner la catégorie de faits isolés retenus pour l'étude [...]. Étudier des traces objectivées de pratiques ne donnerait pas lieu, de façon aussi manifeste, à une procédure expérimentale, le processus de vérification et de répétiton serait impossible, le cours des événements, l'historicité, introduisant, irrémédiablement, des changements* » (Guigue-Durning, 1995 : 235).

On n'identifie pas ici de fil continu entre l'effort de compréhension d'un phénomène social et des propositions pour le retour à l'action. Sans doute parce qu'il paraît difficile de travailler cette question du retour « autre » aux pratiques grâce à la recherche, alors que, justement, la démarche de recherche est encore en cours. Une nouvelle dynamique devrait se relancer, mais il ne suffit pas de comprendre un phénomène pour être à même de proposer des remédiations, surtout quand l'acteur-chercheur se « remet » à peine d'un effort d'élaboration théorique important. C'est souvent beaucoup plus tard que les « dhepsiens » se rendent compte du fait que leur rapport à l'action a changé. Le clivage entre recherche et action n'a pas pu être travaillé comme tel dans le temps de la formation. On peut aussi faire l'hypothèse que, dans certains cas, le retentissement professionnel de l'objet traité a pu être tellement fort qu'il aura empêché l'acteur d'exposer des conclusions lisibles par des destinataires du champ professionnel.

Reste que l'on se rapprocherait ici d'un modèle plus classique de formation à la recherche consistant à faire passer l'apprenti chercheur de l'univers des pratiques ordinaires à celui des pratiques de recherche et de fabrication des objets de savoir, grâce à une bonnne maîtrise des divers modes de représentation des données et de durcissement des faits, bref grâce à une bonne connaissance du « dire/faire » de la recherche scientifique. Le risque serait alors que des praticiens aient simplement opéré une « conversion culturelle » en devenant des « quasi-lettrés » du discours scientifique ou, plus fâcheux encore, « *plaquent artificiellement des éléments de discours savant sur leur pratique [...] (et que) un savoir concret de grande valeur concernant les problèmes actuels les plus aigus à l'intérieur du tissu social ne puisse s'exprimer selon sa problématique propre, mais seulement sous des formes très éloignées de la pratique réelle* » (Mendel, 1998 : 362-363).

On serait là devant une version « prométhéenne » de la recherche-action, dans laquelle « *après leur passage de l'univers des pratiques dans l'univers de la recherche, nos héros praticiens-chercheurs retournent à l'univers des pratiques ordinaires, les poches alourdies des objets fabriqués " là-haut " et dérobés pour servir ici-bas à changer le cru en cuit, ou, plus généralement pour changer la vie* » (Renaud, 2003 : 7).

2. Un modèle de type inductif et pragmatique (2, 6, 7 et 12)

Dans les quatre mémoires relevant de ce second type, les principaux points de différence identifiés avec le premier modèle sont les suivants.

Le chapitre consacré à la contextualisation des pratiques est beaucoup plus fourni, proposant, par exemple, une monographie très fouillée d'une opération de développement social urbain où le chercheur-acteur était impliqué (2), ou une description des réalités professionnelles du spectacle vivant et des types de projets qui y sont menés (6).

On retrouve l'hypothèse de recherche dans ce modèle, mais très peu étayée par des développements théoriques préalables. Les lectures « théoriques » ne guident pas la construction du recueil des données, elles viennent plutôt, *a posteriori*, éclairer leur analyse. On ne peut donc, ici, parler de « modèle d'analyse ». Les choix méthodologiques sont pourtant longuement justifiés, les données sont également exploitées de façon très substantielle. On voit plutôt, ici, se manifester une capacité à construire une *théorisation* à partir de l'analyse des données : construction d'un modèle d'intervention argumenté à partir des résultats obtenus, démarche de généralisation sous forme de représentation transférable et réutilisable d'un système de fonctionnement professionnel.

Si l'objet de recherche porte précisément sur la validation de pratiques alternatives, le mémoire tout entier est orienté vers des formes de propositions pour l'action, ce qui appelle davantage de raccords avec la théorisation pour éclairer ce que peuvent représenter ces pratiques novatrices. On pourrait dire que ceux qui ont moins investi dans l'exploration conceptuelle, dans ce paradigme minoritaire, se sont plus donné le temps du réinvestissement sur les pratiques dans le mémoire proprement dit. On identifie clairement chez eux le désir de bien affirmer la spécificité et l'inédit de leur approche dans leur champ professionnel.

À propos de la continuité entre les modes de savoir

Tout le propos, dans ce second modèle de recherche-action, tend vers une structuration de connaissances qui sont à la fois « plus » et « autres » que les connaissances théoriques : « *(ces connaissances) correspondent de fait à une réorganisation au plan de l'action des connaissances théoriques (le pôle scientifique de la pratique). Elles sont faites aussi de connaissances propres à l'action de l'ordre des intentions, du contrôle, de la cohérence, de l'efficience. Il n'y a donc pas de relation d'isomorphisme entre les théories et leur mise en œuvre dans la pratique. Il ne suffit donc pas de nommer les référents théoriques pour comprendre comment les pratiques peuvent en être " éclairées ", imprégnées »* (Sorel, 2001 : 215).

Nos analyses antérieures des modes d'appropriation de la connaissance chez l'individu à dominante praticienne (l'entrepreneur) et chez l'individu à dominante théoricienne (le chercheur) nous avaient déjà conduit à la lecture d'un ordre de continuité entre les savoirs pratiques et les savoirs théoriques construits par des apprenants (Aumont et Mesnier, 1995, et Mesnier 1996 : 69-71). Cette lecture s'applique aux modèles de recherche-action identifiés ci-dessus.

L'affirmation d'une coupure épistémologique entre connaissance théorique et connaissance pratique est construite socialement sur une opposition figée entre les producteurs de connaissance et ceux qui consomment cette production. Pour reconnaître les similitudes entre ces deux modes de la pensée, il faut s'attacher à caractériser l'activité de « production » qui leur est commune, cette attitude de questionnement qui est à l'origine de toute activité de connaissance. Chaque fois qu'ils s'exercent à une réelle activité de pensée, le praticien-chercheur, tout comme le chercheur professionnel, interrogent la réalité selon des enchaînements de questions qui constituent l'ossature de toute démarche de connaissance à partir de l'expérience. La rupture ne s'opère pas entre une activité théoricienne et une activité praticienne, elle est inhérente à toute production active de savoir : *« Il n'y a pas deux intelligences [...]. Partout il s'agit d'observer, de combiner, faire et de remarquer comment l'on a fait [...]. Partout est possible cette réflexion, ce retour sur soi qui n'est pas la contemplation pure d'une substance pensante, mais l'attention inconditionnée à ses actes intellectuels, à la route qu'ils tracent et à la possibilité d'y avancer toujours en apportant la même intelligence à la conquête de territoires nouveaux »* (Rancière, 1987 : 64).

Reconnaître cette continuité des savoirs à un niveau épistémologique n'est pas sans conséquence sur les formes d'accompagnement de la recherche-action. Diriger un mémoire de recherche-action ne consisterait plus à faire la navette entre l'espace des objets scientifiques et celui d'une pratique sociale, mais à *« accompagner l'étudiant dans son espace professionnel à deux pôles (dire et faire) et à travailler sur l'interaction entre les deux places qui en sont constitutives dans sa pratique quotidienne comme dans sa forme sociale »* (Renaud, 2003 : 9). ■

Corpus des mémoires DHEPS étudiés

Les 15 mémoires sont présentés ci-après avec un simple codage chiffré suivi des initiales de l'auteur, compromis entre l'anonymat complet et le besoin de laisser apparaître quelque chose de l'identité du praticien chercheur. Les titres ont également été « délestés » des références géographiques trop précises.

1. (D.E.)	1998	Assistante sociale de secteur psychiatrique ; identité de compromis ou identité compromise ? Eléments de compréhension du fonctionnement identitaire d'un des acteurs du dispositif psychiatrique.
2. (D.A.)	1997	De la participation au changement social par le développement personnel. L'expérience de la participation des habitants à l'opération Développement social du quartier S. à C.
3. (L.S.C.)	1998	Lecture d'archives, reflet des identités. Le projet d'entente de médiation familiale.
4. (P.F.)	1999	L'évaluation formative, une pratique pédagogique ambiguë ? Le vécu des étudiants de l'École du personnel soignant de F.
5. (Q.F.O.)	1998	L'éducation des racines. Transmission culturelle et dynamiques identitaires dans un groupe de familles portugaises immigrées en région parisienne.
6. (R.C.)	1998	La complémentarité du directeur et de l'administrateur de théâtre pour la réalisation du projet artistique et culturel.
7. (S.J.C.)	1999	Changement institutionnel et engagement des acteurs. La création de l'hôpital de nuit de N.F.
8. (T.L.)	1997	Le handicap au cas par cas. La place des représentations sociales du handicap dans l'analyse des conditions d'intégration d'enfants handicapés en centres de vacances et de loisirs.
9. (E.J.)	1998	Stratégies kanak d'appropriation d'une institution exogène, l'école. L'exemple d'un établissement de l'Alliance Scolaire à L. (Nouvelle Calédonie).
10. (S.A.M.)	1999	Représentations sociales des cheminots sur leur entreprise : mythes, images symboliques et cultures de la SNCF. Traces et influences de ces représentations sociales sur les pratiques langagières des acteurs de la direction commerciale de la SNCF.
11. (R.P.)	1999	Pratiques pédagogiques et usage des technologies de l'information et de la communication.
12. (S.D.M.)	1998	De l'interdit à l'inter-dit. L'assistante sociale dans l'entre-deux thérapeutique. De la prise en charge à la prise en compte des patients en psychiatrie par l'application d'une méthode de travail social avec les groupes.
13. (L.D.)	1997	Folie et création. De l'expression à la socialisation par les ateliers artistiques en milieu psychiatrique.
14. (N.P)	1998	Changer d'habitat et/ou échanger pour habiter. Reconstruction-démolition de logements sociaux. Le cas de la cité P.M. à B.
15. (R.A.)	1997	Le forum (des Halles) ventre de la créativité. Le « zoneur » dans son bricolage du « look » rituel.

Références bibliographiques

Aumont B., Mesnier P.-M., 1995, *L'Acte d'apprendre*, Paris, PUF, 302 p. (coll. Pédagogie d'aujourd'hui).

Barbier R., 1996, *La recherche-action*, Paris, Anthropos, 112 p., (coll. Poche/Ethnométhodologie).

Bonnami A., Saint-Pe M.-C., 1998, *Mémoires de recherche-action en analyse*, Paris, Collège coopératif, 90 p. et annexes.

Desroche H., 1982, Les auteurs et les acteurs. La recherche coopérative comme recherche-action, in : *Archives de sciences sociales de la coopération et du développement (ASSCOD)*, n° 59, janvier-mars, Paris, CNRS/EHESS, p.39-64.

Desroche H., 1990, *Entreprendre d'apprendre : d'une autobiographie raisonnée aux projets d'une recherche-action. Apprentissage 3*, Paris, Les Éditions Ouvrières, 208 p.

Fabre M., 1994, *Penser la formation*, Paris, PUF, 274 p., (coll. L'Éducateur).

Goyette G., Lessard-Hebert M., 1987, *La Recherche-action : ses fonctions, ses fondements et son instrumentation*, Québec, Presses de l'université du Québec, 204 p.

Guigue-Durning M., 1995, *Les Mémoires en formation : entre engagement professionnel et construction des savoirs*, Paris, L'Harmattan, 270 p. (coll. Savoir et formation).

Hugon M.-A., Seibel C., (éds), 1988, *Recherches impliquées, recherches-actions : le cas de l'éducation*, Bruxelles, De Boeck Université, 185 p. (coll. Pédagogies en développement. Recueils).

Mendel G., 1998, *L'Acte est une aventure ; du sujet métaphysique au sujet de l'actepouvoir*, Paris, Éditions La Découverte, 570 p. (coll. Textes à l'appui/série psychanalyse et société).

Mesnier P.-M., 1996, Entreprendre et chercher, facteurs constitutifs des apprentissages adultes, in : Bourgeois E. (éd.), *L'Adulte en formation : regards pluriels*, Bruxelles, De Bœck Université, 166 p. (coll. Perspectives en éducation).

Mesnier P.-M., 1998, Construction de l'expérience professionnelle et reflets identitaires dans le mémoire, in : Cros F. (éd.), *Le Mémoire professionnel en formation des enseignants : un processus de construction identitaire*, Paris, L'Harmattan, p. 185-208.

Ranciere J., 1987, *Le Maître ignorant*, Paris, Fayard.

Renaud P., 2003, Diriger des praticiens-chercheurs, former des chercheurs, in *Séminaire des directeurs de mémoire du DHEPS de Paris III*.

Resweber J.-P., 1995, *La Recherche-action*, Paris, PUF, 128 p. (coll. Que sais-je).

Sorel M., 2001, Quand il s'agit d'identifier les référents théoriques des travailleurs sociaux, in *Questions de recherche en éducation - 2 Action et identité (CRF-CNAM Paris)*, Paris, INRP, pp. 207-277.

Rozenn GUIBERT
Maître de conférences en psychologie sociale, Centre de Recherche sur la Formation - CNAM

Écrire pour quels lecteurs ?

Recherche-action dans les formations supérieures

> « La découverte de la forme par laquelle
> un texte doit s'écrire [...] est quelque chose
> de totalement imprévisible et indéterminé. »
> (Amorim, 1996 : 172)

Depuis la mise en place des mémoires professionnels en IUFM, les institutions de formation se préoccupent enfin davantage de définir ce qu'elles attendent de ce type d'épreuve et d'y préparer leurs étudiants. Auparavant, on faisait comme s'il allait de soi de savoir rédiger et soutenir un mémoire. Or, même pour un étudiant ayant suivi un parcours traditionnel d'études supérieures, il s'agit d'un genre discursif inconnu qui suppose des capacités nouvelles, en particulier dans les domaines de la lecture et de l'écriture. Il est donc nécessaire d'en expliciter les règles du jeu et les processus de production. C'est encore plus vrai pour des adultes qui n'ont pas suivi d'études supérieures et qui intègrent sur la base de la reconnaissance d'un certain nombre d'années d'expérience professionnelle ou militante, une formation supérieure dont la validation est liée à la production et la soutenance d'un mémoire. Les étudiants de l'EHESS qui avaient préparé la publication de l'ouvrage de Desroche (1971) l'avaient pressenti. Mais des indications de type méthodologique sans mises en situation ne sont guère efficaces. Desroche lui même l'avait mentionné en introduction de son ouvrage :

> « Je ne crois pas personnellement que la lecture de cette rédaction soit vraiment utile. J'ai un peu l'impression, ce faisant, de devenir un moniteur qui, dans la salle bien chaude de l'auberge, croirait initier au ski son cercle de partenaires en leur traçant des dessins sur le parquet. »

Dès 1975, j'ai donc proposé des formations qui permettaient à des étudiants-adultes reprenant des études supérieures et devant produire des mémoires universitaires de rencontrer, en modèles réduits, les principales difficultés de lecture-écriture auxquelles ils allaient être confrontés et de découvrir ainsi pour chacun d'eux les façons les plus adéquates de les franchir.

Le mémoire peut être défini comme appartenant à un genre discursif hybride : envisagé en tant que discours scientifique, il est, sur le plan de l'écriture, essentiellement polyphonique — ce que j'ai précisé en proposant différentes définitions des *jeux de texte* (Guibert, 1996, 1998) — ; envisagé en tant que discours universitaire, il est pris dans des énonciations et des interlocutions évaluatives complexes. Ces deux particularités posent des questions intéressantes relevant toutes les deux de la théorie du dialogisme proposée par Bakhtine (1977). C'est la deuxième, énonciation et interlocution, que j'étudierai ici : dans le cas particulier de l'écriture des mémoires de recherche-action des formations au DHEPS, comment peut être analysée la situation d'énonciation et comment peut se construire l'*interlocution* ? Il faudrait même parler d'interlocutions en plaçant ce terme au pluriel dans la mesure, nous le verrons, où les auteurs des mémoires rédigeraient plus facilement, des textes mieux adaptés, s'ils disposaient d'une gamme élargie de positions énonciatives. Mais précisons d'abord les différents éléments de cette grille d'analyse.

J'insiste dans mes formations à la communication écrite sur la nécessité d'analyser, avant toute production d'écrit, la *situation d'énonciation* pour construire l'*interlocution*. Je m'appuie pour expliquer ce double travail d'analyse et de construction sur le schéma ci-dessous (fig. 1) qui modélise le double circuit de la communication (Guibert, 1989). C'est une version très simplifiée du schéma de Charaudeau (1983).

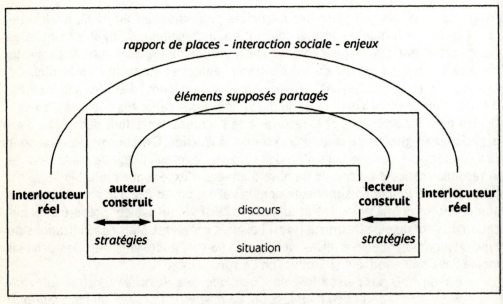

Fig. 1 : Le double circuit de la communication

Il vise surtout à marquer la distance qui permet de construire ses *stratégies*, de construire son *lecteur* et de se construire soi-même comme *auteur* pour rencontrer ce lecteur construit, après avoir analysé le *rapport de places* et les *enjeux* entre les interlocuteurs réels. *Auteur* et *lecteur* sont bien des constructions au sens que Eco (1979) donne aux termes de *Lecteur Modèle* et *Auteur Modèle*.

Lecteurs réels, fantasmés et construits

Avant d'expliquer cette modélisation, je demande aux Dhepsiens et aux Cnamiens en formation à qui ils pensent quand ils écrivent leur mémoire, quel lecteur ils ont en tête, à quel lecteur ils imaginent s'adresser. Leurs réponses sont fort semblables d'un groupe à l'autre.

Généralement, ils répondent d'abord massivement : le directeur de recherche et le jury. Les auteurs des mémoires s'imaginent écrire avant tout pour les lecteurs-évaluateurs du circuit externe, ceux de la situation, ceux dont dépendent les enjeux, ceux qui détiennent tout pouvoir (cf. fig. 2) au moment de la soutenance. Je précise aux étudiants qu'ils s'enferrent dans une situation d'évaluation d'autant moins confortable pour écrire qu'un jury est souverain et je nomme *surlecteurs-évaluateurs*[1] ces lecteurs, bien réels et puissants certes, mais fantasmés comme omniprésents.

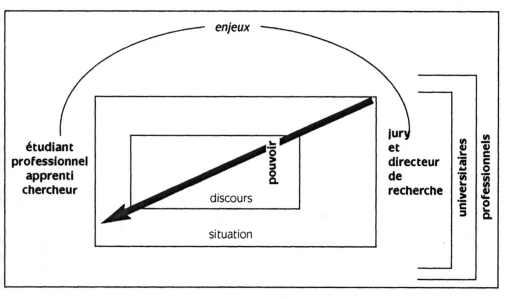

Fig. 2 : Rapport de places inégalitaire

Les étudiants mentionnent ensuite les universitaires et les professionnels avec lesquels ils travaillent, parfois même leurs « clients ». Ils énumèrent ainsi les lecteurs éventuels, réels et multiples, du mémoire (Guibert, 1989) en restant sur le circuit externe de la situation. Les difficultés éventuellement rencontrées alors ont été étudiées par Guigue (1995) qui s'est référée à la notion d'*écriture entre les lignes* analysée par Léo Strauss (1989).

Les étudiants répondent aussi parfois qu'ils écrivent pour eux-mêmes. Je rappelle alors la différence entre *écriture épistémique* — écriture pour soi, pour construire sa pensée : l'écrit sert là de possibilité de réflexion, aux deux sens du terme —, et *écriture communicative* — dans laquelle la pensée est mise en scène pour autrui —. Cette distinction est souvent méconnue des auteurs de mémoire.

---

[1] - Il ne faudrait pas confondre les *surlecteurs-évaluateurs* avec le *surdestinataire* de Bakhtine qui lui est tout aussi fantasmé mais *a priori* totalement bienveillant et lointain.

Il est arrivé que certains ajoutent, plus ou moins en termes de plaisanterie, qu'ils écrivent pour leur père ou pour leur mère. J'explique alors ce que Anzieu (1981) reprenant M. de M'Uzan (1965) nomme le *public intérieur* et comment son influence peut être contrebalancée par celle de *l'ami témoin*.

Je leur propose enfin de retrouver la situation logique, et encore souvent réelle au CNAM, d'un étudiant inséré dans un laboratoire : il se voit généralement confier un travail de recherche qu'il doit rapporter à l'étudiant apprenti-chercheur qui lui succède à la fin de son stage, de façon à ce que celui-ci soit capable de poursuivre le travail là où lui l'a laissé (cf. fig. 3). Cette construction présente de nombreux avantages : outre le fait de débarrasser provisoirement l'auteur de la dimension évaluative en construisant un rapport de place égalitaire, elle rend les *savoirs supposés partagés* faciles à déterminer. Elle permet de plus d'insister sur l'idée que la recherche est rendue *en l'état d'avancement des travaux* ; bien sûr elle pourrait être poursuivie, bien sûr elle serait toujours perfectible, mais il s'agit de la présenter à un moment donné pour la transmettre. Ainsi, l'apprenti-chercheur est conduit à renoncer à la double illusion de maîtrise et de complétude.

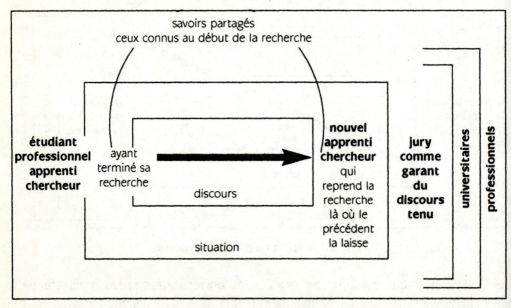

Fig. 3 : Écrire pour un pair

Ce travail de construction permet de replacer le jury à sa juste place de garant (cf. fig. 4, p. suivante), *responsable* au sens proposé par Goffman (1981) — qui distingue trois instances dans le pôle de l'énonciateur *(l'auteur, l'animateur et le responsable)* —. En devenant garant du mémoire qu'il a reçu et donc cautionné, il devient quasiment *co-auteur*. Le mémoire circulera désormais également sous sa responsabilité, comme sous la responsabilité d'un éditeur.

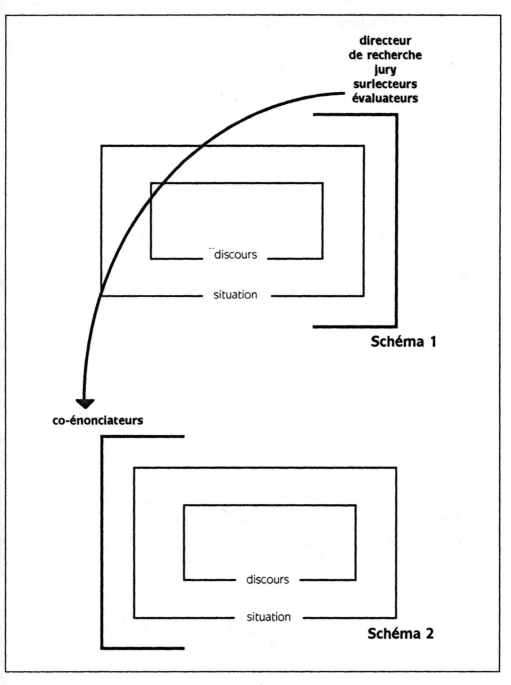

Fig. 4 : Replacer les surlecteurs-évaluateurs comme co-auteurs

Énonciations et interlocutions complexes

Notons que cette tendance à écrire pour des surlecteurs-évaluateurs est une dérive fréquente. Je l'ai retrouvée à diverses reprises au cours de formations spécifiques aux écrits professionnels (coanimées avec D. Martre). Je citerai ici deux exemples qui permettront de comprendre l'intérêt qu'il y a à replacer les surlecteurs-évaluateurs en position de co-auteurs.

Premier cas : rapports financiers

Voyons d'abord le cas d'auteurs de rapports financiers dans un cabinet d'experts comptables.

Encore stagiaires (les non confirmés : « non conf » dans le schéma ci-dessous, fig. 5), ces auteurs doivent rédiger des rapports destinés à des comités d'entreprise pour leur permettre de comprendre les comptes de l'entreprise. J'ai pu constater qu'ils écrivaient en étant d'abord préoccupés par le fait que leur rapport devait être accepté par la direction de l'entreprise pour que leur travail soit apprécié et payé, avec même le risque d'un recours en justice s'il ne l'était pas ; en outre, ils sont jugés par ceux qui sont en poste (les confirmés : « conf ») qui vont décider s'ils peuvent quitter leur statut de stagiaires. Sous l'emprise de cette double lecture évaluatrice, ou double *pouvoir*, ils ont tendance à exhiber leurs compétences d'experts, en oubliant leur lecteur réel : le comité d'entreprise.

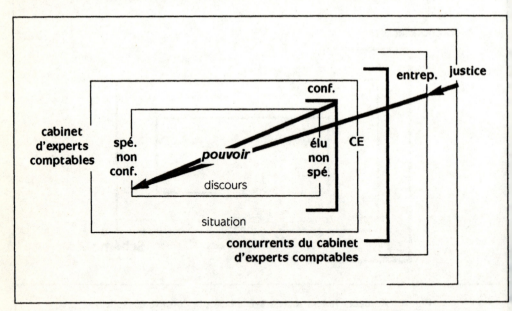

Fig. 5 : 1er exemple : rapports financiers ; dérive vers des surlecteurs-évaluateurs

En formation, nous les avons amenés à redéfinir les rapports de places, à revoir leur positionnement (cf. fig. 6 page suivante) pour tenir le discours pédagogique qui conviendrait aux lecteurs du comité d'entreprise qui sont par rapport à eux en position basse en termes de *savoir*.

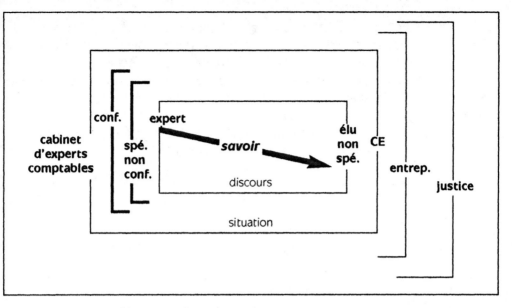

Fig. 6 : 1er exemple : rapports financiers ; placer les confirmés comme co-auteurs
écrire pour présenter et expliquer

Deuxième cas : articles statistiques

Ensuite, j'ai retrouvé le même type de configuration en travaillant sur l'amélioration de leurs écrits avec des auteurs d'articles statistiques : ils écrivaient avant tout sous l'œil du hiérarchique sans pouvoir comprendre sur quel plan celui-ci se plaçait quand il corrigeait ou censurait (fig. 7). La tendance générale chez ces auteurs était de rédiger des textes techniques dans lesquels ils commentaient un maximum de données sans les trier ni les mettre en scène puisqu'ils ne se sentaient pas auteurs et n'écrivaient pas pour des lecteurs construits.

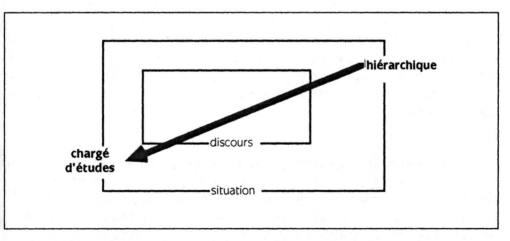

Fig. 7 : 2ème exemple : articles statistiques ; dérive vers des surlecteurs-évaluateurs

Il leur fallait distinguer les différents types et les différents moments de relectures (politique, scientifique ou technique et rédactionnelle) ; les différentes personnes qui assumaient explicitement ces différentes relectures devaient être replacées comme co-auteurs responsables. Pour définir les savoirs supposés partagés, pour choisir les informations utiles et pour les mettre en scène, restait encore à déterminer, pour chaque publication, le lecteur construit, différent du lectorat réel, lui aussi fort complexe et, de plus, mal cerné pour les différentes publications. Nous sommes ainsi parvenus au schéma ci-dessous (fig. 8) :

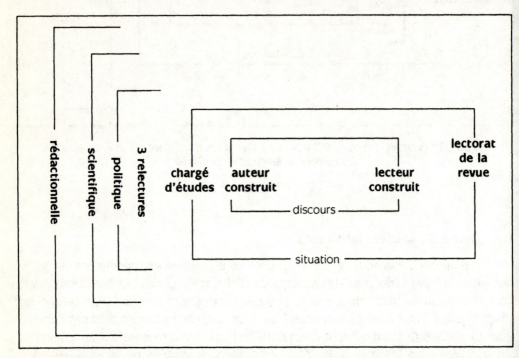

Fig. 8 : 2ème exemple : articles statistiques ; placer les re-lecteurs comme co-auteurs

Ce travail d'analyse de la situation d'énonciation et de construction de l'interlocution permet aux auteurs de renoncer à commenter toutes leurs données de façon exhaustive. Là encore, il aide à abandonner l'illusion de complétude, qui pouvait ressembler à un manque d'engagement de l'auteur dans son texte, mais qui n'était souvent qu'une protection contre les interventions multiples et confuses des surlecteurs-évaluateurs.

Instances d'énonciation

Une question revient sans cesse au cours des formations qui préparent aux mémoires : quel pronom faut-il employer ? *Je, nous, on,* ou bien des formules impersonnelles ? Derrière cette question, qui peut paraître relativement simple, se dévoilent en fait des problèmes toujours très complexes, particulièrement difficiles dans le cas de l'écriture scientifique et ici, dans le cas de recherche-action, carrément paradoxaux. En effet, les Dhepsiens ne sont-ils pas placés dans une série de doubles injonctions : il leur est demandé de se désimpliquer tout en faisant un travail de recherche sur leur propre terrain professionnel, d'analyser avec distance l'environnement dans lequel ils sont habituellement plongés, de généraliser à partir d'un cas particulier. Nous verrons que ces mouvements au premier abord contradictoires peuvent permettre l'apprentissage d'une mobilité et d'une souplesse de constructions interlocutoires.

Voyons d'abord comment cette question est traitée par Amorim (1996). Sur la question des discours scientifiques elle reprend les analyses de Dufour (1990).

Quand le texte de recherche en sciences humaines prétend, sur le modèle du texte scientifique ou du texte philosophique à une généralisation, l'auteur s'efface (Guibert, 1981) et s'adresse à un *Il*, qu'Amorim place verticalement (cf. fig. 9) comme le *surdestinataire* de Bakhtine, mais qui, à l'inverse de lui, n'est pas le meilleur mais le pire des interlocuteurs.

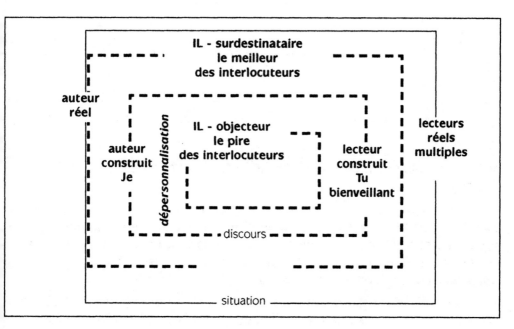

Fig. 9 : *Il* : le meilleur ou le pire des interlocuteurs

En récapitulant l'ensemble de ces différentes indications, nous arrivons au schéma de la page suivante (fig. 10) :

Malgré sa complexité, ce schéma met en évidence un certain nombre de questions.

Le surdestinataire de Bakhtine a sans doute à voir avec l'ami témoin d'Anzieu : en ce que tous deux sont *a priori* bienveillants, mais le surdestinataire est inconnu et éloigné dans le temps, en quelque sorte rêvé, alors que l'ami témoin doit être incarné autant que faire se peut. C'est par exemple le rôle que joue le groupe dans les ateliers d'écriture. Mais il y aurait grand risque à ce que le directeur de recherche

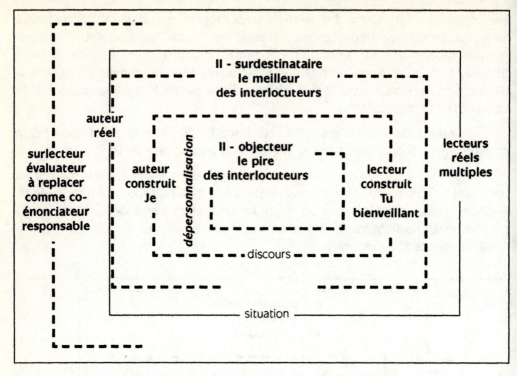

Fig. 10 : Interlocutions dans les mémoires DHEPS

se laisse installer dans cette position, lui reste plutôt co-auteur en ce qu'il est co-responsable.

Dans le cas du discours scientifique, selon Amorim, l'auteur n'est pas matérialisé : *« personne ne parle ; ce mode s'énonce à la troisième personne car les événements semblent se raconter eux-mêmes. Il se produit ainsi un changement de valeur de la troisième personne ; dans le discours, elle devient* non personne *par opposition aux personnes* je *et* tu. *»* (78)

Il est, bien évidemment, hors de question d'imposer une écriture de la désénonciation scientifique aux Dhepsiens alors que, par ailleurs, il leur est demandé de travailler sur ce qui les implique. La proposition d'un *Je* qui s'adresse à un pair, interlocuteur bienveillant, *Tu coopératif*, est d'un intérêt pédagogique avéré. Il ne s'agit pas de nier le pouvoir du jury mais de le remettre à sa juste place. Il ne s'agit pas non plus de confondre écriture d'un mémoire universitaire de recherche-action avec une écriture scientifique qui prétendrait à une généralisation. Les mémoires DHEPS, comme une grande part des productions universitaires, ne sont pas véritablement des écrits scientifiques qui feraient progresser la science. Ils n'ont généralement qu'une *validité interne* (Matalon, 1988). Cette affirmation ne leur enlève pas leur valeur, ni leur intérêt pédagogique, ni leur intérêt professionnel, mais elle précise leur portée et leur nature.

Toutefois des passages du mémoire peuvent être plus proches de l'écriture scientifique parce qu'ils peuvent avoir une prétention à la généralisation. Il est donc important de définir le mode d'écriture alors pertinent et de rappeler que :

*« Le texte scientifique s'organise sous la forme de **récit** : en l'absence d'interlocution et en dehors de la sphère personnelle. Ses affirmations s'énoncent par une forme non personnelle car le sujet qui les énonce est un je qui vise à être une non-personne. C'est un locuteur qui se présente pour accéder à la condition impersonnelle. Car, si ce qu'il dit est vrai, si son argumentation tient, n'importe qui pourra l'affirmer. Qu'il s'énonce avec le pronom* nous, on *ou même avec le* je, *l'énoncé scientifique ne sera jamais l'expression d'un* je, *d'une subjectivité mais d'une prétention d'objectivité. [...] Dufour le conçoit comme un sujet ou un* je *qui est en voie de dépersonnalisation. Dépersonnalisation qui ne se réalise jamais entièrement mais qui pose la non-personne comme la place vers laquelle tend l'énonciation. [...] »* (Amorim, 1996, 79).

Il serait sans doute plus facile pour les Dhepsiens de démêler cet imbroglio s'ils déterminaient des modes énonciatifs différents dans chaque écrit intermédiaire et même suivant les fonctions des différentes parties de leurs écrits.

Discours et récit dans les différentes phases de la rédaction des mémoires DHEPS

Je préciserai donc maintenant quelques repères pour élaborer des propositions d'écriture dont la variété aidera les Dhepsiens à construire des positions énonciatives et, au-delà, des positions de recherche et d'écriture modulées selon les choix qu'ils feront de leur implication à un moment donné dans leur texte.

Le projet de recherche : en fin de première année

L'écrit intermédiaire produit en fin de première année est censé permettre aux étudiants d'être titularisés sur le modèle de l'EHESS, c'est-à-dire que les étudiants fixent contractuellement avec leurs formateurs et leur directeur de recherche, le sujet et les modalités de leur projet. S'agissant d'un document de type programmatique et contractuel, il paraît logique de le rédiger à la première personne, pour qu'il soit totalement endossé, surtout pour la partie présentant la méthodologie envisagée. Mais, la partie théorique du type *état de la question* peut être rédigée à un mode impersonnel ou même en utilisant le *nous de modestie* (accordé au singulier pour le démarquer du *nous rhétorique* ou du *nous* véritablement *collectif*, professionnel, par exemple) de façon à bien établir une position de chercheur ; il peut s'adresser au *Il, contradicteur absolu* défini par Amorin (1996, 158) : *« Dans la spécificité du texte de recherche, le il est celui qui ne dit rien de particulier et dont la fonction est d'objecter au locuteur »*. Ceci s'intègre dans un entraînement à l'argumentation et, en particulier, à la contre réfutation anticipée.

Le rapport intermédiaire : en fin de deuxième année

Dans la partie où l'auteur fait le point sur l'évolution de son travail, je suggère un *je* et, dans le chapitre rédigé, qui est demandé comme un échantillon de texte considéré comme au moins provisoirement définitif, il est intéressant de tenter un *nous rhétorique* et des formules impersonnelles qui établissent le discours scientifique dans sa généralisation, — en même temps qu'on demande un effort de *tissage de l'infratexte et de l'intertexte dans le texte* (Guibert, 1989), alors que dans le projet de fin de première année, ce tissage ne peut pas encore être demandé —.

Le mémoire en fin de troisième année

Les auteurs des mémoires DHEPS sont alors, en fin de troisième année, capables de jongler avec les différentes formulations et les différentes positions énonciatives suivant les parties et les fonctions des parties du mémoire. Comme le suggère Amorin (1996, 78) : *« le je de l'expérience de terrain et le nous universalisant de la théorie doivent cohabiter »*. Le retour à l'action implique enfin un retour au *je* ou au *nous pluriel* parce que collectif, professionnel, institutionnel.

C'est ainsi que l'apprentissage de l'analyse de l'énonciation et de la construction de l'interlocution, et en particulier l'entraînement à adopter des positions énonciatives diversifiées, conduisent les auteurs des mémoires non plus à s'efforcer de se plier à ce qu'ils imaginent comme des normes universitaires non justifiées, mais à préciser les positions de recherche qu'ils souhaitent adopter. ■

Bibliographie

AMORIM Marilia, 1996, *Dialogisme et altérité dans les sciences humaines*, Paris, L'Harmattan, 208 p.

ANZIEU Didier, 1981, *Le corps de l'œuvre : essais psychanalytiques sur le travail créateur*, Paris, Gallimard, 377 p.

BAKHTINE Mikhaïl v.n. Volochinov, 1977, Le discours d'autrui ch. 9. In : *Le marxisme et la philosophie du langage*, Paris, Minuit, pp. 161-172.

CHARAUDEAU Patrick, 1983, *Langage et discours : éléments de sémiolinguistique (théorie et pratique)*, Paris, Hachette U, 176 p.

DESROCHE Henri, 1971, *Apprentissage en sciences sociales et éducation permanente*, Paris, Éd. Ouvrières, 200 p.

DUFOUR Dany-Robert, 1990, *Les mystères de la trinité*, Paris, Gallimard, 464 p.

Eco Umberto, 1979, 1985, *Lector in fabula*, Paris, Grasset, 315 p.

GOFFMAN Erving, 1981- 1987, *Façons de parler*, Paris, Minuit, 278 p.

GUIBERT Rozenn, 1989, *Jeux énonciatifs - enjeux évaluatifs* : le rapport au texte des étudiants-adultes préparant des diplômes de fin d'études. Thèse de Doctorat (nouveau régime) de l'EHESS (École des Hautes Études en Sciences Sociales), 3 vol. 196 p., 235 p. et annexes 126 p.

GUIBERT Rozenn, 1996, « Jeux de mots sur des jeux de textes : jargon de spécialistes ou facilitation pédagogique ». In : Robert Bouchard & Jean-Claude Meyer, *Les métalangages de la classe de français* : Actes du 6ème colloque DFLM Lyon septembre 1995, Grenoble : IUFM de Grenoble, pp. 194-196.

GUIBERT Rozenn, 1998, « Écriture du mémoire : exercice d'apprentissage de la complexité et de construction identitaire ». In : Cros Françoise (éd.), *Le mémoire professionnel en formation des enseignants : un processus de construction identitaire*, Paris, L'Harmattan (Coll. Action et savoir), pp. 99-128.

Guigue-Durning Michèle, 1995, *Les mémoires en formation : entre engagement professionnel et construction de savoirs*, Paris, L'Harmattan, 271 p.

Matalon Benjamin, 1988, *Décrire, expliquer, prévoir : démarches expérimentales et terrain*, Paris, A. Colin, 272 p.

M'uzan Michel de, 1965, « Aperçus sur la processus de la création littéraire », *Revue française de psychanalyse*, 29, pp. 43-64.

Strauss Léo, 1989, *La persécution et l'art d'écrire*, Paris, Pocket, 335 p.

Todorov Tzvetan, 1981, *Mikhaïl Bakhtine : le principe dialogique, suivi de Écrits du Cercle de Bakhtine*, Paris, Seuil, 319 p.

3
Recherche-action dans les champs et pratiques socio-professionnels

Oscar ORTSMAN
Groupe de Recherche Socio-Technique. École Centrale (Paris)

La démarche de recherche-action dans le domaine de l'organisation du travail

1 - Importance de la recherche-action dans le domaine de l'organisation du travail

On constate aujourd'hui une très grande diversité dans les modes d'organisation du travail : organisation classique, élargissement des tâches, enrichissement des tâches, diverses modalités d'équipes semi-autonomes, organisation matricielle, en réseau...

Si l'organisation classique a été conçue par un spécialiste (Taylor), les nouvelles formes d'organisation l'ont été principalement par les gens eux-mêmes. C'est ainsi que l'organisation en équipe semi-autonome a été mise en œuvre par des mineurs anglais, les chercheurs se contentant de formaliser ce mode d'organisation et de justifier théoriquement ce qui a émergé par la créativité des acteurs. Ils détenaient clairement un « savoir » que ni le chercheur, ni le consultant extérieur ne pouvaient acquérir seuls, pour définir le mode d'organisation le mieux adapté à une situation complexe sur le terrain.

On repère historiquement deux types de justifications, au niveau de l'ensemble d'une nation, à l'implication des acteurs dans « l'invention » de leur mode d'organisation du travail :
- une justification politique, comme ce fut le cas dans la démarche de démocratie industrielle en Norvège ;
- une justification de « bonne gestion », comme ce fut le cas dans la démarche initiée par le patronat suédois.

Sans vouloir ouvrir ici un débat qui dépasserait l'objet très synthétique de ce court résumé, on peut dire que si l'on veut adapter l'organisation du travail à la complexité d'une situation concrète, aujourd'hui, il est difficile, voire souvent impossible, de faire l'impasse sur l'implication du personnel. On ne peut que faire de la recherche-action... plus ou moins participative.

2 - Trois démarches d'action recherche dans le domaine de l'organisation du travail

En tant que consultant, j'ai principalement utilisé les démarches suivantes :

1 - par groupes projets : le groupe projet, dont la composition est à négocier avec la direction de l'entreprise de façon à représenter toutes les composantes de l'institution, va être le lieu d'analyse et de mise en œuvre des modalités d'organisation du travail ;

2 - par réunions successives de différents niveaux hiérarchiques puis par services ;

3 - la démarche Miroir : interviews individuelles ou de groupes, discussion collective de tous dans une ou plusieurs réunions Miroir, mise sur pied de groupes de travail sur les principaux thèmes ressortant des discussions (voir mon ouvrage, *Quel travail pour demain ?*, Dunod, 1994, pour une présentation plus détaillée).

3 - La démarche retenue dans le domaine des lois Aubry sur les 35 heures

dans des associations ayant les caractéristiques suivantes :
- moins de 200 personnes ;
- nécessité de faire appel au financement d'appui conseil de l'État.

Elle **correspond à la démarche Miroir**, avec une forte composante de formalisation administrative concernant les horaires et les recrutements permis par la loi Aubry.

4 - Quelques leçons à tirer de la recherche-action sur les 35 heures

4.1 - Modification du rôle syndical : il doit accepter ou refuser de signer l'accord... c'est un changement de culture parfois difficile... plus dans d'autres secteurs que là où nous sommes intervenus.

Dans un IME[1], une responsable syndicale a pris en charge elle-même, avec les autres élus, toute l'intervention de recherche-action sur les 35 heures.

4.2 - Présence de nouveaux acteurs :
- l'inspecteur du travail, à la fois pour le financement de l'appui conseil et pour avaliser l'accord ;
- l'URSSAF également, en tant que financeur de l'association dans le domaine médico-social.

---

1 - IME : Institut Médico Éducatif

Ce qui a un avantage en terme de stratégie (on intervient au nom d'un tiers, de façon formalisée par des règles déontologiques...), mais un inconvénient en terme de documents à fournir...

4.3 - Caractère limité du financement, ce qui peut avoir l'avantage de confier une partie de l'intervention au personnel lui-même... mais il n'y est pas toujours préparé.

4.4 - Une attente contradictoire de la part de la direction de l'entreprise et du personnel : vous nous aidez à faire nous-mêmes, mais vous nous dites ce qu'il faut faire...

La difficulté d'accepter la parole de ceux qui ne l'ont pas d'habitude... (tout le personnel de soutien, secrétariat, comptabilité, service technique...).

4.5 - Importance de l'anxiété du changement qu'il faut contenir et qui se projette sur l'intervenant (ce fut le cas aussi concernant la responsable syndicale ayant effectué une recherche-action dans son propre IME).

4.6 - Débloquer le simplisme organisationnel (nous sommes tous héritiers culturels du taylorisme, et ce n'est pas facile de s'en défaire...).

4.7 - Importance de créer une équipe d'intervenants, à la fois pour la qualité de la démarche d'action et pour la partie recherche. ■

Pour toute demande d'information ou de discussion, il est possible de me joindre par e-mail : ortsman@ecp.fr

Michel LIU
Professeur à l'Université Paris IX Dauphine

La recherche-action et la constitution des acteurs sociaux

Toutes les recherches-actions, quel que soit leur type, suscitent l'émergence d'acteurs sociaux, parmi des usagers qui ne l'étaient pas au départ[1]. Ce constat a permis de définir la constitution d'acteurs sociaux, tant individuels que collectifs, comme l'une des quatre catégories de résultats qu'elles obtiennent[2]. Cependant malgré cette unanimité, peu d'études ont été faites sur les procès spécifiques qui aboutissent à cette constitution. Aussi nous semble-t-il important de comprendre pourquoi et comment une recherche-action suscite la création d'acteurs sociaux dans son sillage.

1 - Les finalités de la recherche-action et la constitution des acteurs sociaux

Les raisons qui conduisent une recherche-action à créer des individus et des collectifs agissant au sein de leur propre situation, sont de l'ordre de l'évidence, dès que l'on considère sa finalité. Cette finalité est duale, elle réside dans la réalisation d'un projet de transformation d'une situation sociale et dans l'élaboration de connaissances, à partir de cette transformation. La recherche-action suppose donc pour être mise en œuvre, l'existence d'individus réfléchissants et agissants, et elle ne peut réussir que si ces individus suscitent, autour d'eux, l'émergence de nouveaux acteurs sociaux.

Qui sont ces nouveaux acteurs ? Comment les caractériser ? Comment évoluent-ils ? Peut-on faciliter leur émergence ? Quels sont les processus à mettre en œuvre et sur quelles variables faut-il agir pour le faire ? L'identité des acteurs sociaux et les modalités par lesquelles s'effectuent leur émergence sont beaucoup moins évidentes que leur nécessité, aussi allons-nous les décrire (un peu) plus longuement ci-après. Toutefois, le volume de cet article ne nous permet pas de donner les justifications des propositions que nous avancerons, c'est pourquoi nous renverrons pour chacune d'elles à des références bibliographiques.

---

1 - Desroche H., 1972, *Entreprendre d'apprendre*, Ed. Ouvrières, Paris, 1990 ; Thorsrud E., 1972, Policy making as a learning process, in Cherns et al (Eds) : *Social science and gouvernment policies and problems*, Tavistock, London.
2 - Liu M., 1997, *Fondement et pratiques de la recherche-action*, L'Harmattan, Paris. Voir Tableau I.

Tout d'abord, on ne peut séparer l'identité des acteurs sociaux des modalités de leur création, tous deux résultent d'une unique démarche[3]. Nous examinons donc, de manière conjointe, les différents processus qui constituent les modalités de la création des acteurs sociaux et les différentes caractéristiques qu'ils développent. Au cours de son déroulement, une recherche-action suscite donc des acteurs sociaux d'identités différentes, elle leur confère progressivement des potentialités sociales accrues, c'est-à-dire qu'elle augmente leurs « compétences » en termes d'existence et d'action sociale.

L'expérience acquise au cours des recherches-actions[4] montre que l'émergence d'un nouvel acteur se réalise dans des situations d'action où il est incité à effectuer des apprentissages. Cette « incitation », qui est de l'ordre d'une invitation, est liée principalement à deux catégories de variables :

1 - l'adoption par les chercheurs/acteurs d'attitudes très précisément définies, au cours de leurs interactions avec les usagers des terrains dans lesquels se déroule la recherche-action ;

2 - les modalités du changement mises en œuvre dans la recherche-action.

L'émergence des nouveaux acteurs suit différentes étapes pour lesquelles il est nécessaire de créer des situations d'apprentissage adaptées. Les chercheurs/acteurs doivent donc adapter les modalités du changement pour créer des situations d'apprentissage qui permettent : a) les initiatives et les actions individuelles, b) la constitution de groupes restreints adéquats, et c) la construction d'une forme d'organisation adaptée aux actions et aux groupes précédents. Ainsi, au cours du déroulement de la recherche-action, se réaliseront successivement :

1 - l'émergence du sujet, acteur potentiel, la constitution du groupe de convivialité et la construction d'une organisation sous la forme d'une « organisation d'échange » ;

2 - l'apprentissage du rôle normatif, la constitution de groupe de référence, la construction d'une organisation hiérarchique ;

3 - l'adoption du rôle instrumental et de la personnalité d'acteur, la constitution de groupes autonomes, la construction d'une organisation démocratique ;

4 - le développement de la personnalité de pilote/animateur, la constitution de groupes coopérants et la construction d'une organisation apprenante ;

5 - l'acquisition de la personnalité d'auteur/médiateur, la constitution de groupes créatifs et la construction d'une organisation multiculturelle.

Le tableau II indique les variables et décrit les étapes de cette dynamique. Dans ce qui suit nous décrivons brièvement les trois première étapes, renvoyant le lecteur qui le souhaite aux textes référencés pour les deux dernières.

Une difficulté s'ajoute à celles que l'on pressent à la lecture de la liste des étapes. Elle est liée au fait qu'une recherche-action se déroule rarement sur un terrain qui n'est pas déjà socialement structuré. Dans ces terrains, existent le plus souvent des groupes de références et une organisation hiérarchique, tous deux imposés, sans que les individus ne soient reconnus comme sujets, ni comme acteurs

---

3 - Liu, idem p. 201.
4 - Herbst P., 1975, *Alternatives to hierarchies*, M. Nijhoff, Leiden.

potentiels, et sans que leur soit autorisée l'adoption d'un rôle normatif ou instrumental au sens où nous les définissons. Dès lors, les chercheurs/acteurs se trouvent confrontés à des situations incohérentes sur le plan social, où les structures collectives contredisent les discours des autorités et contrecarrent les évolutions individuelles.

2 - L'émergence du sujet/acteur potentiel et la constitution du groupe convivial

Les interactions au cours d'une recherche-action, et tout particulièrement les premières d'entre elles, sont d'une importance capitale pour la création des acteurs sociaux. L'expérience et les études montrent qu'il existe ce que nous avons appelé un « effet Pygmalion » dans la mesure où le chercheur/acteur considère, dès sa première interaction, l'usager avec lequel il parle comme un sujet dépositaire de connaissances originales et uniques à propos de la situation de la recherche-action, témoin de son historicité, et qu'il lui attribue un statut d'interlocuteur fiable et d'acteur potentiel dans la situation. Cette posture nécessite l'adoption des attitudes décrites par C. Rogers[5] : la considération positive inconditionnelle, l'empathie et la congruence. Ces attitudes sont à compléter, à mesure que les relations durent, par les attitudes de précision/spécificité et d'immédiateté[6].

Ces attitudes vont engendrer, si les chercheurs/acteurs créent des espaces de liberté (temps, lieux, occasions, incitations) permettant aux usagers de se rencontrer, des groupes qui se caractérisent par des discussions ouvertes et franches, entre des gens qui se « reconnaissent » par affinités, par une proximité de tempérament et à travers le partage de traits culturels, notamment le partage de valeurs communes. Ces discussions portent sur les enjeux individuels et collectifs de la recherche-action et établissent progressivement des groupes de rencontre que nous appelons « groupes de convivialité » de préférence à la dénomination de groupes informels qui leur a été donnée dans les expériences Hawthorne[7]. Il va de soi que l'émergence de ces groupes sera d'autant plus facile que l'organisation à laquelle les usagers appartiennent est une organisation à base d'échanges, c'est-à-dire une organisation où les communications sont aisées et où les modalités concrètes du travail reposent davantage sur l'échange que sur la prescription. Nous insistons sur le fait qu'il s'agit des modalités concrètes du travail et non de leur détermination formelle ; ainsi nous avons rencontré dans des administrations, réputées être des bureaucraties pures et dures, des départements ou des services où le travail se faisait sur la base d'échanges entre individus et entre groupes. Dans cette bureaucratie « permissive », la constitution de groupes de convivialité a fait évoluer le fonctionnement de l'organisation vers un fonctionnement basé sur les échanges.

Pour générer un tel contexte, les modalités du changement les plus adaptées sont celles qui proposent et explorent plusieurs déroulements possibles du changement, aboutissant à des options différentes. Cependant, l'autorité existante (ou

---

5 - Rogers C., 1968, *Le développement de la personne*, Dunod, Paris.
6 - Auger L., 1972, *Communication et épanouissement personnel*, CIM, Montréal.
7 - Desmarez P., 1986, *La sociologie industrielle aux États-Unis*, A. Colin, Paris.

ceux qui ont la légitimité et la responsabilité du changement), tout en étant très ouverte sur la forme et les résultats, doit informer les usagers des conditions que le changement demande, des contraintes et des ressources qui existent pour réaliser ce changement. C'est pourquoi nous caractérisons ce changement par les termes « d'information » et de « multipropositions ».

3 - La constitution des groupes de références et l'émergence de nouvelles normes

Certains groupes de convivialité, lorsque leurs membres prennent conscience de la nécessité du changement, vont se transformer en groupes de référence, car ces membres, en les constituant, vont construire une partie de leur identité socio-professionnelle par l'invention et l'adoption d'un rôle normatif nouveau.

La fonction du rôle normatif est de favoriser l'ajustement entre les membres au cours des interactions, en réglementant les comportements et les émotions, de telle sorte que la cohésion sociale soit pérennisée au sein de l'entité, puisque chacun pourra prévoir le comportement des autres membres et compter sur ce comportement dans les actions conjointes[8]. Dès lors, on comprend pourquoi un rôle normatif nouveau est nécessaire puisque le changement transforme les comportements et les manières d'agir conjointement.

La nature des relations entre les membres et la manière selon laquelle une personne remplit son rôle normatif dépend des modes d'organisation auxquels ces membres sont rattachés. Nous décrivons, à titre d'exemple, deux options extrêmes possibles. Dans le cas d'une organisation où les relations de domination/soumission sont prépondérantes, les membres seront soumis aux normes, qu'ils accepteront sans discuter et qu'ils appliqueront en toute situation. Chaque rôle sera rempli selon une obéissance aveugle et stricte à ces normes. Le système de rôles sera rigide et figé, il contribuera à maintenir la forme des comportements et celle des interactions, qui, à la longue, risquent de ne plus être adaptées aux situations ni aux aspirations concernant les rapports entre les membres.

La seconde option se situe dans le cadre d'une organisation où l'autorité est légitime et respectée. Dans ce cas, chaque membre joue son rôle normatif de manière consciente en reliant les normes à leur raison d'être, demandées par la vie collective. Il est en mesure de se distancier de ces normes et d'en rechercher les significations avant de les appliquer. Pour atteindre ce niveau, les membres doivent être capable de formuler, de transmettre, de recevoir des représentations de ce qui est en train de se passer. Ils doivent être capables de manier des symboles et avoir la possibilité de méta-communiquer entre eux, c'est-à-dire d'être en capacité de formuler des messages à propos de messages. Ce niveau de communication leur permet d'évaluer l'impact des messages émis et de rétablir, le cas échéant, le sens de certains messages qui ont été mal compris. Dans cette perspective, le système normatif qu'ils construiront, à partir de cette prise de conscience, pourra être réformé au fur et à mesure des besoins suscités par l'évolution de l'entité sociale.

8 - Mills T., 1967, *The sociology of small groups*, Prentice Hall, Englewood Cliffs, N.J.,

L'adoption du système normatif évolutif est facilité lorsque les chercheurs/acteurs expriment et transmettent l'importance qu'ils accordent aux groupes de références, lorsque leurs attitudes les conduisent à faire des efforts pour prendre conscience et décrire les normes nouvelles émergentes, pour en évaluer la pertinence et la légitimité, et pour les faire évoluer en fonction des situations. Ils font comprendre aux usagers, à travers ces attitudes, que le changement passe par des processus d'apprentissage en situation. Les modalités de changement les plus adaptées seront celles du changement par concertation et celles du changement négocié, car c'est par les processus de concertation et à travers les contenus des négociations que s'actualisera ce mouvement d'émergence-évaluation-adaptation des normes.

4 - La personnalité de l'acteur organisationnel, les équipes autonomes et l'organisation démocratique

Un membre d'une organisation développe une personnalité d'acteur organisationnel lorsqu'il invente et adopte les traits suivants : a) un rôle instrumental, b) une capacité d'autonomie (prise d'initiative individuelle avec ses risques), c) une solidarité pour assumer les décisions collectives, d) des relations démocratiques.

Une personne adopte un rôle instrumental dans une entité sociale lorsque : a) elle est consciente du but de l'entité sociale, b) elle l'accepte, c) elle engage ses ressources personnelles : intelligence, compétences et énergie pour l'accomplir, d) elle donne à cet accomplissement un ordre de priorité supérieur à ses propres buts, aux normes du groupe, à la structure affective des relations entre les membres (y compris à sa popularité et à son confort), e) elle évalue les résultats de ses actions et ceux des actions des autres en termes d'efficacité, plutôt qu'en termes de soumission aux normes. De ce fait, cette personne est responsable de la réalisation de ses objectifs, de leur amélioration, et cette responsabilité l'emporte sur le respect des normes et des bonnes relations.

En adoptant un rôle instrumental, les membres d'une entité sociale ne sont plus dominés uniquement par la recherche de la satisfaction de leurs besoins individuels, mais sont aussi motivés par un état futur désirable qui concerne tous les membres de l'entité.

Le système de rôle instrumental peut, lui aussi, avoir plusieurs évolutions possibles. Dans le cas de relations compétitives, chacun s'appropriera ses objectifs et cherchera à les accomplir, plus rapidement et mieux que les autres. Le système instrumental encouragera ce cadre, il favorisera les plus performants et sanctionnera les plus faibles, faute de quoi la compétition ne se maintiendrait pas. Cependant, la course à la performance peut s'exacerber, et l'émulation entre les membres devenir confrontation et conflit. Dès lors, le lien social risque de se rompre ou de se limiter à des arbitrages entre individus qui s'isolent dans un individualisme forcené.

Dans le cas où le rôle instrumental va de pair avec des relations d'autonomie, de solidarité, les projets seront des projets collectifs, réclamant la participation de tous. Si, en outre, l'organisation institue des relations démocratiques, les équipes bénéficieront des synergies liées au mode de fonctionnement semi-autonome[9]. Les

---

9 - LIU M., 1983, *Approche socio-technique de l'organisation*, Éd. d'Organisation, Paris.

membres expérimenteront que le social n'est pas uniquement une contrainte, mais aussi un champ d'action dans lequel ils peuvent, ensemble, atteindre des résultats qui dépassent la somme des efforts individuels. Dans cette perspective, le rôle instrumental, à mesure qu'il s'approfondit, conduit à la constitution de la personnalité d'acteur organisationnel.

Dans cette orientation, le rôle instrumental requiert un haut degré d'engagement de l'individu dans l'entité sociale. Cet engagement est facilité par le développement d'attitudes qui implique des niveaux de savoir être élevés ; ce développement s'effectue, lorsque l'individu n'est plus confronté à des tâches à accomplir qui sont programmables, mais à des dilemmes et à des choix, dont la résolution demande davantage de savoirs être que de savoirs et de savoir-faire.

Les modalités du changement — qui est en harmonie avec le développement de ces attitudes et de ces équipes autonomes — sont celles du changement participatif, dans lesquelles chaque membre et tous les membres sans exception sont partie prenante du changement depuis sa conception jusqu'à sa mise en œuvre et son évaluation.

L'évolution de l'acteur social ne s'arrête pas à ce niveau, d'autres types d'acteurs sociaux existent qui possèdent des potentialités de prise de conscience des réalités sociales et de capacité d'action plus grandes. Nous les évoquons dans le tableau II et renvoyons les lecteurs intéressés aux références[10].

5 - L'émergence des acteurs sociaux : utopie ou réalité ?

L'émergence des acteurs sociaux capables d'instaurer des relations démocratiques au sein des organisations, telle que nous venons de l'esquisser, paraîtra à certains être de l'ordre de l'utopie, ou à tout le moins, refléter un optimisme naïf. Il est vrai que le volume de cet écrit ne nous permet pas d'étayer nos propositions sur des exemples, ni de les argumenter à partir de preuves, mais cela a été fait par ailleurs[10]. Nous voulons d'abord rappeler que les conditions à maintenir et les attitudes à développer, que nous avons décrites pour chaque niveau, sont très exigeantes. L'évolution des rôles sociaux tout au long d'une recherche-action est un apprentissage qui doit être voulu avec persévérance, conçu et mis en œuvre par des efforts constants et difficiles. Ces apprentissages exigent, de la part des chercheurs/acteurs, une réflexion et un travail sur des attitudes qui demandent une grande vigilance car, dans ce domaine, les déviations et les perversions sont très proches de la position juste. Les chercheurs/acteurs peuvent, soit inconsciemment, soit par ignorance, aller à l'encontre de ce qu'ils souhaitent réaliser, comme cela s'est vu maintes fois au cours de l'histoire du développement des recherches-actions[11].

La plupart de ceux qui pensent que la nature ou les cultures humaines ne permettent pas l'émergence d'acteurs démocrates tels que nous les avons décrits, se réclament du réalisme et récusent cette possibilité comme un extrême impossible à atteindre. Il est curieux de noter que, lorsque l'on décrit des situations extrêmes

---

10 - Liu M., 2000, *Étude des cultures*, Document 2000/2, CERSO, Université Paris Dauphine.
11 - Emery F., Thorsrud E., 1975, *Democracy at work*, M. Nijhoff, Leiden.

de domination où l'aliénation et la volonté délibérée de dégradations humaines et sociales existent, ces situations leur paraissent vraies et réalistes, elles les confortent dans leur jugement, tandis que lorsque l'on propose des évolutions émancipatrices et démocratiques, ils les récusent au nom de ce même réalisme, bien qu'elles aillent beaucoup moins loin dans le bien que les premières dans la perversité. Il y a là un pessimisme que rien ne justifie en dehors de généralisations hâtives ou d'extrapolations non fondées. ■

Tableau I : Les catégories de résultats de la recherche action

1. Des connaissances fondamentales dans les sciences humaines.
2. Des démarches de résolution de problèmes transférables.
3. La formation d'une communauté d'acteurs sociaux.
4. Des problématiques nouvelles pour des recherches ultérieures.

Tableau II : Les différentes identités des acteurs sociaux

Attitudes	Modalités du changement	Acteur individuel	Groupe	Organisation
Considération positive. Empathie. Congruence. Précision. Immédiateté.	Informations. Multiples propositions.	Sujet connaissant. Témoin de son histoire. Interlocuteur fiable. Acteur potentiel.	Groupe de convivialité.	Basée sur les échanges.
Légitimation du changement. Fondation de l'autorité. Évaluation et adaptation des normes.	Changement par concertation. Changement négocié.	Rôle normatif. Volonté d'appartenance. Contribution à l'ajustement des normes.	Groupe de référence.	Organisation hiérarchique.
Prise de risque. Assumer les responsabilités de l'équipe. Solidarité. Démocratie.	Changement participatif.	Rôle instrumental. Contrôle autonome. Personnalité d'acteur organisationnel.	Équipe semi-autonome.	Organisation démocratique.
Intégrité identitaire. Altruisme. Sens de la gouvernance.	Démarche ouverte de changement.	Personnalité de pilote/animateur. Vision de l'avenir collectif.	Groupe coopérant.	Organisation apprenante.
Accueil des cultures. Tolérance. Dialogue.	Recherche-action.	Personnalité d'auteur/médiateur.	Groupe créatif.	Organisation multi-culturelle.

Développement local

Christian HERMELIN
Ancien Directeur du Collège coopératif (Paris)
Président fondateur de l'UPRACO

Recherche-action et développement local
Expériences de recherches collectives

J'ai souvent proposé d'adopter le point de vue de la « recherche d'acteur », plutôt que celui relativement général de la recherche-action qui peut être aussi le fait de chercheur patenté et spécialisé. En effet, il s'agit dans le cadre qui nous retient de développer des recherches, certes en rapport avec des problématiques d'action, mais surtout caractérisées par la nature de leurs auteurs, celle d'acteurs sociaux, travaillant dans le champ de leurs expériences, soumises à interrogation, à évaluation, à théorisation... Partant de là, me référant à ma propre expérience, celle de ces dix dernières années, j'ai cherché par ailleurs à établir une distinction assez nette entre les recherches conduites à titre individuel, comme c'est le cas dans le cadre du DHEPS, ou de manière collective, comme dans le cas des ACORA des Collèges coopératifs de Paris ou de Rennes, voire des expériences diverses à travers le monde que nous essayons de réunir dans le collectif en voie de constitution : l'UPRACO (Université populaire des recherches-actions collectives).

Dans le cadre du Diplôme des Hautes Études des Pratiques Sociales, des adultes sont invités à valoriser leurs acquis en réalisant un mémoire universitaire par une recherche conduite sur leurs propres pratiques sociales. Même si le dhepsien prend en compte la collectivité qui a servi de cadre à sa pratique, il lui est demandé de conduire des investigations et des interrogations personnelles. Il fait donc œuvre individuelle autour de pratiques qui concernent des groupes et des collectivités. Par contre, dans le cas des ateliers coopératifs de recherche-action, c'est un collectif d'acteurs qui se rassemble pour examiner un ensemble de pratiques collectives. L'ouvrage finalement réalisé s'apparente à une rédaction collective. Cette distinction entre recherches individuelles et recherches collectives est nécessaire car, dans l'une ou l'autre situation, l'objectif, le processus et la production sont effectivement différents, non en qualité mais en nature. Pourtant, nous avons à nuancer ce propos, puisque, nous le verrons, dans la pratique, des liaisons s'établissent et cherchent à s'établir davantage encore entre l'une et l'autre, dans la mesure où l'on voit bien comment des contributions individuelles peuvent intervenir dans des recherches collectives et comment des travaux collectifs sont susceptibles de prendre place dans des démarches de recherches plus individuelles. Les exemples qui seront cités tout à l'heure montrent quelques essais dans ce sens.

Cette distinction est par ailleurs particulièrement pertinente si l'on se réfère au thème du développement local. Puisque nous avons à traiter de la recherche-action appliquée à ce domaine, les deux démarches peuvent se croiser avec deux objectifs, celui d'une recherche qui tend à appréhender la question du développement urbain et celui des actions, conduites dans ce cadre, pour tenter de mieux les maîtriser. Les acteurs du développement urbain, professionnels ou militants, participent à des recherches, soit à titre individuel dans le cadre de recherche-action-formation, soit à titre collectif au sein de groupes d'acteurs en réflexion. Nous avons rencontré l'une et l'autre des situations, mémoire de DHEPS réalisé par un agent de développement sur un sujet défini à partir de sa pratique ou bien atelier, voire chantier collectif de recherche conduit par des équipes d'intervenants. Mais ceci n'épuise pas le sujet à traiter car nous devons, pour être complet, envisager le cas des collectifs d'acteurs — nous devrions dire collectifs d'habitants — dont l'entrée en recherche-action constitue en soi une démarche de développement local.

Ainsi, la recherche-action appliquée au développement local urbain sera-t-elle de caractère individuel lorsqu'un praticien produit un mémoire universitaire autour de sa pratique, c'est le cas pour un certain nombre des participants de notre réunion. Elle prendra une forme collective dans le cadre d'ateliers de recherche réunissant un ensemble d'acteurs liés par des expériences communes, ou lorsque des populations entrent dans une démarche de recherche-action et, par là, entrent dans un processus de développement local. Dans ce dernier cas, on parle souvent de « recherche populaire » (voir les travaux d'Enda graf Sahel).

Mon propos sera centré sur les recherches collectives. Il s'appuiera sur quelques expériences significatives qui constitueront le support de cet exposé.

Recherche conduite par un collectif de professionnels du développement local

Le premier exemple sera celui d'un atelier de recherche action coopérative conduit dans le cadre du Collège coopératif en Bretagne[1]. Il s'agissait alors de réunir des chefs de projet de développement social urbain pour comparer les actions conduites dans des quartiers sensibles à Brest, Lorient-Lannester, Nantes et Rennes. La question posée par la commande de la Direction régionale de l'équipement

---

1 - Cf. Collège coopératif en Bretagne. *Travail-emploi-développement économique, pour un modèle de développement alternatif.* Rapport de recherche-action 1998 (Collège coopératif en Bretagne, Université Rennes 2 - Haute Bretagne, Campus «La Harpe» - avenue Charles Tillon 35044 Rennes cedex.

était celle des initiatives en matière d'emploi et de développement économique. Au cours de huit journées d'ateliers, il convenait de recueillir des expériences de terrain et de proposer un modèle théorique pour l'orientation des actions.

Parce que cette recherche-action collective relevait d'une authentique démarche de recherche, elle ne devait pas se contenter d'un échange classique d'expériences, aussi riches soient-elles, mais bien de faire évoluer la pensée et les modèles théoriques. Il suffit de lire les journaux d'ateliers et la synthèse qui en découle pour comprendre que des acteurs ainsi rassemblés, sans perdre de vue le terrain local, sont en mesure, à partir d'un processus qui leur est propre, d'appréhender un champ théorique de manière autonome et originale. Pour le montrer je me contenterai de citer un moment de l'atelier, celui où, partant d'un ensemble de questions d'acteurs, sera mise en place une esquisse :

« Du brouillard des questions multiples qui se posent à des hommes et des femmes de terrain et qui surgissent spontanément dès lors qu'on en donne l'occasion, il convient, pour que la recherche prenne corps, de dégager progressivement un questionnement collectif initial. En l'occurrence, cette construction va s'opérer par le jeu de deux chaînages successifs.

« Les chaînages interrogatifs

« Chaînage » est en effet le terme qui se présente pour désigner les séquences de travail intensives qui vont suivre. L'un des participants commence à énoncer une interrogation que tel ou tel prolonge par des suites, des précisions, des corrections, des virages, des retours en arrière... jusqu'à ce que cette longue phrase unique, ou ce ruban de phrase, soit interrompue. Le chercheur-animateur se contente alors d'être le scripteur scrupuleux pour se préparer à d'éventuelles reformulations et retranscriptions. Qu'importe dans cette consignation écrite qui aura dit ceci ou cela, puisqu'on voit bien que les interactions jouent de telle sorte que l'énoncé en bout du course est, dans ce premier jet, celui d'un collectif.

« Premier chaînage

« Pourquoi la question de l'emploi se pose-t-elle avec plus d'acuité encore qu'ailleurs, dans les quartiers dont nous parlons ? Ne serait-ce pas qu'ils ont été, en leur temps, conçus sur un mode taylorien, ici l'habitat, là les loisirs, ailleurs le travail ? Le jour où l'emploi vient à manquer, le vide se révèle dès lors avec plus d'acuité. Mais n'est-on pas en train de se planter lorsqu'on veut trouver un emploi pour tout le monde ? Ne pourrait-on se recentrer sur d'autres formes de requalification des personnes ? La tendance est à plaquer sur ces quartiers des schémas généraux. Faut-il parler d'emplois ou d'activités ? À quel système de valeurs convient-il de se référer ?

« Si l'on en reste à la valeur traditionnelle de l'emploi, on voit bien qu'on ne pourra jamais maîtriser la situation vécue dans ces quartiers. Ne faudrait-il pas résolument s'inscrire dans d'autres cadres, avec un autre vocabulaire, avec de nouveaux mots : les " activités ", les " ... " ? On sait bien que si, dans le quartier, on dégottait les 500 emplois nécessaires, le problème ne serait pas pour autant résolu puisque l'inactivité de longue durée qui sévit ici a provoqué un affaiblissement,

voire la disparition, de l'" employabilité ". L'arrivée d'un grand nombre d'emplois n'aurait-elle pas des effets pervers ? Quelques habitants pourraient s'en saisir, mais les autres seraient d'autant plus découragés qu'ils auraient été placés devant leur disqualification et tentés de se replier sur eux-mêmes ou de fuir. Aussi, le tissu social s'en trouverait, sans doute, encore plus affecté.

« Dans quel schème général de raisonnement sommes-nous inscrits ? Devant le constat du chômage et la dégradation sociale qui s'ensuit, on tend à dire : il suffirait de mettre fin au chômage pour que tout s'arrange. Et que faisons-nous en réalité, sinon agir sur la file d'attente ? S'y trouvent des gens loin de l'emploi ; par des actions d'information, par de la formation, nous leur faisons gagner quelques places. Du coup, la file se tasse ou recule. Bien maigre au bout du compte, l'effet de file ! À quoi il conviendrait d'ajouter celui d'échelle : qu'est-ce, en effet, qu'un ou deux emplois associatifs créés face aux vastes plans de restructuration avec leurs suppression d'emplois par centaines ? Chercher des solutions dans un modèle de l'emploi est vain et, pourtant, nous refusons l'assistance. Comment sortir de cette contradiction, sinon par un autre modèle. Serait-ce celui du contrat social ? Où ? Comment ? Autour de quoi ?

« Nous devrions interroger la notion de nouveau contrat social. Retrouver place et statut pour l'individu sur la base de processus collectif. Telles sont les conditions à étudier pour un contrat social, y compris hors des chemins du travail classique. Un vrai contrat, sur des bases réelles, sans passer par la création de fonctions et d'activités artificielles qui créent des effets pervers : nettoyage du quartier comme appel à jeter des papiers ! Dans quel espace faut-il pour cela s'inscrire ? Le quartier ? Le bassin d'emploi ? Si l'on en reste aux termes classiques, le bassin est pertinent sans doute, mais en recherche de solutions collectives, ne serait-ce pas le quartier qui devient le bassin utile ?

« Poursuivons sur le contrat social : va pour le contrat mais entre qui et qui ? L'exemple du " correspondant de nuit " à Rennes mériterait analyse : ce correspondant est embauché par une structure labellisée " régie de quartier ". Sa mise en place fit l'objet de débats entre habitants, associations de locataires, institutions de la ville, offices HLM. Ne sont-ce pas là les conditions pour que les gens y trouvent de l'utilité sociale ? Cela mériterait d'être comparé avec les sociétés de gardiennage des supermarchés qui, finalement, induiraient autant de problèmes de violence qu'elles n'en résolvent ? Nous devons être attentifs cependant aux conditions de la réussite : il s'agit bien de s'inscrire en perspective d'utilité sociale, collectivement reconnue, et non d'emploi artificiel, car payer quelqu'un à ne rien faire, qui soit susceptible d'être reconnu comme œuvre utile, risque d'être perçu dans les lieux de cumul de difficultés comme une véritable agression.

« *Second chaînage*

« Volontairement, presque brutalement, il est mis fin à ce premier enchaînement d'interrogations pour solliciter celui qui veut proposer un tout autre démarrage. Autre départ, autre chaîne, autre logique peut-être.

« Et le départ nouveau se fait au " ras des pâquerettes ". " Je me demande ", commence un membre de l'atelier, " comment aborder le développement économique local, par offre et demande, là, tout simplement, tout naïvement, sur les places, les rues, le bitume, le macadam, en jeu de proximité ? Proximité de l'offre et de la demande, proximité des rencontres, des savoir-faire se connectant sur des faire-valoir. Comment se dépatouiller de connexions à établir en territoires très restreints ? N'entrons-nous pas dans le nécessaire raisonnement par filières, l'économie construite comme maillage : la filière bois par exemple, n'importe quelle autre ? Les villes qui se développent bien économiquement ne fonctionnent-elles pas sur des maillages de ce type ? On pense au quartier de la Défense. Est-ce bien le raisonnement, le plus courant, le plus commun, le plus normal ? Les formateurs d'aujourd'hui ne tendent-ils pas à raisonner autour de la notion de filière ? Il faudrait savoir ce que l'on veut : ou bien on accepte la mondialisation, avec ses filiarisations ; ou bien il faut inventer autre chose !

« Or, en logique de filière, on voit bien que tout nous pousse à travailler en termes de connexion d'offre et demande d'emploi, mais existe-t-il un véritable travail sur la construction de l'offre ? Sur le repérage d'activités ? Sur celui des besoins ? Travailler aujourd'hui la question de l'emploi en logique de filière ne consisterait-il pas à repérer les chaînons manquants, à les analyser, à les formaliser, à les construire ? Ne serait-ce pas cela, pour nous, entrer dans une logique de développement économique ? Dans le fond, les régies de quartier se sont construites sur cette logique : celle des besoins insatisfaits pour générer des emplois. Reste la question de la viabilité économique. Comment observer cela aujourd'hui : ce qui est soutenu par des fonds publics et ce qui doit fonctionner selon des logiques marchandes ? Peut-on aller au-delà ? Un chômeur disait récemment : moi, je veux un vrai boulot. Là où j'habite, il existe des logements à retaper et des gens mal logés. Travailler là serait avoir un vrai boulot. Demeure-t-on dans la logique économique ?

« *Les deux logiques*

« La reformulation des deux chaînes interrogatives successives auxquelles l'atelier vient de procéder fait apparaître que, spontanément, nous nous sommes situés dans deux modèles de raisonnement différents. D'ailleurs, le vocabulaire employé relevait lui-même de deux registres. La mise au jour de ces deux modèles est alors esquissée :

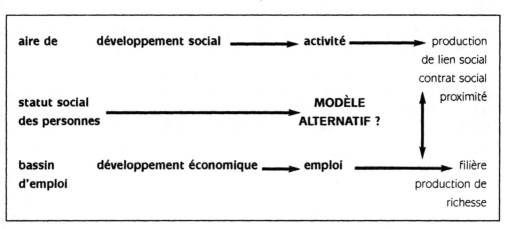

« Ces deux modèles de raisonnement étant posés, l'un en logique de développement social, l'autre de développement économique, en des termes qui demeurent provisoires et pourront être revus, comment choisir le questionnement pertinent ? La réponse vient, claire et unanime : il ne s'agit pas de choisir mais au contraire de tenter la navigation dans l'entre-deux. Poser un questionnement qui cherche le " trait d'union " entre les deux sphères. Après cet accord, il restait à s'y essayer. Les quatre premiers présents vont chacun tenter d'esquisser la mise en forme d'une question. C'est ainsi que nous parviendrons à quatre propositions diversement composées. »

Dès lors, pour l'atelier, l'ensemble des investigations, des expériences étudiées et questionnées devait conduire à une conceptualisation alternative à partir de la question qui suit :

« *Comment articuler les valeurs des deux sphères, celles du développement économique et du développement social, pour développer des pratiques d'intérêt collectif au service de la reconnaissance des personnes au travers de statuts différents ?* »

« *Quatre mots-clés sont proposés par un membre de l'atelier qui reçoit l'assentiment des autres : sens, reconnaissance, statut, revenu.*

« *SENS : soit l'exigence rencontrée chez les acteurs concernés. L'activité pour eux doit avoir du sens, ou de la valeur, qui passe par la qualité du bien produit, l'intérêt pour soi et pour les autres, l'utilité sociale, l'action sur l'environnement... il importe de faire œuvre utile.*

« *RECONNAISSANCE : le sens produit doit finalement se traduire par une reconnaissance sociale de celui qui en est l'auteur. Ainsi, l'activité participe de la construction identitaire qui, dans les cas considérés de populations en difficultés, équivaut le plus souvent à un acte de reconstruction. Cette reconnaissance est d'ordre individuelle, mais aussi collective dans la mesure où il s'agit aussi de l'image du quartier.*

« *STATUT : cependant, il ne saurait, comme on l'a vu, s'agir uniquement d'une reconnaissance locale. La reconnaissance externe, celle de la société, est liée à l'acquisition d'un statut dont le modèle dominant est celui du travail salarié : celui qui permet de dire que l'on " travaille ".*

« *REVENU : au travers du statut est posée la question de la norme en matière de revenu dont le modèle, encore une fois dominant, est celui du salaire.*

« *Prenant appui sur ces quatre termes, on comprend mieux les enjeux. En effet, si l'on reprend la distinction entre le local et le sociétal ou encore les deux modèles esquissés, celui du développement social et celui du développement économique, on aperçoit la frontière qui s'établit entre les deux premiers termes et les deux autres :*

```
      SENS ................. RECONNAISSANCE
              Local
              Social
  — — — — — — — — — — — — — — — — — — — —
      STATUT ........................ REVENU
              Sociétal
              Économique
```

« *Tenter de se dégager de ce qui semble une impasse, soit se placer en perspective d'un modèle alternatif, oblige à articuler les termes autrement : la **reconnaissance** en terme de développement social est productrice d'activités porteuses de **sens** pour son auteur et l'environnement qui débouchent sur une activité économique, se traduisant par un **revenu** lequel passe et se concrétise dans un certain **statut**.* »

Sur le développement social local en Douaisis, un chantier de recherche-action

Avec le second exemple choisi, ce sont d'autres perspectives qui s'offrent pour des démarches de recherche-action. Le rapport de synthèse rédigé au terme du travail collectif indique ce que fut la démarche réalisée dans le cadre du Collège coopératif (Paris), à l'instigation de la Fédération des Centres sociaux et socioculturels du Nord.

« *Au long de l'année 1997, à cadence mensuelle, se sont tenues, dans l'arrondissement de Douai[2], les réunions d'un atelier coopératif de recherche-action avec un groupe de professionnels attachés au développement social urbain : chefs de projet, chargés de mission de la CAF ou du Conseil général, directeurs de centres sociaux, animateurs de maisons de quartier... Une douzaine de personnes se sont ainsi réunies avec des méthodes de recherche appliquées aux acteurs de terrain. Il s'agissait pour elles de traiter la question proposée par la Fédération des centres sociaux et socio-culturels du Nord, celle de l'expression et de la participation des habitants en lien avec les équipements de proximité, dans une dynamique de développement social.*

« *Cet atelier allait progressivement devenir un chantier de recherche pour associer des habitants aux investigations et aux réflexions. Ainsi, vingt-quatre habitants furent-ils conviés pour participer à la construction d'un questionnaire, à sa diffusion et à son traitement autour des actions FPH (Fonds de participation des habitants) ; un nombre équivalent de personnes participa à des réunions de réflexion conduites dans des centres sociaux ; des membres de l'atelier ont conduit des entretiens avec des habitants ou des élus.*

---

2 - Cf. Collège coopératif (Paris), *Développement social local en Douaisis, l'expression des habitants*, 1997-1998. Form'acteurs, chantier de recherche-action, avril 98. Collège coopératif (Paris), 1 rue du Onze Novembre, 92120 Montrouge.

« *L'atelier coopératif de recherche-action (l'acora) des professionnels remplit alors une fonction pilote, en ce qu'il initia les actions d'enquête, décida des méthodes mises en œuvre, et traita la matière recueillie. En même temps, ces professionnels apportaient leurs propres observations de terrain, pour enrichir la recherche-action de leurs " savoirs inédits d'acteurs ". C'est ainsi que, prenant appui sur cet ensemble d'informations qui concernent très précisément le terrain de leurs interventions quotidiennes, dont chacun a une vue parcellaire qui s'élargit par la confrontation avec celle des pairs, ils se sont risqués à produire progressivement une théorie de l'expression des habitants des quartiers en lien avec les structures et les équipements de proximité.*

« *De là s'est dégagé un ensemble de quatre dossiers concernant l'enquête FPH, les centres sociaux, les entretiens regroupés et la démarche de théorisation. Ces quatre dossiers constituent l'essentiel du travail de recherche collective. Chacun d'entre eux pourra être consulté pour lui-même. Ils constituent pour ceux qui y participèrent, professionnels et habitants, autant de traces lisibles de leurs travaux. Toutefois, il a semblé nécessaire de reprendre pour les reclasser et les rendre plus communicables, les éléments épars afin de :*
- *proposer une photographie des réalités et des besoins d'expression des habitants et des usagers d'équipements ;*
- *traiter les obstacles que rencontrent les habitants pour s'exprimer ;*
- *analyser comment les équipements et les structures de proximité peuvent les y aider ;*
- *suggérer des conduites à tenir, voire des mesures à prendre, concernant tout à la fois les divers décideurs, les professionnels du développement social et les habitants eux-mêmes.* »

De la démarche ainsi conduite dans le Douaisis, il fut possible de dégager quelques suggestions concernant la fonction d'un tel chantier.

« *Le processus qui aura finalement abouti au document final de recherche aura bien été celui d'une recherche-action. Engagée par des acteurs investis sur un même terrain, le développement social urbain de l'arrondissement de Douai, la recherche devint l'occasion d'échanges en profondeur. Occasion de partage de savoirs spécifiques nés des pratiques de terrain, exigence d'une certaine rigueur pour essayer de mieux comprendre les enjeux sociaux auxquels ils sont collectivement confrontés, ce type de recherche agit d'abord pour conforter le collectif qui la produit et qui est destiné à poursuivre ensemble l'action de terrain. Ce processus fut encore celui d'une recherche-action en ce qu'il entraîna des habitants directement concernés dans une action en commun de mobilisation des énergies pour élucider les situations et réfléchir aux solutions. Il le sera dans la mesure où il cherchera à rendre le plus collectif possible l'ensemble des conclusions dégagées et de déboucher sur des propositions à partager. Cette recherche-action franchira un palier supplémentaire si elle est suivie d'un effort pour étendre à un plus grand ensemble d'habitants et de décideurs le mouvement qu'elle tend à initier, et poursuivre sous forme d'autres ateliers et groupes qui permettent à un ensemble de citoyens du Douaisis de se mobiliser pour continuer de réfléchir et d'agir ensemble. Dans un premier temps la question d'une diffusion de ce " remue méninges " est posée à ceux qui en furent les premiers initiateurs et les auteurs.*

« *Une recherche-action peut se contenter d'une première phase de mise en mouvement, laissant la dynamique créée se poursuivre et produire lentement ses effets. On peut aussi la considérer comme ayant à se continuer avec un accompagnement méthodologique. Si tel devait être le cas, il semble bien que le chantier prolongé pourrait s'engager à plusieurs niveaux :*
- au sein de rencontres d'habitants sur des concertations inter-quartiers et inter-équipements ;
- au sein d'un groupe de professionnels qui s'élargirait à de nouveaux acteurs ;
- au sein de groupes inter-accueillants pour la mise en forme des réseaux d'écoutes et de réponses.

« *Si un tel mouvement se poursuivait en s'élargissant comme nous l'indiquons, il apparaîtrait alors que non seulement le travail présenté aurait répondu à la commande formulée en proposant une étude sur l'expression et la participation des habitants mais qu'il aurait aussi, par lui-même, développé une dynamique d'expression qui irait se fortifiant et se multipliant. Une telle entreprise ne s'inscrit-elle pas au cœur d'une dynamique de développement social urbain ? Au-delà, en effet, des simples mouvements d'expression spontanée, elle tente, par la méthodologie qu'elle propose, une démarche de paroles collectives passant par un processus de conscientisation et de responsabilisation. Comme le disent les promoteurs de la recherche-action à travers le monde, il ne s'agit de nier ni la parole des responsables politiques, économiques et sociaux, ni celle des experts et des savants, mais de permettre aux acteurs sociaux, habitants et citoyens, de prendre leur place dans les débats de cette fin de siècle par une parole en acte et une parole construite donc responsabilisée, ancrée sur le local et sur les expériences de vie quotidienne. Suggérons qu'ainsi la démocratie des années à venir pourrait trouver les voies de son renouvellement et de son enracinement populaire.* »

Les leçons de « l'approche village » du Programme intégré de Podor, au Sénégal

Bien qu'il n'ait pas encore fait l'objet d'un ouvrage, le travail effectué en partenariat par le volet PIP (Programme Intégré de Podor) de l'USE (Union de solidarité et d'entraide) et le Collège coopératif de Paris, durant la décennie quatre-vingt-dix, fut important dans notre évolution vers la recherche en groupe. Il me semble indispensable de faire référence à cette expérience qui fut, pour nos deux institutions, un moment fondateur d'une démarche qui ira, par la suite, se précisant et sera source d'inspiration pour les initiatives que nous essaierons de prendre en d'autres lieux et dans d'autres contextes. Je venais de prendre la responsabilité du Collège parisien, rejoint et épaulé par Philippe Missotte avec qui, sur ce projet, la connivence fut totale, comme avec nos amis Louis de Crisenoy et Thierno Bâ. Le Collège coopératif devait sa notoriété à sa méthode de recherche-action, mise au point par Henri Desroche, appliquée à des démarches de promotion d'acteurs par l'obtention d'un diplôme universitaire français, le DHEPS, méthode qu'il avait largement appliquée à une population d'acteurs sociaux des pays du Sud. Parmi eux, Thierno Bâ, à la suite d'un DHEPS, avait poursuivi jusqu'au doctorat, en soutenant une thèse en Sciences de l'éducation devant l'Université Lyon II. Responsable du PIP, accompagné dans la réflexion par Louis de Crisenoy qui l'avait tutorisé lors de ses parcours en DHEPS et en doctorat, il avait alors mis en place dans un ensemble de villages des bords du fleuve Sénégal, des hommes et des femmes chargés de conduire des activités de développement villageois, plus précisément d'être des agents facilitateurs du « *Bamtaaré* », un concept pulaar, dont la traduction par « développement » est pour le moins insatisfaisante dans la mesure où il ne rend pas compte de la démarche communautaire et villageoise, inscrite dans une histoire et une culture.

Pour les responsables du PIP, les agents ainsi installés, pas toujours issus du milieu, alphabétiseurs ou monitrices de promotion féminine, ne devaient pas se sentir investis d'une mission de « développeurs », mais plutôt d'accompagnateurs des démarches propres à chaque village, avec leur spécificité. Ainsi, au moment de leur nomination dans un lieu précis, devaient-ils commencer par une étude fine des réalités et des spécificités villageoises, économiques, culturelles, sociales et humaines. Il leur fallait mettre en œuvre une démarche particulière désignée par l'expression d'« approche village ». Thierno avait, lorsqu'il prit contact avec le Collège, remarqué comment cette « approche village » était source de savoirs et de formation pour les agents du PIP et comment elle s'inscrivait déjà dans une démarche de recherche-action. Réfléchissant avec Louis de Crisenoy, ils avaient convenu qu'une formation du type de celles du Collège coopératif pourrait être, pour ces hommes et ces femmes, une voie d'approfondissement de leurs pratiques et une possibilité promotionnelle pour ces quasi autodidactes. Le contact que nous eûmes ensemble montra vite que l'enjeu était important mais sans doute ne passait pas par le DHEPS tel qu'il se pratique habituellement.

Pour élaborer une proposition qui tienne compte au mieux de la spécificité des acteurs sociaux concernés, nous convînmes d'une session à Dakar avec l'ensemble des intéressés. C'est au cours d'un lent travail d'expression et d'écoute réciproques que fut finalement mise au point une démarche inédite. Nous avons adopté le principe de la recherche-action, sachant que les acteurs en question n'avaient pas la possibilité, ne serait-ce que linguistique, de conduire un mémoire de recherche traditionnel. D'où l'idée d'une démarche plus pragmatique, construite autour d'une série de travaux parcellaires dont chacun ferait l'objet d'une soutenance et d'une certification. Reprenant un modèle connu, totalement réapproprié, nous parlâmes alors d'un diplôme d'« acteur-chercheur du développement de base » par unités de valeurs capitalisables.

N'ayant pas ici le temps de présenter l'ensemble du dispositif, je me contenterai d'évoquer la première étape, celle de la « monographie villageoise ». Le candidat avait à présenter une description du village, réalisée selon un point de vue choisi, correspondant à la spécificité du lieu et de la communauté. Une formation devait l'accompagner durant les mois d'élaboration de cette première étape, un document devait être édité en deux langues, le pulaar et le français, et soutenu devant un jury mixte, responsables de l'institution et universitaires du Collège ou de l'université de Dakar ou de Saint-Louis. Devant l'importance prise dans la démarche du PIP par « l'approche village », nous avons indiqué que, dès l'origine, sans voir exactement vers quelle voie nous allions être entraînés, une présentation devait avoir lieu— avant la soutenance de caractère institutionnel — en « assemblée villageoise » pour que le village délibère sur l'opportunité de présentation du travail devant l'instance universitaire. Cela, pour nous, allait de soi mais, en fait, allait à l'encontre des démarches universitaires traditionnelles qui ne se réfèrent jamais aux populations, objets de recherche, pour évaluer la pertinence des investigations. L'habitude est plutôt de considérer cet avis comme une intrusion impertinente (au sens de « malhonnête » au regard de la validité de la démarche et au sens du manque de « pertinence » comme si les populations étaient dépourvues de savoirs et de pensées sur ce qui les concerne).

À l'usage, la procédure arrêtée fut beaucoup plus importante que nous ne l'avions imaginé. Tout d'abord parce que le village, devant être consulté au terme du travail, le serait finalement tout au long du processus et que la recherche d'acteur allait progressivement devenir une recherche populaire impliquant l'ensemble d'une population. Ensuite, parce que cette procédure s'avéra ne pas être de pure forme : la délibération villageoise sur le travail présenté, soit sur la situation du village, fut ordinairement minutieuse, chaque point étant soumis à débat, aussi bien les aspects abordés que ceux qui ne l'étaient pas. On vit le cas de certains qui furent invités par l'assemblée à attendre le moment de la présentation devant le jury et à reprendre certaines données, les villageois devenant alors fournisseurs de données, une fois qu'ils en avaient saisi l'enjeu. Par la suite, les membres du village participèrent aux recherches menées pour d'autres unités de valeurs, par exemple sur les « formations d'adultes » ou sur le « projet villageois ».

J'ai dit que cette expérience avait eu un caractère fondateur. Elle devait en effet pour moi-même, Philippe Missotte et les divers partenaires, nous conduire à une réflexion sur les modalités d'une recherche-action conduites par des populations. Elle nous fit entrevoir comment le processus de recherche collective prenait place dans le processus de « développement » et comment pouvait être mise en relation la recherche d'acteur individuelle et la recherche collective.

Quelques éléments de conclusion

De cette communication se dégagent quelques axes de réflexions sur la fonction de la recherche-action en perspective des stratégies de développement local. Et tout d'abord ce double mouvement qui se combine de la recherche-action collective et de la recherche d'acteur individuelle, avec la double perspective de la recherche conduite sur les processus de développement par les acteurs impliqués et de celle qui constitue par elle-même un acte de prise en main par la population de son propre développement.

Ces réflexions rejoignent assez bien les termes du manifeste rédigé par les fondateurs de l'Université populaire de la recherche-action collective (UPRACO)[3] : *« Les fondateurs partagent la conviction selon laquelle des populations ayant un*

---

3 - Cf. Manifeste UPRACO, in *Cahiers UPRACO* N°1 (diffusion en France au Collège coopératif en Bretagne).

espace de pratiques en commun sont potentiellement porteuses ensemble de savoirs qui leurs sont spécifiques. Ces savoirs que l'on peut aussi nommer des " savoirs sociaux " ont une logique qui leur est propre... Le mouvement de recherche-action collective tend à dépasser la dichotomie qui s'instaure habituellement entre la classe politique, la classe scientifique et la société civile... La recherche-action collective suppose que soit reconnue chez toute personne la qualité de chercheur-acteur-auteur, par soi-même et en interaction avec d'autres... Le processus qui conduit à être producteur de ses propres outils et de ses propres méthodes visera à favoriser la déconstruction et la construction des savoirs constitués au travers de situations. De l'inattendu qui en découle, toute situation, ainsi comprise, apparaît comme didactique, réellement productrice de savoirs, porteuse d'une dynamique qui dépasse ceux qui la produisent et la vivent... C'est par la valorisation des savoirs locaux en interaction avec des savoirs universels que peuvent se produire des stratégies collectives fécondes et naître de véritables sociétés politiques... » ■

Patrick BRUN
Université catholique de l'Ouest (Angers)

La construction coopérative des savoirs comme recherche-action dans le programme Quart Monde/Université

« **C**elui qui ne sera pas introduit dans l'intelligence des hommes ne sera pas non plus introduit dans leurs cités ». En écrivant cela, le Père Joseph Wresinski, fondateur du Mouvement ATD Quart Monde, associe « savoirs » et « citoyenneté ». Il relie deux ordres de grandeur : d'une part l'accès de tous à la pensée universelle ; d'autre part la reconnaissance de chacun comme membre actif de la communauté humaine et sociale (sociétale). Le sujet pensant est aussi en théorie un sujet de droits. Mais il ne le devient en réalité que par un acte volontaire qui l'habilite comme être de savoir et de pouvoir. Cette habilitation ne va pas de soi. Elle exige une démarche qui engage les interlocuteurs dans un apprentissage conjoint qui, si l'on peut dire, « fait société ». C'est précisément de cet apprentissage réciproque et coopératif dont il sera question ici.

La construction coopérative des savoirs

Comment, en effet, peut s'opérer cet apprentissage sinon par un dialogue où chacun reçoit de l'autre et construit avec l'autre une connaissance, un savoir, une pensée ? Et, ce faisant, une alliance qui de proche en proche établit le lien social.

En revanche, une double attitude pervertit cette relation : d'une part, le refus d'admettre que les très pauvres peuvent avoir une pensée, un point de vue spécifique et inédit non seulement sur leur situation mais sur la société ; d'autre part, la suffisance de l'enseignant qui considère que le savoir est un objet que l'on acquiert et que l'on transmet sans que l'acquisition n'engage l'ensemble des relations et n'affecte à la fois celui qui donne et celui qui reçoit.

L'enseignement à sens unique nous prive de la contribution de la réflexion des très pauvres à la connaissance universelle. Certains universitaires ont dénoncé cette carence dans l'histoire : ainsi Arlette Farge constate-t-elle, dans ses ouvrages sur les vagabonds, les mendiants ou les délinquants des XVIIe et XVIIIe siècles, que les seules paroles que l'on ait retenues d'eux sont leurs déclarations dans les minutes de police. Faire exister un sujet dans l'histoire n'est pas seulement de l'ordre du témoignage, mais de la constitution d'un discours dont l'inscription dans les archives du passé modifierait les conceptions qu'une vision unilatérale de l'historien ou de telle classe d'acteurs peut imposer.

De l'affirmation de Joseph Wresinski, on peut donc tirer trois propositions corollaires :

- Vouloir renverser la logique de l'exclusion amène à privilégier et valoriser l'expérience et la pensée de l'expérience chez ceux qui luttent pour se libérer (de la misère, de la sujétion ou d'autres formes de dépendance physique ou morale). Cela ne peut s'effectuer que par l'instauration de relations de confiance réciproque avec des membres reconnus pour la place qu'ils occupent dans la société civile.

- Pour qu'une telle relation puisse s'établir et qu'elle conduise à valoriser le savoir de ceux qui, habituellement, ne peuvent le faire reconnaître, il faut qu'un échange s'établisse : « Je te donne mon savoir et tu me donnes le tien ». La logique n'est pas celle d'un collectionneur de savoirs, car pour que chacun des deux existe réellement il faut qu'il dispose du savoir de l'autre. Comme le répète Michel Serres, le don en l'occurrence n'appauvrit pas, il enrichit. Ainsi l'universitaire apprend-il à son interlocuteur les méthodologies et les savoirs qui lui permettront de penser sa propre expérience. Mais, pour qu'il le puisse, il faut d'abord qu'il se laisse enseigner pour, en quelque sorte, habiter ou du moins comprendre, ce que la phénoménologie nomme le « monde vécu » de l'autre et en enrichir son propre savoir.

- Dans cet échange, une double transformation s'opère : d'une part celle des savoirs de chacun confrontés aux savoirs que l'autre a pu construire dans l'échange. Il s'agit d'une opération de déconstruction-reconstruction. Ce processus s'apparente à l'« *agir communicationnel* » décrit par J. Habermas dans l'ouvrage paru en français sous ce titre. D'autre part, une transformation de la relation entre les acteurs : chacun, ayant donné crédit à l'autre, devient partenaire à la fois de réflexion et d'action. On peut alors parler d'alliance.

Le programme Quart Monde/Université

Illustrons à présent ces propos par la présentation du programme qui les a inspirés : le programme Quart Monde/Université qui s'est déroulé de mars 1996 à février 1998[1].

Ce programme est qualifié de « *projet expérimental formation-action-recherche* » et son objectif est « *de produire de nouveaux savoirs issus de la lutte contre l'extrême pauvreté* »[2]. Il s'inspire de la pensée et des paroles adressées notamment aux universitaires par le Père Joseph Wresinski dans les années 1980[3].

---

1 - On se reportera pour la description du programme au livre : Groupe de recherche Quart Monde-Université, *Le croisement des savoirs. Quand le Quart Monde et l'Université pensent ensemble*. Paris, 525 pages.
2 - G.R.Q.M.U., p. 15.
3 - Idem p. 11-14.

Initié et piloté par le Mouvement ATD Quart Monde, il réunit trois groupes d'acteurs :

- des « militants » du Mouvement. Le terme de « militant » désigne ici *« des personnes quotidiennement confrontées à la misère, dans leur propre vie ou dans celle de leurs proches, qui ont décidé de prendre durablement une part active au sein du Mouvement ATD Quart Monde à partir de leur implication dans le milieu »*[4]. Ceux-ci sont dans le programme au nombre de quinze ;

- des universitaires de différentes disciplines et d'universités de France et de Belgique : droit, histoire, sciences de l'éducation, sociologie, psychologie, criminologie. Ils sont douze ;

- enfin des volontaires permanents du Mouvement ATD Quart Monde répondant à cette définition : *« Hommes et femmes célibataires ou mariés, d'origines sociales diverses et de professions très variées, de toutes nationalités, qui ont rejoint le Mouvement ATD Quart Monde acceptant un salaire minimum ainsi que la vie en équipe. Ils sont plus de trois cents à travers le monde dans vingt-trois pays »*. Ils sont cinq dans ce programme.

Il s'agit d'une recherche sur des thématiques à partir de problématiques arrêtées en commun entre les trois groupes d'acteurs. L'ensemble des participants à l'action sont nommés acteurs-auteurs pour bien marquer la non séparation entre ceux qui seraient des acteurs sociaux « objets » ou « sujets » de la recherche et ceux qui en seraient les auteurs. Mais pour que ces rôles deviennent autre chose qu'une invocation vertueuse, il semble nécessaire de mettre en œuvre une formation réciproque des uns et des autres, les uns par les autres. Les dynamiques relationnelles et d'inter-connaissance qui en sont le fruit représentent un « agir » qu'avec le philosophe de Francfort, Jürgen Habermas, nous nommerons *« agir communicationnel »*.

Les savoirs de chacun s'en trouveront transformés au profit de savoirs nouveaux, à la fois personnels et collectifs. Tous auront contribué à la construction de ces savoirs nouveaux ou renouvelés. C'est pourquoi on les dira « coopératifs ». C'est ce processus de construction coopérative des savoirs que nous allons décrire dans les prochains paragraphes.

La formation-action-recherche comporte deux dimensions :

La première dimension est constituée par la recherche proprement dite. À vrai dire, c'est le but du programme que de montrer la possibilité et même la fécondité d'un croisement de savoirs, comme processus de recherche, entre savoirs d'expérience (les militants), savoirs d'action (les volontaires) et savoirs savants ou instruits (les universitaires).

Cette première dimension présente trois phases successives :

- en premier lieu le recueil de données par chacun des trois groupes d'acteurs, chacun en fonction du type de savoir sollicité : aux militants le témoignage des gens de la misère ; aux universitaires les savoirs disciplinaires et méthodologiques ;

---

4 - Ib idem 1999, p. 524.

aux volontaires les stratégies et démarches du Mouvement ATD Quart Monde pour la promotion des très pauvres et le rétablissement des liens et droits sociaux ;

- d'autre part, l'interprétation de ces données qui seront croisées en fonction des thèmes et des problématiques choisies ;

- enfin l'intégration des résultats dans des textes « mémoires », un par thématique et groupe de travail choisi, et une écriture commune.

Cette première dimension pourrait s'inscrire sur un axe syntagmatique, celui des transformations successives dans le traitement des matériaux et le croisement des savoirs.

La seconde dimension, réflexive (ou critique), est le regard que chacun des acteurs et groupes d'acteurs porte sur les processus et les transformations en cours chez les personnes et dans les groupes d'acteurs quand ils se mettent « au balcon » de leur propre action.

Cette auto-réflexion comporte deux types de rétrospection. D'une part, la régulation des conflits, des malentendus, des décalages de rythmes, de fonctionnements cognitifs et expressifs qui séparent les uns et les autres. On s'arrête pour faire le point, s'expliquer, désamorcer les conflits ou les expliciter. D'autre part, l'interrogation sur les spécificités de chacun des types de savoirs et leur prise en compte dans les démarches à mettre en œuvre. C'est l'aspect *« laboratoire du dialogue social »*, comme l'un des participants l'a nommé. Les produits de ces démarches d'auto-réflexion sont intégrés aux données de la recherche proprement dite.

Cette deuxième dimension constitue l'axe paradigmatique, celui des relations internes aux discours des uns et des autres et de la mise en sens des savoirs croisés.

Chacune de ces deux dimensions est gérée par des méthodes et des démarches qui lui sont appropriées.

Le rôle de l'équipe pédagogique est alors déterminant. Ce qui se passe dans le cours de l'action est en effet relu, analysé, réfléchi au sein de cette équipe qui se réunit deux fois par mois et sert à cet égard de « boîte noire » du programme. Les séances et séquences suivantes sont alors préparées sur la base des diagnostics précédents. L'innovation naît de l'action et y retourne.

L'ensemble est capitalisé par l'évaluateur-capitalisateur qui, à dates régulières, en retourne les productions aux participants eux-mêmes afin d'intégrer leurs réactions. Celles-ci constituent donc comme une nouvelle rétrospective critique sur des ensembles plus larges d'opérations.

Composé d'universitaires et de responsables du Mouvement ATD Quart monde, un Conseil scientifique est également réuni régulièrement pour commenter l'évolution de la recherche. Il en validera à la fin les résultats sur le double plan de la rigueur des démarches utilisées et de la nouveauté des contenus des mémoires.

On peut, en définitive, identifier trois produits de cette formation-action-recherche :

- les cinq mémoires qui sont issus des cinq groupes thématiques : histoire, savoirs, famille, travail, citoyenneté ;

- les transformations des savoirs de chaque acteur-auteur. Ces enrichissements seront auto-évalués par les participants et on en trouvera le résumé à la fin du livre cité en référence ;

- les démarches et outils qui auront permis de réaliser cette construction de savoirs. Cette méthodologie est consignée dans le livre publié et dans le rapport de l'évaluateur. Ils faciliteront d'autres opérations du même type à l'avenir.

La formation-action-recherche

On parle habituellement de recherche-action plutôt que de formation-action-recherche. En quoi les deux expressions se rejoignent-elles et qu'est-ce qui les différencie ?

La formation est ici une nécessité à un double titre : d'une part les écarts de représentations, de cultures et de langages rendraient la communication improbable si la formation des uns et des autres, des uns aux autres ne constituait pas un préalable. D'autre part, la possibilité du travail de recherche est conditionnée par un double apprentissage : des militants aux démarches et outils de la recherche en sciences sociales ; des universitaires aux modes de réflexion et de raisonnement des militants. Les volontaires apportent leur connaissance de la médiation entre société et milieu des très pauvres ; eux-mêmes doivent apprendre à formaliser leur expérience de l'action dans ces milieux.

La formation n'est pas extérieure à l'action, ni à la recherche. Elle est menée dans l'action, sur l'action et majoritairement à l'aide des documents issus de l'action. Les militants y consacrent deux à trois jours par semaine en dehors des temps de rencontre avec les autres composantes. Les volontaires, quant à eux, ont bénéficié de quelques journées. On a pu regretter qu'il n'en soit pas ainsi pour les universitaires. Mais, chez tous, on peut noter des transformations des manières de penser et d'interpréter la pensée et la parole des autres acteurs-auteurs.

L'action est une deuxième dimension du programme. Non dans le sens habituel de « faire » mais selon une double signification.

Le travail de formation et de recherche se fait sur l'action et pour l'action : sur l'action, car ce sont les conditions de la lutte contre la misère qui seront la référence des discussions et des questionnements des cinq groupes : histoire, savoirs, famille, travail, citoyenneté ; pour l'action, car il s'agit de changer la manière dont on instruit les recherches sur les situations de pauvreté pour en changer la compréhension et de mieux respecter les personnes qui en sont les sujets.

La transformation des relations entre pauvres et non-pauvres est aussi au cœur de l'action elle-même et n'en est pas seulement la visée. On se reportera à la définition que E. Enriquez donne de l'action-recherche : « *L'action-recherche nous oblige donc à penser et à vivre en même temps le fonctionnement et le changement, à admettre que les hommes, objets de recherche, doivent être en même temps sujets de la recherche, que la vérité se dévoile dans le travail d'analyse par fragments et difficilement, et que cette vérité sera en tout état de cause le fruit de la rencontre de l'intervenant et du groupe* »[5]. Ici, il ne faudrait pas parler de

---

5 - Enriquez E., *Les jeux du pouvoir et du désir dans l'entreprise*, p. 260.

« l'intervenant » mais des intervenants et des rapports que chacun entretient avec son groupe thématique et avec l'ensemble des participants.

La recherche. On ne peut séparer les modalités de la recherche proprement dite des axes précédents du programme, comme si ceux-ci étaient une sorte de préparation aux procédures classiques de la recherche.

D'autre part, différents niveaux de recherche s'intègrent mutuellement comme des poupées russes : le programme dans son ensemble comme recherche-action englobe la recherche sur les contenus thématiques qui elle-même englobe une recherche sur de nouvelles méthodologies de formation-recherche, qui, à leur tour, renvoient au projet d'ensemble.

C'est, en effet, parce que les relations entre les participants à la recherche ont changé que l'on en attend des résultats plus riches, voire plus « vrais ». D'autre part, les transformations des savoirs de chacun ouvrent d'autres perspectives aux chercheurs « professionnels » eux-mêmes, comme on l'a vu plus d'une fois : les points de vue différents mettent en lumière des possibilités de compréhension nouvelles. Les déplacements opérés par les uns et les autres sont du reste « récupérés » comme matériaux de recherche entrant dans le *corpus*.

On se trouve ainsi confronté à un enchaînement d'effets circulaires où formation, action et recherche s'engendrent mutuellement et de façon continue. La constitution des discours des cinq mémoires réfléchit en définitive tout autant les processus de discursivité communicative que la mise en ordre des données et de leurs interprétations. La co-production des savoirs est aussi une co-énonciation des acteurs-auteurs de ces savoirs.

Conclusion

Toute recherche-action présente une dimension d'historicité. Les transformations vécues au cours du processus de recherche sont interprétées et ré-introduites dans la conduite de l'action et même, comme ici, dans les données prises en compte dans les analyses du *corpus*. La translation du plan de la synchronicité de l'analyse des matériaux au plan de la diachronicité de l'histoire du groupe concerne aussi les individus. Chacun d'eux a évolué au cours du programme et ses relations avec les autres membres du groupe ont changé.

La dynamique de la confrontation entre ce qu'il a été convenu d'appeler les trois types de savoirs opère des déplacements identitaires. Ces déplacements pourraient conduire les participants à revisiter leurs histoires respectives de savoirs et à envisager autrement leur(s) rapport(s) aux savoir(s). Le programme ne pouvait aller jusqu'à prendre en compte de façon explicite ces déplacements, mais les productions finales en attestent.

Tant au plan de l'épistémologie que de la méthodologie, les mises en dialogue des trois sources de savoirs ici identifiées, portées chacune par un groupe d'acteurs sociaux, sont riches d'ouvertures nouvelles sur les rapports des chercheurs et des acteurs sociaux. Pourra-t-on passer de l'expérimentation à l'application sur le terrain universitaire ? Rien n'est moins sûr. Au moins aura-t-on exploré les voies d'une forme nouvelle de multi-référentialité, pour reprendre les termes d'Ardoino, en l'associant à la pluralité des rôles sociaux.

Les retombées de ce programme dépassent du reste largement les enceintes universitaires. De nouvelles formes de partenariats sociaux et d'expertises peuvent s'y inventer. De nouvelles démarches de formation aussi. N'est-ce pas pour les sciences de l'éducation et de la formation une voie d'accomplissement, certes « impure » au regard de « la science », mais féconde, qui associerait connaissance rigoureuse, transformations sociales et émancipation personnelle ? ■

Marie-Lise SEMBLAT
Enseignante-chercheure au Collège coopératif (Paris)
Présidente d'ASTER International

De la formation-action à la formation par la recherche-action

Des femmes rurales devenues « actantes »

L'objet de ce texte est d'analyser, à partir de dynamiques de formation de femmes rurales, l'apport de la recherche-action dans une optique de développement local. Des initiatives de formation de femmes rurales (en 1988-1989) se sont inscrites dans le cadre de formations-actions, puis ensuite (1999-2001) de formations par la recherche-action. Cette dernière, en croisant la pédagogie de l'action, conduit à des perspectives de changement tant pour les personnes concernées que pour les territoires. Elle permet de surmonter certaines limites rencontrées par les premières expériences et de combiner projet individuel, démarche collective et approche territoriale.

Elle nous a conduit à reconsidérer les façons dont étaient désignées les pratiques des femmes et comment elles s'identifiaient elles-mêmes. L'expression redondante d'*« actrices actives de développement »* recueillie auprès de Québecoises et d'Européennes nous ayant particulièrement interpellée, nous avons tenté de rechercher des terminologies qui puissent traduire les transformations opérées.

Formation-action

En Ille-et-Vilaine, par la formation, quinze femmes, originaires de six cantons ruraux, ont pu *« potentialiser les savoir-faire »* et *« sortir de la clandestinité »*[1]. Elles ont rendu visible leur contribution au développement local en créant plusieurs services : halte-garderie, association de remplacement pour les agriculteurs, école publique, co-voiturage... Le CIDF (Centre d'information des droits des femmes) de

---

[1] - CRIDEL, « Le statut des femmes dans le développement local », *Actes des Deuxièmes Rencontres des Acteurs de Développement Local*, CRIDEL, Angers, 28-29 octobre 1991, pp. 24-27.

Rennes estime que l'implication plus grande des femmes dans la vie locale et la réduction des écarts entre hommes et femmes sont deux conclusions majeures de la démarche[2].

Dans le département de l'Aisne, ce sont quatre-vingts femmes (quatre groupes sur quatre arrondissements) qui se sont mobilisées et ont été accompagnées grâce à une importante dynamique partenariale (services de l'État, services sociaux, collectivités territoriales, associations). Elles ont gagné en autonomie, accédé aux responsabilités associatives, se sont présentées aux élections municipales, ont lancé des projets dans leur village (services de proximité, projets culturels...), ou encore ont opéré des retours à l'emploi ou aux études. L'acquisition d'assurance et de confiance en elles leur ont permis de s'affirmer, elles ont pu *« créer des contacts »*, *« trouver un espace, un réseau de communication »*, *« éviter la routine »*. Le titre de la formation parle de lui-même puisqu'il s'est agi de permettre aux femmes de prendre leur place dans la vie sociale par le biais de la vie associative, de devenir des *« relais »*[3].

L'initiative départementale a suscité, les années suivantes, la constitution de parcours avec des groupes à l'échelon infradépartemental[4]. Elle a facilité le croisement des potentiels féminins, non identifiés ni valorisés, avec d'importants besoins locaux en animation, services et tourisme. Combiner enrichissement personnel et dynamique sociale a conduit à la réalisation de projets dans une optique de développement local. Une dynamique partenariale locale s'est structurée autour des groupes à une époque où l'organisation en communauté de communes ou « pays » n'existait pas, mais où *« la question du développement local qui ne peut se faire qu'avec l'ensemble de la population, apparaissait de plus en plus comme une des préoccupations des élus... »*[5].

La réalisation d'une vidéo intitulée *« Citoyennes actives »*, diffusée en quatre cents exemplaires[6] a inspiré et suscité des initiatives et appelé les promoteurs du projet de formation à répondre à des demandes en divers points du territoire. C'est ainsi qu'ASTER (Actrices Sociales des Territoires Européens Ruraux)[7] a vu le jour comme laboratoire d'expérimentation de formation et d'accompagnement de projets de femmes rurales en région et comme réseau, d'abord européen, puis international. Dans une optique de démocratie participative et de changement social, ASTER développe un ensemble de spécificités concernant *« la mise en œuvre des capacités des femmes à devenir de réelles opératrices de développement local »*[8].

---

2 - Ibid.
3 - À partir de Semblat Charlotte, 1998, *De la vie associative à la médiation sociale en Picardie. Des formations à l'accompagnement de projets pour des femmes en milieu rural*, Étude réalisée pour ASTER.
4 - Ibid.
5 - Ibid.
6 - Traduite en grec pour la coopérative agrotouristique féminine d'Arachova en Grèce qui avait accueilli, en juin 1991, l'itinéraire de l'Université rurale européenne consacré au rôle des femmes dans le développement local. La coopérative est un des membres fondateur du réseau ASTER et sa présidente, Frosso Xaritou, est vice-présidente d'ASTER.
7 - ASTER, association sans but lucratif, a été créée en 1993 comme organisme de formation, est devenue, en 1995, un réseau européen puis, en 1999, un réseau international.
8 - Extrait du document de présentation d'ASTER.

Dix ans après les premières formations-actions, un nouveau type de croisement d'expertises va se réaliser ; une formation par la recherche-action conduite par le Collège coopératif (Paris) va rencontrer la « pédagogie de l'action » d'ASTER et répondre à la demande d'un Centre social rural soucieux de la formation de leaders locaux.

Croisement de la pédagogie de l'action et d'une formation par la recherche-action

Nous avons commencé à identifier *la pédagogie de l'action* dans l'analyse des pratiques de nouveaux groupes de femmes en milieu rural[9] comme un des caractères majeurs de groupes, non pas initiés du dehors, mais constitués selon le principe que des chercheurs québécois nomment « *autodéveloppement* »[10] à partir de réalités locales dans une démarche endogène. Cette pédagogie est une adaptation à l'événement, un processus et non l'application de programmes préconçus. Elle *« prend en compte la réalité du contexte, la complexité qui, en intégrant les rétroactions et interactions, s'oppose à une conception linéaire et fragmentée pour reconnaître la valeur des relations polycausales et des paradoxes »*[11]. Ceci conduit à revisiter la démarche de formation qui n'est pas envisagée pour des acteurs, mais avec des acteurs et actrices de pratiques sociales qui sont à la fois en situation mais aussi porteurs de visées de changement individuel et collectif.

C'est là où la recherche-action vient s'arrimer à la pédagogie de l'action et permet d'éviter les difficultés rencontrées par les expériences précédentes. La diversité des intervenants autour de trois grands axes (connaissance de soi, connaissance du territoire et construction de projet) avait reproduit les classiques clivages disciplinaires. L'intervention psychologique avait été suivie d'interventions d'économistes, agents de développement et socioprofessionnels pour la présentation socio-économique du territoire. La concertation permanente des intervenants par les réunions fréquentes d'un groupe de suivi pédagogique n'avait pas permis de trouver des moyens de surmonter ces clivages et l'ensemble semblait manquer d'unité et de cohérence. Par ailleurs, la démarche relevait plus de celle de l'intervention sociale que de l'action collective, les stagiaires étant plus souvent considérées comme des bénéficiaires que comme des actrices de leur propre formation.

La recherche-action va faciliter un changement de regard sur soi et sur le territoire, une prise de conscience des déterminations diverses, une meilleure compréhension des situations et par là même une action plus efficiente.

---

9 - Marie-Lise Semblat, *L'émergence d'un « féminisme territorial » en milieu rural. Les pratiques de nouveaux groupes de femmes en Europe et au Canada francophone*, Thèse de doctorat sous la direction des professeurs Jean-Claude Boyer et Pierre Dommergues, Université Paris 8, Institut d'études européennes, juin 1997, 500 p.
10 - Dominique Masson, Pierre-André Tremblay, « Mouvement des femmes et développement local », *Revue canadienne des sciences régionales*, Vol. XVI : 2, Été 1993, volume 2, n° 1, Université de Moncton, Canada, pp. 165-183.
11 - Marie-Lise Semblat, Avant-Propos, *Femmes actrices de développement en milieu rural (Thiérache). Développement du territoire, Validation des acquis et Égalité des chances entre les femmes et les hommes par le croisement de la pédagogie de l'action et d'une formation par la recherche-action*, ASTER et Collège coopératif (Paris), Saint-Quentin, octobre 2001.

Pour Henri Desroche, l'action n'a pas été mise au centre de toutes les recherches sociologiques (dont une bonne part se fait hors action)[12], l'action comme *« opération d'acteurs sociaux prétendument conscients et libres »* est sous l'emprise de déterminismes et de conditionnements multiples. Desroche rappelle Marx pour qui, même si les conditions restent déterminées, *« ce sont les hommes qui font leur propre histoire »*.

La recherche-action comme visée de transformation sociale concilie l'implication dans l'action engagée et la distanciation nécessaire à la scientificité. Paradoxalement on devient en même temps *« acteurs dans la recherche »* et *« auteurs dans l'action »*[13]; les acteurs ne sont plus alors des objets d'observation, ils deviennent des sujets, impliqués dans la recherche[14].

Une telle recherche-action exige donc la participation des groupes concernés : *« Pas de recherche-action sans participation collective »*[15], ce qui présuppose que l'on ne peut connaître ce qui nous entoure sans en être partie prenante[16].

La triade partenariale

La formation par la recherche-action a été initiée par le centre social rural *TAC-TIC Animation*. Elle s'est déroulée en Thiérache (région Picardie, département de l'Aisne), zone rurale de bocage couvrant les quatre cantons de la Communauté de communes de Thiérache du Centre (68 communes, 28 000 habitants). TAC-TIC affirme une volonté de former les acteurs et actrices qui, localement, rencontrent des freins à l'initiative et par là même ont des difficultés à valoriser leurs compétences et à contribuer au développement du territoire. Le choix a ainsi été fait d'engager une formation de femmes *« actrices de développement en milieu rural »* sur deux ans (1999-2001) par des financements croisés qui prévoient le coût de la formation, le suivi, des voyages d'études et d'échanges.

L'animation de la formation a été confiée à ASTER et au Collège coopératif (Paris)[17] qui depuis plus de quarante ans, *« utilise la formation et la recherche*

---

12 - Desroche Henri, *Entreprendre d'apprendre*, Éditions Ouvrières, Paris, 1990, p. 98-99.
13 - Ibid.
14 - La Recherche-action est à la fois une recherche *dans, sur, par* et *pour* l'action. Si elle est *dans* l'action c'est parce qu'elle porte *« sur des acteurs sociaux, leurs actions, leurs transactions, leurs interactions »*, *« conçues pour équiper " d'une pratique rationnelle ", leur pratique spontanée »*, elle est *« assumée par ces acteurs eux-mêmes (autodiagnostic et autopronostic) »*. Roger Bastide, dans son ouvrage l'*Anthropologie appliquée*, en 1971, distinguait trois types de recherche : d'explication, d'application ou encore d'implication ; pour H. Desroche, la première est une recherche *sur* l'action, la seconde est *pour* l'action et la troisième est *par* l'action. Desroche établit alors une grille des types de recherche-action à partir d'une typologie de participation (ou degrés d'implication) suivant qu'elle est intégrale, appliquée, distanciée, informative, spontanée, usagère, militante, vagabonde (Desroche Henri, *Entreprendre d'apprendre*, Éditions Ouvrières, Paris, 1990, p.108).
15 - Barbier René, *La recherche-action existentielle*, http:/ www.fp.Univ-Paris.fr/recherches/RAInternet.htm/
16 - Ibid.
17 - Centre de formation supérieure pour adultes fondé par le sociologue Henri Desroche, le Collège coopératif pratique une formation de type coopératif par le travail de groupe, par la recherche-action, l'appui personnalisé aux étudiants, considérés comme des personnes porteuses de projets et riches de savoirs à repérer, pour les formaliser selon les méthodes universitaires (extrait du dépliant de présentation du Collège coopératif (Paris). *« Le Collège coopératif intègre donc, dans sa logique, la législation sur la validation des acquis et, particulièrement, des acquis de l'expérience. Il l'a même devancée, puisqu'un tel modèle* (suite page suivante)

comme moyens théoriques et méthodologiques répondant à ses orientations »[18]. Il s'agit, dans le cas présent, tout à la fois, de partir des attentes des femmes, de susciter un processus de conscientisation des femmes et leur affirmation sur le territoire local, de faciliter l'expression renouvelée des leaders, voire des élites et par là même de sensibiliser l'environnement, notamment les partenaires institutionnels, aux enjeux de l'action des femmes dans le développement local[19].

Le partenariat entre le centre social, ASTER et le Collège coopératif a permis de réaliser de fructueuses complémentarités :
- identification des besoins et des potentiels du territoire par le commanditaire ;
- démarche de recherche-action accompagnée par le Collège coopératif avec possibilité d'entrer à terme dans un dispositif qualifiant ;
- animation du dispositif dans une optique qui croise l'approche de genre et le développement local pour ASTER[20].

Les différents moyens mis en œuvre portent sur une recherche-action qui privilégie la construction du projet des femmes en lien avec le territoire, l'écriture monographique de celui-ci, sa présentation en forum local, l'accompagnement par un groupe de pilotage, la validation des acquis.

Le parcours

La formation a réuni quinze femmes de 20 à 60 ans ayant une idée à transformer en projet. Conduite *in situ*, elle a alterné des journées thématiques (autobiographie raisonnée, monde rural et Europe, cycle du projet, développement local, animation et conduite de réseaux, tourisme rural, structures juridiques, financements des projets...) et des ateliers d'écriture des projets, objets des monographies. Les sessions se sont réalisées la plupart du temps sur les lieux de mise en œuvre des projets des femmes (ancien moulin, ferme, site cistercien...) dont la dominante se situe autour du tourisme et de la valorisation du patrimoine naturel et historique.

La première année a facilité la clarification de l'idée initiale et sa transformation en projet. Cette démarche a entraîné une meilleure connaissance de soi-même, de ses compétences et acquis expérientiels, une connaissance aussi plus grande des institutions et des partenaires locaux. Les exigences de constitution et de consolidation du groupe ont aussi été très fortes durant cette première phase.

---

17 - (suite) *est au fondement du Collège coopératif (Paris) en 1958, quand Henri Desroche le créa au sein de l'École Pratique des hautes études 6e section (depuis 1975 EHESS). L'inspiration venait alors de la charte de l'Unesco et de ses dispositions pour une formation permanente tout au long de la vie »*. Extrait de *Femmes actrices de développement en milieu rural (Thiérache). Développement du territoire, Validation des acquis et Égalité des chances entre les femmes et les hommes par le croisement de la pédagogie de l'action et d'une formation par la recherche-action*, ASTER et Collège coopératif (Paris), Saint-Quentin, octobre 2001.
18 - Mehdi Farzad, Saeed Paivandi, 2000, *Reconnaissance et validation des acquis en formation*, Anthropos, Paris, p.88.
19 - Objectifs de la formation tels que conjointement élaborés par les trois structures.
20 - Marie-Lise Semblat, Avant-Propos, *Femmes actrices de développement en milieu rural (Thiérache). Développement du territoire, Validation des acquis et Égalité des chances entre les femmes et les hommes par le croisement de la pédagogie de l'action et d'une formation par la recherche-action*, ASTER et Collège coopératif (Paris), Saint-Quentin, octobre 2001.

La deuxième année, consacrée à la mise en œuvre du projet, a alterné des journées thématiques, ouvertes cette fois à toutes personnes intéressées, et des ateliers destinés aux seules stagiaires. Les compétences locales ont été davantage mobilisées sur des questions concernant la concrétisation des projets et les structures d'appui. Il s'agissait durant cette phase de faciliter la socialisation et la territorialisation des projets.

Des voyages d'études (Parlement européen à Strasbourg, structures communautaires à Bruxelles) et deux accueils de groupes de Wallonie ou d'invités de membres d'ASTER (Italie, Sénégal, Québec...) ont contribué à l'ouverture internationale.

Un groupe de pilotage a accompagné la démarche durant deux ans. Sa composition traduit la recherche d'une mission autre que celle de simple chambre d'enregistrement, souvent dévolue à ce genre de dispositif. En effet, les personnes engagées dans le groupe de pilotage proviennent d'horizons variés qui peuvent être identifiés en quatre catégories[21]:
- représentants de TAC-TIC, initiateur de la formation ;
- personnes-ressources qui ont contribué au lancement de la formation en organisant les séances d'information pour mobiliser localement et créer le groupe ;
- principaux partenaires locaux ;
- trois représentantes des femmes, élues par leurs pairs.

Animé par ASTER, ce groupe de pilotage s'est voulu un lieu d'écoute des stagiaires, d'accompagnement de leurs projets, de moyen de visibilité de l'avancée du groupe, d'adaptation du dispositif par l'écoute des demandes. Réuni tous les deux mois, il a fait l'objet de comptes rendus réguliers.

À l'initiative des stagiaires, l'organisation d'un forum local réunissant les initiateurs, intervenants, partenaires politiques et institutionnels de la formation a facilité la visibilité et la prise en compte des projets individuels mais aussi de la démarche collective.

Les acquis

Les acquis de la formation se déclinent sur plusieurs registres, celui du développement personnel tout autant que celui du développement territorial. Valider les acquis expérientiels, initier des projets, acquérir tout à la fois confiance en soi et outils d'animation du milieu sont autant de buts atteints.

Dans une évaluation à mi-parcours, les stagiaires expriment les apports personnels en termes de confiance en soi, de découverte des potentialités, de façon d'envisager l'avenir, d'aptitude à prendre des responsabilités et interpeller les autres, d'expression au sein d'un groupe[22]. En bout de course, on peut constater la volonté de s'impliquer dans le développement territorial : « *Je me considère actrice de développement dans le territoire* », « *Je suis prête à être actrice...* »[23].

---

21 - Analyse des comptes rendus des réunions du groupe de pilotage réalisée par Charlotte Semblat, doctorante en sociologie à l'Université du Québec à Montréal, 2001.
22 - À partir des éléments d'évaluation du 30 janvier 2001.
23 - Extraits de fiches-expériences réalisées par le Collège coopératif et ASTER.

À partir d'une idée initiale, les membres du groupe ont pu construire un projet en évitant le piège de l'activisme par les moyens de la distanciation et de la formalisation proposés par la recherche-action. Leur engagement dans une action a été éclairé par l'acquisition d'une méthode et d'outils d'analyse critique : « *On a une méthode maintenant* » dira l'une des stagiaires lors d'une séance d'évaluation.

L'écriture, que ce soit par la rédaction d'une autobiographie, d'une fiche-expérience ou, pour quelques-unes, d'une monographie complète, a porté ses fruits. Par la formalisation de l'écriture, les stagiaires reconnaissent avoir gagné en rapidité, créativité, en capacité de raisonner, d'ordonner les idées avant d'agir, de programmer les activités de leur vie quotidienne. Elles disent avoir pris conscience des rapports de l'écriture à diverses formes de pouvoir (religieux, politique, juridique...), de l'inégale répartition sexuée de ce pouvoir, les femmes se retrouvant souvent dans le champ de l'oralité (du registre du bavardage à celui du récit et du conte)[24]. Les ateliers coopératifs de recherche-action ont permis aux stagiaires de s'initier à la description raisonnée de la monographie[25] en faisant appel à la méthode inductive d'observation. En entrant dans une démarche de scientificité, l'acquisition de précision, de méthode d'analyse et de rigueur, permet de se dégager du milieu sans le quitter mais pour mieux se situer[26].

La formation a intégré la reconnaissance et la valorisation des acquis. La plupart des femmes, aux parcours de formation souvent difficiles en raison de leur éloignement des centres urbains et de leurs contraintes familiales, vont à la fois initier un projet et valider leurs acquis. Ces derniers « *peuvent comprendre des savoirs, des savoir-faire cognitifs, techniques et comportementaux maîtrisés par l'individu, résultant de ses expériences personnelles, sociales et professionnelles ainsi que des formations initiales et continues* »[27], ils sont surtout, dans le cas présent, des acquis de l'expérience vécue. L'autobiographie raisonnée a été considérée par l'ensemble du groupe comme déterminante, facilitant une mise en valeur des actions, de l'existence vécue, de la diversité d'expériences trop souvent dénigrées et permettant leur transformation en projet d'action, de recherche, de vie ou encore de projet professionnel.

Des fiches-expériences[28] axées sur trois thèmes, ceux de la formation, du projet et du territoire ont été réalisées à partir d'interviews des stagiaires entre elles en

---

24 - Propos tenus par les femmes et rapportés en groupe de pilotage par l'une des trois déléguées du groupe.
25 - Hermelin Ch., Missotte Ph., *Vers la recherche-action en pratiques sociales. La monographie*, Collège coopératif, 1994.
26 - Marie-Lise Semblat, « Sexisme insoupçonné en milieu rural », *Le Fil d'Ariane, Cahiers de l'Institut d'études européennes*, prépublication, colloque national Les violences à l'encontre des femmes et le droit en France, 21-22 novembre 2000. Le statut juridique des femmes dans l'Union européenne, Université Paris 8.
27 - Mehdi Farzad, Saeed Paivandi, op. cit. p.62.
28 - **Pour les femmes elles ont permis de** • Co-évaluer les acquis de la formation, mesurer les évolutions des projets ou des actions (pour certaines par comparaison avec les fiches-actions déjà corédigées) • Produire un écrit, complémentaire à la monographie quand elle existe, donnant l'accès au Certificat d'Initiative Locale (CIL) • Capitaliser l'expérience individuelle de cette formation et des actions ou projets qu'elle a accompagnés (document utile pour soi-même) ou qu'elle a permis de susciter. • Pouvoir valoriser, montrer et rendre disponible au territoire, par la capitalisation collective et la diffusion de fiches, le potentiel et les capacités acquises et/ou approfondies en cours de formation. **Pour les institutions (Collège coopératif, ASTER et Tac-Tic) :** • Disposer d'une auto-évaluation des acquis du cycle de formation • Disposer d'éléments écrits indispensables à la reconnaissance individuelle de la formation • Disposer d'un recueil de personnes-ressources ou de femmes porteuses d'initiatives, ancrées dans le territoire, d'accord et mobilisables pour partager leur expérience et mettre à disposition leur potentiel et leurs capacités, selon des conditions restant à définir.

s'inspirant de la méthode DPH[29], elles ont été présentées oralement et ont permis au Collège coopératif de valider les acquis et de délivrer le CIL (Certificat d'Initiative Locale) à l'ensemble du groupe. Six monographies de projets ont été rédigées, quatre ont été soutenues[30]. Trois femmes de ce groupe sont ensuite entrées en deuxième année de DHEPS (Diplôme des hautes études des pratiques sociales)[31] au Collège coopératif (Paris).

Compte tenu du thème fédérateur qui unit l'ensemble des projets identifiés et des difficultés à assurer la viabilité de micro-projets comme ceux qui ont été élaborés, l'idée d'un itinéraire reliant les différents sites concernés est à l'étude. L'accueil de groupes venus de plusieurs pays européens permet de tester les produits touristiques envisagés.

Conscientes des apports personnels et collectifs de la formation, des stagiaires sont en train de créer une nouvelle structure associative comme lieu d'accueil des projets des femmes de Thiérache, mais aussi comme lieu de rencontre et d'échanges. L'autobiographie raisonnée et la recherche-action restent, pour les initiatrices de l'association, des méthodes à faire connaître et à privilégier. Des engagements associatifs avaient déjà été pris en cours de formation, puisque l'une des stagiaires a créé l'association des *« Amis de l'abbaye de Foigny »* dont elle est devenue présidente au renouvellement du mandat du premier président, deux autres se sont engagées dans le conseil d'administration de TAC-TIC lors de l'assemblée générale.

Concrétisation de la pédagogie de l'action et de la formation par la recherche-action

La pédagogie de l'action, au lieu de plaquer des programmes exogènes, part des réalités contextuelles, des besoins et aspirations des acteurs locaux, en valorisant la dimension collective des groupes qui, sur le territoire, mettent en œuvre des projets et obtiennent visibilité et reconnaissance. *« Groupes »*, *« territoires »*, *« projet »*, *« reconnaissance »*[32] sont les quatre mots-clés identifiés dans l'évaluation-modélisation pour traduire la pédagogie de l'action. Elle est croisée dans un tableau à double entrée avec la formation par la recherche-action qui, elle, est identifiée par quatre autres mots-clés : *« maïeutique »*, *« coopération »*, *« inter »*, *« validation »*.

---

29 - DPH (Dialogue pour le progrès de l'humanité) est un réseau international d'échange d'expériences et de réflexions utiles à l'action. Il est fondé sur le principe de réciprocité, de réflexion utile à l'action, de structuration de la mémoire, de fonctionnement en réseau. ASTER a organisé, en partenariat avec la FPH (Fondation Léopold Meyer pour le progès de l'homme), en décembre 1999, un séminaire international de formation à DPH à Arachova (Grèce). Les résultats sont l'objet d'une publication : ASTER, *Cahier des pratiques sociales. Genre, territoire et développement*, 2000.
30 - Les titres des monographies qui ont permis à quatre stagiaires d'obtenir le certificat d'initiation à la recherche-action : *L'atelier Agriculture Avesnois-Thiérache, La pause Fleurie de Rabouzy, Association des amis de l'abbaye de Foigny, Le village et les environs de l'église fortifiée de la Bouteille en Thiérache.*
31 - Niveau maîtrise.
32 - Gilbert Cellier et Marie-Claude Saint-Pé, *Femmes actrices de développement en milieu rural (Thiérache). Développement du territoire, Validation des acquis et Égalité des chances entre les femmes et les hommes par le croisement de la pédagogie de l'action et d'une formation par la recherche-action*, ASTER et Collège coopératif (Paris), Saint-Quentin, octobre 2001.

La recherche-action est présentée dans ce document comme contribuant à l'auto-formation, la co-formation, l'inter-formation et aboutissant à la transformation. L'auto-formation se concrétise par la connaissance de soi, la connaissance du territoire, la dynamique de projet et la confiance en soi. La co-formation quant à elle se traduit par l'apprentissage à la participation et à l'animation, l'introduction aux réseaux de compétences et de ressources, l'exposé des projets individuels et l'appartenance au réseau des « opératrices de développement ». L'inter-formation se réalise par l'analyse des pratiques individuelles et collectives, l'analyse du fonctionnement sociétal des territoires, la conception des projets de développement local en milieu rural et la formalisation. La transformation s'effectue par l'expression des potentiels de changement individuels, les potentiels de créativité individuels et collectifs, les potentiels de projets de développement local et la reconnaissance[33].

Nous avons, dans un chapitre d'un ouvrage paru récemment au Québec[34], tenté d'identifier et d'analyser les dénominations qui traduisent l'action des femmes dans le développement local. Les différentes désignations ne sont pas anodines, elles véhiculent une conception des rôles, des statuts et des intérêts stratégiques des femmes. Nous avons ainsi constaté que les femmes peuvent être soit des *bénéficiaires* de programmes exogènes conçus pour elles, par d'autres, ou encore, selon leur propre expression redondante des « *actrices actives de développement* ». Elles peuvent aussi devenir des « opératrices » pilotant des projets avant de se révéler, par la recherche-action des « *actantes* » d'une *praxis*. Dans ce cas, en recourant au terme de René Barbier pour qui les « *actants* » sont impliqués dans la recherche et « *vraiment concernés personnellement par l'expérience* »[35], nous avons voulu montrer que les femmes sont tout à la fois des auteures, des chercheures, des actrices et des bénéficiaires. Elles deviennent également des expertes capables de détecter les besoins non satisfaits et de les transformer en demandes sociales ; nous avons identifié le caractère « endogène » de cette expertise qualifiée de « participative » qui permet aux femmes « *de déceler de façon subtile les besoins en distinguant le besoin-obligation du besoin-aspiration* »[36], selon la distinction opérée par Chombart de Lauwe[37].

Un tableau à double entrée[38] a été réalisé pour représenter les différents rôles et statuts des femmes ; en tête de ligne (de bas en haut) se trouvent les types de dispositifs, procédures et en tête de colonne les termes qui qualifient les femmes. Nous avons identifié des femmes « *bénéficiaires* » de programmes, puis des « *actrices actives* » impulsant des initiatives, la démarche formative les fait devenir, par la formation-action, des « *opératrices* » et donc des moteurs de l'action ; c'est la recherche-

---

33 - A partir de Cellier, Saint Pé, op. cit.
34 - Marie-Lise Semblat, « D'actrices actives à actantes. Trajectoires et pratiques collectives des femmes rurales », in Marielle Tremblay, Pierre-André Tremblay, Suzanne Tremblay, *Développement local, économie sociale et démocratie*, Presses de l'université, du Québec, 2002, chapitre 10, pp. 193-214.
35 - René Barbier, *La recherche-action*, Anthropos, Economica, Paris, 1996, p. 48.
36 - À partir de Marie-Lise Semblat, *L'émergence d'un « féminisme territorial » en milieu rural. Les pratiques de nouveaux groupes de femmes en Europe et au Canada francophone*, Thèse de doctorat., op. cit.
37 - Chombart de Lauwe Paul-Henri, *Pour une sociologie des aspirations*, Denoël, Paris, 1969.
38 - Marie-Lise Semblat, « D'actrices actives à actantes... », op. cit.

action qui les transforme en *« actantes »*. Les termes de *« réaction »*, *« action »*, *« projet »* et *« praxis »* qualifient le croisement des deux[39] et permet de tracer une flèche ascendante qui en passant de réaction, à action puis à projet et à *praxis* traduit l'*empowerment* des femmes.

La recherche-action permet le passage de l'action (voire de l'activisme) à la *praxis*[40]. La *praxis*, dans la mouvance de Jürgen Habermas, est *« une action informée par une théorie et associée à une stratégie »*[41]. Une *praxis* est à comprendre dans son contexte historique comme action informée par une *« théorie pratique »*[42].

Castoriadis, quant à lui, associe *praxis* et autonomie : *« Nous appelons* praxis *ce faire dans lequel l'autre ou les autres sont visés comme êtres autonomes et considérés comme l'agent essentiel du développement de leur propre autonomie »*[43]. La recherche-action *« devient la science de la* praxis, *exercée par des praticiens au sein de leur lieu d'investissement »*[44], elle poursuit une visée de transformation sociale. Elle est, pour René Barbier, *« émancipatoire »*.

Conclusion

La formation a permis la mise en mobilité des femmes, leur dynamique a joué un effet d'entraînement dans leur environnement. Si la formation-action nous paraît relever de l'intervention sociale, la combinatoire entre la pédagogie de l'action et la formation par la recherche-action semblent susciter ce que Bernard Dumas et Michel Séguier[45] nomment *« une stratégie d'action collective »*, qui, pour les auteurs, *« correspond à une démarche inductive et ascendante et s'inscrit dans un environnement »*.

39 - Ibid. Le tableau ci-dessous en est partie prenante.
40 - Georges Lapassade, *Les microsociologies*, Economica, 1996, p. 71.
41 - Barbier René, *La recherche-action*, Anthropos, Paris, p. 39.
42 - Georges Lapassade, op. cit. , p. 71.
43 - Cornelius Castoriadis, *L'Institution imaginaire de la société*, Seuil, 1975, p. 142.
44 - Barbier, op. cit. p.39.
45 - Bernard Dumas et Michel Séguier, *Construire des actions collectives. Développer des solidarités*, Chronique sociale, Lyon, p. 174.

	Bénéficiaires	**Actrices actives**	**Opératrices**	**Actantes**
Recherche-action				Praxis
Formation-action			Projet	
Initiatives féminines		Action		
Programmes pour les femmes	Réaction			

Axe de *l'empowerment*

Le groupe joue ici un rôle majeur permettant un va-et-vient entre réflexion et action et facilitant la *« médiation dans l'action collective »*[46], ce que nous avons constaté pour les groupes de femmes rurales en Europe et au Québec[47] : *« Les groupes permettent aux femmes de se constituer en acteur collectif de la vie sociale, renforçant leurs capacités dans une optique de stratégie constructive et non compétitive »*[48].

La formation par la recherche-action, notamment dans sa dimension collective, facilite l'engagement dans une action informée et impliquée ; elle favorise la mise en mobilité spatiale, sociale et mentale, le passage de l'espace privé à l'espace public, elle participe donc à *« la mise en jeu des processus de conscientisation, d'organisation et de mobilisation »*[49] des femmes concernées et favorise leur émancipation. Cette dernière composante rejoint les analyses de Ruth Rose[50] pour qui recherche-action et féminisme convergent autour de plusieurs points notamment par :
- leurs contestations des théories et modèles reçus ;
- la prise en compte des méthodologies qualitatives et inductives ;
- le traitement des êtres humains comme « auteurs sujets (par opposition aux objets) » ;
- la commune approche humaniste et égalitaire.

Les membres du groupe traduisent maintenant les capacités de médiation et de négociation des femmes dans le partenariat local, mais aussi leur besoin d'être encore formées à la stratégie pour pouvoir s'impliquer dans le jeu institutionnel local. On constate, en effet, que ce sont souvent les femmes qui détectent les besoins, les transforment en demandes sociales, et initient des projets, mais d'autres, plus formés à la prise de décision et à l'exercice du pouvoir, détournent, voire confisquent ces projets. Les femmes peuvent en être ainsi dépossédées. C'est pourquoi, il reste à consolider les acquis du groupe et à l'accompagner dans les deux réalisations actuelles que sont la création de l'association et la mise en place du circuit reliant les micro-projets[51]. La mise en œuvre par les femmes de leur projet est capitale pour les conduire à s'intéresser aux instances de décision et à y prendre place. Nous avons constaté que des femmes s'engagent dans les instances de pouvoir quand elles ont conduit un projet et qu'elles ont la volonté de le pérenniser : *« La synergie entre projet et pouvoir va faciliter l'accès aux instances de pouvoir par souci de pérenniser et développer les projets »*[52].

---

46 - Ibid., p. 58.
47 - Marie-Lise Semblat, *L'émergence d'un féminisme territorial en milieu rural. Les pratiques de nouveaux groupes de femmes en Europe et au Canada francophone*, Thèse de doctorat, op. cit.
48 - Ibid.
49 - Bernard Dumas et Michel Séguier, op. cit. p. 174.
50 - Rose Ruth, « La recherche-action est-elle, de façon inhérente, féministe ? », in Recherche-action et questionnements féministes, *Cahiers réseau de recherches féministes*, n° 1, Université du Québec, Montréal, 1993, pp. 69-75.
51 - ASTER par le biais de financements obtenus dans le cadre de « dynamiques solidaires » poursuit l'accompagnement du groupe. Dans ce cadre, le Collège coopératif (Paris) anime des ateliers.
52 - Semblat Marie-Lise, *L'émergence d'un féminisme territorial en milieu rural. Les pratiques de nouveaux groupes de femmes en Europe et au Canada francophone*, Thèse de doctorat, op. cit.

Les femmes devenues « *actantes* » peuvent vivre le partenariat, une des pierres angulaires du développement local, non plus seulement comme une nouvelle « *technologie gestionnaire* »[53], mais comme une nouvelle forme de rapport social, une nouvelle dynamique de confrontation des forces sociales, en quelque sorte une nouvelle culture démocratique[54].

Plutôt que d'envisager uniquement la question en termes de participation des femmes aux prises de décision et aux instances de pouvoir, il est possible de s'interroger sur l'apport des femmes dans la construction d'une nouvelle culture qui valorise les échanges de vue, les pourparlers, les négociations plutôt qu'une exclusive culture de l'affrontement, du face à face, de la lutte. L'approche de genre devient alors une composante riche du développement local qui, au lieu d'opposer, voire d'exclure, prend en compte toutes les ressources et les potentialités des acteurs et actrices du territoire dans leur diversité et leurs différences.

Dores et déjà, d'autres expériences sont en cours (Bourgogne) ou se préparent (Sénégal)[55], elles croisent le développement local rural, l'approche de genre et la validation des acquis. La formation par la recherche-action anime l'ensemble du dispositif qui s'inspire de l'expérience ici présentée, tout en s'adressant à des groupes mixtes. ∎

---

53 - Lamoureux Jocelyne, *Le partenariat à l'épreuve*, Éditions Saint-Martin, Montréal, 1994.
54 - À partir de Jocelyne Lamoureux.
55 - Un groupe préparant le CIL est en cours de formation en Clunisois, initié par l'Université Rurale du Clunisois, un autre va démarrer à l'automne à l'initiative de l'ONG sénégalaise OFAD/NAFOORE. L'animation du dispositif est confiée à ASTER et au Collège coopératif (Paris).

Bibliographie

ASTER (Actrices Sociales des Territoires Européens Ruraux), Texte de référence du réseau, 1994.

ASTER, *Cahier des pratiques sociales. Genre, territoire et développement*, Publication internationale n° 1, Saint-Quentin, 2000

Barbier R., *La recherche-action*, Anthropos, Economica, Paris, 1996.

Castoriadis C., *L'institution imaginaire de la société*, Seuil, 1975

Cellier G., Saint-Pé M.-C., *Femmes actrices de développement en milieu rural (Thiérache). Développement du territoire, Validation des acquis et Egalité des chances entre les femmes et les hommes par le croisement de la pédagogie de l'action et d'une formation par la recherche-action*, ASTER et Collège coopératif (Paris), Saint-Quentin, octobre 2001.

Chombart de Lauwe P.-H., *Pour une sociologie des aspirations*, Denoël, Paris, 1969.

CRIDEL, *Actes des Deuxièmes Rencontres des Acteurs de Développement Local*, Le statut des femmes dans le développement local, CRIDEL, Angers, 28-29 oct. 1991, pp. 22-25.

Desroche H., *Entreprendre d'apprendre*, Éditions Ouvrières, Paris, 1990.

Dumas B., Seguier M., *Construire des actions collectives. Développer des solidarités*, Chronique sociale, Lyon.

Hermelin Ch., Missotte Ph., *Vers la recherche-action en pratiques sociales. La monographie*, Collège coopératif (Paris), 1994.

Lamoureux J., *Le partenariat à l'épreuve*, Éditions Saint-Martin, Montréal, 1994.

Lapassade G., *Les microsociologies*, Economica, Paris, 1996.

Masson D., Tremblay P.-A., « Mouvement des femmes et développement local », *Revue canadienne des sciences régionales*, Vol. XVI : 2, été 1993, volume 2, n° 1, Université de Moncton, Canada, pp. 165-183.

Semblat M.-L., « Femmes et développement local rural », *Revue internationale du travail social*, « Réalités des femmes en 1990 », Namur, Belgique, n° 1-2, 1990, pp. 35-41.

Semblat M.-L., *L'émergence d'un « féminisme territorial» en milieu rural. Les pratiques de nouveaux groupes de femmes en Europe et au Canada francophone*, Thèse de doctorat sous la direction des professeurs Jean-Claude Boyer et Pierre Dommergues, Université Paris 8, Institut d'études européennes, juin 1997, 500 p.

Semblat M.-L., « Européennes " actrices actives " de développement rural. Structuration de nouveaux groupes de femmes », *REFLETS*, Revue ontaroise d'intervention sociale et communautaire, Dossier Visibles et Partenaires ; Pratiques et recherches féministes, vol. 3, n° 2, automne 1997, pp. 106-127 .

Semblat Ch., *De la vie associative à la médiation sociale en Picardie. Des formations à l'accompagnement de projets pour des femmes en milieu rural*, ASTER, 1998.

Semblat M.-L., « L'émergence d'un féminisme territorial » en Europe, in *Pluralité et convergences, la recherche féministe dans la francophonie*, sous la direction d'Huguette Dagenais, Éditions du Remue-ménage, Québec, 1999, pp. 358-392.

Semblat M.-L., « Sexisme insoupçonné en milieu rural », *Le Fil d'Ariane, Cahiers de l'Institut d'études européennes*, prépublication, colloque national « Les violences à l'encontre des femmes et le droit en France », 21-22 novembre 2000. Le statut juridique des femmes dans l'Union européenne, Université Paris 8.

Semblat M.-L., « D'actrices actives à actantes. Trajectoires et pratiques collectives des femmes rurales », in Marielle Tremblay, Pierre-André Tremblay, Suzanne Tremblay, *Développement local, économie sociale et démocratie*, Presses de l'Université du Québec, 2002, Collection « Pratiques et politiques sociales et économiques », Chapitre 10, pp. 193-214.

Philippe MISSOTTE
Président du Collège coopératif (Paris) - Secrétaire général du RHEPS
Directeur de recherche au DHEPS de l'Université de Paris III Sorbonne Nouvelle

La recherche-action pour un développement endogène

Deux questions se posent : la recherche-action est-elle possible ? Est-elle efficace pour le développement endogène ? Avant de tenter d'y répondre, un détour par le concept développement fonde des éléments de réponse.

Développement humain

L'usage du mot développement est récent[1], au moins au sens de ce contexte. Il date du début des années soixante, utilisé d'abord plus spécifiquement pour les pays du Tiers-Monde, arrivant démunis à l'indépendance. Si le concept recouvre les réalités les plus diverses, les pratiques évoluent. Du transfert des fonds et des technologies des années soixante, laminant les cultures traditionnelles, obstacles à

---

1 - Le concept n'est pas neuf, il se trouve sous la forme de « progrès » dès Leibniz puis chez les « physiocrates » (Quesnay) comme un ordre social naturel en expansion par sa nature divine. Pour Condorcet s'opère une séparation du savoir scientifique et de la foi, dans la naissance des « lumières » de la raison, prise de conscience de l'autonomie de l'homme au sein de la nature qu'il peut transformer donnant à l'homme la perfectibilité sans limite des progrès de l'esprit (*Esquisse d'un tableau historique des progrès de l'esprit humain*, 1971 : 77). Hegel mûrit le concept à partir de sa conception métaphysique de l'histoire. Pour Spencer, l'histoire est dynamique par conflit et sélection des meilleurs. Marx, par une sorte d'eschatologie matérialiste et naturaliste, montre que l'évolution sociale est développement, à condition d'être « économicisée » par sa transposition dans la « réalité historique » et sa désaliénation par le pouvoir du prolétariat, abolissant celui du capital et conduisant l'humanité à une situation positive finale. Avec les historicistes allemands, puis Rostow (*Manifeste anti-communiste, Les étapes économiques du développement*), apparaît le concept des étapes d'un auto-développement automatique, mais dans le sens d'une direction invariable, celle du capitalisme. L'idéologie du développement s'appuie sur une métaphysique de progrès (*Tiers-monde*, avril-juin 1966) mettant l'accent sur les changements de structures *« mentales et des habitudes sociales»* (*Économie des jeunes nations*, 1962) non sans faire une distinction entre les progrès et le progrès amenant une amélioration réelle de la société.

l'acculturation indispensable à l'industrialisation, devant l'échec des transferts et des visées industrielles, en une décennie, le point de vue des organisations d'aide s'affine un peu. L'homme est alors considéré comme centre, puis fin du développement. Sans lui, aucun projet ne peut atteindre le mieux-être espéré. Mais, dans la pratique, les projets sont conçus, construits et évalués de l'extérieur avec un mot d'ordre inavoué « participez, nous ferons le reste ». En une décennie, l'inanité de la méthode est révélée par des résultats incertains, si ce n'est mauvais, sauf quand les populations ont pu se prendre en main et maîtriser le changement, rarement. Le concept change devant les faits et il est dit que le projet doit partir des destinataires : sans le partenariat d'un codéveloppement géré par eux, le résultat positif, quel que soit le coût, est précaire et illusoire. De moyen, l'implication des destinataires est promue au statut de finalité. La démarche suivante, à partir des années quatre-vingt-dix, consiste à prendre en compte la culture comme faculté créatrice du développement.

Aujourd'hui toutes ces procédures sont pratiquées simultanément sur le terrain selon les coopérations publiques... ou privées : les ONG et associations diverses ne sont pas à l'abri, tant s'en faut, d'adopter des méthodes de coopération où la pérennité de leur structure se subsitue dans leurs actes à l'autonomie de ceux qu'elles aident, — même si la langue de bois proclame le contraire. Les résultats tardent. Les contestations se succèdent au Nord comme au Sud sur les finalités, les méthodes, le refus du développement, la croissance zéro, plus récemment sur le transfert des investissements du Sud vers l'Est. Même si, entre les États, la coopération ne fonctionne pas comme un développement endogène, même si l'information mondiale ne montre qu'urbanisation sauvage, maladies, famines, corruption, guerres ethniques, des millions d'hommes et de femmes apportent chaque jour la preuve, que le changement est possible et qu'ils y peuvent quelque chose. Des attitudes de non-résignation, de coopération, d'action communautaire se développent et réussissent et ces attitudes demeurent le modèle le plus efficace et le meilleur outil pour des opérateurs du développement.

Retenons, parmi de nombreuses définitions[2], celle de François Perroux[3] dans *L'Économie du XXe siècle* : « *La combinaison des changements mentaux et sociaux d'une population qui la rendent apte à faire croître cumulativement et durablement*

---

2 - « *Le but du développement est d'élever le niveau de vie des masses du peuple et de donner à tous les êtres humains la chance de développer leur potentiel* ». RAO, M.V.S., and Baster N., *Indicator of human and social development*, Université des Nations Unies, Tokyo, 1978.
« *... Ce développement doit se vouloir à la fois intégré, c'est-à-dire ne pas se réduire à la seule croissance économique, étant entendu qu'économie, culture, éducation, science, technologie et communication sont des aspects particuliers mais complémentaires d'un développement véritable, global, revêtant un caractère d'ensemble par lequel le progrès des moins favorisés est lié à l'évolution des groupes les plus prospères ; équitable, car il ne peut y avoir de développement si la croissance accentue l'inégalité entre [...] groupes de population à l'intérieur des nations ; endogène, c'est-à-dire impliquant que les diverses sociétés doivent puiser leurs forces dans les formes de pensée qui leur sont propres et en se donnant des fins accordées à ces valeurs comme aux besoins qu'elles ressentent et aux ressources dont elles disposent* ». *Comprendre pour agir*. UNESCO, 1977.
3 - Perroux François, *L'Économie du XXe siècle*: 190. Des penseurs du développement proches de Perroux définissent celui-ci soit comme finalisé par l'objectif qui lui est propre (Passet & Garrigou-Lagrange, *L'économie appliquée* : 444-448) d'autres mettent l'accent sur la finalité inhérente au développement. Austry (*Le scandale du développement*, 1972 : 103) : le développement est « *un mouvement qui bouleverse fondamentalement une société pour permettre l'apparition, la poursuite et l'orientation de la croissance vers une société* (suite page suivante)

son produit réel global ». L'accent mis sur la nécessité d'une combinaison du changement mental et social définit le développement comme une affaire qui se joue d'abord en l'Homme et entre les Hommes et non par une augmentation de l'avoir et des équipements matériels. Si le développement est aussi économique par l'accroissement des forces productives, fondement de la capacité à gérer sa vie, il est défini comme global, c'est-à-dire qu'il vise toutes les dimensions de la production de la société et de la personne. Ajoutons que le développement résulte d'une volonté de changement donc d'un choix, d'une détermination qui le portent, et d'un dispositif qui le met en œuvre. S'il vise plus d'autonomie, celle-ci est censée permettre à ceux qui l'acquièrent de créer de meilleures conditions de vie, elles-mêmes porteuses de paix sociale, mais aussi d'une plus grande égalité des chances. La condition première de cet auto-développement est que les sujets — acteurs du projet — le maîtrisent, y compris dans sa cogestion, et lui donnent un sens dans leur propre entendement. Le développement est une politique au sens le plus vrai.

La recherche-action est un processus efficace pour faire vivre les trois critères du changement endogène : besoins ressentis par les populations, action mise en œuvre par ces populations — de la conception du projet ou du programme à l'évaluation —, auto-régulation des processus aussi bien techniques que sociaux.

La recherche des besoins par les acteurs de la base entraîne des débats où s'expriment les logiques d'intérêt des groupes et de chacun, souvent différentes, parfois contradictoires. La recherche-action collective aboutit à reconnaître ces aspirations parce qu'elle amène les acteurs à les dire, à les nommer, à les partager et à les rendre publiques. La première condition est que la recherche soit animée[4] par un animateur de recherche si possible expérimenté d'une part, et de l'autre, réalisée en lien étroit et permanent avec les populations et institutions locales. Un des aspects de la recherche-action collective est donc de mettre en œuvre des moyens de communication interactifs avec son environnement.

Le second critère du développement endogène (aide-toi toi-même), la mise en œuvre d'un projet de A à Z par les acteurs, est soutenu par la recherche-action ; c'est presque une démarche naturelle. Dans la mesure où le groupe de personnes en recherche a exploré les attentes, révélé les aspirations et les a ordonnées par le débat avec l'ensemble des interlocuteurs, puis a fait émerger les projets qui y répondent, les priorités, leur ordonnance et les répartitions de responsabilités s'enchaînent. Là encore, la recherche-action crée et facilite la prise de conscience de l'articulation des facteurs et des acteurs en présence dans une démarche réaliste.

Enfin elle porte en elle-même l'autorégulation nécessaire à l'autonomie des groupes.

---

3 - (suite) *plus humaine* ». L. J. Lebret (*Dynamique concrète du développement*, 1961 : 141) : « *En tant qu'action, le développement n'est autre chose qu'un faisceau, dans une évolution coordonnée et harmonisée, de passages d'une phase moins humaine à une phase plus humaine...* ».
4 - On retrouve là une des conditions mises par Ch. Hermelin et par de nombreuses contributions du colloque.

Trois conditions sont à prendre en compte dans la recherche-action collective pour parvenir à cette efficacité :

- une rigueur de l'analyse et de l'information dans un débat permanent avec l'environnement social et les interlocuteurs institutionnels (politiques, administratifs, etc.) ;

- une animation de la recherche-action respectueuse de tous mais ferme sur les méthodes et la progression du projet vers le programme d'action et, notamment, capable de passer explicitement la main quand vient le moment de s'inscrire clairement dans une autre posture d'accompagnement ;

- enfin la liberté pour les populations de prendre leur destin en main, ce qui est loin d'être le lot commun de toutes les populations de la planète.

La recherche-action, dans nos esprits liée à l'écrit, est-elle disponible pour des personnes non alphabétisées ou lettrées, mais peu familières de l'utilisation de l'écrit ? Une certaine recherche populaire se met en place actuellement en Afrique après l'Amérique latine[5]. Elle cherche ses méthodes dans les transmissions orales. Parfois elle mélange les moyens écrits en langue nationale, lorsque c'est possible, avec le message oral.

Des civilisations entières se sont créées, ont prospéré pendant des millénaires avec une culture orale. Pourquoi la recherche-action ne serait-elle pas un moyen de prise de conscience collective, même quand on ne sait pas écrire ? On pourrait même avancer que si elle a besoin d'être valorisée dans les pays industrialisés fondés sur l'écriture, elle coule de source dans les pays de transmission orale où une grande part des décisions qui concernent la communauté est débattue publiquement. Le besoin de la recréer et de la redécouvrir qui se fait sentir n'est probablement dû qu'aux à-coups des contacts culturels qui ont perturbé des fonctionnement ancestraux. Néanmoins, dans les difficultés actuelles des pays du Sud, cette nouvelle recherche-action de type populaire permettant aux personnes de la base, même analphabètes ou peu lettrées, de donner leur avis pour devenir acteurs de leur changement, se révèle indispensable.

Dans les pays du Sud, on ne peut que se mettre en recherche-action, avec ceux qui le veulent, pour mutualiser les méthodes d'une nouvelle « recherche-action-populaire » et dynamiser notre coopération en contribuant à une véritable éducation au développement. Peut-être alors, comme pour la réflexion générale sur le développement humain, cette nouvelle avancée de la recherche-populaire au Sud aboutira-t-elle à un modèle sur lequel pourront s'appuyer les actions pour le développement des populations exclues dans les pays riches.

Y sommes-nous ? Le voulons-nous ? Ne craignons-nous pas de voir notre coopération profondément remise en cause ? ■

---

5 - Notamment en Afrique de l'ouest, le mouvement ENDA, L'Union pour la solidarité et l'entraide au Sénégal avec «l'approche village» depuis une quinzaine d'années, également au Cameroun, au Togo, pour ceux avec qui collabore le Collège coopératif (Paris), mais aussi bien d'autres.

_____ Éducation

Marie-Anne HUGON
Université Paris X. Secteur « Crise, école, terrains sensibles »
Chercheur associé au Cresas-INRP

Recherche-action à l'école et accompagnement d'équipes innovantes : quelques points de convergence

Depuis plusieurs années, je participe à des recherches-actions en milieu scolaire ; parallèlement, j'accompagne des équipes innovantes, contractualisées dans le dispositif « innovation-valorisation des réussites » de l'Académie de Paris — on trouvera une analyse de ce dispositif dans l'article d'Anne-Marie Bériot. Quant à moi, je me propose dans un premier temps, de présenter à grands traits ces recherches-actions et le contexte dans lequel elles sont développées ; ensuite, j'essaierai de montrer pourquoi et comment cette pratique de recherche-action me conduit à m'investir dans l'accompagnement d'équipes innovantes.

Des recherches-actions en milieu scolaire : principes généraux

Les recherches en question sont développées dans le cadre du Cresas-INRP[1]. Le Cresas, rassemble des chercheurs permanents, des universitaires associés, des formateurs, des enseignants du premier et du second degré et des éducateurs de la petite enfance, qui développent, en collaboration, des recherches psycho-pédagogiques dans les institutions éducatives, scolaires et de formation.

Ces recherches sont des recherches-actions et se revendiquent comme telles : elles s'enracinent dans la rencontre entre des préoccupations de recherche et des préoccupations d'action et sont finalisées par des objectifs d'action. En effet, elles ont pour objet l'étude des démarches d'apprentissage en milieu collectif et sont

1 - Le Cresas — Centre de recherche sur l'éducation spécialisée et l'adaptation scolaire — est une des équipes de l'Institut National de Recherche Pédagogique.

centrées sur le rôle des interactions sociales dans le développement des apprentissages, un des thèmes centraux aujourd'hui de la psychologie du développement. Mais mieux comprendre comment certains mécanismes psycho-sociaux favorisent la mise en œuvre des capacités cognitives a pour corollaire la question : comment mieux ajuster les pratiques d'enseignement et de formation aux démarches d'apprentissages des élèves et des formés — en d'autres termes, comment améliorer la qualité des enseignements ?

Ces objectifs de recherche et d'action partagés par les chercheurs et les enseignants associés s'appuient sur des convictions et des valeurs communes : la première est celle de l'éducabilité de tous les apprenants, quelles que soient leurs caractéristiques individuelles, si les institutions scolaires et de formation se donnent les moyens de les accueillir correctement, et si elles s'organisent en ce sens. Autre idée-force pour la conduite de ces recherches : ne pas tomber dans une logique applicationniste. Mettre au point, étudier, évaluer des dispositifs pédagogiques et didactiques en classe ou dans un stage de formation ne signifie pas tester en milieu réel des idées pédagogiques et didactiques qui seraient comme des produits dérivés de théories psychologiques. Les recherches s'organisent autour de la mise en place d'un partenariat de recherche et d'action entre les chercheurs professionnels et les éducateurs et enseignants désireux de construire sur leur lieu d'exercice des dispositifs pédagogiques et didactiques innovants pour réduire les échecs à l'école. Pour autant, les chercheurs ne se contentent pas d'être à l'écoute des intuitions pédagogiques des enseignants. Ce partenariat s'appuie sur des orientations théoriques et sur une vision des apprentisssages clairement affichée.

Les recherches s'inscrivent sur un cadre intellectuel constructiviste et interactionniste dans la lignée des travaux de Piaget, Wallon et Vygotski, et dans des perspectives proches de l'école de Genève (Doise & Mugny, Perret-Clermont). Pour résumer brièvement, on dira que, selon cette orientation, les processus interactifs jouent *« un rôle prépondérant dans le développement cognitif et probablement... constitutif de celui-ci »* (Stambak, 1999). Les échanges et les confrontations interindividuelles avec les pairs et avec les adultes autour des objets de savoir sont le lieu privilégié des apprentissages et même la condition nécessaire pour les progrès individuels. Mais pour permettre à chacun de se décentrer, de considérer d'autres points de vue et d'entrer dans de nouveaux schémas cognitifs, il est nécessaire que les confrontations se développent de telle manière que chacun se sente autorisé à manifester librement sa pensée sur les objets étudiés (Cresas 1987, 1991). D'où le questionnement sur les environnements de travail, les contenus de savoir, les modes de régulation à mettre en place pour construire, en classe notamment, un milieu de travail encourageant les échanges et confrontations constructives de tous, y compris de ceux qui sont culturellement les plus éloignés du monde scolaire.

Un exemple : une recherche au lycée

Cette conception des apprentissages, si elle est assez largement partagée dans les milieux de chercheurs et de formateurs, est très difficile à faire vivre en classe — même si on peut également s'appuyer sur les apports de l'éducation nouvelle pour aller dans ce sens. En effet, elle envisag les apprentissages scolaires comme une démarche active et coopérative et non comme la réception, passive et solitaire par celui qui ne sait pas, du discours de celui qui sait. C'est particulièrement flagrant au lycée, niveau scolaire auquel se situent les recherches dans lesquelles je suis impliquée[2]. Mettre en place, en classe de seconde, des situations pédagogiques centrées sur l'activité et les échanges entre élèves, c'est aller à l'encontre des habitudes de travail majoritaires à ce niveau des enseignements. C'est prendre un risque par rapport au milieu professionnel, aux élèves, aux familles et aussi par rapport à soi-même. Un bon professeur de lycée, qui domine bien son sujet, sait présenter un exposé magistral clair et intéressant et il est probable qu'il a de l'intérêt et même du plaisir à construire son cours. En revanche, dans son *cursus* antérieur, rien ne l'a préparé à concevoir des situations pédagogiques dans lesquelles les élèves seraient amenés à se confronter entre eux sur des questions ouvertes, rien ne l'a préparé non plus à observer et à évaluer l'activité et les échanges des élèves.

Pourtant, dans le cadre des recherches-actions auxquelles je participe, les équipes d'enseignants associés, en collaboration avec les chercheurs, mettent au point et évaluent des situations de recherche sur des contenus intellectuellement ambitieux, qui se déroulent dans « *l'atmosphère de contrôle mutuel et de réciprocité* » nécessaire à l'activité et à la coopération de tous les élèves que Piaget appelait de ses vœux (Piaget, 1935). Ainsi dans la dernière recherche, de façon plus ou moins intensive certes et malgré des expériences antérieures très inégales, les enseignants ont tous expérimenté des pédagogies interactionnistes et constructivistes dans le respect des programmes et des horaires de la seconde. Il est vrai qu'il s'agissait de praticiens expérimentés et experts, recrutés sur la base du volontariat et de leur accord avec un appel à association du Cresas-INRP[3] qui affichait clairement les orientations en matière d'apprentissage. Mais ces résultats n'ont pas été obtenus sous l'effet d'une conversion à une théorie psychologique, si séduisante soit-elle. Les enseignants ont été puissamment aidés par les dispositifs de recherche-action mis en place.

En effet, dans cette recherche, les structures de travail collectif entre chercheurs et enseignants et entre enseignants, engageaient les différents partenaires à travailler selon une logique intellectuelle, cohérente avec ce qui était expérimenté auprès des élèves. La vision des apprentissages qui soutient la recherche est aussi le support de la démarche de recherche-action. La même démarche socio-constructiviste était à l'œuvre dans des contextes différents : entre élèves et élèves et adultes en classe, entre adultes au sein du collectif de recherche-action que symbolise *in fine* la rédaction d'un ouvrage en commun (Hugon et al. 2001) centré sur l'analyse des résultats de ces « *expérimentations méthodiques raisonnées* » selon l'expression de Piaget.

Dans les séances de travail d'inspiration socio-constructiviste, les élèves expérimentaient et observaient ensemble les contenus de savoirs proposés par les

---

2 - On trouvera en fin d'article une liste de publications concernant ces recherches.
3 - Dans la dernière recherche, ont été recrutées cinq équipes bi-disciplinaires exerçant en classe de seconde dans des lycées variés. La recherche de terrain a duré deux ans et six mois supplémentaires ont été consacrés à la rédaction du rapport collectif. Les enseignants ont été rémunérés sur la base de 2 heures supplémentaires/année. Quatre enseignants chercheurs ont participé au projet.

enseignants. De ce fait, ils étaient engagés dans des processus de construction collective des connaissances. De façon analogue, au sein du dispositif de recherche-action, chercheurs et enseignants construisaient ensemble, à partir des observations conduites en classe, des connaissances partagées sur les situations pédagogiques et leurs effets sur les élèves ; ces analyses inspirant en retour les réajustements de la pratique. Ainsi, s'est mis en place peu à peu un système de va-et-vient constant entre situations, observations et analyses et cadre intellectuel de référence. En même temps se constituent une réflexion et un *corpus* de connaissances sur les situations mises au point et sur les processus d'apprentissage observés dans les contextes créés par et pour la recherche.

Au terme de la recherche, chercheurs et enseignants ont produit des savoirs qu'on espère utiles et pertinents pour mieux maîtriser la pratique enseignante ; ils ont produit également des connaissances probantes sur les apprentissages en milieu scolaire et qui sont soumises aux procédures de vérification en usage dans la communauté scientifique.

De la recherche-action à l'accompagnement

C'est au prix d'un effort long et coûteux et dans des cadres de travail spécifiques créés par la recherche, que des prototypes pédagogiques viables ont été mis au point : les enseignants qui ont participé aux différents projets en tirent des principes pour l'action qu'ils arrivent à mettre en œuvre hors du contexte des recherches (Tolla, 1999). Mais il est difficilement concevable que des enseignants du tout-venant puissent s'engager dans de telles pratiques ou des pratiques analogues s'ils ne bénéficient pas de soutiens en termes d'actions d'accompagnement ou de formation continue.

C'est ce constat qui m'a amenée à participer au dispositif innovation-valorisation des réussites (Hugon, 1999-b). Ce dispositif m'a semblé intéressant sur deux plans : ses objectifs et son cadre de fonctionnement. Le dispositif a pour mission de repérer, valoriser, diffuser et mettre en réseau les efforts des équipes qui travaillent collectivement à inventer, à s'approprier ou à redécouvrir d'autres manières d'enseigner. D'autre part, le cadre de travail, pré-construit par le dispositif institutionnel, crée des situations d'échanges entre accompagnateur et accompagnés qui, à certains égards, rappellent des situations éprouvées dans le cadre des recherches-actions évoquées précédemment.

En effet, comme dans ces recherches, l'accompagnateur a affaire à des équipes et non à des individus isolés. Ces équipes sont constituées autour d'un projet commun d'action ; elles sont engagées ainsi que l'accompagnateur par un contrat qui fixe le jeu des obligations respectives : les équipes prennent l'engagement d'objectiver et de formaliser leur action commune pour la faire connaître à leurs pairs et aux autres acteurs de l'école. Pour ce faire, elles bénéficient du soutien de l'accompagnateur. Ce travail est conduit au cours de réunions régulières qui se déroulent sur une durée de deux ans. En revanche, sur deux points, on observe des différences importantes : les équipes n'ont pas choisi d'être accompagnées, ni choisi leur accompagnateur. Il arrive d'ailleurs que, dans les premiers temps du moins, l'accompagnateur passe pour un agent de contrôle de conformité du projet innovant de l'équipe. Surtout, l'accompagnateur n'intervient pas sur la conduite des projets au nom de sa vision des apprentissages et de son analyse de la situation. En revanche, il a pour mandat de faire émerger dans l'équipe accompagnée une représentation collective du projet suffisamment stabilisée et partagée pour qu'elle soit formalisée et communicable. Dans une perspective interactionniste, on dira qu'il s'agit de créer un espace relationnel qui favorise le *« dialogue cognitif »* (Britt-Mari Barth, 1993) permettant la décentration de chacun, la prise en compte du point de vue d'autrui et une réflexion approfondie et partagée sur le projet pour lequel l'équipe a été contractualisée. C'est en ce sens qu'on peut trouver des analogies entre le questionnement de l'accompagnateur d'une équipe innovante et le questionnement du chercheur auprès d'une équipe de recherche-action.

Cette démarche ne va pas de soi tant l'idée d'une intelligence collective est absente de la formation et de la culture professionnelle. Cependant, travailler en équipe, avec un appui extérieur, à clarifier de façon rigoureuse et méthodique les actions qu'on conduit, me semble une voie pertinente pour développer une pratique pédagogique mieux maîtrisée et plus attentive aux besoins et aux démarches des élèves. ∎

Bibliographie

BARTH B.-M., 1993, *Le savoir en construction*, Retz, Paris.

COHEN A., Hugon M.-A., 1996, *Nouveaux lycéens, nouveaux pédagogues*, L'Harmattan/INRP, Paris.

CRESAS, 1987, *On n'apprend pas tout seul. Interactions sociales et construction des savoirs*, ESF, Paris.

CRESAS, 1991, *Naissance d'une pédagogie interactive*, ESF, Paris.

HUGON M.-A., 1998, « De nouvelles approches pédagogiques dans les enseignements modulaires et ailleurs », in *Lycées, lycéens, savoirs*, INRP, Paris, pp. 145-153.

HUGON M.-A., 1999-a, « Transformer ses pratiques d'enseignement au lycée et au collège : de la recherche-action à la formation-action » in *Questions de recherches en éducation*, INRP, Paris, pp. 123-130.

HUGON M.-A., 1999-b, « Accompagner les praticiens innovateurs, regards subjectifs sur une fonction en formation » in *Transférer l'innovation*, séminaire académique, Académie de Paris, pp. 61-64.

HUGON M.-A., 2001a, « De quelques caractéristiques d'une recherche-action en classe de seconde » in *Analyser les pratiques professionnelles* (Blanchart-Laville C. et Fablet D. dir), L'Harmattan, Paris, 25 p.

HUGON M.-A., 2001b, « Enseigner, former, accompagner, une même démarche ? » in *Cahiers Pédagogiques*.

HUGON M.-A. et Seibel C., (eds), 1988, *Recherches impliquées, recherches-actions : le cas de l'éducation*, De Bœck Wesmael, Bruxelles.

HUGON M.-A., Christophe A., Longhi G., Viaud M.-L., 1999, « Innovations pédagogiques et institutionnelles au lycée et au collège » in *Recherche sociale*, n° 150, FORS, Paris, pp. 27-55.

Hugon M.-A. (coord.), Cabot C., Cohen A., Montandon Ch. et al, 2001, *Construire ses apprentissages au lycée*, INRP/L'Harmattan, Paris.

Piaget J., 1935, 1998, « Remarques psychologiques sur le travail par équipes » in *De la pédagogie*, Éd. Odile Jacob, Paris.

Piaget J., 1948, 1990, *Où va l'éducation* ?, réedition Folio, Paris.

Stambak M., 1999, « Donner à tous envie d'apprendre. Cheminements et découvertes de l'équipe du Cresas » in *Revue française de Pédagogie*, n° 127, INRP, Paris.

Tolla A.-M., 1999, « De la transdisciplinarité en seconde aux TPE en terminale », *Cahiers Pédagogiques*, n° 376-377.

Anne-Marie BÉRIOT
*Chargée d'études au Bureau de la valorisation des innovations pédagogiques,
ministère de l'Éducation nationale, de la Recherche et de la Technologie*

Un dispositif pour développer les pratiques innovantes dans l'Éducation nationale

Aujourd'hui, peut-être plus encore que par le passé, l'innovation pédagogique est une nécessité pour le système éducatif. C'est sur le terrain, en effet, et au quotidien, que se construisent des réponses aux questions qui s'y posent, questions liées notamment aux difficultés d'apprentissage et à l'échec d'un nombre important d'élèves. Mais l'innovation est un processus fragile qui a besoin d'être soutenu. En même temps, la forme et les modalités de ce soutien ne sont pas évidentes à déterminer, notamment pour deux raisons. D'une part, si les innovations sont totalement inscrites dans un projet institutionnel d'expérimentation de nouvelles démarches, les innovateurs risquent de perdre leur force créative et l'innovation de devenir une application de produits élaborés par des experts, d'autre part, sans soutien ni cadre institutionnel, chaque innovateur est renvoyé à ses doutes, à ses désirs et à ses craintes : l'innovation reste en quelque sorte dans la sphère du privé, elle risque de disparaître sans que les apports et avancées qu'elle a permis soient connus et utilisés par d'autres.

Faciliter l'innovation

Prenant en compte ce double risque, le ministère de l'Éducation nationale a, depuis 1994, mis en place un dispositif original « Innovation et valorisation des réussites », afin d'encourager les enseignants novateurs. La principale caractéristique de ce dispositif est de mettre en lien les préoccupations de l'échelon central, celles de l'échelon académique et les réponses construites par les enseignants de terrain en fonction de leur contexte spécifique.

Au sein du ministère, un bureau propose des orientations à travers un programme national d'innovation (PNI) établi pour deux ans. Le troisième PNI propose aux enseignants six grands thèmes (écoute, suivi, et aide de l'élève ; rupture et continuité dans les apprentissages ; développement de la culture scientifique et technique ; langues et langages, outils de communication et voies d'expression des cultures ; des réponses aux comportements de rupture dans l'enceinte de l'établissement scolaire ; apprentissage de la démocratie).

Dans chaque académie, un coordonnateur, sous la responsabilité du recteur et avec l'appui d'un groupe de pilotage, lance un appel d'offre et les équipes volontaires s'engagent de façon contractuelle à mettre en œuvre des pratiques innovantes sur les thèmes proposés par le PNI, puis à formaliser leur action au bout de deux ans. En contrepartie, les équipes bénéficient d'un accompagnement à l'analyse de leur pratique, une aide à l'écriture et perçoivent quelques heures supplémentaires.

Le bureau travaille avec le réseau des coordonnateurs académiques, avec qui les échanges sont permanents, tant au niveau de la réflexion que de l'action. Dans cette perspective sont organisées des rencontres nationales, des actions inscrites au plan national de formation ainsi que des réunions thématiques.

Ainsi, le dispositif donne une reconnaissance et un soutien institutionnel aux enseignants qui souhaitent travailler différemment, mieux répondre aux demandes des élèves, leur proposer de nouvelles façons d'apprendre, les aider dans leur insertion sociale et professionnelle, mais aussi lutter contre la violence et la démobilisation. Il leur donne, en même temps, la possibilité d'être en relation avec d'autres établissements, d'autres équipes, d'autres enseignants. En effet, les coordonnateurs favorisent des rencontres entre les équipes ayant choisi un même axe de travail pour leur permettre de mettre en commun les choix effectués, les interrogations liées à leur action, les problèmes rencontrés... et les questions qu'ils se posent au niveau de la formalisation de leur action[1].

L'écriture des pratiques

Lorsqu'une équipe inscrit son action dans le cadre du programme national d'innovation, elle s'engage à formaliser sa pratique après deux ans de mise en œuvre. Cette formalisation, demandée par le ministère et faisant l'objet d'un contrat, est l'occasion de tout un travail d'analyse et de réflexion de la part de l'équipe innovante, accompagnée en cela par des personnes ressources. Ces accompagnateurs, occupant des fonctions diverses (formateurs d'enseignants, conseillers d'orientation, chefs d'établissements, inspecteurs), constituent dans chaque académie un pôle de réflexion et une aide pour les équipes.

Ainsi, un des aspects novateurs du dispositif est le rôle de l'écriture. La demande faite aux équipes d'écrire sur leurs pratiques correspond à un regard sur l'innovation en tant que processus et non en tant que produit. Dans cette perspective, le transfert[2] de l'innovation, terme fréquemment employé et pourtant porteur d'un trop plein de sens, renvoie non à une simple réplication d'un produit pédagogique qui a fait ses preuves, mais à une appropriation par d'autres enseignants d'éléments

---

1 - Cette description concerne un dispositif fonctionnant en 2000, sans préjuger de son avenir.
2 - « Transfert : désigne, en psychanalyse, le processus par lequel les désirs inconscients s'actualisent sur certains objets dans le cadre d'un certain type de relation établi avec eux et éminemment dans le cadre de la relation analytique ». J Laplanche, et Pontalis, J.B., *Vocabulaire de la psychanalyse*, PUF, Paris, 1971.

s'inscrivant dans leur propre dynamique, dans leur propre recherche. Cet écrit correspond alors au récit[3] d'une expérience particulière et non à une fiche technique délivrée par un expert. Il témoigne à la fois du contexte et des problèmes que les enseignants cherchaient à résoudre, des objectifs qu'ils souhaitaient atteindre, mais aussi des actions mises en œuvre, des activités proposées aux élèves. Il apporte en même temps des éléments d'analyse sur les avancées et pose les questions et problématiques apparues au cours de l'action. Il s'agit là d'une rupture avec d'autres types d'écrit demandés aux enseignants, tels l'écriture de projets ou le rapport d'activité.

Dès le démarrage du dispositif, une question s'est alors posée de façon aiguë : que dire aux enseignants pour les guider dans ce nouveau type d'écrit ? Quel cadre leur proposer ? Aidé en cela par tout un courant de recherche sur l'analyse des pratiques et l'écriture professionnelle[4], le bureau de la valorisation des innovations pédagogiques et les coordonnateurs académiques ont petit à petit affiné leur perception par rapport au type d'écrit souhaité et précisé aux équipes la demande qui leur était adressée[5]. Grâce aux écrits des équipes engagées dans le premier programme national d'innovation, un important travail de synthèse a été effectué au niveau du bureau permettant de montrer et valoriser les différentes réponses novatrices élaborées sur le terrain, par les enseignants et les équipes éducatives. Ces synthèses[6] font aussi percevoir les dynamiques et les évolutions qui traversent actuellement le métier d'enseignant.

Les apports du dispositif : de nouveaux savoirs professionnels

Les descriptions d'actions qui sont parvenues au ministère montrent comment, dans de nombreux établissements, les équipes éducatives, dans le cadre quotidien de la classe, recherchent des solutions pour mieux intégrer les élèves en grande difficulté et favoriser leur accès au savoir. On peut distinguer deux orientations :

- organisation d'un suivi et d'un accompagnement de ces élèves ;
- mise en œuvre de démarches pédagogiques mobilisatrices.

---

3 - « *Que reste-t-il donc pour penser la praxis pédagogique ? Sans doute pas grand-chose d'autre que le récit qui s'avoue délibérément singulier et appelle un partage d'universalité sur un autre mode que celui de la rigueur argumentative. Car pour nous, le récit peut faire " théorie " sans pour autant s'abstraire des situations particulières qu'il décrit.* », Philippe Mérieu, « Praxis pédagogique et pensée pédagogique », *Revue française de pédagogie*, n° 120, juillet-août-septembre 1997.
4 - M. Cifali, « Écriture et transmission de l'expérience », in *L'analyse des pratiques en vue du transfert des réussites*, actes de l'université d'été de Saint-Jean-d'Angely, septembre 1995.
C. de Lagausie, « Expérience de l'écriture en situation professionnelle », et M. Dumont, « Du récit d'une pratique à sa présentation écrite publiable », in *Accompagner les pratiques innovantes, les formaliser en vue du transfert*, actes du séminaire du plan national de formation.
5 - Chaque équipe doit rédiger un écrit comportant deux parties, une partie descriptive ou récit de l'action, pour laquelle nous proposons une trame et une partie correspondant à la mise en valeur d'un point particulier de l'action.
6 - Quatre brochures ont été publiées à ce jour : ministère de l'Éducation nationale, de la recherche et de la technologie, *L'éducation à la citoyenneté, L'individualisation des apprentissages et de la formation, L'information sur les métiers et les professions*, Paris, INRP (Coll. Pratiques innovantes), 1998, et ministère de l'Éducation nationale de la recherche et de la technologie, *Les stratégies de l'alternance et la validation des acquis professionnels*, Paris, CNDP (Coll. Pratiques innovantes), 1999.

Ces actions innovantes témoignent toutes de la force créatrice des enseignants confrontés aux échecs répétés de leurs élèves. Elles font aussi percevoir comment, à partir du travail d'analyse et de formalisation, les enseignants élaborent un savoir sur leur métier et mettent en lumière des compétences qui jusque-là n'apparaissaient pas toujours comme fondamentales. Nous en citerons deux qui tout au long des écrits sont fortement mises en lumière.

Tout d'abord les enseignants insistent sur la nécessité de travailler en réseau. L'aide aux élèves en difficulté s'appuie généralement sur un travail individualisé d'accompagnement, de suivi, de remédiation... Cependant, cette aide ne peut avoir une réelle efficacité que si elle est portée par une mobilisation collective et qu'elle intègre un partenariat large. Cela implique un changement dans le fonctionnement de l'établissement car il faut prévoir et intégrer des modalités de transmission d'information et de communication entre les différentes personnes concernées (médiateur-tuteur, professeur principal, enseignants, équipe de direction, parents, partenaires extérieurs...).

L'autre dimension concerne l'évolution de l'attitude des enseignants face à l'élève en difficulté. Les enseignants qui s'engagent dans des actions innovantes pour des publics en difficulté ont souvent des objectifs très ambitieux : rendre l'élève acteur de son projet, de sa formation, lui permettre de se sentir reconnu, valorisé, mais peut-être avant tout le sortir de l'échec. Souvent les progrès, surtout dans le domaine des apprentissages, sont en deçà de leurs attentes. Ce constat les amène non pas à se décourager mais à réfléchir à d'autres modalités d'intervention. Une dynamique est ainsi impulsée grâce à une approche compréhensive de l'élève : « *Les rapports que nous avons eus avec ces élèves nous ont permis une meilleure perception de leurs problèmes et des essais de réponses à y apporter : patience, écoute et qualité d'improvisation. Sans que nous en ayons toujours conscience, cette approche a dû avoir des répercussions face à d'autres publics* ». ■

Christiane MONTANDON
Maître de conférences en Sciences de l'éducation. Université Paris XII

Les effets de formation d'un dispositif de recherche-action auprès d'étudiants en licence des Sciences de l'éducation

Par définition, la recherche-action vise à provoquer le changement. Cependant, dans cette étude, la nature du changement et ses différents aspects ne concernent pas directement les partenaires rencontrés sur le terrain et les impacts de l'intervention par rapport à la demande initiale, mais les étudiants engagés dans le cadre d'un module de sensibilisation à la méthodologie de la recherche au niveau de la licence des Sciences de l'éducation à l'Université de Paris XII.

Les caractéristiques du dispositif pédagogique

Il s'agit d'un module de 36 heures/année TD, avec une soixantaine d'heures sur le terrain (prise de contact avec les partenaires, observation, interventions, entretiens, participation à des réunions de régulation), proposé à des étudiants ayant choisi des options autres que celle de « métiers de l'enseignement ». Ces options s'intitulent : « développement social », « éducation et santé », « éducation et formation ».

Nos objectifs, en engageant ces étudiants dans une recherche-action, étaient de leur proposer des dispositifs de formation innovants par rapport aux formations universitaires plus traditionnelles : il s'agissait de les initier à la méthodologie de la recherche, de les familiariser à d'autres lieux éducatifs que les établissements scolaires (maisons de quartier, monde associatif), ou bien d'aborder l'école en ayant un autre statut que celui d'enseignant ; enfin s'y ajoutait une option politique, en contribuant au développement socio-éducatif d'un site, présentant des difficultés sociales et éducatives avérées.

Dans mon *corpus* de terrain — une douzaine d'entretiens auprès d'anciens étudiants de licence ayant tous participé à une recherche-action —, les trois sites retenus sont : une maison de quartier de la banlieue parisienne où nos étudiants sont intervenus pour encadrer l'accompagnement scolaire des enfants ; la collaboration à une enquête dans le Val-de-Marne, à la demande du Conseil général, auprès d'une vingtaine de collèges et de lycées pour comprendre les raisons de baisse de fréquentation de la cantine, en procédant à des observations dans les établissements et à une centaine d'entretiens auprès des élèves et de leurs parents ; enfin la mise en place d'ateliers d'expression comme moyen de prévention de la violence dans une école primaire d'une ZEP auprès d'enfants de CM1, CM2 et classe de perfectionnement.

Le recours à ce dispositif innovant de recherche-action se justifiait à nos yeux par la très grande hétérogénéité des étudiants en Sciences de l'éducation, en faisant de celle-ci un atout, un principe dynamisant la construction des apprentissages et favorisant le transfert ; nous faisions l'hypothèse que le pluralisme des perspectives et des attitudes vis-à-vis de l'action et de la théorisation serait un facteur de différenciation positif dans les échanges pendant les TD, à condition de s'appuyer sur les interactions entre différentes structures de groupes.

Plusieurs paramètres composent cette hétérogénéité : l'âge, la formation antérieure (DEUG, BTS, DUT, DE d'infirmière, d'éducateur, d'instituteur, etc.), la présence/absence d'une expérience professionnelle antérieure, le choix positif ou négatif de s'engager dans la licence des Sciences de l'éducation, la présence ou l'absence d'un projet professionnel et enfin le choix des options. Dans la majorité des cas, ce fut un choix négatif : les étudiants voulaient faire dans leur grande majorité « métiers de l'enseignement » en croyant que cette option préparait mieux au concours de l'IUFM ; par manque de place ils se sont retrouvés dans les autres options qui proposent la recherche-action. Les rares choix positifs présentent donc des différences très significatives.

Loin d'être un obstacle, cette hétérogénéité va donner lieu à des confrontations divergentes et stimulantes lors des regroupements en TD : différences d'accès et de maniement à l'abstraction et à la théorisation, différences de lecture et d'interprétation de la réalité sociale en fonction des trajectoires antérieures, différences d'implication et d'aisance dans les actions d'animation. Toutes ces différences vont se traduire par des verbalisations du vécu et des formulations de ce qui fait problème en favorisant une prise de conscience des divergences et une remise en question de ses convictions antérieures ou des représentations que certains ont du travail universitaire et plus spécialement du mémoire de recherche.

S'inscrivant dans une démarche participative et dans un travail de partenariat, ce dispositif de recherche-action se devait de privilégier le travail en équipes ; c'est pourquoi nous avons combiné plusieurs structures de groupes : groupe en TD d'une quinzaine de personnes, petits groupes de quatre à cinq étudiants, ou interventions en binôme. Nous-mêmes, en tant qu'enseignants, sommes deux à encadrer les étudiants, à mener les négociations et les réunions de coordination avec les partenaires.

1 - Les TD ont lieu toutes les semaines en grand groupe : ils sont conçus comme un espace de régulation, comme lieu de restitution des observations et de confrontation des analyses ; la possibilité de verbaliser ce qu'ils ont vécu sur le terrain et d'échanger leurs expériences amorce la conceptualisation et prépare les étudiants à rédiger la problématique : « *Toutes les possibilités qu'on avait en cours de s'exprimer et de raconter, au fur et à mesure, ça c'est important qu'on se raconte*

les uns les autres ce qu'on vit au fur et à mesure ; même si c'était à huit heures du matin, je n'ai pas manqué une séance parce que c'est vrai qu'on a besoin d'échanger forcément au cours de l'expérience. Ces échanges qui se font entre les expériences des uns et les expériences des autres, quand on en parle, on voit les choses différemment après les avoir dites oralement ». La verbalisation et l'écoute mutuelle favorisent une réorganisation cognitive en hiérarchisant, en regroupant les phénomènes ; le TD fonctionne comme caisse de résonance et moment réflexif, où en prenant du recul par rapport au terrain, la distanciation va faciliter la rédaction : *« On a vécu quelque chose ; quand je le dis avec des mots c'est comme si je l'écrivais... c'est plus clair, après l'avoir dit oralement, je peux les rédiger plus facilement ; ça nous aidait, après on savait mieux ce qui était important, ce qui était moins important, ce qu'on allait garder ».*

2 - La structuration en sous-groupes se fait de deux manières : selon les thèmes qu'ils choisissent de traiter, et ce en fonction des interrogations qu'ils se posent à partir des premiers contacts avec le terrain, de leurs lectures, et de leurs centres d'intérêts, ils se regroupent (de trois à six étudiants) sur une thématique générale qui nécessite une répartition du travail bibliographique et des entretiens à mener. Selon les interlocuteurs, et les types d'intervention sur le terrain, les étudiants vont former d'autres groupes, souvent des binômes pour co-animer des ateliers avec des enfants d'école primaire, ou pour mener des observations dans les réfectoires, ou les cours des établissements et rencontrer chefs d'établissement, intendants, conseillers d'éducation.

3 - Lors de séances de coordination, nous formerons un groupe élargi avec nos partenaires, qui peuvent être soit des bénévoles et les responsables associatifs, ainsi que les parents des enfants concernés, soit les enseignants et le personnel éducatif de l'établissement intéressé à la recherche-action (membres du RASED, aides éducateurs, etc.), soit les commanditaires institutionnels.

En quoi ce dispositif, qui articule l'appartenance des étudiants à différents groupes, engendre-t-il des situations de production de connaissances ? Il s'agit, en effet, à travers cette expérience de théorisation d'une pratique de terrain, de leur donner l'occasion d'acquérir de nouveaux apprentissages tant au niveau méthodologique qu'au niveau expérientiel. Je me propose donc d'analyser les effets de ce dispositif **en termes de changement,** dans leur rapport aux savoirs théoriques, par rapport aux représentations qu'ils se font de la recherche-action elle-même, et **en termes de formation,** quant à la construction des apprentissages et à l'acquisition de nouvelles postures, en particulier l'attitude d'une écoute active dans la formation à l'entretien ou la capacité d'une analyse réflexive lors d'observations participantes, grâce à un maniement opératoire du cadre conceptuel.

Expérience de déstabilisation et évolution des représentations de la recherche-action

L'expérience de la crise vient d'un décalage important entre le système des attentes et des représentations initiales qu'ils se faisaient de leur mission d'acteurs, vecteurs de changement, et des réalités du terrain. Au départ, en privilégiant massivement l'action et en sous-estimant le travail de réflexion théorique et de compréhension de la situation, ils conçoivent le changement, dans la recherche-action, comme devant advenir aux autres. Ce n'est que vers le mois de mars que s'opère un retour décisif sur soi, après avoir fait l'expérience des résistances au changement des partenaires, après avoir pris conscience du poids et d'une certaine inertie des représentations sociales : c'est alors qu'ils prennent conscience non seulement de l'importance de la théorisation, quand ils voient à l'œuvre dans la réalité sociale l'impact des représentations de l'école, chez les parents ou chez les bénévoles, mais aussi quand ils comprennent la nécessité de remettre en question leurs propres représentations. Beaucoup croyant qu'il fallait agir à tout prix, par exemple en s'occupant uniquement des difficultés d'apprentissage des enfants, dans le cadre de l'accompagnement scolaire, ne concevaient pas l'intérêt de tout le travail de négociation avec les divers partenaires, instituteurs, directeurs d'école, bénévoles, parents. Faisant preuve d'une attitude utilitariste au départ, ils comprennent peu à peu le jeu des représentations et des interactions entre les différents acteurs et l'importance de faire évoluer la demande en conduisant certains groupes d'acteurs à reformuler la commande, par exemple à réécrire en commun le projet d'accompagnement scolaire. « *La recherche-action, c'est une étude sur le terrain... c'est lié au terrain. Mais en fait au début, pour moi, le terrain était représenté par la ville de N. ; l'accompagnement scolaire, j'étais loin de m'imaginer qu'il y aurait tous ces dysfonctionnements. J'ai bien vu à la fin de l'année que la notion de terrain ce n'est pas quelque chose de figé.* » Cette étudiante (23 ans, aucune expérience professionnelle) insiste sur ce qui est de l'ordre du processus des interactions entre les différents acteurs, sur la découverte progressive de la nature dynamique des liens entre théorie et pratique : « *En fait, on a intégré tous ces dysfonctionnements, ces manques de dialogue à notre travail. On a traduit ça sous forme de questions, on a parlé du projet, on a essayé de lier ça avec notre travail... (qui) consistait à dialoguer, essayer un peu de changer les mentalités... On a choisi de mener une étude sur ce sujet mais ce n'est pas se contenter de décrire la MPT, l'accompagnement scolaire... J'ai bien vu que la notion de terrain c'est quelque chose qui bouge en fait et qu'il y a des personnes qui sont à l'initiative d'un projet et, bien sûr, vu qu'on s'introduit comme ça, cela donne lieu à des dysfonctionnements justement, par le fait qu'on est étudiant* ».

Un autre exemple de décalage entre les attentes d'une étudiante et notre conception de la recherche-action tire son origine de sa formation antérieure d'infirmière qui lui avait fourni des représentations réductrices, très médicalisées de la santé. Elle est désarçonnée et en désaccord lorsqu'on introduit une dimension anthropologique et le contexte socio-économique, en faisant intervenir les représentations sociales du repas, le poids de la culture jeune et l'influence des pairs dans les habitudes alimentaires. Certains étudiants vivent mal le fait que, au bout de deux à trois mois, il n'y ait pas de résultats tangibles dans les comportements des enfants vis-à-vis de la violence, ou dans leurs apprentissages scolaires, ou encore dans les attitudes des bénévoles pour élaborer une plate-forme commune. Nous leur disons qu'il ne s'agit pas de réussir à tout prix, mais d'analyser ce qui se passe, quoi qu'il arrive. Certains étudiants sont plus réceptifs que d'autres à cette attitude, où la compréhension du fonctionnement institutionnel et l'analyse des jeux d'acteurs priment sur l'activisme. La nature de la formation antérieure et la présence ou l'absence d'expériences professionnelles entrent en ligne de compte dans ces divergences d'attitudes. Une étudiante, institutrice en congé-formation, reconnaît avoir modifié son regard sur les familles et sur l'école en adoptant une posture de chercheur : « *Ça m'a appris beaucoup de choses parce que, travaillant dans l'enseignement, j'ai eu affaire à des parents ayant des enfants en difficulté... ; ça m'a ouvert d'autres portes pour comprendre que tout est lié : le milieu social, le milieu culturel, le milieu familial, c'est lié, on ne saucissonne pas, on ne coupe pas, c'est un partenariat de part et d'autre. Pour entrer en contact avec les parents, j'ai pris du recul. C'est l'année de formation qui m'a aidée à prendre du recul. Je vois les choses un petit peu différemment... Je ne m'implique pas de la même manière* ». Un étudiant, éducateur spécialisé, responsable d'animations socio-culturelles, dit pouvoir tirer toujours quelque chose d'intéressant lors de ses interventions sur le site de la recherche-action en réponse au découragement d'une étudiante qui trouve que cela n'avance pas assez vite.

Quels apprentissages sont co-construits dans cette démarche de recherche-action ?

Recours à des « méthodes actives », contextualisation des savoirs, rôle moteur du conflit socio-cognitif dans la réorganisation des stratégies cognitives, poids de l'affect et de l'implication dans un travail réflexif sur soi s'appuyant sur une démarche métacognitive. Telles sont, dans leurs grandes lignes, les modalités des apprentissages que développe ce dispositif à partir des rapports sociaux entre acteurs et en fonction des enjeux correspondant aux situations d'intervention.

Cette contextualisation des savoirs permet aux étudiants d'accéder à un maniement opératoire des concepts en faisant des liens systématiques entre concret et abstrait, en repérant à l'œuvre dans la réalité empirique des notions vécues jusqu'alors comme livresques : « *Tout ce qu'on trouvait dans les livres, c'était des choses brillantes, mais c'était pas nous ; c'était des gens avant nous qui avaient réfléchi sur le thème, alors bien sûr ça donne des idées, mais il n'y a rien de plus intéressant que de voir ce que nous, on peut voir nous-mêmes, ce que l'on peut retrouver sur le terrain... Même s'ils ont fait plein d'entretiens, ils n'ont pas interviewé la même personne, ils n'ont pas eu le même contact* ». Pour cette étudiante, issue d'un BTS de tourisme, l'expérience de la situation singulière de l'entretien et du contact avec un contexte social déterminé donne du sens à la démarche de théorisation : elle répond à son besoin d'ancrer les modèles théoriques, les références bibliographiques dans des exemples précis. La dichotomie entre travail universitaire et vie active est d'autant plus accentuée chez cette étudiante qu'elle était jeune (23 ans) et n'avait encore à l'époque aucune expérience professionnelle. Cet ancrage dans la réalité socio-éducative lui permet de modifier peu à peu son rapport au savoir : « *J'avais l'impression d'être plus impliquée, d'être sur le terrain vraiment, de voir les gens vivre, ça donnait un côté concret à tout ce que j'avais cherché avant... J'avais un peu l'impression d'être dans la vie active quoi !... parce que là, c'est bien beau, on est dans les bâtiments, la bibliothèque, on a plein de théories sur plein de choses, mais pas sur les gens vraiment* ».

Ce nouveau rapport au savoir leur permet de saisir l'articulation entre *corpus* bibliographique, *corpus* théorique et *corpus* de terrain, leur apprend à mettre en relation des notions pour bâtir une problématique. Une étudiante expose ainsi ses difficultés à traiter le thème des relations entre la mairie et l'école et à faire le lien avec son intervention auprès des enfants : « *Le lien avec les enfants, on ne voyait pas tellement comment on allait l'intégrer au dossier. On s'est efforcé à chaque fois de trouver le lien entre mairie-école, on a beaucoup réfléchi... Le lien c'était l'école intégrée au quartier : comment l'école voit cet accompagnement scolaire et comment l'accompagnement scolaire essaye de créer un lien avec l'école, avec les instituteurs. Donc il a fallu interpeller les instituteurs, ce n'était pas facile du tout* ».

De même la notion de représentation sociale de l'école, par exemple, ou encore de la violence, va être contextualisée dans les discours d'instituteurs, d'îlotiers, de femmes relais d'une REP et induire des conduites qui témoignent d'attentes divergentes de la part des familles ou de la part des enseignants : ce qui occasionne des malentendus dont les étudiants vont pouvoir repérer les divers aspects à l'œuvre chez les différents partenaires rencontrés. On peut faire l'hypothèse que cette contextualisation des savoirs, qui inscrit le dispositif de recherche-action dans une perspective constructiviste des apprentissages, ce qui serait une nouvelle version des « méthodes actives » à l'Université, permet de manipuler des notions, d'expérimenter en « grandeur nature » le lien abstrait-concret, universel-particulier. Pour s'approprier les références bibliographiques, ils ont à rédiger une fiche de lecture : après avoir lu Chauveau, Van Zanten, Charlot, etc., certains étudiants se disent étonnés, mais aussi agréablement surpris, et se sentent valorisés d'avoir pu constater sur leur propre terrain d'observation des phénomènes, des réactions, analysés par ces auteurs. Chaque étudiant choisit un livre en rapport avec son thème de recherche, et quand nous avons le temps, ce qui n'est pas toujours le cas vu l'urgence parfois des problèmes de terrain, il expose ce qu'il a retenu dans sa fiche de lecture, autre manière de construire des liens.

Ce dispositif de recherche-action favorise la construction d'apprentissages de type socio-cognitif d'autant plus que l'hétérogénéité des étudiants révèle des différences d'attitude dans les démarches méthodologiques et les stratégies d'intervention sur le terrain.

Ainsi cette étudiante, désormais à l'IUFM, reconnaît que l'expérience du travail en équipe a modifié ses habitudes de travail : « *Ça m'a changé, on a fait ce travail à plusieurs, je n'avais pas trop l'habitude ; j'ai appris ça, maintenant j'aime peut-être mieux travailler à plusieurs que toute seule, parce qu'on est motivé, on est poussé par les autres, les uns les autres on se tire à travailler* ». Les bénéfices du travail en équipe ne concernent pas seulement la dynamique motivationnelle, mais jouent sur la complémentarité des compétences ; ainsi une autre étudiante, plus âgée, cadre-infirmier, souligne cette diversification des apports que le statut mixte de la recherche-action, à cheval entre théorie et pratique, autorise : « *Le travail de groupe ça m'a fait du bien, et puis quant à la réflexion, j'ai trouvé intéressant le fait qu'on avait différents partenaires. La négociation, moi, c'est mon travail de tous les jours. En tant que cadre, je suis habituée à négocier avec toutes sortes de partenaires, donc ça ne m'a pas posé problème mais je trouve ça enrichissant... Par* contre par rapport à l'écriture, à la rédaction, j'ai des difficultés. J'étais avec quelqu'un dans mon groupe dont la facilité d'écriture m'impressionne. J'ai beaucoup travaillé avec elle, ça allait très vite... elle était capable en un rien de temps de transformer ma phrase correctement ».

En effet, à travers la diversité des profils cognitifs et les divergences de stratégies, c'est moins tant l'expérience du conflit socio-cognitif qui est d'abord mentionnée que la présence de relations de coopération et de complémentarité entre pairs. Certains témoignages font état cependant de tensions entre pairs et de difficultés à se faire entendre et comprendre : « C'est aussi une expérience à vivre que de travailler en équipe... On n'était pas du tout d'accord sur la manière de faire. Bon, on a eu une très bonne note au dossier, mais c'est vrai que c'était difficile de faire passer son point de vue ». Les désaccords portent à la fois sur la méthode et sur des problèmes de fond, sur les analyses de ce qui a été observé. Les confrontations entre représentations divergentes se révèlent plus importantes encore entre partenaires qu'entre étudiants partageant une culture universitaire commune.

Ainsi, la diversité des points d'entrée lors du déroulement de la recherche-action, qui implique un constant va-et-vient entre théorie et pratique, permet-elle de prendre en compte la diversité des profils cognitifs ; d'autres paramètres, comme l'expérience professionnelle, ont un rôle déterminant dans les apports et les acquis que les étudiants attribuent à la recherche-action. Une opposition paradigmatique se dégage entre la découverte d'une pratique de terrain, très appréciée par les jeunes étudiants sans activité professionnelle antérieure, et la valorisation des aspects méthodologiques, formation à l'entretien, élaboration de la problématique. Voici le témoignage d'une étudiante de 23 ans : « J'ai davantage préféré le côté action que le côté recherche ; le côté action, la rencontre avec les gens, il y a beaucoup de choses assez surprenantes qu'on découvre, les gens ont des idées auxquelles on n'avait pas du tout pensé. Découvrir des gens de tous milieux, de tous métiers... ». À l'inverse, des étudiantes déjà professionnalisées apprécient ce qui peut les aider à organiser leurs connaissances : « Au niveau de la méthodologie, ça a été quelque chose de très important parce que ça m'a structurée ; au premier semestre, on ne savait pas bien où on allait, vers quoi on se dirigeait et c'est vrai que la recherche sur le terrain, faire la synthèse de tout ce qu'on avait vu, de tout ce qu'on avait entendu, la manière de procéder, oui, ça m'a beaucoup apporté à ce moment-là ». Une autre étudiante souligne d'autant plus les effets formatifs de la démarche qu'elle repère les réinvestissements qu'elle se propose d'opérer auprès de ses propres stagiaires en tant que formatrice : « Je n'avais pas pris conscience à ce point-là de l'importance de l'entretien... On avait travaillé sur la question de départ... la consigne, je trouve que ça c'est fondamental aussi... On a fait un exercice en TD et j'ai encore mieux compris l'intérêt de l'entretien et de la méthodologie de l'entretien. Donc ça c'est fondamental puisque, maintenant, à mon tour, je forme des étudiants en soins infirmiers sur la méthodologie ».

Un autre effet formatif non négligeable et très spécifique de la recherche-action concerne l'adaptabilité avec les partenaires pour co-construire un projet : là encore l'hétérogénéité des étudiants se révèle être un atout car les obstacles imprévus sont connotés positivement par les étudiants ayant déjà une expérience professionnelle : « *Tous les aléas de l'expérience avec nos partenaires, on a été obligé à chaque fois de s'adapter ; ça, c'était bien, ça n'était pas trop difficile pour moi, parce que je suis salariée dans la vie professionnelle. J'ai bien vu que pour les autres ce n'était pas toujours le cas, il y avait des difficultés ; ça demande du changement, enfin pas de routine !* ». Les étudiants sans expérience professionnelle, en prenant conscience des différences de représentations des objectifs chez les bénévoles ou chez les enseignants, saisissent progressivement la fonction des réunions de concertation pour arriver à élaborer des compromis, mais ont du mal au début à comprendre le poids des résistances au changement ; ce sont les entretiens qu'ils mènent qui leur permettent de modifier eux-mêmes leurs propres représentations de la situation. « *On voyait bien dès le départ qu'on ne pensait pas de la même façon en fin de compte... On n'avait pas les mêmes façons de faire : ça reposait sur un malentendu, on n'avait pas les mêmes objectifs* ».

Cette adaptabilité, cette auto-régulation dans la démarche cognitive, se retrouvent également dans le statut de médiateur que devaient assumer les étudiants impliqués dans l'accompagnement scolaire. Voici ce que retient une étudiante de cette expérience relationnelle : « *La première chose, c'est le contact avec les enfants... ça m'a vraiment apporté quelque chose... Le fait de s'occuper d'un ou deux enfants... j'essayais de voir ce qui les intéressait... j'improvisais beaucoup en fait... C'est vrai que c'est dur de leur faire retenir l'attention* ». Cet investissement dans cette fonction de suivi des enfants l'amène, grâce à des confrontations avec d'autres étudiants, à une attitude réflexive et un travail d'analyse sur soi : « *Quand on se réunissait pour travailler en groupe, on en discutait pas mal. Même moi je m'autocritiquais, je me posais pas mal de questions, surtout moi je me critiquais pas mal par rapport à ce que je faisais. Parce qu'au fur et à mesure qu'on avançait dans le travail, c'est vrai qu'on parlait un peu des enfants dont on s'occupait : pour toi comment ça se passe ? Moi, j'ai constaté ceci cela, moi, il ne veut pas travailler... Et puis on s'observait aussi lors de l'accompagnement scolaire, on observait comment on s'y prenait* ».

Recherche-action et problématique identitaire

Outre cette dimension relationnelle importante, souvent évoquée, la recherche-action permet aux étudiants de modifier leur rapport à l'institution universitaire en contribuant à une modification de leur perception de soi : ils ne se définissaient plus uniquement comme étudiants. Dans cette perspective d'une problématique identitaire, on pourrait faire l'hypothèse que le dispositif de recherche-action contribue à complexifier leur définition de soi ; ils n'envisagent pas leur participation à la recherche-action comme relevant seulement de leur métier d'étudiant[1], elle leur permet de se définir comme acteur social, dans un contexte pluri-dimensionnel qui ne se réduit pas au seul statut universitaire d'étudiant : « *Là c'était un peu comme une carte de journaliste, comme une carte de presse : le pouvoir d'entrer chez les gens, de pouvoir poser des questions personnelles, de voir comment ils vivent ; ça, c'était un peu ahurissant pour moi, parce que je ne pensais pas que c'était aussi abordable facilement !* ». Cette même étudiante exprime son étonnement qui

1 - Cf. A. Coulon, *Le métier d'étudiant*, PUF.

témoigne des modifications de son image de l'étudiant : à travers l'expérience de relations de pouvoir, inimaginables pour elle auparavant, elle élargit sa conception restrictive de l'étudiant en étant confrontée à des postures de journaliste, de psychologue, de chercheur. « *Ce que je trouve intéressant, c'est quand on visitait un établissement, en tant qu'étudiant, on se voyait ouvrir les portes, les bureaux importants, ça fait bizarre parce que je ne pensais pas que c'était permis si facilement. On était étudiant, donc si on venait dans le cadre de la recherche-action, on nous ouvrait la porte du proviseur, la porte de l'intendant, on a visité les " coulisses ". On est rentré, pas que dans le réfectoire, dans la cuisine, on essayait de regarder un petit peu partout à droite, à gauche, quand on circulait dans les couloirs...* ». La constitution, lors des séances de TD, du sentiment d'appartenance à ce groupe de recherche-action lui permet de s'identifier au rôle de chercheur et, en adoptant une telle posture, de définir clairement son lieu d'énonciation par rapport à ses interlocuteurs, ce qui lui procure une certaine assurance quand elle mène un entretien avec eux : « *Vous avez des chefs d'établissement qui nous ont ouvert leur porte, nous, des étudiants, ils ont répondu à mes questions... On est dans le bureau du directeur, il devait répondre au budget, répondre à des étudiants, il nous demandait à qui allaient les résultats, il y avait une inquiétude, c'est normal ! À l'issue de notre recherche-action, on était conscients que c'était un plus, c'est ce qui faisait la différence entre rédiger un dossier, prendre des informations et vivre ces informations en allant les chercher sur le terrain, dans le contexte ; aller à la cantine, manger à la cantine ; on a eu le vécu, plus le côté théorique, alors que jusque-là on n'avait eu que le côté théorique, en tant qu'étudiant !* ».

Cette recherche impliquée dans l'action, dans la rencontre avec les partenaires, implique la personne dans sa globalité et est opposée à une attitude purement spéculative, intellectuelle. Les étudiants disent se sentir investis d'une forte responsabilité en participant à la recherche-action, ils se sentent pris au sérieux, en position de chercheur, et non plus seulement d'étudiant. Voici ce qu'une autre étudiante dit de l'importance que revêt le travail d'entretiens à partir du moment où le recueil d'informations s'inscrit dans une demande institutionnelle : « *Ce n'est pas le fait de rentrer dans l'intimité des gens parce qu'on ne rentre pas vraiment dans leur intimité, mais de découvrir des gens de tous les milieux, de tous les métiers... j'ai trouvé ça très très intéressant parce que j'ai découvert pas mal de modes de vie qui ne sont pas forcément les miens... On se sent un peu plus professionnel, on se sent plus impliqué, on est accueilli d'ailleurs comme des étudiants qui font une recherche certes, mais quand même on se sent un peu plus adulte, quelque part* ». Cet investissement sur le terrain allie donc aux bénéfices cognitifs une dimension affective et relationnelle ; il est l'occasion non seulement de nouvelles expériences de rapports à autrui, mais aussi d'un retour sur soi formatif, dans la mesure où il y a un enjeu, et que cette mise en jeu de soi-même est souvent vécue comme un défi. « *Je n'aurais pas eu la possibilité de la faire, je n'aurais pas tenté ; ça m'a donné envie d'aller jusqu'au bout, de voir si j'étais capable d'assumer... envie de participer, d'avoir ces informations dont on avait besoin, de chercher...* ». Il débouche sur le sentiment d'une transformation personnelle et d'une valorisation de soi, où cette étudiante a l'impression d'approcher une démarche de professionnalisation.

En conclusion, on peut dire que cette expérience de formation met en jeu tout un système de relations : elle ne concerne pas seulement un nouveau rapport au savoir, un nouveau mode de rapport du sujet à lui-même et au monde, elle s'accompagne aussi de la découverte par les étudiants des relations diversifiées avec les partenaires, avec les pairs. Ceci rejoint l'analyse de Bourgeois et Nizet : *« L'expérience de formation ne peut en aucun cas être réduite à l'expérience d'un rapport à du savoir, à une expérience d'apprentissage. Elle est également le lieu où sont mises au travail les relations que le sujet entretient avec lui-même et le monde, son rapport à sa propre histoire et sa relation au social »*[2].

La nature mixte et complexe de tout dispositif de recherche-action, tant du point de vue épistémologique, de par son articulation entre théorie et pratique, que du point de vue organisationnel, dans son déroulement temporel et de par l'appartenance de tout individu à plusieurs groupes, gagne à être étayée sur une hétérogénéité des étudiants qui entre alors en résonance avec l'ensemble des divers systèmes de relations qu'il met en œuvre. ∎

---

2 - Bourgeois & Nizet, 1999, *Regards croisés sur l'expérience de formation*, L'Harmattan.

_____ Évaluation

Philippe MISSOTTE[1]

Président du Collège coopératif (Paris) - Secrétaire général du RHEPS
Directeur de recherche au DHEPS de l'Université de Paris III Sorbonne Nouvelle

Recherche-action en évaluation

L'auto-évaluation d'un programme de développement social de quartier[2]

> « Qu'est-ce qui est important pour le développement ?
> Les hommes ou le béton ? C'est parce que beaucoup répondent
> le béton que le chemin sera encore long. »
> Edgar Pisani

La recherche-action peut-elle être mise en œuvre avec les populations, pour accentuer leur mobilisation, au cours d'opérations courantes de changement, par exemple dans les cités dites sensibles ?

Cette contribution[3] présente une recherche-action conduite par le Collège coopératif (Paris) pour l'évaluation d'un dispositif de développement social de quartier en 1991/92. Elle a ensuite servi de base à plusieurs opérations du même type. Ce propos porte sur la méthode de mobilisation des acteurs et écarte le

---

1 - Cette évaluation s'est appuyée sur les expériences des collègues du Collège coopératif (Paris). Ont collaboré à l'élaboration : par leurs conseils Guy Bédard, de Montréal, et Yves Chevalier, ou par son intervention sur le terrain, Guy Belloncle, professeurs à l'Université François Rabelais de Tours. Enfin par leurs travaux, Paul Willot, auteur d'une thèse sur l'auto-évaluation, dir. Henri Desroche, 1985, Bernard Lecomte et Peter Easton. Qu'ils trouvent ici l'expression de ma reconnaissance ainsi que le chef du projet DSQ, pour sa confiance... et sa patience.
2 - Cité Saint-Jean à Châteauroux, 1991-1992.
3 - Cette communication a fait l'objet d'une monographie dans les *Cahiers d'ingénierie sociale* n° 6, dirigé par Guy Belloncle et Ch. Hermelin, édité par le Collège coopératif (Paris).

contenu de l'évaluation. Il décrit d'abord le processus pour préciser les démarches, dites ici pédagogiques, faute d'un terme plus approprié. Il envisag l'adéquation aux problèmes posés par ces cités. La dernière partie tente d'apprécier l'adéquation de ce type de processus à une conception endogène du changement.

Première partie - Histoire et pédagogie de participation

Des étapes jalonnent le processus : lancement ; reconstitution du modèle initial ; recueil des données ; analyse ; interprétation ; conclusions et préconisations. Banal ! Sauf qu'ici les acteurs sont des habitants et des intervenants sociaux, de l'assistante sociale à l'animateur sportif en passant par les enseignants, voire le médecin ou le curé. En plus d'évaluer un dispositif, le projet vise, grâce à ce concours, de démultiplier l'action en entraînant d'autres habitants à devenir acteurs ou au moins à se sentir plus informés de ce qui les entoure, voire moins impuissants. Aucun n'est formé à ce genre d'exercice, mais tous se sentent concernés : deux obstacles à leur efficacité qu'il faut transformer en atouts par une formation. Celle-ci double les premières phases et accompagne tout le déroulement.

Les personnes-relais

La Convention[4] entre Mairie et Collège coopératif officialisait la mission comme *« un bilan social de l'action DSQ et des projets programmés à ce titre, assorti de conseils d'orientation concernant la suite du programme »*. Elle prescrivait explicitement l'auto-évaluation — ce qui est précieux et loin d'être fréquent — en fixant que *« cette évaluation est une phase d'animation intégrée au DSQ, visant la participation de la population-cible, elle ne se limite ni à une étude, ni même à une évaluation »*.

Le projet a été présenté aux « intervenants sociaux » et aux habitants pour leur proposer de devenir acteurs de l'opération. Cette présentation insistait sur les dimensions humaine et transformatrice de l'intervention. Dix intervenants et douze habitants de la Cité[5] se portèrent volontaires pour devenir personnes-relais et former l'équipe de l'auto-évaluation. D'emblée le principe était qu'ils seraient « évaluateurs » et non informateurs ou même « enquêteurs ».

Le modèle initial

La première tâche d'une évaluation — déterminante et décisive — est de reconstituer le modèle de départ ; il s'agit à la fois de mettre toutes les prévisions dans un ordre cohérent et de les mettre à jour dans un seul document de référence.

---

4 - *Convention d'évaluation du DSQ Cité Saint-Jean à Châteauroux*, Mairie de Châteauroux, 13/12/1991. Par prudence sont écartés de la commande, l'examen des techniques, des matériaux et des travaux, l'exactitude des dépenses et des facturations, leur conformité aux devis et aux plans initiaux.
5 - Contactés par le biais de l'association Vivre Saint Jean, créée à l'occasion du dispositif DSQ pour dynamiser l'animation du quartier. Cette association prenait le relais d'un Comité des fêtes.

Dans ce cas, les études préparatoires[6] et les rapports annuels, remis au Collège dès la commande, présentaient par le menu les états antérieurs de la situation. Deux longues séances avec l'équipe de Maîtrise d'œuvre urbaine et sociale (MOUS), puis les échanges informels avec les personnes-relais au cours des réunions ont permis de préciser les textes présentant une cinquantaine de projets. Une image du programme dans l'histoire récente de la ville s'est dessinée : les observations ayant entraîné le projet, le choix des changements, les intentions explicites, et si possible implicites, les objectifs, les actions, les résultats attendus, les moyens, les délais, les budgets, les méthodes, etc., de l'ensemble du dispositif et de chaque projet. Ce premier travail d'anamnèse éclaircit les fondements du programme et dans le même temps contribue à créer l'équipe de recherche-action. En effet, il fait appel à des informations sur un terrain où vivent ou travaillent les volontaires, à partir d'une histoire qui est la leur ; constater que leur contribution est nécessaire les confirme dans leur volontariat, mais aussi commence à lever leurs doutes quant à leur capacité de participer à l'évaluation et de lui apporter un point de vue personnel.

Cette reconstitution du modèle d'origine récapitulée, rédigée et éditée, devint le référentiel de l'évaluation ; il permit ensuite de fixer les indicateurs à renseigner par les investigations. Mon intuition était que les indicateurs soient renseignés à partir de plusieurs sources croisées : observations des réalisations, des comportements et des opinions, collectes des représentations des habitants et des responsables par enquêtes, réunions, questionnaires, entretiens, analyse des articles de presse. Partir d'indicateurs préétablis allait à l'encontre de la volonté d'endogénéité affichée. Il s'agissait de concevoir la méthode avec les acteurs.

L'animation et la formation des personnes-relais

L'élaboration collective des indicateurs puis des méthodes d'investigation jusqu'aux outils afférents, questionnaires et guides d'entretien, se concrétisa à partir de *remue-méninges*, par petits groupes pour que tous s'expriment largement ; avec tout le groupe, l'animateur aurait été trop requis — ou tenté ? — d'apporter son point de vue. Le groupe fut d'abord sollicité pour faire l'inventaire des renseignements considérés nécessaires avec une première question : *« Pour faire le point du quartier et que ça change, que voulons-nous savoir ? »*. La question débordait l'opération DSQ pour mieux connaître le quartier. La mise en commun sur des tableaux de papier aboutit à un inventaire impressionnant, débattu et affiné point par point avec tout le groupe. Je lui en rendais compte à la réunion suivante après un classement par thème d'action, recoupant les thèmes des projets du DSQ. Le travail suivant, autour de la question : *« Quelles questions poser, quoi observer pour obtenir ce que vous voulez savoir ? »*, introduisit les volontaires à l'idée qu'on allait bientôt

---

6 - CREPA-Habitat, Cabinet Bouzemberg, *Quartiers Saint-Jean et du Grand-Poirier*, 2 tomes reprographiés, Ville de Châteauroux, SA HLM de l'Indre, OPD HLM de l'Indre, SEMCLO, tome 1, daté juillet 1987, folioté par chapitre, tome 2, titré *Projet de quartiers Saint-Jean et Saint-Jacques*, daté mars 1989, 119 pages. Ville de Châteauroux, *Développement social du quartier Saint-Jean*, 2 tomes reprographiés, tome 1, *Le quartier : le bilan*, 99 pages, et tome 2, *Les propositions : le programme*, 125 pages, non daté mais paru début 1989, préparé et rédigé par les Services de la ville pour demander l'entrée dans le dispositif.

devoir chercher l'information. Dans un troisième temps, par le même procédé, s'ajouta la formulation des questions possibles et précises à poser ou des observations à faire sur le quartier. Ainsi se profilaient les outils et la méthode. Pas à pas, les personnes-relais entraient dans leur rôle de chercheurs.

Les réunions[7] étaient divisées en deux : d'une part les apports techniques[8] et le travail sur les méthodes, qui aboutit, entre autres, à composer un petit guide de l'évaluation[9], fait de fiches techniques, de l'autre l'élaboration de la recherche à partir de leur pratique dans le quartier, les sources possibles et son organisation, notamment les responsabilités à se répartir. Le procédé se déroulait en deux temps. D'abord les petits groupes, de quatre ou cinq personnes, confrontaient leurs avis. Au cours de la mise en commun, je complétais sur un plan technique et éventuellement proposais d'élaborer ensemble une fiche technique sur un point précis (animation de réunion, etc.). Ainsi, devant le vide d'information du public sur le programme, le modèle initial fut résumé avec les personnes-relais, en un petit livret d'une cinquantaine de fiches[10] présentant chacune un des projets du DSQ. Imprimé par le Collège coopératif, il fut mis à la disposition de tous les habitants, pour répondre à leurs questions. Le nombre et l'imbrication des projets entraînent, malgré les communications, une désinformation quasi générale et, ce qui est plus grave, une incompréhension devant des mesures souvent fécondes. Ce qui pose un réel problème de méthode à ces dispositifs, censés viser un changement en profondeur et travailler avec et à partir des habitants, alors que ceux-ci ne sont pas au fait du programme. Un évaluateur extérieur aurait fait la même observation et aurait donc pu se doter du même moyen, mais l'auto-évaluation a permis que ce livret d'information soit créé par des personnes locales et à leur demande ; ainsi elles pouvaient, d'une part, constater elles-mêmes la transparence de l'information et la mettre en valeur, de l'autre, elles connaissaient et pouvaient affirmer son caractère véridique. Or le citoyen non ou mal informé des tenants et aboutissants d'une mesure de changement, aussi intéressante soit-elle, a tendance à supposer des aspects négatifs, délétères pour tout le programme. Par ailleurs ces petits outils, créés ensemble, sur le champ, renforcent la motivation des volontaires.

La cinquième réunion fut importante. Pour aller au devant des habitants, diffuser l'évaluation par sa mise en œuvre avec eux et collecter les données, les personnes-relais créèrent des équipes de deux ou trois, mélangeant souvent intervenants sociaux et habitants. La recherche entrait dans sa phase la plus active, celle des réunions d'habitants et, autant que faire se peut, de démultiplication. Une fois l'homologie des enquêtes réalisée, au cours des séances de formation, un

---

7 - Ces réunions ont toujours eu lieu en semaine, de dix-huit heures à vingt-deux heures, entrecoupées d'un repas, horaire indispensable pour permettre la présence des personnes-relais qui travaillaient.
8 - L'enquête, l'entretien, la conduite d'une réunion. Dans ce cadre, le professeur Guy Belloncle intervint deux fois sur les fondements philosophiques et théoriques de la mobilisation des habitants.
9 - Ce guide élaboré par les personnes-relais reprenait les idées échangées en réunion pour inviter les gens, conduire les réunions, les objets à aborder, comment répondre aux difficultés, etc.
10 - *Le DSQ Saint-Jean à Châteauroux*, livret au format A5, 50 pages.

degré de motivation correct, la réussite reposait sur l'organisation et la logistique de l'opération. Le matériel fut distribué aux équipes[11].

Élaborer la méthode avec les personnes-relais les motive pour envisager de travailler avec leurs concitoyens, condition première d'une nouvelle manière d'être ensemble. Utopie ? Assurément ! Mais croire mordicus que des équipements nouveaux, aussi sophistiqués et prestigieux soient-ils, vont changer des mentalités, n'en est-il pas une autre, autrement dangereuse ?

Le recueil des données, animation et contacts institutionnels

Chaque équipe a animé deux réunions (parfois trois ou quatre). Ces réunions prirent beaucoup plus des trois mois prévus. Contacter les locataires s'avéra difficile. Ils répondirent mal aux invitations, le travail d'animation en amont manquait, mais il fallait se satisfaire de cette situation puisque l'évaluation, à mi-temps du programme, était censée créer la participation. Certaines réunions ne virent que trois locataires ; il fallut recommencer. La période des réunions dura de début 1992 à novembre, date à laquelle furent remises les dernières cassettes[12].

Parallèlement, j'assurais des entretiens depuis le début de l'opération avec trois catégories de population : 1/ les décideurs et responsables, 2/ les intervenants sociaux du quartier, 3/ les habitants, souvent individuellement, parfois en groupe, comme avec l'équipe de handball, les jeunes maghrébins, les Vietnamiens, les Portugais de la paroisse catholique, les paramédicaux, etc. J'en rendais compte aux personnes-relais, au cours des réunions. Cette disposition avait été prise d'un commun accord avec les universitaires, les personnes-relais et les professionnels du programme. Je pense que deux ou trois personnes-relais auraient pu administrer des entretiens, mais cette décision rassurait tout le monde.

Pendant cette période, quatre nouvelles séances du soir avec les personnes-relais permirent de partager les expériences des réunions avec les habitants, de répondre aux questions, de faire le point. Ces réunions très vivantes — car les gens sont pleins d'initiatives lorsqu'ils se sentent responsables — permettaient de répondre aux questions et maintenaient la motivation. Durant cette phase les personnes-relais ont aussi administré un questionnaire, créé ensemble à partir des questions listées au début.

---

11 - La liste des locataires à inviter aux réunions d'évaluation : l'échantillon choisi pour être représentatif de la Cité, obtenu par tirage au sort sur les listes des Sociétés de gestion du bâti, SA HLM et OPAC — par tirage au sort manuel pour les seconds, par programme informatique pour les premiers. Les photocopies de la lettre pour avertir l'échantillon, rédigée au cours de la réunion précédente et des enveloppes timbrées, des bordereaux pour noter les appels téléphoniques et les dépenses pour remboursement, un enregistreur et des cassettes vierges ; deux grandes photos murales, une de la cité et une d'enfants, ainsi qu'une cassette vidéo de trois minutes — compilation des meilleurs moments dont disposait le vidéaste attitré du DSQ, Philippe, qui réalisait une émission sur la cité transmise tous les trimestres par câble, Canal Saint-Jean —.

12 - Seules les réunions de femmes maghrébines et turques ne furent pas organisées par tirage au sort, mais par cooptation. Elles eurent lieu dans leur langue et furent traduites ultérieurement par une personne-relais.

Un rapport d'étape avait été présenté au Comité de pilotage au moment où les premières réunions de locataires se déroulaient[13].

Cette première étape est marquée par deux souvenirs. Personnellement, je ressentais une impression d'exploration, d'entrer dans une terre inconnue, de voir un monde pourtant proche et familier, avec l'œil de l'ethnologue, de celui qui ne sait rien et doit tout apprendre. En ce qui concerne la situation, je découvrais l'existence de la volonté politique de la municipalité de faire participer les habitants à la vie sociale de leur quartier. L'opération s'engageait dans la voie de la participation, même si celle-ci était encore embryonnaire.

Exploitation, analyse et conclusions

Les réunions, enregistrées, ont été transcrites, parfois par les personnes-relais elles-mêmes, parfois par le Collège coopératif. Dans le même temps, j'exploitais l'enquête par questionnaires par informatique[14].

Au cours de deux réunions, les personnes-relais ont collationné et classé les remarques par thème. Le groupe a débattu de chaque point et une première rédaction leur a été soumise. La structure homologique par projet et par thème facilitait les échanges. Beaucoup de corrections ont été indiquées.

Puis le projet d'évaluation a été présenté et discuté en réunion publique avec une soixantaine d'habitants, les uns ayant participé aux réunions avec les personnes-relais, les autres non. J'animais la réunion, en présence du chef de projet, entouré de l'équipe des personnes-relais. Elles n'ont pas souhaité prendre la parole dans une telle réunion. Au cours de cette réunion, certaines corrections souhaitées par les habitants ont été apportées.

Un rapport a été présenté à la Commission locale présidée par l'adjoint au maire. Une dernière soirée a réuni les volontaires début juillet pour évaluer leur propre travail et la manière dont ils l'ont appréhendé... et faire la fête, bien méritée.

---

13 - Le rapport d'étape concluait : « *Le programme DSQ Cité Saint-Jean est en bonne voie malgré le retard dans le démarrage des travaux. [...] L'action auprès des habitants pour favoriser une meilleure participation commence seulement à se mettre en place [...]. Le quartier Saint-Jean est en passe à terme de ne plus être la ZUP, traditionnel objet de mépris. Il reste à aider une partie non négligeable de ses habitants à se sentir plus intégrés à la collectivité castelroussine et à se prendre en charge. Les résultats des appuis de Vivre Saint-Jean à quelques projets des habitants, avec des moyens financiers modestes proportionnellement au reste des dépenses, montrent l'efficacité de telles méthodes entre les mains d'intervenants compétents. Ils ont conduit un nombre significatif de jeunes, souvent isolés ou en difficulté, à agir positivement, à être reconnus et d'une certaine façon à commencer à se prendre en charge eux-mêmes. Ce début d'expérience apporte la preuve que ce type de fonctionnement est à intensifier. Le rééquilibrage du programme par un accroissement des moyens de fonctionnement, mettant l'accent sur les secteurs d'animation, en particulier éducatif et économique, est une des questions posées à la prochaine phase de l'évaluation* ».
14 - Logiciel Modalisa, studio Kynos, Paris XXe.

Deuxième partie : Principes et appréciations

Cette tentative éclôt au croisement d'une éducation populaire, voulue comme une éducation pour le développement — n'est-ce pas une tautologie ? — et du processus de la recherche-action. Elle nécessite cependant d'être appréciée en fonction de son résultat sur deux plans : la qualité d'évaluation du dispositif, d'une part, et de l'autre l'amélioration de la mobilisation des habitants pour le changement.

L'évaluation

Une approche croisée

Les indicateurs des résultats ont été définis à partir de la planification selon la méthode de Guy Bédard[15] : finalités, objectifs, résultats concrets, activités à mettre en œuvre, moyens financiers, en personnel, méthodes, etc. La question posée à l'enquête est : que sont-ils devenus les uns et les autres, après « x » années de mise en œuvre ? Ce type de structure de l'évaluation permet de nuancer les écarts jusque dans le détail, à côté d'échecs de montrer les réussites, mais aussi de mettre au jour les éléments défaillants, les facteurs inattendus ou mal estimés et des écarts parcellaires. Par exemple, la réhabilitation du bâti peut remettre les logements aux normes — ce qui est le résultat matériel prévu —, dans le même mouvement elle peut atteindre un objectif, celui de faire vivre les locataires dans des appartements plus dignes, sans pour autant permettre d'atteindre la finalité escomptée de resituer le quartier dans l'agglomération, comme un quartier parmi les autres. Cette structure d'analyse permet également de donner une valeur à chaque écart comme à chaque réussite en la mettant en perspective de l'histoire réelle et non des intentions politiques ou administratives et des rumeurs entretenues par les uns ou les autres.

Des conclusions par secteur et sur l'ensemble

Un des nombreux débats de l'évaluation porte sur son objet même : faut-il évaluer l'ensemble, ou par grand secteur ou par projet ? L'ensemble des résultats de chaque secteur combiné avec la manière dont les partenaires les appréhendent permet de mesurer les tendances et d'orienter l'évaluation finale du dispositif, notamment en décelant tel ou tel accent, telle ou telle priorité explicite ou non.

Dans le cas présent, chaque projet a été évalué et présenté dans le rapport final, dans la mesure où les faits le permettent, puis chaque secteur a fait l'objet d'une synthèse intermédiaire selon le schéma suivant :

- **Cadre et données**. Rappel des données préalables : finalités, objectifs, résultats concrets, activités, moyens en personnel, financiers, méthode d'animation. Ces informations ne sont pas de pure forme, elles constituent le cadre de réflexion.

---

15 - Qu'il représente par un acronyme mnémotechnique : FORAMM.

- **Constats et interprétations.**

- **Évaluation.** Ce paragraphe du rapport reprend chaque donnée de départ pour en apprécier l'efficacité. L'application des moyens prévus a-t-elle permis de mettre en œuvre les activités ? Celles-ci ont-elles abouti aux résultats concrets escomptés ? Les objectifs sont-ils atteints et enfin réalisent-ils les finalités ? Des pistes d'orientation sont parfois insérées au fur et à mesure. Des suggestions, des préconisations concluent cette évaluation.

En conclusion du rapport, un synopsis en deux colonnes reprenait d'une part les caractéristiques principales observées, de l'autre les suggestions afférentes. Cette forme de présentation est très importante parce qu'elle permet d'éditer ce passage comme un extrait du rapport qui devient en fait le rapport largement diffusé.

La démultiplication restée à mi-chemin

Le schéma idéal est que les personnes-relais deviennent à leur tour capables d'entraîner d'autres habitants dans la mobilisation pour devenir acteurs du changement. Ce ne fut pas le cas dans cette tentative. Les participants aux réunions d'habitants et ceux qui ont répondu au questionnaire (représentant 150 logements sur 1200) furent impliqués dans un dialogue en profondeur ainsi que les interlocuteurs des entretiens (110) différents. Objectivement, l'effet mécanique contrôlable de l'auto-évaluation en resta là. Les suggestions aux personnes-relais d'activer chaque personne contactée pour qu'elle en informe une autre restèrent lettre morte. La durée de l'opération avait émoussé la détermination de l'environnement et de l'animateur qui n'insista pas ; ce qui empêcha de valider l'hypothèse d'une démultiplication plus large. En revanche, des effets de rumeurs positives à court terme et, à moyen terme, des effets de mise en mouvement d'habitants furent dûment constatés, notamment par une recherche-action du chef de projet[16].

Troisième partie - Le processus : de l'assistance au développement

L'ambition de mobiliser pour le changement nécessite d'une part de clarifier les finalités et de l'autre d'avoir une vision claire du développement humain partagée un minimum avec les commanditaires et les professionnels. À cette occasion on découvre que beaucoup d'élus ou de chefs de service ont une réelle volonté d'aboutir à une progression réelle des hommes et des femmes qu'ils représentent ou pour qui et avec qui ils travaillent. Mais d'une part leur idée de la participation est limitée à une vision très formelle de la démocratie représentative, souvent excessive, qui n'est pas sans créer de l'inquiétude sur leurs capacités. De l'autre — et surtout — ils ne savent pas comment faire. L'évaluation, conduite avec les populations, présente à la fois une opportunité méthodologique et un moment favorable.

---

16 - Cf. supra deuxième partie, page 98, témoignage d'Alain Dubost.

Nous allons reprendre la méthode en la confrontant aux finalités pour apprécier son adéquation avec cette intention. Auparavant quelques indications sur les principes de développement éclairent cette orientation.

Le développement endogène

Critères d'endogénéité

Sans entrer dans un exposé sur le développement endogène, il est nécessaire de reprendre les critères qui le caractérisent.

1 - Les projets, programmes mis en œuvre correspondent-ils à des besoins attendus et surtout ressentis par les populations au point qu'ils sont devenus une aspiration profonde ? L'auto-évaluation les met en évidence, à la fois dans la reconstitution du modèle, mais aussi pour l'avenir.

2 - Les populations destinataires du programme ont-elles été sollicitées d'une manière ou d'une autre pour devenir des artisans de leur changement ? Les Anglo-saxons diraient : ont-elles été entraînées dans une démarche de *self help*, « aide-toi toi-même » , et, en français familier : ont-elles mis la main à la pâte quand et comment ?

3 - Enfin *last but not least*, les populations ont-elles géré elles-mêmes le changement et ses péripéties, quelles ont été leurs responsabilités ?

Chaque projet peut être mesuré au regard de ces critères, selon les facteurs d'analyse présentés ci-dessus : ses finalités, ses objectifs, la mise en œuvre des actions nécessaires et des méthodes pour concerner les intéressés.

Et les zones sous-développées dans un pays riche

Dans un pays riche où une économie à deux vitesses a exclu des pans entiers de population, cette exclusion — les causes et les effets macro-économiques ou politiques sortent des limites de cette présentation — entraîne par ailleurs la création de dispositifs de solidarité qui ont pour effet pervers de conduire ces populations à perdre leur dignité dans une quête d'assistance, pourtant fort légitime. Cette situation, fréquemment observée et peu discutable, incite d'autant plus à mettre en œuvre des processus de mobilisation et de « redynamisation » aussi bien collectifs qu'individuels ; il faut faire feu de tout bois et chaque solution — formation, aide au projet, etc. — aussi pertinente soit-elle, est seule insuffisante. L'auto-évaluation est un moyen parmi d'autres, mais tous passent par des processus dont la finalité et les méthodes actives utilisées sont de faire passer les personnes en question d'une posture d'objet à celle de sujet, de celle d'assisté à une position d'acteur.

Un dispositif visant le changement dans une zone située dans un pays riche, pose de nombreuses questions. Quel groupe considérer ? Peut-on impulser le changement d'une manière volontariste pour une partie de la population ? Sans entrer dans une inégalité anticonstitutionnelle ? Quels besoins ou quelles aspirations prendre en compte ? Vers quel développement ? Sur quelle culture s'appuyer dans des groupes en mutation et en voie, si ce n'est d'enculturation, au moins d'un certain métissage culturel ? Que faut-il faire pour créer les conditions de la combinaison des changements mentaux et sociaux aboutissant à un renouveau d'un lien social même ténu, condition de base d'un changement collectif ?

La seule voie passant par les habitants, il est nécessaire de trouver tous les canaux pour en joindre un maximum et les relier, ceci dans la plus grande liberté, chacun étant touché à la mesure de ce qu'il souhaite, pour le temps qu'il peut, ou qu'il soit simplement informé, juste ce qu'il faut pour qu'il donne son avis, ou un coup de main à son voisin de palier qu'il aura découvert au cours d'une activité, d'une fête, d'une réunion. Une des tâches du dispositif, traditionnelle dans le travail social, est de faciliter ces occasions, de les multiplier, de les rendre chaleureuses, conviviales, efficaces.

L'outil privilégié, plus connu et mieux accepté dans les pays anglo-saxons qu'en France, est ce qu'on appelle le développement ou l'action communautaire. Il s'agit de permettre à la personne de se joindre à d'autres ayant des difficultés semblables ou voisines, pour qu'elles s'entraident et se prennent progressivement en charge, à terme sans le travailleur social qui reste en appui éventuel ; toute la tâche de ce dernier est donc d'amener les personnes à ce point et de disparaître, ce qui constitue une éducation par l'action. Dès le départ on s'éloigne de l'assistance : même si elle est toujours indispensable, elle est finalisée par cet objectif. Or, les travailleurs sociaux adoptent peu à peu ce travail avec les groupes, mais il nécessite, au niveau institutionnel, une nouvelle organisation du travail social et au niveau de l'intervenant, de pratiquer des méthodes qui, en fait, manquent plus de reconnaissance institutionnelle qu'elles ne font défaut. Elles nécessitent cependant une certaine prudence pour ne pas aboutir à des clans, voire à un communautarisme.

Partenariat versus mobilisation

Dans la plupart des cas, la participation se résume à associer les habitants à des projets conçus ailleurs, correspondant à des besoins analysés par d'autres, organisés sans eux et menés par des professionnels. Pour les habitants, même si on leur demande une brève participation, souvent de stricte exécution, voire parfois une figuration, il leur est difficile, dans ces conditions, de se sentir responsables du changement. Devant l'insuffisance des résultats en profondeur, inéluctable sans les principaux intéressés, et l'augmentation de leur précarité, la seule solution, pour eux, est d'en demander toujours plus en se réservant pour des activités parallèles souvent pleines d'initiative.

Pas plus que la démocratie ne peut se vivre sans les citoyens, le développement social ne peut se faire sans les habitants. La mobilisation est indispensable. Elle doit associer les habitants[17]. Or, mettre en route les habitants, leur faire retrouver

---

17 - « *La véritable participation des populations au développement est une condition de garantie indispensable pour l'élaboration et la mise en œuvre avec succès d'un développement endogène, condition sans laquelle les projets les plus techniquement valables ne pourraient être réalisés, de même que toute approche politique du développement risquerait de manquer d'assise solide et tout concept de développement d'être usurpé par des groupes dominants ou activistes* ». Participer au développement, Paris, 1984, Unesco.

le goût du projet est une opération de longue haleine. De plus, ce n'est pas toujours ceux qu'on souhaite ou qu'on attend qui ont des idées, et ce n'est pas toujours les idées qu'on envisage ou qu'on a prévues. Il faut donc, en même temps que la moisson de ce qu'on a semé, apporter plus de soin à faire réussir ce qui pousse au hasard des désirs et des ambitions. Cela exige du métier, le sens du risque, et du temps, celui qui manque au court terme, tant souhaité par le décideur. Lorsque l'occasion se présente d'éduquer en profondeur — et elle se présente toujours — on a du mal à prendre le temps du détour, de confier ou de laisser prendre des responsabilités, ou bien on exige des résultats disproportionnés aux capacités des personnes. Une des tâches de l'auto-évaluation est de réactiver le potentiel des habitants et des intervenants, et à placer dans les priorités, une formation des adultes qui soit une éducation populaire, finalisée par une volonté d'éducation au développement.

Si une action vise la participation, l'évaluation, pour sa part, permet aux acteurs de mesurer les résultats avec objectivité, autant qu'il est possible dans le domaine des changements sociaux, et constitue une phase importante. Elle est souvent négligée sur ce plan parce que confiée à des examinateurs extérieurs. L'important est que les gens eux-mêmes puissent former leur avis et que ce soit le leur qui prévale ou au moins qui soit pris en compte dans de nouvelles négociations.

Ainsi se situe l'auto-évaluation assistée comme une démarche vers un développement plus global. Elle tente d'en remettre une petite part entre les mains des habitants, quelle qu'en soit la difficulté. Elle peut être une occasion à la fois de recréer du lien social et d'entraîner des personnes à retrouver la voie de leur dignité.

« L'homme ne peut changer le monde que s'il sait que le monde peut être changé et qu'il peut l'être par lui. » Paulo Freire ■

4
Recherche-action et recherche scientifique

Michel BATAILLE
Professeur de Sciences de l'éducation à l'Université de Toulouse Le Mirail
Directeur de la formation doctorale "Éducation, Formation, Insertion"

Synthèse de dix années de travaux sur la recherche-action au Réseau des hautes études des pratiques sociales[1]

La commande est terrifiante : *Synthèse de dix années de travaux de recherche-action au RHEPS*. Quelle synthèse ? Synthèse des propositions théoriques, peut-être, en lisant les textes je peux m'en faire une idée, mais synthèse des pratiques, non ; je peux voir à peu près ce qu'écrivent les gens sur leurs pratiques, ou plutôt sur les représentations qu'ils ont de ce qu'ils font. Et même si je m'interroge sur nos propres pratiques à Toulouse, je n'ai rien d'autre à observer finalement que mes propres représentations de ce que nous faisons.

Alors je vais partir des textes avec mon filtre, et ce sera ma synthèse. Je ne viserai bien sûr pas à être exhaustif : même si je le voulais je ne le pourrais pas, et je vais sûrement oublier de parler d'un grand nombre de choses. Si ma synthèse est mon filtre, il faut que les énoncés, mes énoncés, soient rapportés à l'énonciateur.

Donc je vais commencer par dire **qui parle**. Non par narcissisme excessif, mais parce qu'il me semble important, justement, de donner quelques *éléments autobiographiques raisonnés* du locuteur. Je suis professeur de sciences de l'éducation à l'université de Toulouse Le Mirail depuis 1987, mais je suis enseignant de sciences de l'éducation depuis 1969 (assistant, puis maître-assistant, puis maître de conférences - là, c'était juste le titre qui changeait). Je suis actuellement directeur de la formation doctorale « Éducation, Formation, Insertion » et responsable d'une équipe de recherche universitaire (qui s'appelle REPÈRE).

Donc, en première approximation, on pourrait dire que je suis chargé d'assurer une partie de la recherche et de la formation à la recherche, au sens universitaire dur, je dis bien en première approximation, parce qu'il va falloir nuancer. Quand on est inscrit institutionnellement en sciences de l'éducation (au départ, je

---

[1] - Cette intervention correspond à la réponse de l'auteur à une commande passée par le Secrétaire général du RHEPS : opérer une synthèse des travaux sur la recherche-action conduits dix années durant lors des colloques annuels du réseau.

suis un psychologue social de formation), on mesure, enfin je mesure, la différence qu'il y a entre la recherche en psychologie sociale, que je continue de faire avec mes collègues en sciences de l'éducation, et celle qui se fait en psychologie sociale dans les labos de psychologie sociale, CNRS ou autre, j'y reviendrai.

Dans le même temps, je suis directeur pédagogique du DUEPS[2], et je le suis parce que, enseignant en sciences de l'éducation et ayant l'expérience d'un public traditionnel de sciences de l'éducation qui est très proche du profil DUEPS, je suis très attaché à « l'esprit DUEPS », sans d'ailleurs le considérer, cet esprit, comme figé et surtout pas figé dans la pensée d'Henri Desroche (tel n'était pas, à mon avis, l'esprit d'Henri Desroche). Premier point pour situer qui parle.

Deuxième point, je suis un ex-praticien-chercheur de la recherche-action dans la décennie quatre-vingt. De 1979 à 1986, j'ai été l'un des animateurs d'une recherche-action sur l'ouverture de l'école, et c'est une recherche-action, comme je le dis souvent, qui a eu un très gros résultat : elle m'a permis de faire mon doctorat d'État, c'est à peu près tout ce qu'elle a permis, mon doctorat sur la recherche-action, et plusieurs publications sur le thème. Donc je me sens autorisé à parler de ce sujet, évidemment.

Je peux dire quand même, et en dehors de toute plaisanterie, que les recherches actuelles que nous faisons (celles de l'équipe que je dirige) sont enracinées dans ce passé, avec des mots-clés comme représentations sociales, représentations professionnelles, implication, engagement, interaction sociale, influence, conflit, tout un ensemble de mots-clés qui ont leurs racines dans cette expérience et l'essai de modélisation de cette expérience de recherche-action.

Il me semble que ces quelques mots introductifs suffisent pour situer « qui parle ».

Je voudrais d'abord évacuer quelques points qui m'ont irrité à la lecture des textes de dix ans de travaux du réseau.

Irritations et « allants de soi »

Le premier point qui m'a irrité est que je ne suis jamais cité, mais jamais ! Plus sérieusement, parce que je ne suis pas le seul dans ce cas, nous avons été nombreux à être oubliés dans les bibliographies. Je trouve (ce sont des ressentis, je préfère les évacuer tout de suite) que le RHEPS, au travers de ses textes, vit peut-être trop sur ses propres productions et ne s'est pas suffisamment ouvert sur des productions scientifiques autres.

Par exemple, je crois que l'université est certes présente dans le RHEPS au travers de Vincennes, ou au travers d'individus vincennois, mais pas seulement. J'ai apporté ici un numéro de la revue *Pour*, sur la recherche-action, n° 90, 1983, dans lequel Bernard Petit a fait un article sur la mise en place du DHEPS à Dijon, et il

---

2 - DUEPS (Diplôme universitaire des études en pratiques sociales) : appellation spécifique à Toulouse et à Tours, de ce qui est dénommé DHEPS ailleurs.

avait été chargé par le comité de rédaction du numéro de faire une bibliographie sur la recherche-action ; j'ai été étonné de ne pas retrouver dans les textes, par exemple, cette bibliographie qui, pour 1983, était relativement complète, en tout cas plus ouverte que celles figurant dans les textes du RHEPS que j'ai pu lire.

Je m'exprime en psychologue social : il me semble que le RHEPS, dans une démarche identitaire bien connue, oscille entre les deux pôles des excès de différenciation et d'indifférenciation.

J'ai constaté aussi dans les manques, au niveau bibliographique, l'absence relative, compte tenu de son importance, du grand ancêtre Kurt Lewin, sur la recherche-action. Pourtant, Desroche lui-même s'est référé à Lewin et s'en est inspiré.

Deuxième irritation, c'est moins une irritation qu'une interrogation, c'est toujours un constat de manque : il m'a semblé qu'un certain nombre de notions, peut-on dire de concepts, sont très fréquemment utilisés sans être véritablement interrogés, je ne dis pas définis, je dis interrogés. Je prendrai plusieurs exemples, évidemment dans mes domaines d'intérêt, ce sont mes objets de recherche, mais qui me semblent majeurs pour la question qui nous occupe.

L'un, que j'évacuerai assez vite, est la notion d'*implication de l'acteur*, une notion majeure dans les textes, mais qui est finalement rarement interrogée. C'est un « *allant de soi* », un implicite (c'est un comble pour l'implication) dont la polysémie n'est jamais questionnée. Or, il y a pas mal de travaux là-dessus, en particulier ceux de Jacques Ardoino (les miens aussi) toujours dans la revue *Pour* et dans un autre numéro, et ailleurs. J'en profite pour préciser que dans mon labo, nous travaillons toujours sur cette question et qu'une de mes collègues, Christine Mias, a publié à l'Harmattan sa thèse sur *L'implication professionnelle dans le travail social*, où elle propose une intéressante modélisation théorique de l'implication.

Autre notion, ou ensemble de notions qui ne sont pas questionnées, et processus qui ne sont pas plus interrogés, c'est par exemple la question de la modification des représentations et des liens de ces modifications avec la transformation des pratiques. Là aussi, il y a des « allants de soi », dans les textes, du moins c'est ce que j'ai cru percevoir : j'ai cru percevoir que *ces questions sont considérées comme résolues parce qu'elles ne sont pas posées*.

Il semble aller de soi que la formation modifie les représentations, et il semble aller de soi que la modification des représentations entraîne des modifications des pratiques. Mais dans certains cas, cela marche en sens inverse : c'est la transformation des pratiques qui modifie les représentations.

Et, autre exemple, la question de savoir s'il n'y a pas d'écart, ou s'il y a un décrochage, entre les représentations et les pratiques, c'est-à-dire si l'on déclare des pratiques différentes des pratiques que l'on a ; cette question n'est pas posée.

Un autre « allant de soi » est l'idée qu'un acteur devient auteur par interaction permanente entre ses actions et sa réflexion. Or, même si cette idée nous paraît évidente au RHEPS, nous avons aussi l'expérience de cas où cela ne fonctionne pas, où un acteur ne devient pas auteur dans l'interaction permanente de ses actions et de sa réflexion. Cela pose la question de savoir où et comment cette autorisation de l'acteur se produit, quand elle se produit. J'emploie le mot *autorisation* à dessein, dans le sens que lui donne Jacques Ardoino.

Ensuite, un problème est soulevé mais qui est finalement assez peu traité dans les textes : le problème du transit d'une recherche-action individuelle à une recherche-action collective, le problème d'une socialisation de la démarche de recherche-action en quelque sorte, très présent chez Desroche notamment, bien sûr, en filigrane et dans les textes. Je me demande s'il n'y a pas eu tendance à diluer ce problème du transit de la recherche-action individuelle duelle à une recherche-action collective au profit d'une centration sur la recherche-action du Dhepsien.

De plus, on peut se demander si une *démarche d'institutionnalisation* n'est pas en train, progressivement, de prendre le pas sur une *démarche instituante*. Il existe des éléments objectifs qui le laissent penser, et encore une fois, nous sommes en présence de pôles contradictoires entre lesquels nous oscillons probablement tous.

La recherche-action, une méthode d'apprentissage

Le point consensuel, me semble-t-il, à propos de la recherche-action, vient bien sûr de Desroche. Au pied de la lettre, c'est sa définition de la recherche-action : *la recherche-action est une méthode d'apprentissage*.

Desroche a cherché à associer deux logiques irréductibles, la logique de recherche et la logique d'action, à travers l'édification d'un système éducatif.

Et cette méthode d'apprentissage n'est pas n'importe laquelle : c'est une méthode qui *relie* (et là je renvoie au concept de *reliance* du sociologue belge Marcel Bolle de Bal dans les années quatre-vingt) le *logos* et la *praxis*, l'individuel et le collectif, etc., qui relie les contraires.

On s'aperçoit aussi que c'est une méthode (je ne vais pas insister mais cela me pose une question quand même) qui réhabilite dans la dimension de la pensée les gens d'action. Ma question est la suivante : pourquoi faudrait-il donc les réhabiliter ? Parce qu'ils ne pensent pas...?

Mais restons dans l'esprit des textes, sans l'importuner : c'est une méthode qui *restaure l'égalité originelle entre les concepteurs et les exécutants*.

On en revient à l'expression récurrente de Desroche : l'acteur (l'agent, en fait) devient auteur. Là, il faudrait interroger le *triptyque agent-acteur-auteur* comme l'a fait Ardoino.

C'est aussi une méthode qui affirme ses valeurs, et je dirai une valeur principale qui est une valeur *d'émancipation*, une méthode qui *affirme ses valeurs et qui les délibère*. C'est en ce sens qu'on doit entendre l'évaluation, l'évaluation n'est pas du contrôle (voir encore Ardoino et Berger), elle est délibération sur les valeurs qui fondent une démarche. Je crois qu'au travers des textes cette idée ressort bien : la méthode d'apprentissage par la recherche-action relie, réhabilite, restaure. Elle délibère et affirme ses valeurs.

C'est donc une méthode d'apprentissage, mais il y a là un problème, toujours le même finalement : quelle que soit la façon dont on tourne la chose, dans l'apprentissage dhepsien il y a le couple enseignement-apprentissage, il y a toujours un apprenant (même si on l'appelle un « s'éduquant ») et, soyons modestes, un accompagnateur d'apprentissage. Tous les deux sont pareils, surtout l'un, si je puis dire : l'un apprend en enseignant, et l'autre apprend en apprenant. Cela pose quand même un problème, je crois, quand on affirme que les deux sont pareils. Je crois que cela n'est pas vrai.

Une méthode d'apprentissage, mais d'apprentissage de quoi ?

Bien sûr il y a d'abord acquisition de connaissances et passage au savoir : je renvoie au schéma qui est souvent présent dans les textes, qui semble avoir marqué le réseau, un schéma qui avait été proposé par Jean-Marc Monteil, montrant la transformation des informations en connaissances et, après rupture épistémologique, la constitution de ces connaissances en savoirs. C'est un schéma d'*acquisition de connaissances par appropriation*.

Apprentissage de quoi aussi ? Apprentissage d'une *méthodologie d'implication-distanciation*, on revient sur ce thème : cette méthodologie d'implication-distanciation est encore l'association de deux contraires, de deux antagonismes... encore un paradoxe. Cette méthodologie se fait de diverses manières, elle prend différentes formes.

D'abord, elle se fait par le *détour théorique et méthodologique de la démarche de recherche* : apprentissage de la démarche, de la posture de la recherche « classique », et je le dis tout de suite, je ne vois pas d'autre type de recherche possible que la recherche « classique », je ne sais pas ce qu'est une recherche « non classique ».

Cette méthodologie s'exerce aussi par la *dynamique de l'interaction sociale et de la communication*, et je dirai encore une fois, en me référant à Ardoino, qu'elle se fait *par l'altération*. Ce qu'il appelle l'altération, en revenant aux origines du mot, c'est le détour par l'autre. Le détour par l'autre m'altère, me change, change ce que je pense. On retrouve le paradoxe du développement de l'individuel par le collectif et du collectif par l'individuel. Cette méthodologie d'implication-distanciation fonctionne également par l'écriture.

Donc apprentissage de quoi ?

- de connaissances qui constituent un savoir par appropriation ;
- d'une méthodologie d'implication-distanciation ;
- des outils de réappropriation du sens, *réappropriation du sens de ses propres pratiques* chez l'acteur, et de leur socialisation croissante via le détour par la recherche, par l'altérité, par l'interaction et la communication avec les autres.

Voilà ce que j'ai trouvé dans les textes à propos de la question « apprentissage de quoi ».

---

3 - On trouvera des théorisations de ceci par exemple dans le livre de Moscovici et Doise, *Dissensions et consensus*, PUF, 1992.

Maintenant : apprentissage comment ?

Je n'ai pas trouvé de dépassement (d'ailleurs je ne vois pas comment il y en aurait) de **la triple maïeutique** définie par Desroche. Je la rappelle :
- *maïeutique d'accouchement*, celle qui va de l'action à la recherche ;
- *maïeutique d'accompagnement*, dans la recherche et sa praxis ;
- *maïeutique d'acheminement*, de la recherche à l'action à nouveau, mais autrement.

En fait cette triple maïeutique est une triple prise de distance.

Maïeutique d'accouchement par l'autobiographie raisonnée et l'analyse de l'implication.

Maïeutique d'accompagnement, ou prise de distance par la démarche de recherche classique. L'entrée dans son esprit suppose une rupture. Je dis souvent, et surtout aux étudiants du DUEPS qui arrivent : rupture en tournant le dos à la démarche habituelle de l'acteur qui vient, c'est-à-dire en simplifiant, déconstruisant, formalisant, en mettant en doute, en ne tenant rien pour vrai, en utilisant des outils, des concepts, des théories, des méthodes, des techniques, en essayant de traduire en quantitatif des choses dont on pense qu'elles ne sont pas accessibles par le quantitatif ; démarche de recherche classique aussi en essayant de produire les produits classiques de la recherche classique. Il faudra aussi s'interroger sur ce qu'est le mémoire : mémoire de recherche, mémoire de recherche-action, ce n'est pas clair.

Enfin la troisième prise de distance est celle de la maïeutique d'acheminement, le retour à l'action, donc ; là aussi on peut se demander si le mémoire est le produit évaluable des deux premières étapes maïeutiques, et s'il doit marquer ou s'il marque l'évaluation de la troisième étape, c'est-à-dire s'il est l'aboutissement des trois maïeutiques enchaînées.

Alors, l'apprentissage comment ? Par les trois maïeutiques, d'accord, et encore comment ? Évidemment par l'exercice de ce fameux **trait d'union entre recherche et action**, l'exercice du « trait d'union », donc l'*analyse de la nature de ce trait d'union*.

Dans les textes on rencontre souvent l'idée qu'il faut analyser ce trait d'union parce que c'est là que tout se passe ; mais il y a beaucoup d'ambiguïtés ou de tensions, et en fait on ne sait jamais trop ce qui se passe dans ce trait d'union. S'agit-il d'unir deux logiques ? *Unir* ? Desroche nous dit (et je suis complètement d'accord avec lui) : ce sont *deux logiques irréductibles*. En effet, une logique, celle de l'action, est une logique du sens, et une autre, celle de la recherche, est une logique de déconstruction du sens, une logique de cohérence ; cette dernière est une démarche chirurgicale, l'autre est une démarche de cicatrisation (cicatrisation des trous de la connaissance).

Ce sont deux démarches irréductibles : comment peut-on « unir » deux démarches irréductibles ? S'en sort-on vraiment en postulant les effets magiques d'un trait d'union sur lequel finalement nous ne savons rien ?

Desroche nous dit : ce trait d'union, c'est une sorte de *pont*, mais de « pont *instable* entre deux gouffres » ; je pense qu'il voulait dire : entre deux versants au-dessus d'un gouffre, bordant un gouffre. Reste que la formulation (le lapsus ?) est intéressante...

Je crois qu'il faut faire très attention : mon expérience de la recherche-action, dont je parlais en préambule, est une expérience très réelle du gouffre ; j'ai voulu, avec mes collègues (je ne suis pas le seul mais je ne veux pas me dédouaner non plus, j'ai beaucoup poussé dans ce sens), instituer des personnes « chercheurs-acteurs », c'est-à-dire en fait les placer dans le gouffre, et ils y sont restés tout le temps de la recherche-action, dans ce gouffre. Ils n'étaient ni chercheurs ni acteurs, et ils ne se sentaient pas bien non plus « traits d'union »...

J'ai cru me sortir du problème, comme l'a fait Desroche, en usant de la métaphore d'un pont, d'un pont instable au-dessus d'un gouffre : on y circulerait d'un côté à l'autre et le trait d'union serait cette circulation ; mais, au-delà d'une métaphore commode, il est difficile de circuler entre deux démarches contradictoires et irréductibles.

Au fait on circule comment ? dans le même moment ? dans des moments différents ? dans le même lieu ? dans des lieux différents ? et la schizophrénie là-dedans ?

Alors, (je pose juste des questions), dans les dix ans de textes à propos de la recherche-action, demeure une **ambiguïté** maximale ou une contradiction non résolue, mais faut-il la résoudre ? Je n'en suis pas sûr.

Deux prises de position sur la recherche-action se manifestent parmi les auteurs que j'ai lus et elles se manifesteront probablement dans le groupe que nous formons ici, et donc je dirai, en tant que psychosociologue, que si elles se manifestent chez les auteurs et dans le groupe, elles se manifestent pour chacun des membres du groupe dans sa propre tête.

Elles renvoient à l'ambiguïté suivante :
- d'une conception de la recherche-action où celle-ci est définie comme une articulation, mise en tension, mise en conflit, de deux logiques irréductibles, effectivement celle de l'action et celle de la recherche. Autrement dit la recherche-action n'est pas une forme de recherche ;
- et d'une réputation de la recherche-action comme *forme de recherche originale* par la jonction du trait d'union.

Un dispositif stratégique de formation et d'innovation par une méthodologie de l'appropriation et de la réappropriation

Dans la première conception, recherche et action sont en relation *dialogique* au sens de Morin, c'est-à-dire qu'on ne peut pas les considérer l'une sans l'autre, on ne peut pas penser les deux termes de la relation l'un sans l'autre (et donc on est bien obligé de les dissocier, de les distinguer), une relation qui est complémentaire, contradictoire et antagoniste.

J'ai tendance à penser que telle était la position de Desroche, mais je n'en suis pas sûr ; il me semble que telle était la position de l'ancêtre, Lewin : à un moment donné il peut y avoir conjonction sur des objectifs mutuellement acceptables entre une démarche de recherche orientée vers le raffinement de la connaissance et une démarche de décideur, d'acteur, orientée vers l'optimisation de l'action. Ce qu'il a mis en lumière, et qu'il a expérimenté de façon d'ailleurs tout à fait convaincante pendant la guerre, aux États-Unis (la recherche-action sur la consommation des bas morceaux par les ménagères américaines).

En tout cas, c'est la position, la conception, de la recherche-action qui me convient le mieux. Si on la définit en terme de relation dialogique, je ne l'ai pas trouvée dans les textes mais je vais essayer d'extrapoler un peu. Dans ces conditions, la recherche-action est conçue effectivement comme un dispositif stratégique de formation des acteurs et d'innovation sociale et non comme un dispositif de recherche.

Une forme de recherche originale

La deuxième prise de position qui est en tension, en conflit, avec la précédente, est celle qui soutient que la recherche-action est une recherche particulière justement à cause de son lien à l'action. Depuis ma place de chercheur universitaire, je ne pense pas vraiment que c'est une méthode de recherche particulière, mais quand même, il y a une part de vrai là-dedans.

Je peux d'ailleurs m'exprimer au nom de plusieurs de mes collègues universitaires : plusieurs d'entre nous sont préoccupés par le développement de certains impérialismes théoriques *qui par excès de méthodologie en viennent à perdre de vue l'objet de la recherche*. Dans le domaine que je connais un peu, je pense aux théories structuralistes actuelles sur les représentations sociales : on a tendance à dériver de plus en plus dans la méthodologie à propos d'une théorie qui n'est plus guère interrogée (ce que Serge Moscovici appelle *« la vulgate »*).

Et là peut-être, effectivement, la démarche de recherche-action telle qu'elle est menée dans les DHEPS-DUEPS, mais aussi ailleurs (en sciences de l'éducation souvent), constitue un pôle de résistance à de telles dérives. Cette démarche est importante de ce point de vue, il faut la maintenir et la soutenir, *mais en ne cessant pas de l'interroger : elle ne doit pas devenir non plus « une vulgate »*.

Je n'ai plus le temps de développer ce point. J'ai été très surpris de découvrir dans les textes du RHEPS une de mes sources de réflexion, que je n'avais pas lue (!) : les propos de Roger Bastide sur la sociologie explicative, la sociologie implicative et la sociologie applicative. Il se trouve que dans mon doctorat d'État, j'ai proposé une modélisation tétralogique, pas dialogique, mais tétralogique (inspirée d'Edgar Morin dans *La méthode*), de l'explication, de l'application, de l'implication et de la réplication.

Faire *fonctionner les dialogiques de ce tétralogue*, c'est essayer de faire dialoguer des choses ainsi irréductibles et indissociables, c'est *explorer la polysémie de chacun des sommets* du tétralogue (tout est polysémique : l'application, l'implication, la réplication, l'explication), et **en même temps** bien fixer à un moment donné les concepts : par exemple, quand je définis ainsi l'implication, quand je définis ainsi l'explication, etc., alors qu'est-ce qui se passe ? Et que se passe t-il quand je les définis autrement ? Voilà ce que j'entends par « interroger » la recherche-action. C'est à mon sens un moyen efficace de ne pas vivre dans les malentendus des « allants de soi ».

Tout en gardant en mémoire la polysémie donc, je dirai : *quand on est en face d'un paradoxe, quand on est en face d'une contradiction, on a plutôt tendance à vouloir essayer d'en sortir, mais pourquoi en sortir ?*

Alors je vais essayer de terminer sans conclure pour autant avec une question et des éléments de réponse : **la recherche-action existe-t-elle ?**

C'est une question que le collègue Jean Dubost posait en 1983. Il avait étudié des textes lui aussi, je ne sais plus combien de textes rendant compte de recherches-actions, et il disait en substance :

« Ce que j'ai trouvé, ce sont :
1 : des recherches-actions où il y a de la recherche mais pas d'action ;
2 : des recherches-actions où il y a de l'action mais pas de recherche ;
3 : des recherches-actions existentielles, personnelles, mais où il n'y a ni recherche ni action ;
4 : des recherches-actions institutionnelles où par définition il y a suspension de l'action pour pouvoir l'analyser. »

Et il disait, Dubost, *« la recherche-action, excusez-moi mes chers collègues, c'est un non-objet scientifique »*. C'était une grande provocation.

Je pense, quand même, que la recherche-action existe et je serais mal placé pour dire le contraire. Il faut revenir effectivement aux pratiques, à nos pratiques dans les DHEPS-DUEPS. Il me semble que la recherche-action que nous essayons de faire vivre dans les DHEPS-DUEPS est spécifique, tout bien pesé. Spécifique, selon moi, non au niveau épistémologique mais au niveau praxéologique.

Et je pense, au vu des textes, qu'il serait peut-être important de *fouiller le thème du retour à l'action en termes d'emploi,* comme Desroche le dit d'ailleurs dans ses textes, et pas simplement autour du débat qualification/professionnalisation. Je pense que le thème du retour à l'action devrait être actuellement peut-être plus travaillé qu'il ne l'est et qu'il ne l'a été.

Je pense aussi (et cela va rejoindre l'une des idées évoquées au début) que *la dynamique identitaire du RHEPS,* qui fonctionne donc à la dialogique de la différenciation-indifférenciation, *doit être maintenue sans que l'on cherche à résoudre cette tension entre la différenciation et l'indifférenciation mais qu'on l'accroisse,* dans le sens de plus de différenciation (nous sommes différents) ET dans le sens de plus d'indifférenciation (nous ouvrir davantage aux autres). ■

Christine MIAS
Maître de conférences, Département des Sciences de l'Éducation et de la Formation/CREFI - UFR S.E.S
Université de Toulouse Le Mirail

Praticien-chercheur
Le problème de la double posture
Quand la recherche se déroule sur un terrain totalement investi par le chercheur

Faire une recherche dans le champ du travail social est souvent dû au fait d'une « connaissance de l'intérieur » de ce secteur. Un point de vue privilégié en quelque sorte qui permet de saisir rapidement quelques attitudes, d'observer des prises de position tranchées et opposées. Néanmoins, les explications que l'on peut donner sont de ce point de vue encore extrêmement impliquées, et sans doute non recevables dans le champ scientifique pour lequel l'administration de la preuve, les avancées heuristiques, la démarche adoptée et affichée, la confrontation à la controverse, seront garantes de la logique de recherche. Les légitimités du praticien et du chercheur ne sont pas hiérarchisables, et l'une n'est pas meilleure que l'autre. Simplement elles n'appartiennent pas au même paradigme. Leur cohérence est autonome. Si les premiers sont dans un rapport au temps quasi simultané (il faut rapidement prendre les décisions et traiter les problèmes, il faut souvent agir dans l'urgence, etc.), les seconds peuvent élargir le temps afin de mieux exploiter leurs observations, afin de construire pas à pas leurs hypothèses, leurs modèles et les retravailler. Le savoir praticien est ainsi un savoir opaque, sans distanciation avec l'action ; le savoir scientifique est un savoir distancié de l'action. Encore une fois, insistons sur la validité du savoir des uns et des autres et reconnaissons leur des repères et des préoccupations différentes. Dans ce témoignage, il sera question d'articuler, voire de conjuguer deux postures, l'une se mettant au service de l'autre et vice-versa. Je discuterai du processus consacré à la résolution (momentanée) de ce problème, où faire de la recherche se distingue d'être en recherche.

Des postures différenciées de chercheur et de professionnel dans une recherche

C'est dans un champ investi quotidiennement, affectivement, parcouru de longue date, que s'est construite la problématique de ma recherche, en vue de la préparation d'un doctorat. Elle est née d'une préoccupation, devenue proposition de « praticien-chercheur », dans une tentative d'éclaircissement des dynamiques de fonctionnement du secteur associatif médico-social. Elle s'est inscrite toutefois dans une réalité sociale où la préoccupation institutionnelle n'est ni neuve, ni adoucie. Les interrogations des professionnels du Travail Social s'ancrent dans une période de crise, traversée à cet égard de changements multiples, de valeurs nouvelles ; ainsi les mutations sociales et économiques les affectent-elles dans leur identité professionnelle. Même si les doutes, les crises, les remises en cause sont nés presque en même temps que ces professions, le champ de l'économie sociale, aujourd'hui, reste un de ceux les plus soumis à controverse[1]. On pourrait d'ailleurs élargir le débat en le délocalisant, car d'une manière générale, ces changements constituent des sources de conflits et d'innovations pour l'ensemble des institutions, pour les individus, pour les groupes sociaux.

Mon propos a été d'essayer de comprendre quelle place un praticien engagé dans un processus de recherche pouvait revendiquer pour expliquer sa position dans ce maëlstrom, engloutissant, *a priori* de manière confuse, questionnement de praticien et problématique de chercheur. Cette démarche n'est pas isolée, comme peuvent le montrer les reprises d'études des professionnels de milieux divers dans les cursus universitaires et particulièrement dans les formations doctorales.

L'implication massive énoncée d'emblée, va engendrer une position complexe, où certains puristes[2], refusant les jugements de valeur et rejetant la moindre interférence de l'observateur avec son objet, pourraient voir une imposture à défaut d'une posture claire[3]. Les traditionnels débats sur la subjectivité et l'objectivité se trouvent réactivés de plein droit. Ici, en effet, l'inter-relation chercheur-objet existe de fait et la mise à l'écart de la subjectivité est impossible. C'est un choix prémédité, conscient, qui va demander une vigilance de tous les instants pour l'accès à des résultats heuristiques. Dans une telle démarche, volontaire à son origine, on ne peut guère parler de passivité, encore moins de mise à distance, géographique, psychologique, ou sociale. Quant aux idées préconçues, elles existent non seulement en conséquence d'un ancrage dans une histoire professionnelle, mais également dans l'adhésion du chercheur à des théories auxquelles il se réfère. La production de connaissance, visée finale d'un travail de recherche « académique », sera le résultat d'une antériorité actualisée, explicitée, contextualisée.

---

1 - Ce terrain a été (est) fouillé, arpenté, parce que finalement séduisant dans ce qu'il peut offrir de résolutions de problèmes sociaux (au moins dans la prise en charge de ces « autres différents de nous »), de médiation, et sur un plan économique, peut-être de créations d'emplois. Mais il reste celui où s'opposent : des valeurs et des priorités différentes pour les uns et les autres, des acculturations à des théories diverses qui ne savent pas toujours répondre à la réalité d'une pratique où l'essoufflement est souvent présent, des gestionnaires à des « gens de terrain ».
2 - Nous pensons à l'idéal positiviste basé sur l'objectivité et la fiabilité d'un observateur totalement externe à son sujet d'observation. La construction raisonnée de grilles d'observation, de recueils de données, d'outils soigneusement sélectionnés garantirait la distanciation entre objet et chercheur, la maîtrise et le contrôle de la situation (avec un sentiment presque obsessionnel de la perfection). Nous remarquons ainsi la part d'arbitraire (et d'« altération », chère à J. Ardoino) que ces scientifiques refusent de reconnaître dans toute élaboration de dispositifs. Pour citer à nouveau Ardoino : « *Ce qui est estimé plus pur est réputé, dans l'ordre de la connaissance également, supérieur à l'hybride, aux formes métissées* ». Actes du colloque d'Alençon, *Les nouvelles formes de la Recherche en Éducation au regard d'une Europe en devenir*. Paris, matrice ANDSHA, 1990.
3 - Dans sa contribution au colloque d'Alençon, J. Ardoino parle « des postures (ou impostures) respectives du chercheur, de l'expert et du consultant ». Actes du colloque d'Alençon, ibid.

Il peut paraître équilibriste[4] de mener un travail de recherche sur un terrain connu de l'intérieur, d'essayer d'analyser des pratiques qui somme toute sont les vôtres, d'avoir un regard objectif (s'il en est) sur un milieu professionnel qu'on abandonne (symboliquement) pour un temps, afin d'en mieux saisir les interactions. De plus cette place dans un « entre-deux » amène forcément un changement dans la manière dont on peut vous percevoir (et dont vous percevez les autres). Vos « ex » mais encore compagnons de route professionnels vous croient transfuge et loin des préoccupations qui sont toujours les leurs (même si elles sont encore les vôtres), ce qui peut les conduire à vous marginaliser, et en face (de l'autre côté du gué !) on attend de vous un maximum de lucidité, de prise de distance dans vos récents engagements sur cette nouvelle voie. Il va falloir jongler avec les différences dans l'observation : celles de l'observateur, de l'observé et surtout de l'observant !

L'observant est, dans ce cas de figure, à la fois observateur et observé, observateur-acteur de la situation qu'il souhaite éclairer, et comme l'indique le participe, toujours en mouvement. Pour plagier J. Ferrasse dans son texte savoureux concernant *les tourments sans cesse renouvelés de l'implication psychosociale des praticiens devenus chercheurs en Sciences de l'Éducation*[5], à quel baril peut-il se raccrocher pour ne pas replonger sans cesse dans la confusion des rôles et le désordre, pour éviter *les pièges tourbillonnaires*, et dans quel port peut-il s'ancrer afin de trouver la position stable qui lui permette, *« le dimanche, de se souvenir des événements vécus et d'écrire... »* ?

Est-il réellement possible de « vivre » simultanément deux postures aussi différentes qui sont celle de l'aventure professionnelle et celle de l'aventure de la recherche ?

La prétention, qui est celle du chercheur, de livrer des éléments autorisant une plus grande compréhension des situations peut-elle être partagée par le praticien ? Et dans ce cas, de quelle place parle-t-il et en regard de quelle posture ? Peut-on se déplacer d'un point de vue sur l'autre, ou occuper, dans la simultanéité, une troisième place ?

Ce que nous pouvons traduire par les interrogations suivantes :

Qui va **dire** ? Comment le **dire** ? Que va-t-il s'agir de **dire** ?

Cette métamorphose, du même qui devient autre, occasionne la naissance d'un discours du sujet de la connaissance par le sujet de l'action.

1. La légitimité du « dire »

Ceci pose le problème de la légitimité de la recherche : les acteurs de terrain usurperaient-ils le pouvoir dévolu, reconnu aux chercheurs quand ils veulent expliquer et comprendre leurs pratiques ? Qui sait le mieux, et qui peut le mieux, dire ?

---

4 - R. C. Kohn et P. Nègre pensent à une *« dualité féconde (...) difficile à mette en place et à maintenir dans une tension juste entre deux visions du monde ainsi tenues ensemble. »*. Kohn R. C., Nègre P., *Sur quelques avatars de l'observation humaine*, Actes du colloque d'Alençon, ibid.

5 - Ferrasse J., Éléments pour une intelligence praxéologique de l'Éducation, in *L'année de la recherche en Sciences de l'Éducation*, PUF, 1994.

Le problème n'est pas nouveau. Il requestionne sur le rôle et la fonction occupés au moment où l'on parle, et au-delà *du droit de dire*, il s'agit plus encore *du pouvoir de dire*. Ce pouvoir que l'on s'attribue alors, c'est une autorisation de faire. Mais se dégage-t-elle d'un savoir patiemment et longuement acquis, de la maîtrise de compétences par rapport à des connaissances théoriques (et nous sommes dans l'ordre du stockage cognitif), et/ou plutôt en référence à un savoir-faire paré de la vertu de compétences technico-professionnelles, elles aussi chèrement acquises (mais nous le considérons davantage comme du stockage affectif) ?

J. Curie analyse les deux types d'activités sociales que sont la recherche en psychologie sociale et le travail social. Il démontre leurs différences liées à trois raisons essentielles :

- la nature des valeurs : le psychosociologue décrit, explique, mais ne cherche pas à rendre son action utile alors que le travailleur social recherche avant tout l'efficacité ;

- la nature du discours : pour le premier c'est un discours de doute, provisoire, pour le second, c'est un discours de certitude engageant pour une action précise ;

- la nature du temps : long dans une démarche de modélisation, rapide pour l'urgence des décisions à prendre.

Nous partageons cet avis et prenons acte de ces positions clairement différenciées. Cependant J. Curie, invitant à ne pas confondre les attributions distinctes de ces deux rôles, conclut que *« relève des illusions consolantes mais pernicieuses, l'idée que l'on puisse simultanément se trouver sur l'une et sur l'autre position »*. Mais alors comment qualifier cette position occupée par un individu qui doit vivre dans la recherche et l'action, le doute et la certitude, l'« absence » de temps et le temps compté ? À moins de se déclarer schizophrène...

Nous répondrons que la simultanéité des positions n'implique pas leur confusion. En effet, selon la définition du Petit Robert, *« simultané : se dit d'événements distincts qui sont rapportés à un même moment de temps »*[6]. Reste à définir la simultanéité en l'occurrence : simultanéité « courte », balisée par les lieux occupés et les outils de travail utilisés, ce qui suppose effectivement qu'on occupe une place et pas l'autre, et simultanéité « longue », qui permet la circulation entre postures adoptées (donc confrontation de points de vue), entre lieux, entre outils, etc. La simultanéité implique donc qu'en position de praticien, le praticien-chercheur prend la posture du praticien, et en position de chercheur, le praticien-chercheur prend la posture du chercheur.

Quoi qu'il en soit, nous ferons nôtre cette assertion de R. C. Kohn et P. Nègre : *« Tout changement de point de vue suppose un changement par rapport aux habitudes perceptives antérieures : changement dans la relation de l'observateur avec son environnement, changement dans la relation de l'observateur avec lui-même.*

---

6 - On peut fumer et conduire en même temps : ce sont deux actions distinctes et néanmoins simultanées. La vigilance permettra, par exemple, de ne pas renverser sa cendre, ce qui évitera tout risque d'écart dangereux sur la route...!

L'observateur ne peut pas ne pas " prendre position ", et position nouvelle »[7]. Le praticien en quête de savoirs va observer « de dehors » la situation choisie, objet de son expérience professionnelle, et le chercheur va observer ce praticien qu'il est au milieu des autres avec un nouveau regard. *« Changez de sens, vous vous obligez à l'attention »*[8], la difficulté se trouve plutôt là : dans cette double observation, où le risque est de tourner en rond sur soi-même.

Mais s'il ne s'agit pas de nier cette implication, ce n'est pas non plus en l'« oubliant » que l'on pourra attester d'un travail scientifique valide. Autant donc la revendiquer puisque tel est notre choix. Ce qui, somme toute, est important, est de ne pas se laisser fasciner par un miroir aux alouettes donnant lieu à des interprétations abusives des faits observés. Au contraire, et pour garder cette image, il convient d'utiliser le plus grand nombre d'éclairages, reflets de vues chaque fois différentes de la situation. Suivant la position adoptée, les observations sont certes originales, mais restent légitimes par rapport à l'ensemble puisqu'étant des regards sur le même objet. Il faut dépasser cette attitude qui consiste à accorder plus d'objectivité à un regard extérieur qu'à un regard intérieur, et réciproquement. M. Schneider, dans un ouvrage consacré à Ch. Baudelaire[9], écrit très joliment : *« La clarté n'est pas affaire de lumière mais de regard »* ; en noircissant le trait, cela revient à dire que nous ne voyons pas mieux ce qui nous est bien connu que ce qui nous est étranger. Travailler à l'intersection et dans l'interférence, voire dans l'interaction, de plusieurs méthodes (de plusieurs sites d'observation), n'est certes pas le chemin le plus facile, mais certainement le plus porteur.

Une position épistémologique « dure » consisterait à avancer que le contexte du chercheur n'est pas le même que celui des individus observés, comme si l'un et l'autre n'appartenaient pas au même monde environnant, comme si l'un pouvait s'extérioriser complètement du réel et le mettre à distance. Ce n'est pas le chercheur qui crée la réalité. Chaque individu, profane ou scientifique, observateur ou observé, (re)construit le monde en le décrivant mais aussi en le « vivant » (ce moment descriptif statique, momentané, reste inscrit dans une dynamique). C'est le sens donné à ces interprétations différentes qu'il s'agit de faire jaillir, d'expliquer, de déployer, de révéler, puis de reconstruire en fonction de la place occupée à ce moment-là dans l'espace social. La difficulté vient de cette place institutionnelle duelle : d'une part elle inscrit le sujet dans l'action, dans un rapport proximal, local, aux événements sous l'afflux des informations, d'autre part elle se veut distale pour une appréhension plus globale de ces mêmes événements, et un traitement plus excentré, moins solipsiste, des informations. *« Sur ce point, l'appartenance du chercheur au terrain de la recherche est appréciable. Il a l'avantage d'une familiarité de sens commun que le chercheur importé devra progressivement acquérir. Mais celle-ci devra, à son tour, être remise en question pour pouvoir se libérer des pesanteurs des allants-de-soi »*[10]. On remarque donc le mouvement

---

7 - Op. cit.
8 - Serres, M., *Le Tiers-Instruit*, Éd. François Bourin, 1991.
9 - Schneider, *M. Baudelaire, Les années profondes*, Éditions du Seuil, 1994.
10 - Ardoino J., op. cit.

incessant, en boucle récursive, dans le changement de posture, entre une réflexion intellectuelle et une réflexion pratique, et ce, pendant toute cette période bigarrée[11].

Marier deux positions, interne et externe, conjuguer deux postures, praticien et chercheur, relève d'une position difficile à tenir, mais non impossible et plutôt enrichissante pour une compréhension des problèmes soulevés[12]. Toute position figée dans un courant ou un autre, ancrée dans une approche scientifique singulière, est réductrice des possibilités qu'offre sa « concurrente ». À l'opposé, l'articulation entre elles doit permettre la naissance d'une pertinence et d'une scientificité plus grandes par le choc de leurs avantages et limites intrinsèques. Le pari (mais n'est-ce pas celui de la vie ?) est de s'efforcer de dépasser ces contradictions, et de tendre à créer un espace de réflexion où se mêlent *internalisme* et *externalisme* (selon une terminologie proposée par J. Ardoino). Contradictions, tensions sont vécues comme indépassables et ne cessent de se colporter dans l'opposition des discours des gens de terrain et des « autres qui ne savent pas ce que c'est »[13]. Pourtant en matière de légitimité, nous pourrions ajouter que la construction d'un rapport entre praticien et chercheur est possible s'il s'effectue sur la base d'un échange équilibré permettant une reliance des deux formes d'action. Comme le propose M. Bataille[14] : « *...de même que le praticien n'a rien à dire à la recherche, sauf lui poser des questions, de même le chercheur n'a rien à dire à la pratique, sauf lui fournir les réponses demandées. La seule " reliance " qui se justifie est donc celle qui optimise la communication dans le rapport question/réponse* », à condition de reconnaître que « *ni le chercheur ni le praticien n'ont à " céder leur place ", mais à faire l'effort de " se mettre à la place " l'un de l'autre, méthodologiquement* ». Ceci en aucun cas ne veut prétendre que des solutions toutes faites existent dans la tête du chercheur, qu'il va fournir des réponses et des solutions pratiques et immédiatement utilisables. L'éclairage qu'il est susceptible d'apporter n'éradique en rien la responsabilité du praticien sur son terrain.

L'élucidation des pratiques, des relations, des interactions, dans lesquelles sont inscrits les acteurs sociaux est une préoccupation des scientifiques. Toutefois, le changement de posture demande une sincérité et une explicitation de la place

---

11 - Nous souhaitons insister sur cette notion de « période », car une telle situation se construisant dans la tension, dans le paradoxe, ne peut être continue. Autant la tension est synonyme de richesse car elle exploite toutes les possibilités de résolution de problèmes de résolution du conflit inhérent à la contradiction, autant elle signifie une position insoutenable dans la durée. La question de la temporalité ne peut être écartée et la double posture ne s'exercera que pendant ce temps compté.
12 - Reprenons à notre compte cette assertion de P. Bourdieu : « *Être intelligent scientifiquement, c'est se mettre dans une situation génératrice de vrais problèmes, de vraies difficultés.* » (!) In *Questions de sociologie*, Éd. de Minuit, 1984.
13 - Il y aurait d'ailleurs sûrement à creuser plus loin dans cette analyse. En effet nous parlons d'opposition-contradiction de sites et de postures, entre acteur et chercheur, et d'un consensus (d'abord intra-individuel) à trouver pour mener à bien cette démarche (une troisième personne dans la même ?). Un problème identique se pose dans l'articulation à trouver entre les positions antagonistes se développant dans le travail social (objet de réflexion de ce travail de recherche), la logique sociale et la logique économique : inventer une troisième voie ? Il y a là une homologie structurale qui n'est autre que celle de la dialectique et de l'art de discourir sur la contradiction pour trouver enfin l'impossible parce qu'unique solution, l'hypothèse définitivement irréfutable. Et n'oublions pas l'origine grecque de dialectique (*dialegein*), c'est-à-dire discourir, « courir ça et là », devenu « s'étendre sur un sujet, tenir de longs propos », en dire long!
14 - Bataille M., Thèse de Doctorat d'État, UTM, 1984.

depuis laquelle on parle. R. C. Kohn et P. Nègre précisent que : « *L'entrée en recherche condamne à quitter ce paradis du " regard habitué ", où " l'instinct " guidait les choix, instinct dont on sait qu'il est le " point de vue " du sens commun et qu'il mélange, sans les distinguer, les divers " habits " de l'être, sous le manteau de son " identité " »*[15]. Cela signifie que le degré d'engagement de l'individu ne se mesure plus seulement en terme d'intensité, mais plutôt en terme de direction, de choix de posture, et qu'il reste indispensable d'avoir un regard critique, sans concession, sur la réflexion en cours : une réflexion sur la réflexion (une méta-réflexion), une démarche de maîtrise de l'implication.

2. L'implication dans le « dire »

Pour M. Bataille[16] : « *L'implication connote ainsi l'engagement dans la complexité avec le risque de s'engluer dans l'entrelacement, d'étouffer dans un enchevêtrement que l'on ne peut démêler précisément parce qu'on y est pris* », mais il rajoute quelques lignes plus loin : « *L'implication du chercheur n'est pas seulement un parasite possible de la connaissance, [...] elle dynamise la connaissance... Ce dynamisme raisonné de la connaissance conduit le chercheur à se poser (et à poser) la question de sa place* ».

Si, comme nous l'avons noté plus haut, il paraît essentiel de s'approprier la culture du champ social étudié, cette richesse d'informations mais aussi de vécu doit passer par un questionnement constant de la place depuis laquelle on parle. Il y a un nécessaire temps de contrôle de l'implication par son analyse, donc par la prise de distance. La démarche corollaire de l'explication, c'est-à-dire le « sortir de », ne doit pas être banalisée. C'est l'articulation entre ces deux étapes — implication/explication — qui rendra la recherche opérante. Dans le même article, M. Bataille, avec une visée plus pragmatique souligne que : « *S'approprier la recherche, pour la pratique, cela signifie rendre la recherche opérante dans la pratique. S'approprier la pratique, pour la recherche, cela signifie rendre la pratique opérante dans la recherche. Ces deux types d'appropriation ne sont possibles que si pratique et recherche savent chacune approprier*[17] *leur champ à celui de l'autre* ».

Dans le même souci d'analyse, il nous propose une leçon d'étymologie à partir de la racine latine *plicare* (plier), reprise par J. Ardoino : « *La connaissance apparaît comme une démarche pour déplier, déployer, mettre à plat, c'est ex-pliquer, ou pour prendre en compte le replié sur soi, l'enchevêtré, l'imbriqué, l'***im-pliqué** »[18]. Il semble que la plupart des auteurs s'accordent pour reconnaître fécond ce passage obligé du démêlage de la confusion par une distinction-dissociation, avant une réarticulation-réassociation porteuse de sens. Quand J. Ardoino parle des « Sciences de l'explication » et des « Sciences de l'implication », il trouve en écho, cette affirmation

---

15 - Op. cit.
16 - Bataille M., *L'analyse de l'implication dans les pratiques sociales*, Pour, n° 88, Toulouse, Éd. Privat, 1983.
17 - Approprier, c'est-à-dire : rendre propre à, rendre convenable à un usage. M. Bataille (et le dictionnaire !).
18 - Ardoino J., Berger G., *D'une évaluation en miettes à une évaluation en actes*, ANDSHA, 1989. (Lexique). On se reportera pour une analyse plus complète de ces notions, à l'article de J. Ardoino paru dans la revue Pour n° 88, où l'auteur écrit en outre que « *l'implication est une façon d'être et constitue un mode spécial de connaissance* ».

de E. Morin : « *Est compréhension tout ce qui est connaissance de sujet à sujet. Est explication tout ce qui doit passer par des éléments logico-rationnels, et à ce moment-là, c'est la combinaison des deux qui évidemment permet la connaissance* »[19].

La recherche dont nous parlons ici se situe dans cet espace où l'appropriation d'une culture n'est plus à réaliser. C'est, comme nous l'avons déjà souligné, tout à l'opposé. Le terrain est connu, les codes assimilés, les conduites pratiquées, les interactions vécues. Pour autant ce ne sont que des indicateurs des problèmes qui restent à comprendre, et cette proximité peut être à la fois richesse, mais également danger dans les interprétations.

Le praticien-chercheur peut-il se positionner à la manière des ethnométhodologues ? La forme de méthodologie des individus profanes est leur *corpus* ; ils considèrent que le travail d'appropriation permet de mieux rendre compte du sens des actions de celui qu'ils observent. Ainsi A. Coulon écrit : « *Rendre visible le monde, c'est rendre compréhensible mon action en la décrivant, parce que j'en donne à voir le sens par la révélation à autrui des procédés par lesquels je la rapporte* »[20]. Il est bien fait mention d'un autrui qui va décoder ce que « le sens commun » lui aura livré. Mais si cet autrui est la même personne, cela n'éclaire pas davantage le problème du site qu'elle choisit pour parler, décrire et comprendre les situations vécues. La question de la légitimité reste suspendue à celle de l'« identité momentanée » et ne résout rien par l'authenticité de la démarche. D'autre part, la confusion peut être longuement entretenue si le scientifique se fond totalement dans le praticien. Cette symbiose ne peut s'assortir d'une clarté dans la prise de position et dans l'élucidation des pratiques. En effet, pour les ethnométhodologues, « *il n'y a pas de différence de nature entre, d'une part, les méthodes qu'emploient les membres d'une société pour se comprendre et comprendre leur monde social, et d'autre part, les méthodes qu'emploient les sociologues professionnels pour parvenir à une connaissance qui se veut scientifique de ce même monde* »[21]. Ce qui pourtant apparaît évident, c'est la différence implicitement affirmée entre praticiens et scientifiques : que le scientifique « s'attache » le plus possible à ceux qu'il observe, et en cela mêle objectivisme et subjectivisme, est plutôt intéressant ; il n'en reste pas moins vrai qu'il parle de sa place de chercheur. Cette « communion » revendiquée avec les profanes les « stigmatise » dans leur place de profanes, et, sauf à y prendre garde, les discours ethnométhodologues pourraient friser la démagogie, ou contribueraient à disqualifier le discours de ceux qu'ils observent et avec lesquels ils disent interagir.

Encore une fois la posture doit être clarifiée. À partir de deux endroits différents, un troisième lieu peut-il être créé pour permettre l'émergence d'une parole qui à la fois satisfasse les uns et convienne aux autres ? On pourrait parler d'une sorte d'hétéro-formation, dans le sens où il y a création, ou entrée dans un nouvel état, les uns étant formateurs des autres et vice-versa. « *Lorsqu'il s'agit d'acteurs sociaux, leurs comportements habituels sortiront effectivement transformés, à partir du*

---

19 - Entretien entre J. Ardoino et E. Morin, Congrès AFIRSE, Aix-en-Provence, 1994.
20 - Coulon A., *L'ethnométhodologie*, PUF, 1993 (3° édition).
21 - Coulon A., op. cit.

regard nouveau porté sur les particularités de leurs pratiques, bénéfice déjà non négligeable du point de vue d'une formation à la pratique auquel on se cantonne trop souvent encore, mais leur aptitude à collaborer efficacement à une recherche dépendra, plus essentiellement, des effets d'une formation à la recherche, acquise dans ce but, sur le terrain ou ailleurs »[22].

Ce type de méthodologie voulant conjuguer recherche sur le terrain et recherche en laboratoire se retrouve dans la recherche-action (R-A).

Inspirée des travaux de K. Lewin, cette orientation a connu un large essor depuis les premières actions en la matière. K. Lewin y voyait le moyen, pour des groupes quels qu'ils soient, d'optimiser leurs pratiques en s'appropriant le contenu des actions, en devenant des décideurs, avec la participation active du chercheur (toujours en quête de validité de ses résultats)[23]. Il semble, à première vue, que ce moyen est le meilleur pour réconcilier praticiens et chercheurs : l'action au service de la science, et réciproquement. J. Dubost[24] s'inquiète pourtant de l'imprécision de l'expression et y voit du coup la possibilité de distorsions, dans la domination possible d'une dimension ou de l'autre. Il relève ainsi quatre cas de figures différents :
- l'action comme moyen, comme instrument de la connaissance fondamentale ;
- la recherche comme connaissance appliquée dans une aide à la décision (étude, expertise ?).

Dans ces deux premiers cas, il y a une *subordination* de l'action à la recherche et réciproquement.
- la R-A comme projet de vie, visée existentielle ;
- la R-A comme moyen d'élucidation du sens des conduites humaines (la socianalyse par exemple).

Dans ces deux derniers cas, l'articulation, le « fondu », sont les plus « réussis », mais la recherche ou l'action en tant que telles n'ont plus leur sens originel.

En réalité, la R-A se distinguerait par la manière dont on peut relier les deux termes qui la composent, par le degré d'engagement sur un pôle ou l'autre, par l'implication plus ou moins massive de ses usagers. C'est sans doute pourquoi on trouve, tout au long des articles de la revue *Pour*, une succession de notions comme : reliance, articulation, repérage, site, distinction, conjugaison, distanciation, circulation, implication, légitimation... qui nous font penser à la délimitation d'un espace à trouver, un lieu de rencontre « vivable » où l'air ne manquerait ni aux uns ni aux autres pour grandir sans asphyxie. Pour le dire autrement, il s'agit de la négociation d'un territoire dans l'instant partagé. La superposition des rôles[25], autrement dit leur confusion, reste de l'ordre du fantasme et interdit la communication entre les deux instances. Toutefois, comme le souligne J. Ardoino dans ce même article, à condition d'accepter ses propres limites, *« la R-A constitue bien une démarche heuristique, féconde, particulièrement appropriée à certaines dimensions spécifiques de l'objet des sciences anthropo-sociales »*. Ce qui reste néanmoins

---

22 - Ardoino J., Actes du colloque d'Alençon. 1990.
23 - Se référer pour une approche globalisante de la recherche-action à la revue *Pour*, n° 90, juin-juillet 1983, *La recherche-action*.
24 - Ibid., *« Les critères de la recherche-action »*.
25 - Ibid. Cf. l'article de J. Ardoino où il parle même de « permutation des rôles ».

à expliciter, c'est le statut adopté au moment où l'on dit (en position de « spécialiste ès pratiques » ou « spécialiste ès connaissances »), sans oublier avec quelle intention, quelquefois encore trop implicite, praxéologique ou productrice de connaissances.

Ces quelques réflexions nous conduisent à penser que la légitimité d'une recherche sur un terrain où le chercheur est impliqué, passe par la mise à plat de cette implication, implication qui ne doit pas être considérée comme un obstacle à son évolution dans ce champ. Elle doit être mise à profit pour retirer d'éléments subjectifs des valeurs qui feront sens pour le milieu d'appartenance : passer du singulier et de l'individuel à du généralisable et du collectif.

Travailler sur des représentations, c'est-à-dire sur la façon dont des individus ont construit des guides de conduites, des grilles d'interprétation de la réalité, c'est aussi s'attacher à décoder du subjectif. Les comportements individuels sont la résultante d'une interaction entre des composantes sociales (catégorie, statut, inscription dans des rapports sociaux), et des composantes individuelles (histoire du sujet, désirs, construction psychologique) en fonction d'un contexte donné et du rapport de l'individu à ce contexte. Sur ce registre, le chercheur est un individu comme les autres. Il a besoin de baliser son chemin, il travaille aussi à partir de représentations, et n'avance qu'à la condition de trouver du sens et de la cohérence dans ses démarches. Encore une fois, il est indispensable d'avoir à l'esprit continuellement la complexité inhérente à cette situation. La difficulté essentielle est d'équilibrer cette dialectique entre deux pôles : celui de l'action et celui de la recherche. Mais encore une fois, pourquoi pas un chercheur-acteur ? Il est de sa compétence de savoir prendre de la distance tout en cultivant, si l'occasion lui en est offerte, l'art de marier ce qu'il connaît bien et ce qu'il découvre. E. Morin souligne : *« Mon problème s'est trouvé être le plein emploi de la sympathie, des forces subjectives et le plein emploi des capacités d'objectivité, l'un nécessitant l'autre. C'est-à-dire il faut être dedans, il faut aimer, s'intéresser et en même temps il faut se distancer : c'est d'avoir les deux en même temps qui permet de le faire »*[26]. C'est exactement ce à quoi nous aspirons.

3. Mais « comment dire ? »

« Il ne marchera plus ni ne se redressera comme lorsqu'il ne savait que la station ou la marche : bipède avant cet événement, le voici chair et poisson. Il n'a pas seulement changé de berge, de langage, de mœurs, de genre, d'espèce, mais il a connu le trait d'union : homme-grenouille. Le premier animal jouit d'une appartenance, la deuxième bête aussi, mais l'étrange vivant qui entra un jour dans ce fleuve blanc qui coule dans le fleuve paisible et qui dut s'adapter sous peine de mort à ses eaux extravagantes laissa toute appartenance.

« Par cette nouvelle naissance, le voici vraiment exilé. Privé de maison. Feu sans lieu. Intermédiaire. Ange. Messager. Tiret. À jamais en dehors de toute communauté, mais un peu et très légèrement dans toutes. Arlequin, déjà. »[27]

---

26 - Congrès AFIRSE, Aix-en-Provence, 1994.
27 - Serres M., op. cit.

Comment va se positionner cet être hybride ? Et au-delà, que va-t-il pouvoir communiquer par ce regard neuf ?

Quand des recherches sont entreprises dans un champ professionnel bien connu, on reste entre gens de connaissance pendant une partie du travail de recherche. Par exemple, dans la période de recueil des données, par questionnaire, par entretien, l'essentiel est plus rapidement atteint, car il y a une « complicité », une familiarité, une proximité dans le langage et dans la connaissance des problèmes soulevés. Pour reprendre une expression de P. Bourdieu[28], la relation établie avec ce qui est devenu extérieur — partiellement et momentanément —, permet de « *réduire au maximum la violence symbolique* » : on sait de quoi il est question entre personnes proches socio-professionnellement et cette « intimité sociale » autorise à penser que l'autre ne se sentira pas agressé, « soumis à la question » ; d'autre part, c'est une occasion de donner la parole à des individus qui ne la prennent pas si souvent que cela. Questionner, interroger, dans cet espace social délimité c'est tenter de comprendre et d'expliquer à partir d'une connaissance intérieure, connaissance « *générique et génétique* » dirait P. Bourdieu, et connaissance partagée. Le travail de structuration et de reconstruction d'un discours « naturel » en un discours scientifique permet ensuite au chercheur d'éviter de ne fonctionner que sur ses propres présupposés en installant un contrôle permanent sur ses réflexions. C'est là toute l'ambiguïté de cette double posture, qui conduit un même individu à établir des rapports différents dans les sphères sociales qu'il investit : mais n'est-ce pas un comportement somme toute banal ? Nous ne sommes pas, durant toute la même journée, le même personnage suivant les lieux occupés, suivant les personnes que l'on a en vis-à-vis, suivant le rôle tenu ou octroyé..., et paradoxalement nous sommes le même.

J. L. Beauvois[29] explique ainsi (toujours de manière plaisante) que *« le muscle qu'observe un physiologiste est un autre objet de connaissance que la pièce de bœuf que tâte mon boucher. La tonicité n'a pas d'équivalent en boucherie, tout comme la tendreté n'a pas d'équivalent en physiologie »*. Nous sommes tout à fait de cet avis : le rapport particulier à l'objet considéré engendre une connaissance et un savoir spécifiques, des opérations mentales particulières et témoigne de finalités et d'utilisations différentes. De telle sorte que les deux individus considérés parlent d'un même objet mais n'ont pas le même regard, ni la même approche et ne tendent pas vers les mêmes fins ; de fait, on ne voit pas très bien en quoi un discours serait supérieur à l'autre. Mais dans nos propos, il s'agit de la même personne qui change de rôle : en quoi le fait d'exercer une des deux fonctions à des moments différents gênerait l'appropriation de l'autre ? Bien au contraire, les deux types de connaissance évoqués *supra* ne sont pas contradictoires. Ce qui se distingue avant tout, ce sont deux pratiques différemment réglées, construites sur deux « imaginaires » différents, mais non exclusives l'une de l'autre.

C'est pourquoi il nous semble fondamental qu'une communication soit établie avec les personnes qui se tiennent en dehors du cadre de recherche ; la validité

---

28 - Bourdieu P., *La misère du monde*, (et plus particulièrement le chapitre « Comprendre »), Éditions du Seuil, 1993.
29 - Beauvois J. L., *Traité de la servitude libérale, Analyse de la soumission*, Paris, Dunod, 1994.

d'une recherche devrait aussi s'affirmer dans son utilisation à des fins praxéologiques[30]. Un travail de vulgarisation est utile, vulgarisation à entendre sans la connotation négative que ce terme revêt souvent, mais plutôt comme une action topologique telle que la définit Y. Jeanneret[31] : « *Il s'agira de répandre les savoirs, de les partager, de les faire circuler, à la manière dont une lumière se diffuse, dont une rivière fait son lit, dont la route conduit le pèlerin à son port* ». Cet auteur insiste d'ailleurs sur la nécessité de la diffusion du savoir, car c'est une denrée précieuse si l'on en juge par les types d'arguments qu'il propose et caractéristique des enjeux suivants : un enjeu industriel (les savoirs permettent aux entreprises de développer leur interdépendance et donc leur avenir), un enjeu politique (la démocratie implique le partage des connaissances), et enfin un enjeu écologique (« *l'individu doit disposer des informations nécessaires à la maîtrise de son environnement...* »). Autrement dit, la rétention du savoir (voire sa confiscation) est révélatrice d'un fonctionnement social « étrange » duquel la notion de pouvoir n'est pas absente. Dire les découvertes, ou plus modestement livrer des résultats, est une possibilité d'explication, de mise à plat offerte au chercheur-praticien dans une configuration nouvelle. En changeant de posture, mais sans pour autant oublier l'autre, il s'autorise à passer du taire au dire, et sans doute pas seulement pour sa propre satisfaction.

Au risque d'être redondante, nous réaffirmerons qu'une relation dialogique, au sens d'E. Morin (une, complémentaire, concurrente, antagoniste) doit s'établir entre l'intérieur et l'extérieur, pour réduire l'incompréhension, l'opposition et les dissensions devinées ou déclarées entre pratique et théorie, dans l'échange d'éléments prélevés de ces logiques et approches antinomiques. Il est utile de passer *d'une borne à l'autre, selon un travelling*. Ceci suppose évidemment d'accepter de faire face au conflit engendré par ce dialogue instauré entre deux points de vue différents, entre deux logiques, ce qu'E. Morin a parfaitement défini : « *dialogique signifie unité symbiotique de deux logiques, qui à la fois se nourrissent l'une de l'autre, se concurrencent, se parasitent mutuellement, s'opposent et se combattent à mort* »[32].

On s'aperçoit ainsi que *dire* n'est pas si simple, mais que l'occasion est trop tentante d'utiliser enfin de manière constructive la connaissance de pratiques professionnelles, leurs fondements, leurs problèmes pour oser *se dédire*. Ce peut être le moment inespéré où le chercheur (impliqué) peut devenir le « passeur » conscient et raisonnable entre les deux pôles de l'action et de la recherche. La transparence de ses actions se retrouvera dans sa pratique discursive, pratique qu'il connaît bien (de l'intérieur) en tant que médiateur dans sa relation aux autres, et qu'il est amené à utiliser dans un discours de production de connaissance.

D. Boullier[33] affirme qu'« *on se distingue dans une recherche par sa façon de dire mais aussi par la fonction qu'on occupe pour pouvoir dire* ». Si nous avons traité

---
30 - La praxéologie étant la science de l'action, elle définit la position du scientifique et implique certes méthodes, modèles, hypothèses... ; néanmoins elle est orientée vers l'aide à la compréhension de pratiques. Là encore un praticien-chercheur peut être de quelque utilité durant le temps où il endosse sa double identité.
31 - Jeanneret Y., *Écrire la science, Formes et enjeux de la vulgarisation*, PUF, avril, 1994.
32 - Morin E., *La méthode, La nature de la nature*, Éditions du Seuil, 1977.
33 - Boullier D., « Les " recherches " comme échanges de langues, de styles et de codes », *Actions et Recherches Sociales, Travail social, Modèle d'analyse III*, Éditions ERES, juin 1983.

plus haut de l'autorisation de pouvoir dire, nous en arrivons maintenant à la question de la transmission des résultats de la recherche.

C'est par le truchement d'une « déclinaison » autour du mot « dire » que nous nous proposons d'élucider le comment un praticien-chercheur pourra se positionner dans cet « espace compté ».

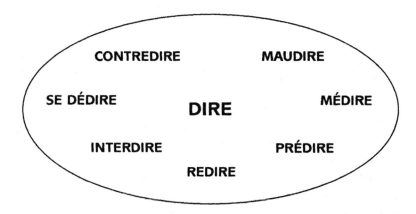

Connaître de l'intérieur n'est pas *redire*. S'installer dans cet espace que représente l'autobiographie, voire la biographie, le récit, ne serait intéressant que pour les seuls praticiens, qui ne manqueraient pas d'y retrouver du connu, mais serait assez suspect d'autosatisfaction et définitivement irrecevable dans une démarche de savoir. Quel apport, pour une recherche fondamentale comme pour une recherche appliquée, serait celui d'une reformulation, au risque de la distorsion (puisque répétition), voire de la narration anecdotique et banale, des pratiques professionnelles observées ?

Et pour ne pas avoir à y revenir, rejetons tout de suite le « règlement de comptes » à l'institution, visant la résolution de conflits intérieurs, le dépassement de problèmes intrinsèques — le *maudire* — où la portée scientifique est nulle ou non avenue.

D'une place comme de l'autre, l'emploi d'un certain langage peut présenter des risques en fonction de la formulation retenue : ceux de l'idiomatisation, du « jargon », des expressions connues, des références implicites, etc. On dit pour un public qui n'est pas le même, avec le risque de décevoir l'un pour mieux entrer dans la compréhension de l'autre. À chaque groupe ses initiés, et la difficulté sera de trouver la meilleure façon de dire pour construire un pont qui permettra l'échange par une appropriation commune des contenus : « *Toute recherche intègre cette nécessité de se distinguer en même temps que celle de réaliser un compromis, d'obtenir une reconnaissance et donc de se rendre compréhensible* »[34]. C'est presque en terme de traduction que va se poser la parole du praticien-chercheur, dans un échange alternatif de codes, consignes, valeurs et autre formule de style. Mais si le praticien adopte une démarche de recherche visant à optimiser son

---

34 - Boullier D., ibid.

action, à améliorer des techniques, à rendre efficace des savoir-faire, et si le chercheur se situe dans une interrogation d'un autre ordre, celle de la recevabilité de ses résultats et de la cohérence des modèles utilisés, il n'en reste pas moins vrai qu'ils ont à rendre compte dans les deux cas, de l'aboutissement de leurs démarches devant des publics contrôleurs, voire décideurs, de leurs actions futures. D'où l'intérêt de ne pas « mal dire » ou « dire du mal » — *médire* — dans leurs observations respectives.

P. Bourdieu insiste quant à lui sur la nécessité de *« casser les automatismes verbaux »*[35]. Conduite indispensable quand on veut éviter la facilité offerte par le bon sens, le sens commun, piège de malversations ou de « significations flottantes » : une grande rigueur linguistique et lexicologique est inévitable. On pourrait opposer à cet avis qu'un langage commun ne *médit* pas forcément[36], qu'il transcrit ce qui est du domaine du réel, et acquiert sa légitimité et son acceptabilité des récepteurs via l'institution qui l'aura transmis. Mais dans le cas de figure qui nous préoccupe aujourd'hui, quelle est l'institution qui fait autorité : le terrain ou la science ? En adaptant volontairement les propos de P. Bourdieu[37] (tenus à propos de pédagogie) à notre questionnement, nous pouvons affirmer qu'il faut *« des émetteurs légitimes, des récepteurs légitimes, une situation légitime, un langage légitime. Il faut un émetteur légitime, c'est-à-dire quelqu'un qui reconnaît les lois implicites du système et qui est, à ce titre reconnu et coopté. Il faut des destinataires reconnus par l'émetteur comme dignes de recevoir... »*. Cette proposition suppose presque que le praticien-chercheur s'auto-délègue et s'autorise à cette transmission.

Ce chercheur relève malgré tout la difficulté de la diffusion et surtout de l'appropriation du discours scientifique dont les destinataires ne sont pas forcément ceux qu'on « espère » : l'interprétation des « vérités » scientifiques se fait en fonction de l'*habitus*, et dévoile le principe d'*un malentendu structural dans la communication* : ce n'est pas ceux qui en auraient le plus besoin qui parviennent à l'utiliser et à en bénéficier. En dernier lieu, *« ce qu'il faudrait divulguer, disséminer, c'est le regard scientifique, ce regard à la fois objectivant et compréhensif, qui, retourné sur soi, permet de s'assumer et même, si je puis dire, de se revendiquer, de revendiquer le droit à être ce que l'on est »*[38].

Ceci dit (!), la proximité professionnelle est aidante à condition de maîtriser le plus possible les effets de distorsions qu'elle peut engendrer, dans un travers empathique. La familiarité d'un langage connu, de codes partagés, d'expressions coutumières, contribue à réduire la distance et annule la « violence symbolique » véhiculée par le langage ésotérique des chercheurs. Les ethnométhodologues avancent que *« le langage naturel est une ressource obligée de toute enquête sociologique »*, affirmant par là même une prise en compte du contexte d'énonciation du discours et de la polysémie d'un mot dans ce discours précis : *« Le langage naturel ne peut faire sens indépendamment de ses conditions d'usage et d'énonciation »*[39],

---

[35] - Bourdieu P., *Questions de sociologie*, op. cit.
[36] - Un article journalistique, par ex.
[37] - Ibid., cf. p. 103, « Ce que parler veut dire ».
[38] - Ibid. p. 42.
[39] - Coulon A., op. cit.

mais démontrant ainsi la nécessité d'aller plus loin que le sens premier du terme et son caractère informatif incomplet. On en revient à penser que les automatismes langagiers du bon sens ne sont que des indices. Dans un travail de recherche, il est indispensable de construire avec rigueur, et conséquemment le discours s'en ressent. Non pas par plaisir, *« pour créer artificiellement une différence distinguée qui met à distance le profane »*[40], ou par *« snobisme de spécialiste »*[41], mais parce que *« pour avoir une portée scientifique, les notions doivent être définies de façon suffisamment stricte et univoque, en référence à des critères objectifs, valables pour tout chercheur »*[42].

En résumé, il va s'agir de relier deux types de langage, le discours du sens commun, naturel, et le discours scientifique, artificiel, dans une production qui se voudrait accessible aux uns et reconnue par les autres.

Quant à la prédiction, le *prédire*, osons affirmer nos incertitudes. En effet, la science n'est pas affaire de numérologie, de tarots ou autre fantaisie... Il convient donc d'être précautionneux sur ce terrain. B. Matalon, dans un chapitre de son ouvrage sur la méthodologie[43], parle de la prévision en termes prudents. Nous sommes tous convaincus que l'individu a besoin d'un environnement stable pour agir : comment agir, quels projets construire, si on ne prévoit pas un minimum ce qui pourrait nous arriver ? Toutefois comme le souligne cet auteur, *« même les relations que nous parvenons à mettre en évidence par les méthodes les plus rigoureuses peuvent n'avoir qu'une validité limitée dans le temps, ou n'être valables que pour certaines cultures, voire sous-cultures »*. Dans le champ des sciences humaines, il est plus que nécessaire d'être circonspect ; les incertitudes, les variations de comportement, les réactions peuvent étonner, des éléments nouveaux peuvent intervenir dans l'environnement. Même si on peut s'appuyer sur des invariants, il faudrait dans le même temps penser leur stabilité mais également leur possibilité (même minime) de modification. Pour reprendre une expression de P. Bourdieu, nous préférons parler de *loi tendancielle*, c'est-à-dire d'orientation générale mais dont l'orientation peut s'inverser. Comme le suggère B. Matalon, *« on ne peut jamais faire que des conjectures et non des prophéties : les tentatives de prévision scientifique ne disent pas l'avenir, elles ne sont pas une description de ce qui se passera, mais seulement des possibilités conditionnelles, les conditions étant elles-mêmes incertaines »*.

Ne pas se dédire, ne pas redire, ne pas maudire ni médire, avancer prudemment dans la prédiction, l'espace se restreint pour qu'advienne la parole de « ce tiers en construction ».

Au regard des réflexions précédentes, on s'aperçoit que cette construction se fait en s'adossant à des règles de transmission rigoureuses, mais également sur un langage idiomatique, professionnel, et qu'elle est le fruit de la négociation toujours

---

40 - Bourdieu P., op. cit.
41 - Maisonneuve J., *Introduction à la psychosociologie*, PUF, 2° édition, 1975.
42 - Ibid.
43 - Matalon B., *Décrire, expliquer, prévoir*, Armand Colin Éditeur, Paris, 1988, p. 164.

renouvelée entre ces deux postures intimement conjuguées et structurellement en opposition : elle naît du *contre-dire*. « *Il n'y a pas d'autre solution que de reconnaître cette tension entre le familier et l'étrange, sans pour autant chercher à l'éliminer. Ce qui signe la stratégie double de compromis.* »[44] Étranges, étrangers l'un à l'autre, les deux espaces du praticien et du chercheur se fondent dans la quête d'une compréhension des situations rencontrées, imposant au praticien-chercheur de dépasser sa position paradoxale, en s'opposant et en s'appuyant sur des recueils pratiques et théoriques. Plus que de compromis, il s'agit plutôt d'une forme de complémentarité, qui dépasse la notion de compromission en ce sens qu'elle fait émerger la construction créative de l'individu.

Cette interdépendance, cette interaction et cette contradiction nous permettent d'élargir encore un peu plus l'espace dans lequel se situe le praticien-chercheur à de l'*inter-dit*, au sens étymologique du terme, c'est-à-dire à un espace où l'on confronte des points de vue, et où, encore une fois, ils peuvent être contestés. La psychanalyse a fait de la parole du père la première intrusion dans le dialogue fusionnel de l'origine (mère-enfant) et a introduit l'idée de loi donc des interdits amenés par ce tiers. Retenons de ce modèle l'idée principale, à savoir la confrontation « obligée » avec un point de vue autre, avec le point de vue d'un autre qui permet de se décentrer et oblige à regarder autour.

Pour résumer l'ensemble de cette position, nous avancerons que la confrontation, dans sa coexistence chez le même sujet, de deux modes d'appréhension ou de compréhension d'une réalité, se révélera heuristique dans la mesure où :
- elle reconnaît l'état de tension et de paradoxe inhérent à des postures relevant de paradigmes différents ;
- elle se négocie dans le temps (ce ne peut pas être un état permanent, d'où le temps-compté) ;
- elle demande une maîtrise de l'implication ;
- elle demande que soient affichées explicitement la légitimité du praticien, en tant que spécialiste de terrain, connaissant depuis l'intérieur, et la légitimité du chercheur en tant que regard scientifique extérieur, autorisant ainsi le passage du taire au dire (d'où l'espace-compté) ;
- elle se construit dans un « contre-dire » et un « inter-dire » manifestant la double appartenance et l'interdépendance. ■

---

44 - Kohn R. C., Nègre P., *Les voies de l'observation, Repères pour les pratiques de recherche en sciences humaines*, Éd. Nathan, 1991.

Marc MAUDINET
Directeur du CTNERHI. Intervenant en psychologie sociale au DHEPS de Paris III Sorbonne Nouvelle

Recherche scientifique - recherche-action : complémentarité ou opposition en sciences sociales

En sciences sociales aucune recherche n'est utile si elle ne manifeste pas dans ses principes mêmes sa volonté d'utilité sociale. Cependant, il ne faut pas perdre de vue que les sciences sociales sont incapables de prévoir l'avenir, ce n'est du reste pas leur vocation. Elles peuvent en revanche aider à dégager la structure d'un problème et en reconnaître les lignes de pente, les grandes tendances, tout comme elles peuvent indiquer les conditions favorables ou défavorables à telle ou telle situation. Dans ce domaine les recherches ne sont pas seulement justes ou fausses, maladroites ou élégantes, elles sont porteuses soit de progrès opérationnels, soit totalement stériles. C'est pourquoi, en sciences sociales, il n'y a pas de recherche, *a fortiori* de recherche-action, qui ne contienne dans ses principes mêmes la volonté de son utilité sociale.

Dans cette perspective la complémentarité entre recherche scientifique et recherche-action est hautement souhaitable. En effet, si nous partons de l'idée que la recherche scientifique est là pour décrire et que la recherche-action est là pour comprendre, et même si dans les faits cela n'a pas un caractère aussi radical, la combinaison de ces deux modèles permet d'éviter les abus quantitatifs et les hyper-abstractions qui trop souvent mobilisent l'intérêt de la recherche scientifique, à travers les techniques descriptives et prédictives basées sur les mathématiques statistiques par lesquelles on entend prouver l'utilité des sciences sociales et leur présence en tant que discipline. Alors même que c'est la combinaison de ces deux modèles qui donne à la recherche-action toute son actualité et sa pertinence.

Pour étayer ce propos, je prendrai comme exemple celui de l'école behavioriste qui, dans ses fondements, adopte les procédés et points de vue de la physique classique avant la découverte du principe d'indétermination par Heisenberg, ce qui permet à cette école de se libérer de toute ingérence philosophique. Les behavioristes voient le comportement de l'être humain comme une série de réactions, comme la résultante de chaînes de causalité où l'homme est plus passif qu'actif et, par voie de conséquence, ils établissent l'axiome qui veut que les conduites humaines peuvent dériver de l'étude d'organismes plus simples. Les sciences sociales se sont largement laissé envahir par cette obsession scientifique dont le modèle reste les sciences dites exactes ou dures, même si le modèle de la physique est revenu depuis longtemps de ces tranquilles certitudes. Nous nous retrouvons avec ce modèle « scientifique », dans une monde hypothétique, comme celui de la micro-économie en particulier et la science économique en général. Ce ne sont pas des sujets qui constituent le point de départ et d'appui de la recherche mais des principes de fonctionnement dont l'utilité fondamentale est de faire que l'édifice étudié tienne et présente une certaine cohérence.

À négliger le sujet au profit de l'objet on en arrive forcément à la négation pure et simple d'une partie de la réalité étudiée. Plus largement, l'obsession de la mesure entourant certaines méthodologies des sciences sociales aboutit à faire de l'ordre du mécanique et de la causalité le seul ordre connaissable des fonctions de la machine (à fabriquer du bonheur) et l'attribut majeur du vivant.

Ceci ne relève que d'une mythologie statistique qui adore de nouvelles divinités ayant pour nom analyse factorielle, régressions multiples, analyse des contingences... celles-ci se trouvent directement reliées au grand maître moderne : l'ordinateur. Dans cette perspective, c'est l'idée de cycle de recherche qui prédomine. La méthode devient un rite qui se justifie par sa seule observance.

Le cycle de recherche

L'idée de cycle implique le départ d'un point précis et le retour à ce même point, après un certain périple. C'est ce qui est supposé se passer dans toute recherche. Celle-ci doit avoir pour point de départ un élément très précis qui se présente sous forme d'une interrogation, d'une insuffisance, d'une méconnaissance... c'est ce que l'on nomme le problème.

Ce point de départ sera, dans toute recherche convenablement menée, le point d'aboutissement sous l'aspect d'une nouvelle formulation, d'un progrès dans la connaissance du sujet traité. Cet aboutissement doit montrer clairement ce que le chercheur apporte de plus ou de nouveau à ce qui lui a servi de « problème » au départ.

Le cycle de recherche adopte alors cette figure :

Sujet → Formulation → Problématique, délimitation du champ de travail → Revue des écrits sur le sujet → Pré-enquête → Type d'informations recherchées et traitement des données → Modèle → Nouvelle formulation du sujet →...

Chaque élément représente une étape, un moment d'étude, d'analyse, de préparation, de formulation... d'un élément nécessaire à la conduite du travail.

Chacune des flèches représente toute une série d'arguments, de justifications et de raisonnements explicitant les enchaînements logiques qui relient entre elles les étapes et conduisent le chercheur vers des progrès successifs dans la compréhension et l'enrichissement du sujet traité.

Les flèches ne représentent pas des liaisons successives distinctes, mais un fil conducteur qui ne perd jamais le contact avec l'étape précédente ou avec la suivante. Ainsi le cycle de recherche est un tout inter-relié, homogène et cohérent, où chaque partie est nécessairement une suite logique de celle qui précède. Ceci conduit à la construction du plan de recherche.

Le plan de recherche

On appelle plan un tracé représentant les différentes parties d'un tout organisé selon une structure donnée, ou la disposition générale d'un ouvrage, d'un récit, ou encore l'ensemble de dispositions que l'on prend pour l'exécution d'un projet... Dans un travail de recherche, c'est un peu de tout cela qu'il est question, c'est à la fois un tracé, une disposition générale et un ensemble de dispositions en vue de l'exécution de tâches projetées.

Par plan, on n'entend en aucune façon le sommaire ou la table des matières, mais plutôt le projet avec tout ce que cela implique en termes de justifications, d'organisations, de précautions, d'efforts pour entraîner l'adhésion, pour convaincre...

Dans une proposition ou un plan de recherche, il s'agit de fournir une véritable étude de faisabilité, depuis l'énoncé du sujet jusqu'à la conduite pratique des différentes phases de travail.

Le plan représente le cheminement, étape par étape, qui doit mener de la formulation du problème à l'analyse et l'interprétation des résultats, en passant en revue les théories et les travaux similaires, la définition des échantillons, des instruments de collecte de données...

Avec le plan on doit montrer combien on possède une compréhension claire et complète de son domaine théorique et de son sujet. On doit aussi montrer comment on compte procéder concrètement et dans le détail pour répondre aux questions soulevées dans la formulation du problème.

Dès qu'un sujet de recherche est ainsi élaboré, on peut considérer que l'essentiel du travail du chercheur est accompli, il ne lui reste plus qu'à l'exécuter ; il sait dans le détail ce qu'il va faire à chaque étape.

Les questions auxquelles doit répondre un plan de recherche dans le modèle classique :

- Quel est l'objet de la recherche ? Le problème précis à étudier ? Qu'en sait-on pour l'essentiel, aujourd'hui ? Que veut-on apporter de plus ?

- Quelles sont les données dont on aura le plus besoin pour traiter ce problème ? Quoi mesurer, si mesures il y a à effectuer ?

- Quels sont les facteurs, les variables ou les éléments à contrôler avant mesure ?

- Quelles sont les sources utilisables ? Où collecter et où mesurer ? Quelles sont les caractéristiques essentielles du terrain de mesure de collecte, d'observation ?

- Quels seront les méthodes, techniques et instruments qui serviront le mieux à recueillir ou à mesurer ce que l'on doit mesurer ? Comment mesurer ?

- Quelles techniques d'analyse et d'interprétation utiliser ? Quelles sont les plus pertinentes par rapport au problème, aux objectifs, aux données, à l'instrument ?

Le plan de recherche comprend, au moins les points suivants :

- Les questions soulevées par le problème.

- L'énoncé du problème, la formulation argumentée et circonstanciée du sujet.

- Les questions centrales soulevées par le problème, les objectifs poursuivis.

- Le cadre théorique du problème.

- La revue de l'état des connaissances essentielles actuelles sur le sujet.

- Les hypothèses de recherche et leurs conditions de formulation/vérification prévues ; l'univers concerné.

- La méthodologie (techniques, instruments, échantillons...).

- Le plan d'expérience (le travail de terrain, le lieu, les modalités, le pré-test, la collecte...).

- Le mode de dépouillement et d'analyse des données.

- Le mode d'interprétation des résultats.

- Un nouvel éclairage, de nouvelles connaissances, possibilités d'action, de solutions.

- Une nouvelle formulation du problème.

- Une conclusion générale.

De la complémentarité

Pour qu'il y ait complémentarité entre recherche scientifique et recherche-action il faut en partie renoncer à l'obsession de la prévision et de la prédiction pour s'attacher à comprendre. En effet, dans une recherche-action, le chercheur-acteur est forcément dans un rapport de réciprocité à son objet. Le questionneur se trouve être le questionné (comme le disait J.P. Sartre). C'est là le point d'ancrage d'une véritable recherche-action. C'est là le seul moyen de pénétrer le sens des phénomènes étudiés, de faire vraiment parler les données, d'être capable de mettre de la signification dans les informations, en tout les cas, plus que par toute autre méthode.

Toutefois, le chercheur-acteur doit rester conscient de sa praxie et du processus dans lequel il s'engage et en même temps être en mesure de rendre compte des phénomènes qui sont l'objet de son attention. Si un questionnaire permettait de comprendre ce qui se passe dans un « objet » pris pour étude, il suffirait alors d'un interprète et d'un sondage pour connaître le milieu et les systèmes de relations. Dans cette perspective, ne seraient étudiées que des étiquettes, des portions d'homme et d'humanité découpées et isolées.

Nous serions tout simplement devant une connaissance qui se placerait sur un mode qui ignore la personne, autrement dit la signification de l'objet étudié. En effet, quel sens donner à une connaissance, dans le domaine des sciences sociales, qui n'aurait aucune concordance avec le parler, l'agir et leurs multiples raisons ? Autrement dit une connaissance qui retiendrait uniquement des causes déterminées ?

C'est pour cela que dans une recherche-action nous devons avoir autant d'ambition d'interprétation personnelle que de respect pour l'objet de la recherche. On ne peut pas favoriser l'un plus que l'autre. Bien entendu, il y a plus ou moins d'espaces d'interprétation en fonction de l'objet étudié, mais il y a toujours recherche d'équilibre puisqu'il y a une ambition d'interprétation personnelle, si non on ne peut pas véritablement comprendre ce que l'on cherche.

Définir la recherche-action de ce point de vue est complexe et c'est à cause de cette complexité que la recherche-action nécessite, dans sa pratique, beaucoup de patience, d'ambition, d'humilité, de la part du chercheur-acteur. Cela exige, par ailleurs, une vraie relation entre la recherche et la pratique. C'est ce que la méthodologie de recherche-action permet de mettre en acte.

Le rituel de la recherche « classique » comme nous l'avons vu, laisse croire que l'on sait exactement où et comment commence une recherche, un peu comme si on savait où en est le point zéro.

Il faut bien dire que, dans une recherche-action, l'itinéraire n'est pas celui-là. Nous arrivons avec un intérêt pour telle ou telle question, intérêt souvent enraciné dans notre propre expérience, familiale, professionnelle, politique. Nous sommes bien souvent persuadés que cet intérêt est déjà un sujet de recherche et, avant de nous ruer sur la prise de mesure d'information, il n'est pas si facile de nous convaincre de travailler à transformer cet intérêt en sujet, c'est-à-dire de dégager d'un tout confus où notre expérience a pris corps, les mécanismes qui travaillent à l'intérieur de l'objet auquel on s'intéresse. Construire des concepts, là où il n'y a que de simples mots, voire des jeux de mots, traduire en opérations ce que l'on considérait seulement comme des occurrences conjoncturelles, systématiser ce que l'on croyait de façon plus ou moins désordonnée et décrire plus ou moins adroitement ces éléments.

Ce processus n'est pas autre chose que la transformation d'un intérêt en stratégie théorique de recherche. À ne pas la tenter, à croire que cela nous déposséderait de notre intérêt, nous ne débouchons que sur des ethnographies non contrôlées.

Lorsque notre regard se porte, dans une recherche-action, sur des ensembles complexes d'interactions embrouillées où il est bien souvent impossible de dégager ce qui vient de l'individu ou d'un groupe proche de l'environnement ou encore de l'enveloppe socio-idéologique globale, nous savons qu'en l'état actuel des choses ce n'est pas d'une théorie considérée comme acquise que nous extrairons l'outillage conceptuel et heuristique nécessaire à la recherche.

Mais nous savons aussi que si nous entreprenons la recherche, ce n'est pas simplement parce que nous avons repéré un intérêt dans une théorie préétablie qui en serait devenue l'élément moteur, autrement dit que les liens avec notre objet de recherche sont, tout au fond de nous, d'une autre proximité.

En fait, nous n'avons qu'une seule certitude, celle d'avoir à créer du théorique pour rendre compte de notre objet de recherche et que cela ne nous en dépossèdera pas. Au contraire, cela nous permet une approche et un accès plus concrets, et peut être plus savoureux, de notre intérêt.

Mais au début on bricole, on commence par faire des « coups » dans cet ensemble complexe que constitue notre objet de recherche, pour voir ce que l'on peut faire et ce que l'on ne peut pas ne pas faire. Puis on cherche à organiser les « coups » en séquence, puis en systèmes.

Le paradoxe insurmontable est de savoir que rien de ce qui est étudié n'est miniaturisable, ni simulable, ni d'emblée contrôlable. Ou, dit autrement, que l'obstacle épistémologique fondamental, réside dans ce que l'homme est à la fois indissolublement sujet et objet, qu'il est en même temps sujet en action et expérience.

Dans une recherche-action, il s'agit au fond d'un va-et-vient incessant entre l'observation, ce qui arrive, le recueil le plus systématique de données particulières et l'effort sans cesse relancé de mettre tout ensemble. Mais d'une manière explicative et pas seulement par le fait d'une analyse de contenu de genre descriptif.

Tout ceci nous conduit à des états affectifs généralement déstabilisants qui nous accompagnent tout au long de la recherche. Avec, tout d'abord, une phase d'anxiété et de scepticisme : on part à l'aventure, on n'a aucun instrument auquel se raccrocher, on ne sait pas très bien quoi récolter ni si ce qu'on va réunir vaudra quelque chose. Puis on plonge dans le vide, on passe un certain nombre de jours, de semaines à flotter, on manque de points de repères. Les progrès sont très lents et on ne sait plus trop sur quoi fixer son attention. Tout ceci est relativement angoissant et on est parfois tenté d'abandonner. Ensuite on commence à mettre du sens, ce qui permet de se situer ; on reprend confiance, on s'aperçoit que l'on peut commencer à anticiper, à comprendre... c'est là le début d'un certain enthousiasme, on recueille les données, on est envahi de choses à noter, à commenter, à expliciter, à approfondir.

Enfin à cela succède une phase de remise en question ; ce sont les grandes questions de fond qui reviennent : quel est le rôle de cette recherche, quelles sont les limites de ce que l'on fait, comment rendre compte de tout cela...? En général on jugule cette phase par la perspective du recul analytique, par le retour à un travail plus classiquement intellectuel.

Tout ceci nous montre en définitive que nous ne commençons à penser que lorsque nous ne trouvons pas ce que nous cherchons. Si nous trouvons toujours ce que nous cherchons, nous pouvons être sûrs de ne pas avoir posé le problème correctement. Ceci est essentiel, puisque dans une recherche-action nous ne pouvons nous contenter, en général, de livrer des résultats, aussi argumentés soient-ils, à un terrain qui serait censé les appliquer. Nous avons la nécessité de confronter nos résultats aux nécessités du terrain en comprenant que c'est toujours le terrain qui a le dernier mot.

C'est pourquoi, une recherche-action relève d'une volonté de recherche systématique et organisée. Opposer recherche scientifique et recherche-action revient-il à opposer le qualitatif au quantitatif ? Ceci est un faux débat qu'il est nécessaire de dépasser en remettant en cause l'abus obsessionnel du quantitatif. En effet, il est fallacieux de situer le problème au niveau d'une rupture fondamentale entre deux modèles méthodologiques de recherche sous le seul argument de la rigueur dont seraient chargés les modèles exclusivement quantitatifs. Il suffit de reconnaître qu'il est des données, des objectifs analytiques, qui ne se prêtent pas forcément à un traitement quantitatif et que leur traitement qualitatif n'en est pas invalide pour autant et, vice-versa. ■

Bibliographie

Deconchy Jean-Pierre, 1989, *Psychologie Sociale Croyance et Idéologies*, Paris, Méridiens Klincksieck.

Aktouf Omar, 1987, *Méthodologie des sciences sociales et approche qualitative des organisations*, Québec, Presse Universitaire du Québec.

Le Monde Quantique, sous la direction de Stéphane Deligeorges, 1984, Paris, Seuil.

Interaction et complémentarité de la recherche-action et de la recherche académique

Introduction aux contributions de Lorenza MONDADA et Guy BERGER
par Patrick Renaud
Maître de conférences en Sciences du langage à l'Université de Paris III Sorbonne Nouvelle

Recherche académique et recherche-action sont situées, avec les deux interventions qui suivent, dans une relation de complémentarité dynamique. Les deux intervenants sont d'accord pour ne voir aucune différence « ontologique » entre la recherche dite académique ou classique et la recherche-action. Recherche académique et recherche-action sont des activités dont les convergences et les divergences peuvent être étudiées à partir des éléments suivants qui génèrent chacun des questionnements.

Les objets de recherche - La recherche classique, scientifique, élabore ses objets dans une logique de champs disciplinaires et d'objets théoriques « purs », logique qui oriente la collecte des données, l'analyse et l'interprétation de ces données étant soumises aux règles de l'art. Par contraste, la recherche-action prend pour objets les ressources des acteurs — ce dont ils se servent pour faire ce qu'ils font —, leurs pratiques, en vue de les soumettre à analyse, interprétation et optimisation.

Les produits - Dans la recherche académique, ils sont donnés comme stables et prétendant à l'universalité, à la généralité. Dans la recherche-action, ils sont étiquetés comme locaux, relatifs, c'est-à-dire étroitement liés à un contexte particulier, celui dans lequel se développent les pratiques de tel praticien, lequel s'établit chercheur sur ses propres pratiques.

Les méthodes de production - D'un côté, elles revendiquent une scientificité, organisable par extraction, déplacement et recontextualisation des données dans le cadre d'un laboratoire, de l'autre, on procède par observation de l'intérieur, sans déplacement, sans décontextualisation.

Les acteurs et leur positionnement dans les pratiques de recherche et/ou d'action.

Les lieux institutionnels de développement de la recherche et de la recherche-action - À côté des espaces bien repérés de la recherche académique, la recherche-action développe-t-elle des programmes dans l'institution pour la faire changer ? En particulier, participe-t-elle au changement et à l'optimisation des pratiques universitaires dans les lieux où elle se développe ? ■

Intervention de Lorenza MONDADA
Professeur de Linguistique à l'Université de Bâle

Je ne ferai pas de différence « ontologique » entre recherche académique et recherche-action. Les différences sont à travailler d'un point de vue ethnographique sur les pratiques de construction du savoir dans les deux postures, à partir des questions suivantes : où sont les acteurs, quel est leur espace, comment se déplacent-ils dans leur espace social, quel parcours font-ils ? Les réponses à ces questions sont corrélables à des sensibilités épistémologiques, à des courants qui traversent les disciplines pour les rendre sensibles les unes aux autres. Ce sont ces sensibilités qu'il s'agit d'expliciter et d'approfondir. C'est dans ce partage de sensibilités communes que recherche et recherche-action cessent de se différencier.

Des sensibilités épistémologiques favorisant le dialogue des deux formes de recherche

Du point de vue théorique, épistémologique, je dirai donc qu'il est très intéressant de penser l'état de la conscience scientifique — en sciences humaines — comme possiblement dynamisé par des sensibilités épistémologiques transversales. Cette question croise celle de l'interdisciplinarité. Je pense qu'il y a des sensibilités qui font qu'un sociologue pourra parler à un ethnologue, à un géographe, à un linguiste, tandis qu'un linguiste d'un certain type ne pourra pas parler à un générativiste[1], par exemple. C'est dans ce partage de sensibilités communes que la recherche-action et la recherche académique cessent de s'opposer radicalement. Il y a, au contraire, une compatibilité entre les deux postures, non pas à l'intérieur de n'importe quels courants transversaux, mais pour ceux de type interprétatif, compréhensif, phénoménologique.

Sans appartenir moi-même à la recherche-action — je suis une « académicienne » — je commence à m'intéresser à celle-ci comme à un moment critique intéressant au sein des sciences humaines, dans la mesure où elle me paraît pouvoir prendre au sérieux, plus que d'autres, certains aspects épistémologiques, tel le caractère situé de toute recherche.

Des parcours problématiques d'un espace à un autre

Si l'on porte un regard ethnographique sur les pratiques de la recherche, on voit que le chercheur faisant de la recherche-action part de lieux sociaux différents de ceux du chercheur académique. Du point de vue d'une histoire des pratiques de la recherche, il est intéressant de comprendre pourquoi la recherche académique a eu plutôt tendance à construire des outils méthodologiques du type questionnaire, comptage quantitatif, entretien très surveillé, qui sont des démarches à orientation

---

1 - Linguiste appuyant ses recherches sur les théories de la grammaire générative, description systématique, plus ou moins formalisée de la génération du discours, des phrases d'une langue. Le Grand Robert de la langue française, tome 3, pp. 1277-1279 (NDLR).

décontextualisante, liées à la contrainte de rapatrier les données dans l'espace académique. Il y a une logique « spatiale » dans la production du savoir qui fait privilégier ce type de techniques, tandis que la recherche-action, elle, va privilégier des méthodes plus endogènes. De ce point de vue, je m'inspire beaucoup des débats en anthropologie.

L'ethnographe se trouve dans une position intéressante pour nous permettre de penser les processus de recherche, puisqu'il va sur des terrains très éloignés de la sphère académique. Mais son problème est à la fois d'y aller et puis de revenir. Si l'on pense à la pratique de l'ethnologue ou de l'ethnographe, on arrive assez bien à définir deux espaces de savoir, le terrain d'un côté et l'académie de l'autre. Si l'on essaie de penser un instant aux logiques propres à ces deux espaces, on se rend compte que le passage de l'un à l'autre est problématique et doit être pensé. De ce point de vue là, le chercheur en académie et le chercheur en recherche-action partent de deux points opposés.

Le premier part de l'académie, il a des problèmes d'accès au terrain, d'acceptation auprès des « natifs » — la population enquêtée. Puis se pose à lui un problème épistémologique — notamment au travers de l'écriture, processus qui traverse toute la recherche : comment revenir du terrain vers la sphère académique. L'alternative est ici : ne pas revenir, et donc devenir un « natif » — *« coming native »* — comme disent les anthropologues.

Le chercheur engagé dans une recherche-action a un point de départ opposé qui est la pratique, le terrain. Quand il s'oriente vers une sphère universitaire — ce qui est le cas avec un cursus de type DHEPS — il est confronté au problème inverse : comment revenir sur le terrain. L'alternative est alors de ne pas revenir, de ne pas « redescendre » et de devenir... chercheur. Certes, je caricature un peu les positions, mais il s'agit ici d'essayer de penser des parcours et les problèmes qui se posent au long de ces parcours.

L'écriture scientifique est un processus qui permet, tout au long du parcours, de mettre en rapport les différentes sphères. L'écriture orientée vers l'académie n'est pas du tout la même que l'écriture orientée vers une première rationalisation du terrain. Il faut ici poser des problèmes très pragmatiques : quels sont les destinataires de cette écriture ? Si l'on veut faire un mémoire de DHEPS, il faut se poser la question des critères d'acceptabilité d'une écriture scientifique, celle des normes propres à l'institution par laquelle on a envie de faire valider son mémoire. On peut avoir envie d'écrire à d'autres : les destinataires de la recherche-action sont multiples. L'important est de réfléchir à cette question de l'orientation vers le destinataire. Si l'on s'oriente vers un destinataire du terrain, dans un objectif de *feed back*, on va écrire de façon radicalement différente : résultats, démarches, seront « mis en scène » tout autrement. Les dispositifs discursifs sont donc fondamentaux dans cette dynamique des « migrations » de savoirs d'une sphère à une autre.

À propos de la distanciation

Comme acteurs de la société, nous nous catégorisons en personnages bien distincts. Celui qui est engagé dans une recherche-action appartient à deux catégories différentes : il est à la fois observateur et participant. Ce sont les modalités de ce « à la fois » qui sont à réfléchir de façon un peu plus fine. L'observateur regarde ce qui se passe comme un objet et non comme une ressource : par exemple, s'il participe à une réunion de travail, il va s'y intéresser en tant qu'événement communicationnel au cours duquel interviennent plusieurs acteurs. Il traite la réunion comme un objet, en l'occurrence une interaction. Il va se donner les moyens de l'analyser en tant qu'événement interactionnel, par exemple grâce à des enregistrements et des transcriptions. Le participant, lui, va traiter la réunion de travail comme une ressource, par exemple comme le moyen de faire avancer un problème, d'en discuter avec ses collègues. Il est important de souligner cette différence et d'en souligner l'aspect heuristique. Prendre des notes comme participant engagé et prendre des notes comme observateur, c'est s'engager dans deux formes différentes d'écriture située. Le même événement est donc pour l'observateur un objet, alors qu'il est une ressource pour les participants.

Il est donc important de réfléchir et de sensibiliser à ces deux postures, de façon que l'observateur évite d'adopter la posture « ironique », qui consisterait à épouser un modèle exogène (par exemple académique) ou à épouser le point de vue d'un seul acteur, et à projeter le point de vue de cet acteur dans la totalité de l'observation de cette action. En tant qu'observateur, on est invité à adopter la posture de « l'indifférence ethno-méthodologique », posture qui consiste à suspendre ses jugements quant à la beauté ou à la fausseté de certains énoncés, à l'utilité ou la perversité de certaines prises de position dans l'interaction.

Le « chercheur-acteur » n'existe donc pas en tant que tel, en tant que personnage unique mais dans une alternance, parfois très rapide, entre la posture du chercheur et la posture de l'acteur. Ainsi est donc reposée la question du type de regard que l'on va adopter selon qu'on est chercheur ou participant engagé dans l'action. ∎

Intervention de Guy BERGER
Professeur émérite de Sciences de l'Éducation à l'Université de Paris VIII

On peut voir une relation dialogique entre les deux formes de recherche : chacune doit sa façon d'exister à sa relation à l'autre. Maintenir la différence permet une sauvegarde réciproque. Chacune influe sur l'histoire de l'autre et chacune apprend de l'autre.

La recherche classique se caractérise par la question conjointe de la **découverte**, d'une part, et de l'autre, de la **validation**. Son intérêt majeur étant accaparé par la question de la validation, c'est-à-dire la question de la preuve et des méthodes pour la fournir. La question est ici : comment rattacher une connaissance nouvelle (une découverte) à une connaissance déjà construite. La question de la capitalisation des connaissances est traitée en même temps que la question de la recherche elle-même. Par exemple, le critère de la présence d'une bibliographie ressortit clairement à cette question de la capitalisation. On comprend aussi pourquoi la recherche classique est souvent quantitative, non par nature, mais en raison de ce souci de la preuve. On comprend aussi pourquoi elle est très pauvre quand il s'agit de la découverte, de l'utilisation du hasard, du fortuit (la baignoire d'Archimède ou la pomme de Newton, pour reprendre les deux exemples les plus souvent évoqués à propos de « découvertes » scientifiques).

D'où le risque d'un « totalitarisme » double de la recherche classique :

- D'une part, celui de la pré-affectation, *a priori*, de toute connaissance à un champ disciplinaire déterminé. L'objet appartient à un champ. J'appartiens, en tant que chercheur, à un champ institutionnel, à partir duquel je vais mener mes recherches, en tant que chimiste, botaniste, géomorphologue... Les grand moments de la science classique sont toujours des débats sur les frontières qui séparent deux champs qu'on aimerait bien réunir, ou entre lesquels on aimerait bien faire des allers et retours ; que l'on pense, par exemple, aux périodes où se sont constituées la psychologie sociale ou la biochimie...

- Le second totalitarisme affecte l'attitude du scientifique qui pré-définit son objet. C'est lui qui décrète à l'avance que certains objets peuvent être considérés comme scientifiques et que d'autres ne le sont pas. Le scientifique sait ce qui l'intéresse et met le reste de côté. « *La raison doit forcer la nature à répondre à ses questions, au lieu de se laisser conduire par elle comme à la lisière* », écrivait Kant. On décrète donc des interdictions : évoquer le début ou la fin des phénomènes, la nature des choses, ce n'est pas « scientifique » ; c'est aussi ce que fait Auguste Comte quand il pose l'interdit de la métaphysique. La science classique va s'occuper exclusivement des liens de causalité, de corrélation.

S'exprime là un totalitarisme de la discipline et de la validité de certaines questions auxquelles on répond, à côté de celles auxquelles on ne répondra pas, qu'on n'entendra même pas. On définit a priori des champs de validité, l'exemple le plus typique étant celui de la mécanique classique : elle ne peut fonctionner, dans sa description d'une trajectoire d'objet ou d'accélération, qu'à l'intérieur d'un espace préalable, constant, dans lequel le degré de transformation est décrété nul (quand un objet se déplace, il ne change pas de forme). Quand Einstein va affirmer qu'il n'existe pas d'espace préalable de référence par rapport auquel on puisse calculer une trajectoire, il va provoquer des hurlements.

En face de cela, la recherche-action se constitue beaucoup plus, elle, dans l'ordre de la découverte plutôt que dans celui de la preuve et de la validité. Pour la recherche-action, le problème sera celui de la validation *a posteriori* de ses découvertes, de ce qu'elle rencontre, en faisant entrer tant bien que mal le nouveau dans l'ancien, le déjà connu — c'est-à-dire dans les catégories qui permettent de produire et de traiter cet inédit.

Comment se caractérise la recherche-action ? Par la découverte en tant que rencontre de l'autre — l'« autre » entendu ici essentiellement comme l'hétérogène, le différent ; un autre qui n'est pas pré-affecté à une discipline. La recherche-action rencontre d'abord l'a-disciplinaire — tel phénomène social est-il un problème de langage, de psychologie individuelle, relève-t-il d'une analyse sociologique ? — avant de transformer ce non-disciplinaire en pluridisciplinarité, laquelle représente déjà une essai d'intégration de l'espace académique et de ses découpages en champs disciplinaires. On peut aussi parler ici d'objets multi-référentiels.

Un autre attribut de l'« autre » est l'impur, tandis que la recherche classique a toujours fonctionné sur le registre de la pureté, l'objet pur, les « corps purs ». En linguistique, un Chomsky dira s'intéresser au langage comme le chimiste à l'eau pure, la « compétence » étant la faculté « pure » de langage *versus* la « performance » — ce que disent concrètement les locuteurs ; de même, la construction du concept de « race » dans la pensée scientifique au XIXe siècle tournait bien autour de ce concept de pureté. La rencontre avec l'autre constitue, aux yeux de la recherche classique, une simple « recherche appliquée » : à côté des aspects scientifiques on va rencontrer des intérêts économiques, des intérêts de pouvoir, des désirs, qui vont « gêner » le travail scientifique sans l'altérer.

La recherche-action, elle, travaille sur du pluriel, sur de l'hétérogène, sur du partiel, contrairement à la prétention classique de traiter de la totalité dans le cadre d'une logique de la pureté. Le processus est donc plus centré sur la production et la découverte que sur la validation, dans la rencontre de l'autre. Une question émerge alors : que fait-on de ce que produit la recherche-action, dans une perspective de capitalisation des savoirs ? Certains de ces produits peuvent parfaitement être affectés à la recherche classique, ils entrent bien dans un champ disciplinaire. Resterait à comprendre comment ils y arrivent, au terme de quel travail de purification : par exemple, dans le cadre du DHEPS, telle forme de délimitation de l'objet de recherche-action en viendra à évacuer l'hétérogène pour répondre aux canons d'une formulation « scientifique ».

La recherche-action, avec ses produits et ses formes spécifiques de production, est porteuse d'un certain nombre d'enseignements pour la recherche classique, au moins dans trois dimensions :

- La recherche sur les pratiques implique la rencontre avec des objets impurs ; c'est ainsi, par exemple qu'aux origines de la recherche-action, Kurt Lewin provoque la rencontre du chercheur avec un groupe bien concret d'acteurs — les ménagères américaines dans leurs pratiques alimentaires, avec leurs particularités, leur sous-culture, leurs résistances — et non avec des représentants bien échantillonnés d'une catégorie uniformisée et rationalisée, celle de l'« *homo oeconomicus* », la seule que voulait rencontrer la recherche classique.

- Le rapport au terrain : le « terrain » n'est pas un champ qu'on laboure, d'où l'on va déterrer quelques pépites enfouies dans la boue en les arrachant à ses occupants qui ignoreraient tout de leur valeur ; le terrain est, en fait, un territoire qui a une indexicalité, qui résiste aux questions, à l'intégration du chercheur comme membre du groupe : c'est un lieu socialement construit dans lequel on n'entre pas aisément ; quiconque a fait du terrain le sait. Parler d'une recherche de terrain et d'une recherche sur un terrain, ce n'est donc pas la même chose.

- La temporalité de la recherche-action n'est pas du tout celle de la recherche classique ; dans cette dernière c'est le chercheur qui fixe les règles du temps qu'il passe sur son objet, alors que dans la recherche-action, c'est le sujet autre qui est maître de la temporalité ; c'est pourquoi la recherche classique s'adapte beaucoup mieux à des commandes institutionnelles et à des budgets à durée limitée ; dans le cas de la recherche-action, c'est souvent tout un espace social qui est mis à contribution et qui peut imposer des négociations au chercheur-acteur, même s'il est vrai que la dépendance économique et sociale devient, de plus en plus, le fait de la recherche scientifique.

La recherche-action va corriger le volontarisme rationnel, kantien, qui est au cœur de la recherche classique ; elle a introduit des concepts aujourd'hui admis par la recherche scientifique : l'aléatoire, l'imprévisible, le traitement de l'irrationnel, le repérage des éléments stables derrière l'aléatoire. Inversement, le danger, pour la recherche-action, c'est qu'elle manipule mal le soupçon, tandis que la recherche classique osera porter ce soupçon, parfois avec violence, par exemple sur le discours des acteurs : « Ce que tu dis n'est pas ce que tu crois dire »...

C'est à ce triple niveau qu'on peut donc parler de confrontation féconde, de relation dialogique entre la recherche et la recherche-action, les deux se nourrissant l'une l'autre, s'éduquant l'une l'autre, se sauvegardant mutuellement de leurs excès propres.

Je ferai une dernière remarque sur le statut de la théorie dans ces deux formes de recherche. Dans la recherche scientifique, la théorie précède de plus en plus l'expérience (voir, en astronomie les approches du Big Bang, la théorie des trous noirs, etc.) ; la théorisation est de plus en plus en avance sur l'expérimentation. Cela fonctionne de la même façon en recherche-action : on peut partir sans hypothèse, mais rarement sans théorie. En sociologie, chez Bourdieu par exemple, si l'on suit son parcours, la théorie est un instrument de questionnement de l'empirie, des observables, mais devient aussi comme un outil de pré-interprétation de ce qu'on va questionner. La théorie « soulève des lièvres », apporterait une « descriptibilité » à certains faits et buterait sur d'autres qui n'ont pas été prévus : on retrouverait là les trous de la connaissance, le registre de l'hétérogène et les problèmes auxquels est confrontée quotidiennement la recherche-action. Mais le risque, aussi bien en recherche classique qu'en recherche-action, serait alors que la théorie se mette à jouer le rôle d'une sorte d'idéologie : on finit par adhérer à ce point à un schéma théorique que l'on y ramène tout.

Il s'agit donc, dans ce mouvement dialogique provoquant des altérations réciproques entre recherche classique et recherche-action — qui se rendent ainsi mutuellement nécessaires — de maintenir en permanence deux questions, tant elles sont fondamentales :

- Comment, en recherche-action, travailler sur la question de la validation, de la preuve, pour que la recherche-action puisse intégrer ses savoirs et les faire reconnaître par une activité de recherche qui privilégie la validation ?

- Comment éviter, en permanence, dans les deux postures, de transformer le théorique en idéologie de référence ? ■

Table des matières

Présentation de la collection 6
Introduction 9

Première partie - Approches épistémologique, historique et langagière

La recherche-action. Épistémologie historique - *G. BERGER* 13
Henri Desroche et les racines de la recherche-action - *R. COLIN* 27
La recherche-action, une alternative épistémologique. Une révolution copernicienne - *J. ARDOINO* 41
Le sujet dans la recherche-action - *R. BARBIER* 51
Le langage en action - *L. MONDADA* 69

Deuxième partie - Praticiens en formation supérieure par la recherche-action

Domaines des recherches-actions 92
Des parcours DHEPS 93

I - Formation des adultes
Accompagner le changement dans les professions, le développement, les formations - *S. AKLÉ* . 93
Recherche-action et pratique de l'évaluation formative - *F. PARISI* 95

II - Développement social urbain
Deux recherches-actions sur un même territoire (effets individuels et collectifs) - *A. DUBOST* . . 98
Affronter la complexité de la société - *J. PINTO* 101

III - Développement rural
Un développement humain plus solidaire dans le monde rural - *R. PONCHON* 103

IV - Développement Sud
Un regard du Sud sur le Nord - *Pierre A. YONI* 106

V - Prévention spécialisée
La Prévention spécialisée gérée par les habitants est-elle possible ? - *C. PISSARRO-ALFÖLDI* . . 114

VI - Immigration - Intégration
À la rencontre de l'Autre - *O. MEUNIER* 119

VII - Médiation familiale
Entre raisonnement et émotion. La médiation de conflits dans la famille - *D. LEFEUVRE* 122

VIII - Insertion professionnelle des femmes
Insertion de femmes en CHRS. La prise en compte de la personnalité - *M. BELIN* 125
« Devenir actrice de son insertion ». L'accompagnement, les interactions - *N. CURTIL* 128

IX - Santé mentale

De la recherche d'acteurs à la recherche-action - *M. DUTOIT-SOLA* 131
Changement institutionnel et engagement des acteurs.
La création de l'Hôpital de nuit de La Nouvelle Forge, 1979-1984 - *J.-Ch. SOGNY* 135

X - Santé - Gériatrie

L'épuisement professionnel (*burn-out*) chez les soignants en gériatrie - *N. ALFÖLDI* 139

XI - Santé publique - Jeunesse

Mobiliser les jeunes pour leur santé - *F. MAÎTRE* 142

XII - Entreprise

Actions culturelles sur le lieu de travail - *F. MAIREY* 145
Représentations sociales des cheminots sur leur entreprise :
mythes, images symboliques et cultures de la SNCF - *A.-M. SOULLIER* 148

XIII - Psychothérapie

La modélisation des savoir-faire du psychothérapeute - *M. Belkassan* 151

Table ronde - Les recherches-actions : entre mythe et réalité ? 157
Une formation à l'analyse des pratiques par la recherche - *M. BATAILLE* 167
Les formes de recherche-action repérables dans des mémoires de DHEPS :
du prescrit au vécu - *P.-M. MESNIER* 171
Recherche-action dans les formations supérieures. Écrire pour quels lecteurs ? - *R. GUIBERT* . 181

Troisième partie - Recherche-action dans les champs et pratiques socio-professionnels

Travail et entreprise

La démarche de recherche-action dans l'organisation du travail - *O. ORSTMAN* 197
La recherche-action et la constitution des acteurs sociaux - *M. LIU* 201

Développement local

Recherche-action et développement local. Recherches collectives - *Ch. HERMELIN* 209
La construction coopérative des savoirs comme recherche-action
dans le programme Quart Monde/Université - *P. BRUN* 221

Développement local rural et genre

Des femmes rurales devenues « actantes » - *M.-L. SEMBLAT* 229

Développement au Sud

La recherche-action pour un développement endogène - *Ph. MISSOTTE* 243

Éducation

Recherche-action à l'école et accompagnement d'équipes innovantes :
quelques points de convergence - *M. HUGON* 247
Un dispositif pour développer les pratiques innovantes
dans l'Éducation nationale - *A.-M. BÉRIOT* 253

Les effets de formation d'un dispositif de recherche-action auprès d'étudiants
en licence des Sciences de l'éducation - *Ch. MONTANDON* 257

Évaluation

Recherche-action en évaluation - *Ph. MISSOTTE* 267

Quatrième partie - Recherche-action et recherche scientifique

Synthèse de dix années de travaux sur la recherche-action au RHEPS - *M. BATAILLE* 281
Praticien-chercheur. Le problème de la double posture - *Ch. MIAS* 291
Recherche scientifique - recherche-action : complémentarité ou opposition - *M.MAUDINET* ... 307
Interaction et complémentarité de la recherche-action et de la recherche académique
P. RENAUD, L. MONDADA, G. BERGER 315

9569 - avril 2010
Achevé d'imprimer par